supplement

지금 시작하는 드로잉

무기를 장전하라

전쟁터에서 써야 할 무기를 완벽하게 갖추고
있지 않다거나 사용법조차 모르고 있으면
승리는 적군의 것이다.
신발 한 켤레로 몇 년 몇 달을 신고 다니는 것과
여러 켤레를 돌려 신는 것 중 과연 어떤 방법이
신발을 오래 신을 수 있을까? 이미 후자라는 것을
잘 알고 있을 것이다. 그리고 그것이 낭비가
아니란 것도. 그림도 한두 가지 간단한 재료만
갖고 작업하는 것보다 다양한 재료로 작업하는
것이 다양한 디자인을 이용해 볼 수 있는 동시에
재료가 쉽게 닳는 것을 방지할 수 있다.
소묘는 완성하기까지 긴 연필, 중간 길이의 연필,
몽당연필을 두루두루 쓴다. 지우개는 지우는
용도뿐 아니라 그리는 용도로도 이용할 수 있기
때문에 두세 개 이상을 넉넉히 준비해놓는다.
연필을 깎을 칼과 연필깍지도 준비해서 필통에
완벽하게 담아둔다. 붓을 사용하는 그림도
마찬가지다. 특히, 불투명 채색화(아크릴화,
유화)는 밝은 색과 어두운 색 전용으로 붓을
나누어 각각 서너 개 이상씩 준비해놓자. 그래야
그림의 맑은 색을 유지할 수 있다. 간혹 재료를
아끼려고 애를 쓰는 사람들이 있는데 요리도
재료를 듬뿍 넣어야 맛있어지듯이 풍부한 재료는
그림 연습에도 도움이 되고 마음가짐에도
영향을 미친다.

주부들은 마트에서 음식 재료를 사서 냉장고와
베란다에 쟁여두었을 때 왠지 모를 든든함을
느낀다고 한다. 그림에 재미를 느꼈다거나
관련 업종에 본격적으로 종사하게 되면
재료를 충분히 갖추었을 때 그리는 이의 마음도
든든하다. 제대로 준비한 재료는 약해진 마음을
다잡아주며 그림을 그리고 싶다는 갈망을
촉진해준다.

재료의 특징을 기억해두자

요리를 할 때 재료를 통해 만들어질 음식의
맛을 예측할 수 있듯이 미술 재료 하나하나의
성질과 특성을 파악해두면 그림을 그릴 때
응용력이 그만큼 가중된다.
아는 만큼 보인다고 했다. 그래서 그림을
그릴 때에도 그동안 자신이 써본 재료 안에서
작품이 나오기도 한다. 그러나 새로운 기법이나
느낌을 찾기 위해서는 두려움이라는 미지의
영역을 뚫고 가봐야 한다. 나는 어린 시절에
학원에서 배운 연필 소묘나 수채화뿐만 아니라
스스로 이것저것 다양한 재료를 써서 그림을
그렸기 때문에 아크릴화 물감, 파스텔, 색연필,
펜, 유화 등 다양한 재료를 자연스럽게 다룰 줄
알게 되었다. 특히 미술재료가 종망라되어 있는
화방을 가보자. 전문가가 아니더라도 자유로운
창작 표현을 위해 재료 데이터가 있다면 훨씬
유리하고 편리한 점이 많다.
다음은 그림 제작 시 많이 사용되는 재료와
기법들이다. 미술재료의 사전적 의미는
백과사전을 들춰보면 알아낼 수 있다. 욕심내서
너무 많은 지식을 알려고 하기보다는 당장
실행에 옮길 수 있을 정도의 상식은 알아두자.

종이

화방에 가면 종이가 너무 많아서 어떤 것을
사야 할지 난감하다. 나도 아직까지 써보지 않은
종이도 있다. 물론 재료 종류에 따른 전문 용지는
분명 존재하지만 그 역시 고정관념이며 어떤
작품을 만들 것이냐에 따라 종이를 선택하는 것이
좋다. 쉽게 말해, 물을 이용한 그림이면 물을
감당할 수 있는 종이여야 한다. 가루 압축 드로잉
재료(연필, 목탄, 파스텔, 콩테 등등)는 분말의
입자가 잘 먹히는 종이 결이 좋다. 펜 종류(사인펜,
볼펜 등등)는 표면이 울퉁불퉁하지 않고 매끄러운
종이가 적당하다. 유화 물감이나 아크릴화
물감처럼 무게가 있는 재료는 그 무게를 감당할
수 있는 종이를 사용하는 것이 좋다. 콜라주나
오브제를 이용한 작품은 접착제로 인해 종이가
쭈글쭈글해지지 말아야 한다. 접착제에도
견고하고, 재료의 무게를 감당할 수 있는 것은
종이보다는 캔버스나 나무가 더 적합하다.
그러나 여러 겹을 압축해서 만든 두껍고 견고한
종이는 어느 정도의 무게를 감당할 수 있다.
수채화 용지는 두껍고 무거울수록 압축률이
큰 종이다. 수채화의 매력인 환상적으로 흐르는
기법을 표현하기 위해선 물을 흥건하게 종이 위에
발라야 한다. 이때 물을 감당하지 못하면 종이가
쭈글쭈글해진다. 따라서 수채화 용지는 가격이
천차만별이며 최고급 제품은 순면으로

만들어져서 물이 닿으면 오히려 스트레칭 효과가
난다. 수채화용지는 표면의 입자가 다양해서
작업스타일에 따라 선택하면 된다. 전문가들이
사용하는 최고급 수채화용지를 써보고 싶으면
단가가 꽤 비싸니 견본을 테스트한 뒤 구입하자.
액체를 감당하는 종이인 판화지도 있다. 판화작품
전용으로 판매되고 있지만 개의치 않아도 된다.
판화지 역시 가격은 천차만별이고 색감과 결이
다르니 견본을 보며 적합한 것을 선택한다.
색지는 공예 작업 때 사용하지만 그림을 그리는
용도로도 가능하다. 색감이 있는 종이는
불투명하게 올라가기 때문에 종이의 원래 색과
어우를 수 있는 파스텔과 궁합이 잘 맞다. 또한
종이에 텍스처가 있으면 생동감을 줄 수 있다.
요즘은 드로잉북이 크기별로 다양하게 있어서
입맛대로 골라 쓸 수 있다. 하지만 겉표지에
현혹되지 말고 내부의 종이 질을 잘 따져보아야
한다. 따로 사용할 재료를 지참해도 좋다.
어떤 종이건 테스트용이 있기 때문에 실제로
그어보며 종이의 결을 꼼꼼히 느껴보며 구입하자.
질이 그다지 좋지 않은 종이는 연필을 살짝
그었을 때 잘 번지지 않거나 톤이 지저분하게
퍼진다. 또한 지우개로 지워도 잘 지워지지
않는다. 좋은 종이는 표면이 거칠어 보여도
막상 연필로 그어보면 부드럽게 나가고 잘 번지고

잘 지워진다. 물을 이용한 드로잉을 원하면
표지에 붓질 표시가 있거나 'water' 마크가 있는
것을 택한다. 스케치북 표지에 'g/m²'이라고
적혀 있는 것을 볼 수 있는데, 종이 1m² 당
무게를 나타내는 것이다. 무거울수록 종이가
두껍고 견고하다. 크로키나 빠른 드로잉을 하려면
장수가 얼마 없는 두꺼운 종이보다는 장수가
많고 얇은 종이가 더 경제적이다. 소묘나
수채화처럼 많이 매만져야 하는 그림은 두껍고
견고할수록 좋다. 종이 명칭은 종이를 만든 이의
이름, 회사 이름, 만들어진 과정에서 이름을
땄기 때문에 종이의 명칭을 제대로 알고
구입하기는 쉽지 않다. 명칭보다는 종이의 질을
실제로 확인하고 만져보는 것이 더 중요하다.
주로 자신이 선호하는 종이의 명칭은 자연스레
알게 된다. 종이의 종류는 많다. 화선지, 포장지,
신문지, 하물며 벽지까지 있다. 그리는 용도가
아니라고 해서 그 위에 그림을 그리지 말란 법은
없다. 어떠한 종이건 자신이 그리려는 작품과
궁합이 맞으면 괜찮다.

다양한 드로잉 재료

드로잉 재료는 정말 많다. 하지만 다양하고
많은 재료를 쓸 줄 안다고 해서 그것들을 수시로
사용하는 것은 아니다. 결국 자신이 선호하는
재료 한두 가지를 집중적으로 사용하게 된다.
하지만 알고 있는 것과 모르는 것은 큰 차이가
있으니 이왕이면 어떤 것이 내게 맞는지
맞은 봐두자.

연필

연필, 그놈 참 매력적인 재료다. 그림을
처음 그렸을 때 크레파스 다음으로 많이 쓰던
재료이기도 하고, 그림을 좀 그린다 했을 때도
연필은 늘 지니고 다니던 재료다. 그래서인지
나도 연필만큼은 떡 주무르듯 쓴다고 자신하고
있다. 하물며 이놈은 아직도 무궁무진한 매력을
갖고 있고 저렴하기까지 하다. 몇백 원짜리 연필
하나로 값을 따질 수 없는 작품을 만들어내기도
하니 그림계의 효자가 따로 없다.
전문가가 권해주는 연필도 좋지만 그보다는
본인이 직접 골라보자. 연필화를 자주 그리다보면
브랜드별로 다른 느낌이 있다는 것을 알게 될
것이다. 미술연필을 깎을 때 노출하는 연필심의
길이는 1.1-1.2cm가 가장 적당하다. 때에 따라서
심을 갈아내서 뾰족하게 만든다. 특히 소묘를

할 때 연필심이 닳지 않도록 수시로 깎아준다.
작은 규모의 그림을 그리거나 좀 더 세밀함을
원할 땐 연필심을 뾰족하게 만들어주는
연필깎이를 이용한다.

목탄

목탄charcoal은 태운 나무 조각이다. 생각해보자,
아주 오랜 옛날 무엇으로 그림을 그렸을까?
적어도 그리기 편리한 스틱 형태라면 나뭇가지
정도가 아니었겠는가. 그래서 목탄은 가장
오래된 드로잉 재료이기도 하다.
우리가 흔히 사용하는 목탄은 버드나무나
포도나무를 고열에 태운 것이다. 무르기 때문에
잘 부러지지만 손으로 문질렀을 땐 은은하게
퍼져서 감성적인 느낌을 표현하기에 좋다.
잘 부러지지 않도록 바인더를 섞어서 압축시킨
압축 목탄도 있지만 목탄 특유의 은은함은
오리지널보다 못하다. 또한 세밀한 묘사를 하고
싶을 땐 연필형 목탄을 함께 사용할 수 있다.
목탄은 워낙 무르고 입자가 거칠어서 작은
규모의 세밀화보다는 큰 규모의 드로잉을 할 때
잘 맞는다. 문지를 땐 휴지보다 손으로 해야
섬세하게 표현이 가능하며 골고루 퍼진다.
작업 도중, 여기저기 손 지문이 번질 우려가

있으니 아예 물을 떠놓고 손가락을 닦고
건조시키며 작업하도록 한다.
그림을 보관할 땐 정착액을 뿌리거나 액자에
넣어둔다. 단, 정착액을 뿌리면 은은한 느낌이
다소 사라진다는 것을 감안해야 한다.

콩테

연필형 목탄과 콩테conté는 얼핏 비슷하다.
스틱형 파스텔과 콩테 역시 헷갈린다. 그런데
콩테는 연필보다 앞서 나온 아주 오래된 재료다.
프랑스의 니콜라 자크 콩테가 만들었다고 해서
'콩테'라는 이름이 붙여졌다. 원료가 흑연, 고무,
유지이기 때문에 파스텔보다는 더 단단하고
기름기가 있다. 특히 흰색은 초크라고 해서
목탄화나 콩테화에서 밝은 부분을 강조할 때
두루두루 쓰인다. 스틱이 아닌 연필모양의 콩테도
있지만 그래도 콩테의 장점을 살리기엔 스틱형이
더 좋다. 크로키나 드로잉 작업 시엔 부러뜨려서
손에 쥐기 편한 상태로 만들어 쓸 수 있다.

파스텔

'파스텔pastel' 하면 부드럽고 화사하고 포근한
느낌이 절로 떠오른다. 누구나 학교 미술시간에
한 번쯤은 사용해본 기억이 있을 것이다.
화방에 가보면 파스텔의 종류는 한 가지가
아니어서 또다시 정신이 혼미하다. 뭐가 뭔지는
알아야 골라 쓰든 말든 할 테니 파스텔의 종류를
정확히 알아보자. 파스텔의 종류에는 앞서 말한
소프트 파스텔soft pastel, 하드 파스텔hard pastel,
오일 파스텔oil pastel이 있다. 말 그대로 소프트는
무르고, 하드는 단단하고, 오일은 기름기가 있다.
그리고 어떤 용도로 사용할 것인지에 따라
선택하기만 하면 된다. 원료가 고무접착제와
안료이기 때문에 가장 무른 소프트 파스텔은
안료 비율이 더 많다. 따라서 색감이 가장 선명하다.
우리가 문방구에서 보편적으로 사 쓰던 파스텔은
대부분 소프트 파스텔이다. 그러나 잘 부서지고
번지기 때문에 작품 보관 시, 유리액자에 끼워
놓는 것이 좋다. 정착액을 뿌려도 상관없으나
전체적인 채도가 떨어져버린다. 하드 파스텔의
색감은 덜 화사하지만 단단해서 스케치나 드로잉
작업을 할 때 좋다. 뾰족한 부분으로 묘사하거나
강조할 때도 적합하다. 오일 파스텔은 원료가
천연안료, 기름, 왁스이기 때문에 접착력이 좋다.
크레파스와 비슷하지만 고무보다 안료 비율이
더 많아서 진하고 강렬하다. 이러한 강렬한 성질
때문에 종이뿐만 아니라 천이나 나무, 시멘트 등
다양한 바탕에서도 무리가 없다. 또한 유성이기

때문이 물이 아닌 테라핀이라는 유성 전용 액에
녹는 성질이 있다. 좋은 오일 파스텔일수록
그랬을 때 찌꺼기가 덜 생긴다.

색연필

어렸을 때 크레파스 다음으로 많이 접해본
재료가 아마도 색연필일 듯하다. 빈칸을 색연필로
칠하는 색칠공부도 있지 않았던가. 손에 묻지도
않고 가루가 날리지도 않아서 어린아이들이
미술공부할 때 쓰기엔 제격이다.
색연필은 유성과 수성이 있으니 잘 따져보고
사야 한다. 수성 색연필은 물이 닿으면 번지기
때문에 드로잉 전용 색연필보다 가격이 더 비싸다.
선으로 표현하는 색연필화는 서로 다른 색이
겹쳐져서 또 다른 색으로 보이게 한다. 색연필은
제조사와 가격에 따라 느낌이 약간씩 다르니,
세트 구매를 할 땐 낱개로 사서 미리 테스트를
해본다. 큰 규모의 그림이 아니면 되도록
미니 연필깎이로 깎아서 심의 낭비를 줄인다.

펜과 잉크

고전 영화에서 깃털을 잉크에 찍어서 쓰는
장면을 본 적이 있을 것이다. 이것이 바로 연필이
나오기 전 중세 수도사들이 필기용으로 쓰던
펜의 형태다. 이러한 펜은 글씨를 쓸 때는 물론
드로잉에서도 사용한다.
펜과 잉크도 알면 알수록 골라 쓰는 재미가 있다.
수성 펜은 물과 접목하여 흘리기나 번지기가
가능하니, 수성 펜과 유성 펜의 특징을 알고
선택하면 된다.
드로잉 잉크로 많이 쓰는 것이 비내수성방수성의
인디언 잉크다. 이것은 색감이 짙고 마르면
광택이 있다. 수용성 잉크는 물과 희석하면
광택 없이 종이에 스며든다. 요즘은 다양한 펜들이
워낙 많이 나오기 때문에 굳이 펜촉을 고집할
필요도 없다. 결국은 또 자신에게 맞는 것이
무엇인지 이것저것 써봐야 알 수 있다.

마커

마커marker는 의상디자인, 건축디자인,
인테리어디자인 등 다양한 디자인을 스케치할 때
사용한다. 색 종류가 다양하고 그때그때 손쉽게
사용이 가능해서 매우 편리한 재료다.
마커는 힘주어 긋느냐 빠르게 한 번에 긋느냐에
따라 투명도가 다르다. 빠르게 한 번에 지나가면
셀로판지처럼 투명한 색감 표현이 가능하다.
색을 겹칠수록 또 다른 색이 나온다. 딱딱한

느낌의 디자인 스케치에 주로 사용해도 어차피
쓰기 나름이어서 드로잉이나 갖가지 실험적인
채색에 활용할 수 있다.

이상 비전문가들도 화방에 가서 손쉽게 구해서
사용해볼 수 있는 드로잉 재료 몇 가지를
알아보았다. 사실 드로잉 재료라고 규정해놓을
필요도 없다. 숯 조각으로 그림을 그려도 충분히
드로잉 재료가 될 수 있으니까. 하지만 그려놓은
내 작품이 얼마큼 보존될 수 있는가도 무시할 수
없다. 미술재료가 발달하는 이유는 사용의
편리성 때문도 있지만 내구성의 중요함도 있다.
하물며 현시대에는 보존학까지 발달하고
있지 않은가. 좋은 작품을 만드는 것과 함께
그것을 온전히 유지할 수 있는 것도 중요하다.
그래서 재료의 변천사에는 그러한 사람들의
간절한 마음이 담겨 있는 것일지도 모른다.

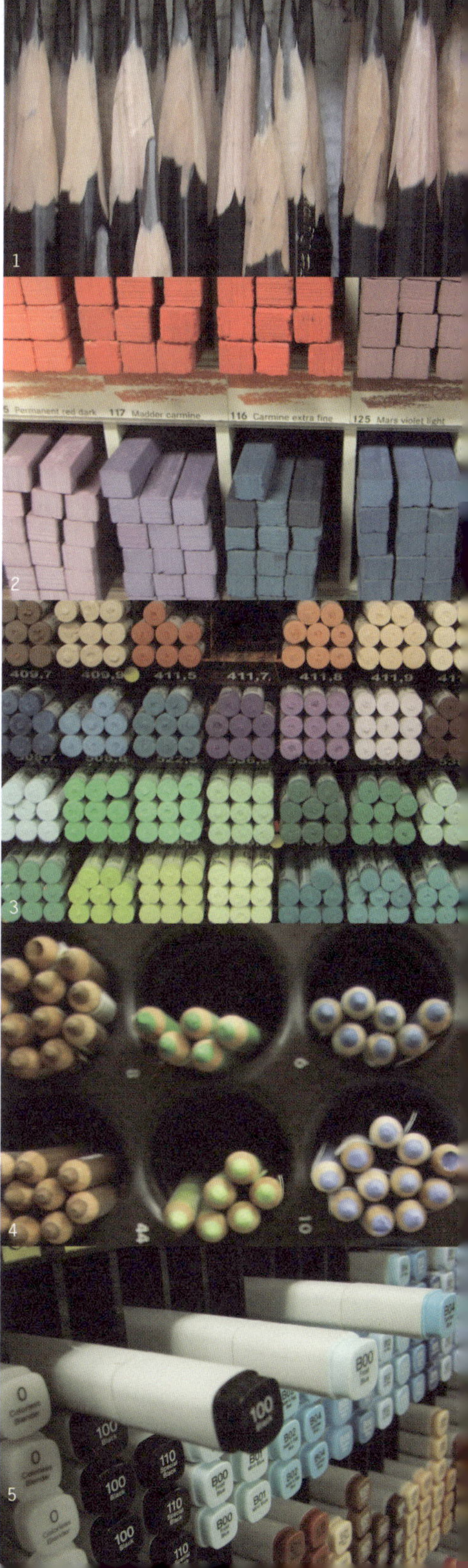

1 연필
2 하드 파스텔
3 오일 파스텔
4 색연필
5 마커

붓

붓도 원래 용도에 너무 얽매이지 말자. 참고로 나는 붓으로 컴퓨터 먼지도 제거하고, 작업실 청소도 하고, 표면의 먼지나 지우개 가루도 제거하고, 붓의 뒤꼭지로 물감도 푼다. 그야말로 만능이다. 물론 어떤 그림을 그리느냐에 따라 붓의 종류도 약간씩은 신경을 써줘야 하지만 붓은 수많은 털이 모여 있는 것일 뿐이다. 여기에서도 전문적인 붓의 용어는 언급하지 않도록 하겠다. 명칭을 모른다고 해서 그림에 지장이 있는 것은 아니기에(관심이 있다면 세밀하게 공부해서 나쁠 것은 없다).

화방에 가면 붓이 한꺼번에 꽂혀 있는 곳이 있다. 너무 많아서 뭐가 뭔지 모르겠지만 실은 무척 간단하다. 종이를 선택했던 것처럼 내가 어떤 그림을 그릴 것이냐에 따라 약간 더 꼼꼼하게 만져보고 고르면 된다.

비슷한 모양이지만 어떤 것은 비싸고 어떤 것은 저렴하다. 그 이유는 천연털이냐 인조털이냐에 따라 다르고 내구성에 따라서도 차이가 난다. 물론 가격이 나갈수록 품질은 더 좋다. 하지만 초보자들에겐 이러한 느낌이 잘 와 닿지 않는다. 따라서 비싸다고 무조건 구입하는 것보다는 그림을 어느 정도 그릴 줄 알게 되었을 때 품질 좋은 붓을 자연스레 비교해보자.

수채화 붓

수채화는 물의 농도를 조절하며 그리는 그림이다. 즉, 물맛을 내야 하기 때문에 붓은 물을 담을 수 있어야 한다.

수채화 붓은 주로 둥근 모양을 하고 있다. 다람쥐털, 염소털 등 천연털도 있는데 부드러워서 메이크업 붓으로도 쓰인다. 붓은 탄력이 좋을수록 묘사용에 적합하고 탄력은 덜해도 물을 많이 머금을 수 있으면 물맛으로 그러데이션을 표현할 때 적합하다. 수채화 붓은 여러 개를 갖추고 사용하기보다는 6호나 8호 정도의 작은 호수 하나와 12호나 15호 정도의 큰 호수의 붓 두 개만 지니고 있어도 세척이 간편해서 번갈아가며 사용 가능하다. 넓은 면적의 배경을 칠하거나 그러데이션을 줄 땐 큰 납작 붓, 일명 백붓을 사용한다.

유화 붓

유화는 기름 성분이기 때문에 수채화보다 더 뻑뻑한 느낌이다. 게다가 종이가 아닌 천 위에 그리기 때문에 붓이 약했다가는 금방 망가진다. 따라서 유화 붓은 질겨야 한다. 묘사를 하거나 부드러운 느낌을 표현을 할 때 붓도 부드러운 것이

좋지만 거칠고 강렬하게 붓질을 해야 한다면
뻣뻣한 것이 제격이다.
특히 팬 블렌더fan blenders라 불리는 이 붓은
예전 EBS TV에서 뽀글머리 밥아저씨가 구름을
그리거나 나무를 그릴 때 자주 사용해서 알려진
붓이다. 부드러운 가장자리나 음영을 자연스럽게
넣어줄 때 이 붓을 사용한다.

아크릴 붓

유화와 비슷한 느낌을 내면서도 기름이 아닌 물로
조절을 해서 산뜻한 느낌을 주는 아크릴화에서는
아크릴 전용 붓과 유화 겸용 붓을 주로 사용한다.
이것 역시 수채화 느낌으로 묽게 그릴 것이냐
질감을 살리며 거칠게 그릴 것이냐에 따라 적합한
붓을 선택한다.

색필 붓

어떤 그림이건 묘사는 세밀하게 그려야 한다.
그래서 묘사용 색필 붓은 특별한 용도에 상관없이
공통으로 사용할 수 있다. 종류에 따라서
어떤 것은 탄력이 더 좋고 어떤 것은 힘이 없다.
또 어떤 것은 금방 털이 벌어진다. 이럴 땐 다양한
종류를 사용하며 비교해보자.

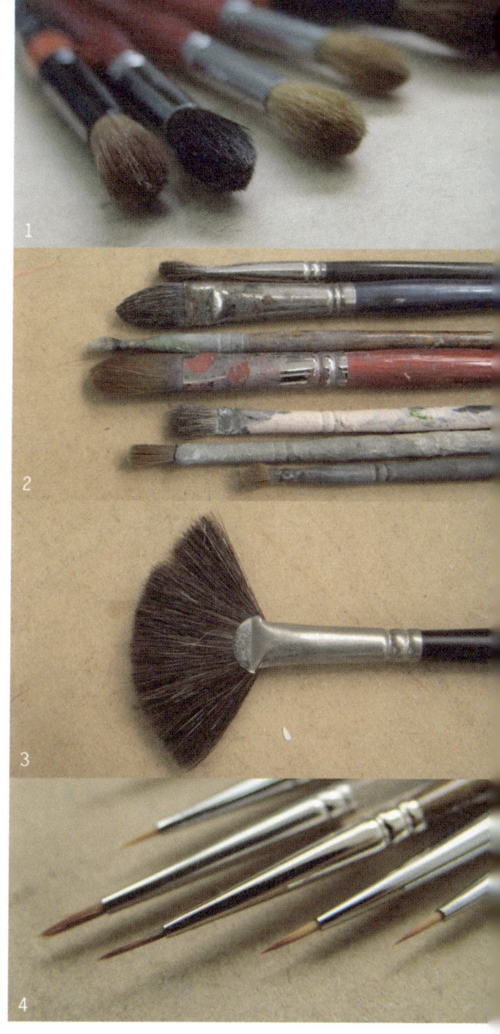

1 수채화 붓
2 유화 붓, 아크릴 붓
3 팬 블렌더
4 색필 붓

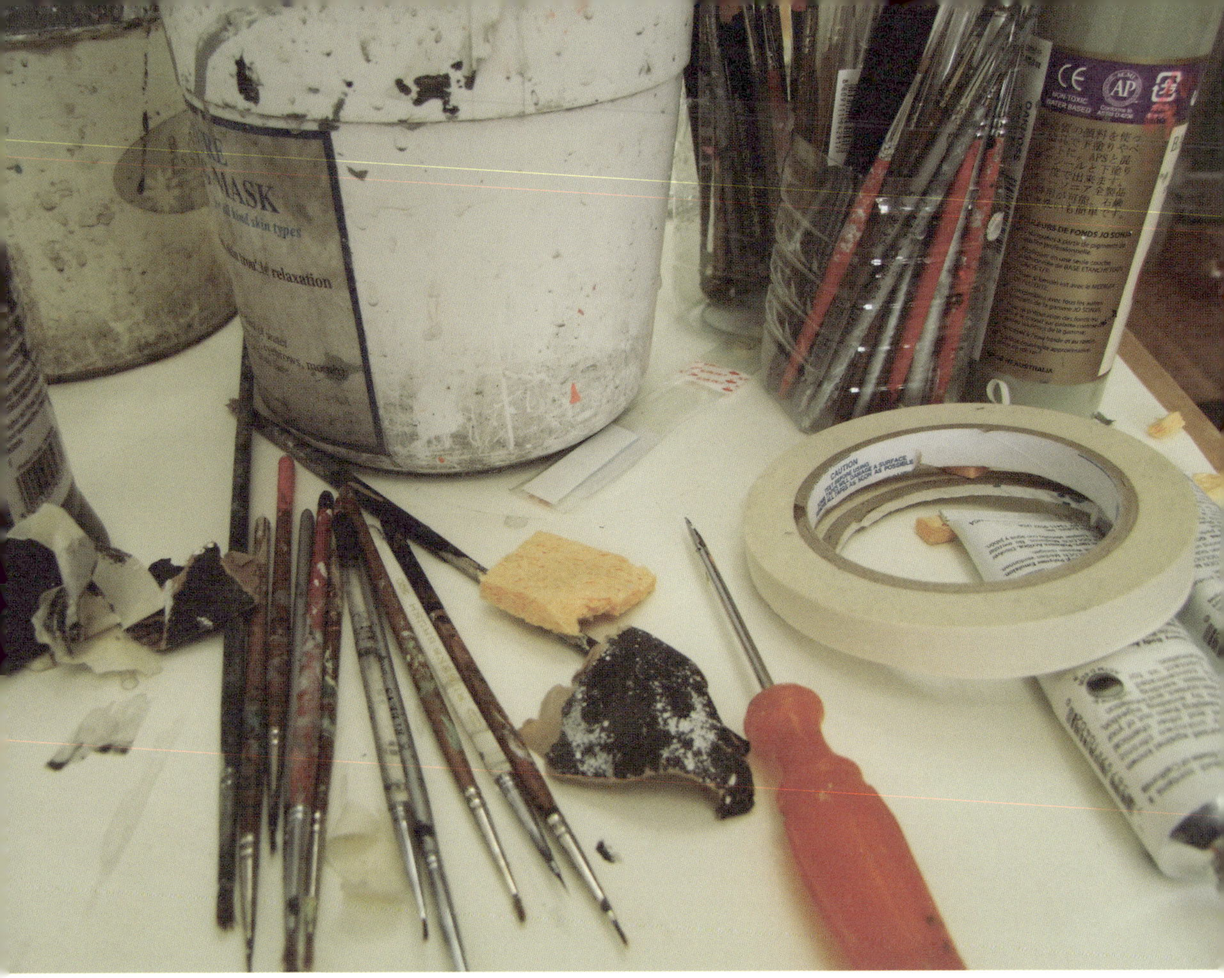

지우개도 그리는 도구다

지우개는 틀린 것을 지우는 용도로 사용한다.
그러나 연필 소묘나 드로잉을 할 땐 지우는
용도뿐만 아니라 그리는 용도로도 쓰인다.
대신 말랑말랑한 미술전용 지우개여야 한다.
지우개는 종이 표면을 얇게 벗겨내기 때문에
종이가 미세하게 상하기 마련이다. 종이가 상하면
다음 선을 그을 때 맑은 느낌이 줄어들기 때문에
말랑말랑한 지우개를 사용하더라도 종이의
표면이 상하지 않게 힘 조절을 해야 한다.

지우개로 그리는 방법

1 지우개를 잘라서 단면을 날카롭게 만든 다음
   그림의 하이라이트를 표현한다.
2 연필 소묘에서 톤이 어둡게 깔렸다면 지우개로
   박박 문질러서 지저분하게 만들지 말고
   지우개의 넓은 면적으로 툭툭 찍어낸다.
   그래야 종이가 상하지 않고 톤이 밝아진다.

지우개가 더러워지면 수시로 말끔하게
표면을 벗겨주어야 제 기능을 한다.
엄지손가락으로 때를 밀듯이 벗겨내거나
청바지나 거친 직물의 옷감에 대고
문질러준다.

재료에 민감하되 의존하지는 마라

마음을 쓰고 노력했을 때 분명히 그렇지 않을
때보다는 좋은 결과를 낳을 수 있다. 집중이나
몰입을 했기 때문이다. 그러나 그 이상으로
가슴을 졸이기 시작하면 그 반대의 결과가
기다리고 있는 경우가 더 많다. 긴장하고 걱정하고
절박해졌을 때 우려했던 실수는 벌어지고 만다.
최대한 태연해지는 것. 그것에 몰두하되
잘못되더라도 상관없다는 마음의 여유를 가지는 것.
이것은 의외로 좋은 결과를 얻을 수 있는 심리 전략
중의 전략이다.

온정의 「작가노트」 중에서

그동안 수업을 진행하면서 신기했던 것은
대부분의 사람들이 재료를 고정관념으로
다룬다는 사실이었다. 어렸을 때부터 가장 많이
접하는 미술재료로는 크레파스, 연필, 수채화
물감, 색연필 정도다. 좀 더 다루어보았다면
아크릴 물감, 유화 물감, 펜, 먹 정도다.
이 정도만 해도 굉장히 많은 재료를 다룰 줄
아는 것 같이 보이지만 다 합쳐봐야 열 가지도
되지 않는다. 게다가 써보았던 재료 이외에는
도전할 엄두조차 내지 못한다. 그런데
잘 생각해보면 이러한 재료들은 화방에서
다 파는 것들이다. 만일 화방에서 팔지 않는다면
크레파스와 수채화를 대용할 수 있는 재료는

수채화

무엇이 있을까? 아주 오랜 옛날에는 지금처럼
화방에서 미술재료들을 손쉽게 살 수 없었을
것이다. 분명 직접 공수해서 만들어 사용했을 텐데
그렇다면 최첨단 시대에 살고 있는 우리가
그것들을 직접 못 만들까?
난 가끔 최첨단시대에 온갖 편리한 것들에
둘러싸여 살면서 사람들이 점점 바보가 되어가고
있다고 느낀다. 물론 복잡한 것들을 다 소화해내야
이 사회를 살아갈 수 있고 그 위에 또다시 첨단의
것들을 업그레이드하고 빈틈을 찾아내야 새로운
발전을 할 수 있다. 그러나 도전하지 않으면 그냥
그대로 살아도 상관없는 시대이기도 하다. 요즘은
수많은 초보 미술가들도 화방에서 전문가들이
쓰는 재료를 똑같이 구입하여 쓸 수 있다.
이것은 정말 좋은 환경이다. 그러나 또한 나쁜
환경이기도 하다. 이미 너무 편리해서 또 다른
재료에 호기심조차 생기지 않기 때문이다.
재료의 사용법부터 종류 선택까지 민감해지되
의존해서는 안 된다. 의존한다는 것은 마음의
여유를 갖지 않았을 때를 말한다. 알고 있는 대로
사용하지 않으면 큰일 날 것 같은 마음 상태.
그것은 바로 의존이자 고정관념이다.
재료는 제한이 없다. 재료에 의존하지 말고
표현하고 싶은 것에 최대한 근접하게 다가갈 수
있도록 재료를 찾아내고 실험해보자.

수채화에 대해서 다음 몇 쪽에 다 담을 수는 없다.
대신 수채화를 처음 접하거나 아직은 초급 단계인
사람, 또는 중급자이지만 실력이 안착되지 않은
사람들을 위해 몇 가지를 얘기해볼까 한다.
수채화는 붓을 이용한 색감연습하기에는 준비와
정리가 가장 편리하다. 대형 작업이 아니라면
재료도 경제적인 편에 속한다. 따라서 색 감각을
기르고 싶다면 수채화에 도전해 보는 것도
좋은 방법이다.

스케치

수채화 스케치는 데생보다 크로키에 가깝다.
그것도 섬세한 크로키. 어차피 색이 올라가기
때문에 쓸데없는 연필 선은 그리지 말자. 최대한
간결하게 스케치를 하고 관찰과 디테일도
잊지 않는다.

색

물감 색을 찬찬히 들여다보면 어디서 많이 들어
본 듯한 이름이 꽤 있을 것이다. 색의 이름으로
연예인이나 자동차, 카페, 단체 등의 이름을
대신하기도 한다. 색과 관련된 국내외 서적을
들여다보면 색의 오리지널 이름이 종종 나온다.

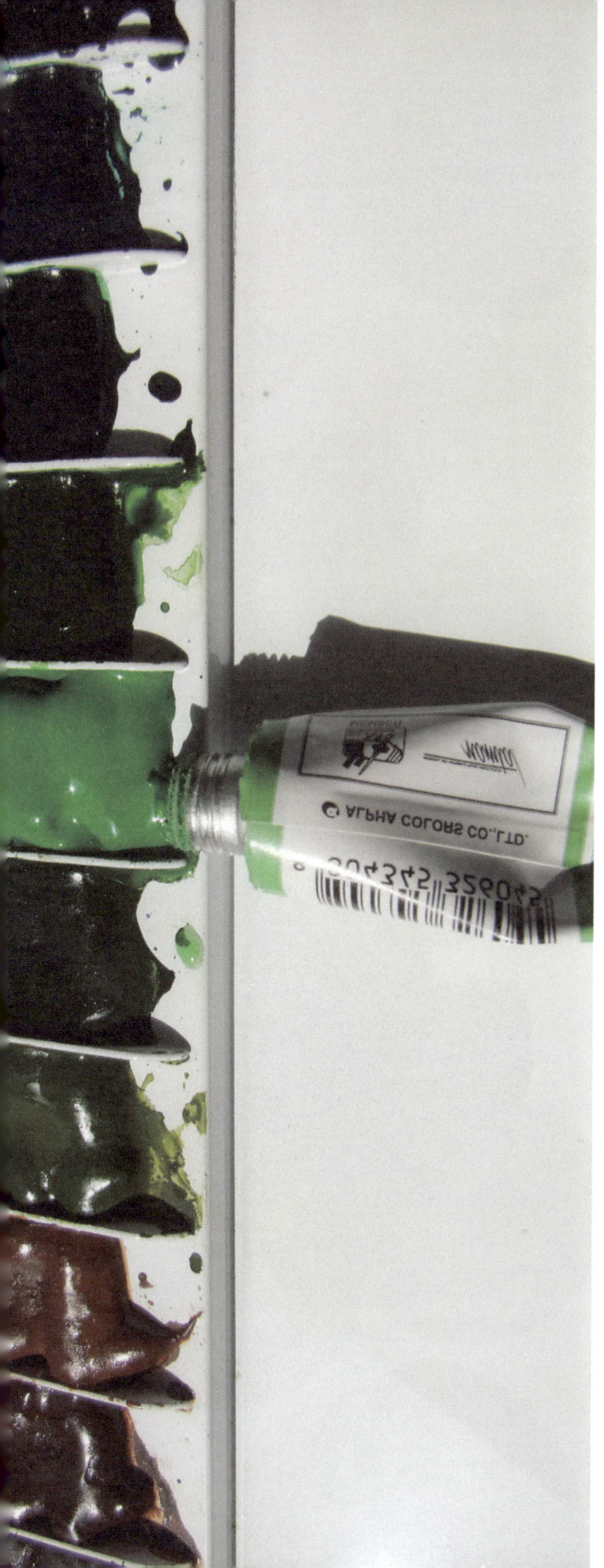

그때마다 똥색, 빨간색, 불그죽죽한 색,
시퍼런 색, 하늘색 뭐 이런 식으로 때울 것이
아니라 이참에 오리지널 이름을 알아보자.
물감 튜브에 붙어 있는 휴hue나
퍼머넌트permanent는 안료 성분과 내구성에
관련된 뜻이니 개의치 말자.
오리지널 색 이름 외우기도 벅차다.

우리가 흔히 알고 있는 '빨주노초파남보'에서
더 추가하여 자주 사용하는 색의 특징과
이름을 나열해보겠다. 참고로 색에 관련된 것은
수채화뿐만 아니라 다른 종류의 물감도 해당한다.
빨강 레드red, 주황 오렌지orange, 노랑 옐로yellow,
초록 그린green, 파랑 블루blue, 여기까지는 평범한
색 이름이다.

오커ochre : 나는 처음에 이 색을 황금똥색이라
불렀다. 황토색을 떠올리면 될 듯하다.

바이올렛violet : 보라색이다. 매직, 판타지,
몽롱한 꿈의 세계가 느껴지는 색이며 어두침침한
보라도 있고 밝고 화사한 보라도 있다.
제비꽃이라는 뜻도 있듯이 마치 예쁘게 생긴
소녀의 이름 같다.

오페라opera : 쉽게 말해 형광 분홍색이다.
발색이 강하고 화사해서 단색보다는 소량으로
섞어 쓸 때 주로 사용한다. 채도가 높은 다른 색에
섞이면 화사한 붉은빛이 돌기 때문에 채도를
높이거나 화사한 느낌이 필요할 때 적합하다.

크림슨crimson : 크림슨이라 해서 크림을
연상하면 곤란하다. 이 색은 짙은 붉은색이다.
물에 타면 핏빛이다. 그러나 오히려 자줏빛에
더 가까워서 꽃잎 표현에도 자주 쓰인다.

세룰리안 블루cerulean blue : 수채화에서 이 색에
물을 많이 희석하면 우리가 흔히 알고 있는
하늘색이다. 블루 계열 중에서도 옐로가
약간 섞인 듯한 따스한 느낌의 블루다.

피콕 블루peacock blue : 세룰리안 블루보다
약간 더 짙은 블루다. 이 색 역시 따스한 노랑이
섞인 듯 초록색을 띠는 블루다.

울트라마린ultramarine : 군청색을 떠올리면
된다. 마린보이, 해병대를 연상하면 어떤 색이
떠오르는가? 울트라마린은 쾌청하면서도
쿨한 느낌을 준다.

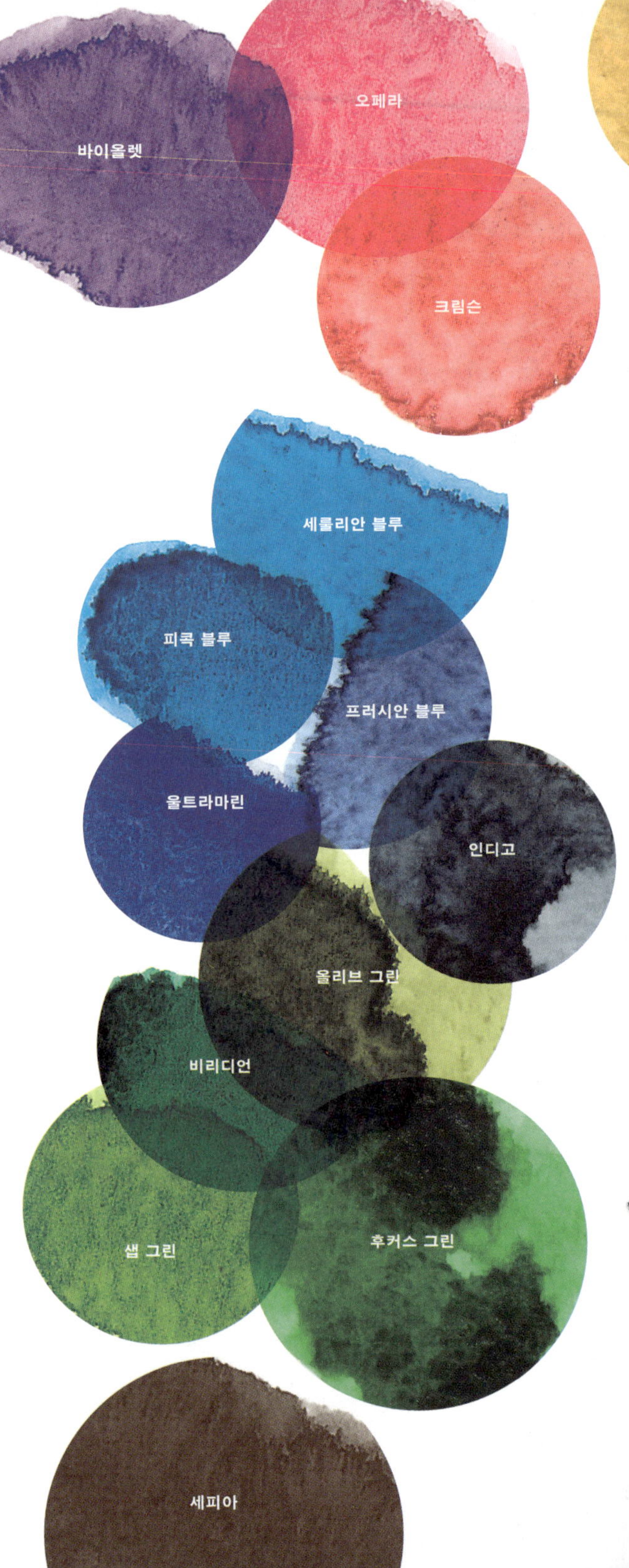

프러시안 블루prussian blue : 프러시안 블루는
깊은 바다색이다. 가장 비슷했던 바다는 제주도
앞바다였다. 물감이 뭉쳐 있을 땐 검은색으로
보일 정도로 어둡다. 그러나 물을 희석하여
풀어내기 시작하면 그 깊고 오묘한 빛깔이
황홀하다.

인디고indigo : 짙은 남색을 떠올리면 된다.
꽤 탁하기 때문에 어두운 색을 만들 때 자주 쓰인다.

비리디언viridian : 촌스러운 초록색이다.
달리 말하면 발색이 좋은 청록색이다.

올리브 그린olive green : 지중해 지방에서 나는
올리브 열매를 잘 알고 있을 것이다. 연둣빛에
약간의 오커를 섞으면 이 올리브 그린색을
만들어낼 수 있다.

샙 그린sap green : 풀잎을 그릴 때 주로 사용한다.
상큼한 키위색을 떠올려도 좋다.

후커스 그린hooker's green : 샙 그린보다 더 짙은
녹색이다. 샙 그린과 마찬가지로 자연물 색 표현에
적합하다. 또한 우리가 알고 있는 전형적인 녹색에
가장 가깝다.

번트 시엔나bunt sienna : 오렌지빛이 약간 감도는
갈색 정도로 보면 된다. 갈색 종류의 나무를
표현할 때, 채도가 높은 부위를 채색할 때,
맥주병의 밝은 부분을 채색할 때 사용한다.

반 다크 브라운van dyke brown : 갈색 중에서도
꽤 짙은 갈색이어서 짙은 색을 만들 때 섞어
쓰기도 하지만 단색만으로도 깊이 있고 오묘한
느낌을 준다. 특히 예전 TV 프로그램에서
뽀글머리 밥아저씨가 풍경화 그릴 때 반 다크
브라운을 자주 언급했다. 즉, 자연물에서
그림자 부분이나 짙은 흙의 표현을 할 때
자주 사용한다.

세피아sepia : 이름만 들으면 정말 예쁘고 화사한
색 같지만 실은 아주 어두운 갈색이다. 흔히
똥색, 구정물색이라고 어두운 색을 극단적으로
표현하는데 바로 이 색이 그러하다. 갈색 계열
중에서도 가장 어둡고 탁해서 검은색을 표현할 때
블루 계열의 인디고와 섞어 사용하기도 한다.

앞서 말했듯이 색감은 정서고 심리다.
그래서 절대적인 색의 느낌은 존재하지 않는다.
따라서 색감은 본인의 경험과 느낌을 바탕으로
기억해 두기를 권한다.

물맛

수채화에서 '물맛'을 알면 반은 알았다 해도
과언이 아니다. 물맛은 곧 물 조절이다. 이 물맛은
처음에 아무리 말로 설명을 해주어도 알 수가 없다.
물감을 짜놓았을 때, 굳었을 때, 칠했을 때, 칠한
물감이 말랐을 때의 색은 각각 다른 색을 띤다.
그래서 그 미묘한 차이를 알아야 하는데 역시
많이 해보는 수밖에 없다. 그런데 대부분이 잘못
알고 있는 것이 하나 있다. 수채화는 물맛으로
그리는 것은 맞다. 그러나 물이 흥건해야 할 필요는
없다. 예를 들어 이런 질문을 많이 받는다.
"물맛을 내고 싶어서 물을 많이 탔더니 색감이
너무 흐려졌다." 이러한 질문에 나는 "물감의
농도를 더 높여보라."고 권했다. 그랬더니
"물감의 농도를 높였더니 이젠 너무 빽빽해서
수채화 같지 않고 디자인 포스터 물감 같다."라고
한다. 자, 그렇다면 물감의 농도도 높이고 물의
농도도 함께 높여 보는 거다. 왜 이 두 가지를
병행할 생각을 못하는가?
발색을 위해서는 물감의 농도를 높여서 선명하게
만들어야 한다. 그러나 수채화의 물맛을 내려면
촉촉한 물기가 필수다. 바로 이때 물과 물감을
서로 양보하지 않으면 되는 거다.
그리는 도중에 물 조절을 하기 위해서는

마른걸레를 옆에 두고 붓에 머금은 물기를
적절히 조절해야 한다. 그리고 팔레트에 붓의
물기를 걸러내면서 조절하는 방법도 있다.

채도

투명 수채화의 생명은 채도다. 그러므로 채도가
떨어지지 않기 위해서 노력해야 함은 당연하다.
수채화에서 채도가 떨어지는 경우는 두 가지다.
첫째, 단일한 물감에 또 다른 색을 섞기 시작했을
경우다. 둘째, 한 번 칠한 붓질 위에 다시 붓질을
겹쳤을 경우다. 물기가 마르지 않았다면 상관없다.
대상의 어두운 부분이나 깊이감 표현을 할 땐
채도를 낮추어야 하지만 빛을 받는 가장 밝은
부분은 최대한 높은 채도로 유지시켜야 한다.
따라서 선명하고 맑은 색감을 원하면 가능한
단일한 색으로 표현해야 하며 색을 섞더라도
채도가 높은 것들끼리 희석하고 붓질은
한 번만 지나가도록 한다.

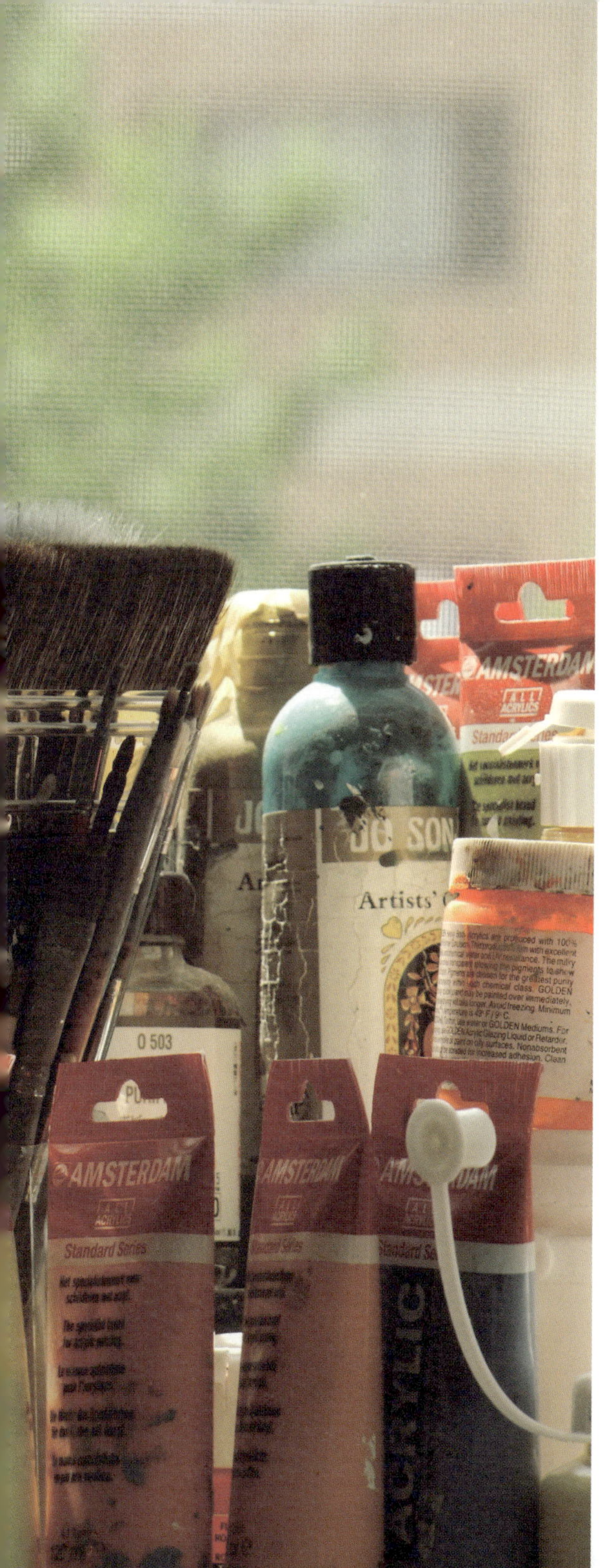

아크릴화와 유화

수채화는 처음에 배우기가 어렵지만 알면 알수록
쉽고 재미있는 분야라고 한다. 반면에 아크릴화와
유화는 처음 배우기는 쉬운데 알면 알수록
어렵다고 한다. 어렵다기보다는 다양하다는
표현이 더 맞겠다. 즉, 아크릴화와 유화는
수채화와 달리 재료가 좀 더 복잡하지만 응용의
폭이 넓다. 아크릴과 유화 물감은 취미미술을 하는
사람들과 평면 회화작업을 하는 작가들에게
많은 사랑을 받고 있는 재료다. 초보자에겐
작업 과정에서 수정이 가능해서 인기가 높고,
전문가들에겐 다양한 기법과 지속성, 깊이감 등의
이유로 많이 사용되고 있다. 많은 이들이
아크릴과 유화 물감을 헷갈려 하기 때문에
여기에서 확실하게 구분해 보겠다.

아크릴화

수채화 물감과 유화 물감은 아주 오래된 재료다.
그리고 두 재료의 차이점도 크다. 나 역시
두 재료의 장단점을 비교하며 그보다 더 편리한
재료를 원할 때가 있었는데 아크릴은 그 문제를
어느 정도 해소시켜준 물감이다. 즉, 합성수지가
원료인 아크릴 물감은 신소재로서 기존의
미술 시장을 뒤흔들어 놓은 재료다. 내구성도
좋아서 그 쓰임새는 그림 작업을 넘어선다.

아크릴 물감은 접착력이 강해서 벽, 나무, 바닥, 석고 등등 거의 모든 재질의 표면에 사용이 가능하다. 물감이 마르고 나면 팔레트에서 깔끔하게 뜯어진다. 단, 물감의 두께가 어느 정도 있을 때 단번에 뜯어지고, 물감 층이 얇으면 긁어내야 한다. 아크릴 물감의 단점은 너무 빠르게 건조된다는 점이다. 그리고 건조된 물감은 재사용이 불가능해서 쓸 만큼만 짜서 사용해야 낭비를 줄일 수 있다. 시중에서 판매하는 아크릴 물감은 묽은 형태와 끈적임이 강한 형태가 있는데 작업의 용도에 따라서 골라 쓰도록 한다. 끈적임이 강한 형태라 해도 물을 섞어서 묽게 만들 수 있다. 특히 아크릴 과슈는 불투명하고 고르게 발리기 때문에 디자인이나 얼룩 없이 칠해야 할 때 좋다. 아크릴 물감은 보조 재료가 많다. 광택을 낼 수도 있고 매우 건조한 느낌도 가능하다. 알갱이가 첨가된 보조 재료는 화면의 질감을 다양하게 확장한다.

젯소

유화 물감이나 아크릴 물감을 꼭 캔버스 위에서만 사용하란 법은 없다. 앞에서 말했듯이 나무나 벽 등의 다양한 재질 위에도 작업이 가능하다. 그러나 색감이 온전히 살아나기 위해서는 바탕의 기본색도 중요하다. 젯소gesso는 화장으로 비유하면 메이크업 베이스다. 즉 색감의 발색이 살 수 있도록 바탕칠을 해주는 것이다. 또한 건조가 빠르고 수분과 반응하여 단단한 막을 형성해주기 때문에 아크릴화나 유화의 바탕칠에는 제격이다.

사용법

1 약간 끈적한 느낌으로 물과 희석한다.
2 넓은 붓을 이용하여 칠해준다.
3 마른 후 2-3번 더 칠해서 하얗게 만들어준다.

유화

희석액

유화 물감은 기름 성분이다. 즉, 안료와 기름으로 이루어져 있다. 그래서 물감이 마를 때도 증발이 아닌 산화에 의해 굳어간다. 유화는 빠르게 건조되지 않기 때문에 은은하고 깊이감 있는 표현에 좋으며 내구성 또한 훌륭하다. 수채화 물감은 물과 희석해서 묽게 만드는 것이라면 유화 물감은 린시드유, 포피유, 테레빈, 페트롤에 섞어서 묽게 만들 수 있다.

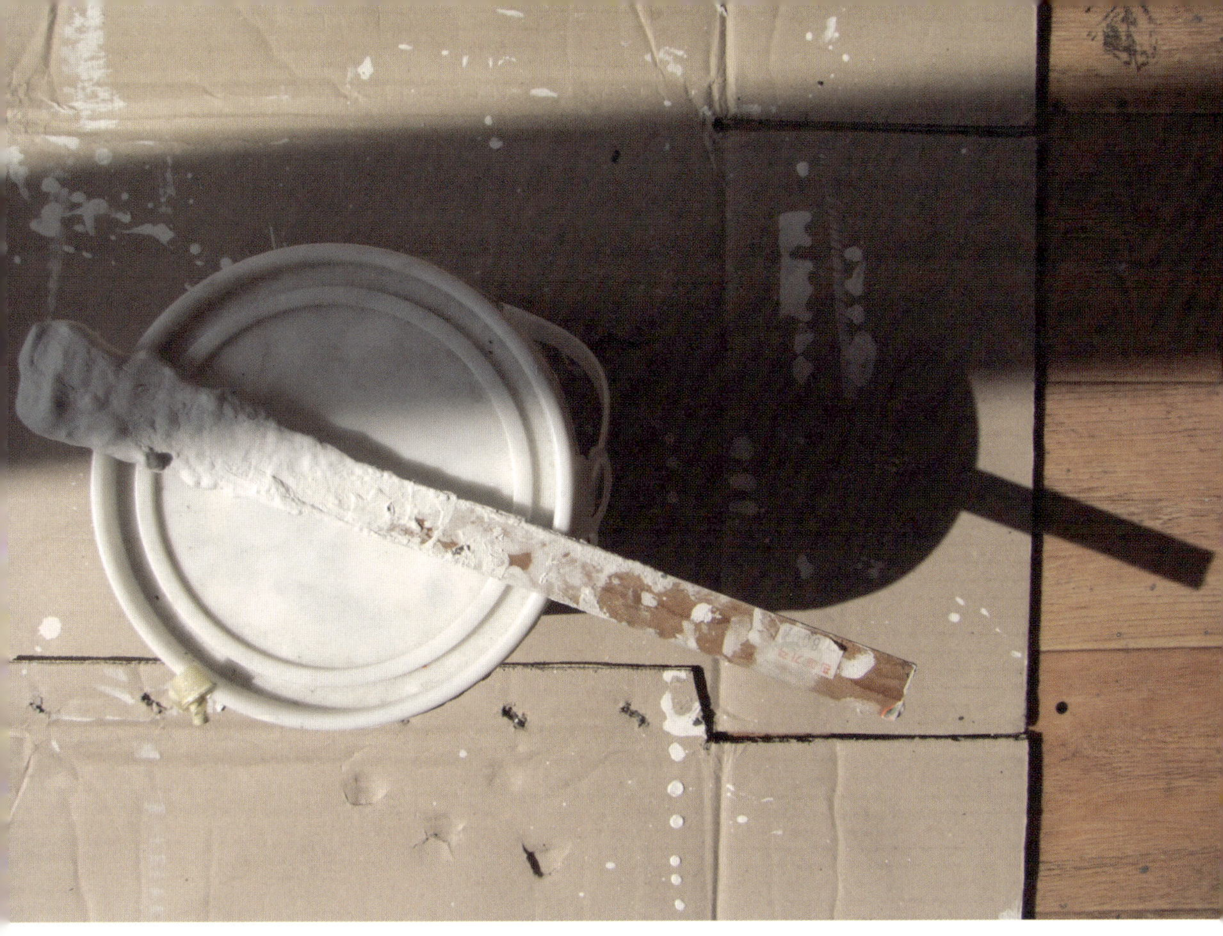

갑자기 어려운 용어가 나와서 머리가 아플 테지만 뭐가 뭔지는 알아야 유화의 첫발을 내딛을 수 있으니 꾹 참고 훑어보도록 하자. 테레빈과 페트롤은 휘발성유로 물감을 묽게 하는 대신 광택을 죽이는 경향이 있어서 작품 제작 중에 쓰기보다는 시작단계에 적합하다. 대신 포피유와 린시드유는 식물성 기름으로 휘발하지 않는다. 그래서 유화의 특징인 광택은 살려주지만 너무 많이 사용하면 건조속도가 너무 느리기 때문에 건성유를 사용할 땐 휘발성유를 약간 섞어서 사용하는 것이 좋다. 페인팅 오일은 위의 두 종류를 적절히 배합하여 만들어놓은 것이다.

메디움

예전엔 화가들이 직접 메디움médium을 만들어 썼으나 요즘은 편리하게 만들어져서 나온다. 메디움은 그림 표면의 광택이나 균열에 영향을 주어 다양한 느낌이 가능하게 해준다.

바니시

바니시varnish는 간단하게 말해서 그림을 완성한 뒤 사용하는 재료다. 여러 가지 환경에 그림을 보호하기 위해서는 후처리가 필요하다.

유화 물감은 각각의 성분과 특징, 보조제의 특성과 용도에 따라 기법은 무궁무진하다. 따라서 무턱대고 붓과 물감으로만 시작했어도 유화에 빠져들면 빠져들수록 단순하지 않다는 것을 알게 된다. 그래서 유화를 어렵고도 복잡하다고 단정 지을 수도 있으나 달리 보면 굉장한 매력을 지닌 분야라고도 볼 수 있다. 아무리 재료 설명을 읽고 또 읽어도 직접 해보지 않으면 알 수 없다. 시작이 반이라 했으니 차근차근 시도해본다면 언젠가는 유화를 떡 주무르듯 다룰 날이 올 것이다.

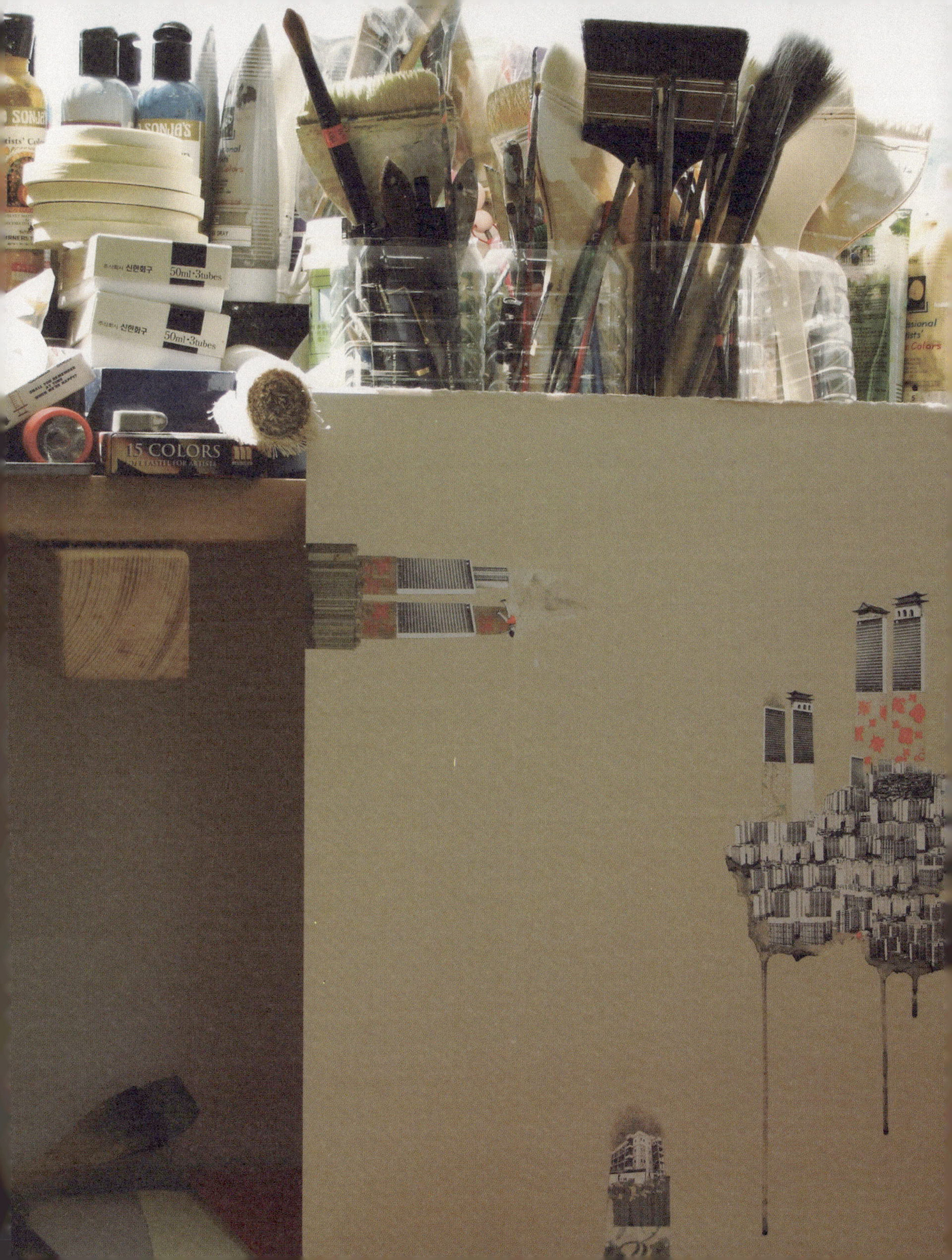

재료 오래 쓰는 방법

재료를 오래 쓰기 위해서 무조건 아끼거나
아예 사용하지도 않는다면 그림을 그릴 필요도
없어진다. 어차피 그림을 그려야 한다면 이미
보유하고 있는 재료를 마음껏 쓰면서 오랫동안
사용할 수 있도록 관리하는 것이 좋다. 평소에
관리만 잘해도 재료비를 절약할 수 있다. 여기에
기본 재료 관리방법을 몇 가지 소개하겠다.

붓

약품 처리를 하는 식의 어려운 방법을 말하려는
것이 아니다. 우리가 그림을 그리면서 쉽게
지나칠 수 있는 부분에 대하여 좀 더 신경을
써주면 된다.

1 붓은 물에 담가놓지 않고 보관할 땐
   털이 휘어지지 않도록 주의해야 한다.
   금방 훼손되고 털이 휘기 때문에 제 기능을
   하지 못한다. 따라서 털은 세척한 뒤 본래의
   모양으로 가다듬어 말려둔다.
2 붓에 묻은 물감을 깨끗하게 세척해주어야
   한다. 특히 유화나 아크릴화 붓은 세척이 가장
   중요하다. 유화 붓은 전용 세척액에 헹군 뒤
   한 번 더 비누로 세척해주는 것이 좋다.

세척은 가장 번거로운 단계이긴 하지만 잠깐
수고를 더하면 붓의 수명을 연장할 수 있다.

3 붓을 아무리 깨끗하게 세척해두어도 물감의
   잔재가 다음 작업에 영향을 미칠 수가 있다.
   따라서 화이트와 블랙 전용을 각각 따로 두거나
   밝은 색감 전용 붓과 어두운 색감 전용 붓을
   구분하여 사용한다.

연필

1 연필은 자주 잃어버릴 수 있는 재료다.
   난가가 저렴하고 가볍기 때문에 아무 데나
   넣어놓거나 꽂아둔다. 그런데 이런 식으로
   잃어버리게 되는 연필도 상당히 많으니
   차라리 전용 필통을 마련하도록 하자.
2 연필깍지를 적극 이용하자. 연필깍지는
   여러 가지 기능이 있는데 넓은 면적을
   그릴 때나 옅은 선을 그어야 할 때, 그리고
   몽당연필의 길이를 연장할 때도 사용된다.

물감

1 아크릴 물감처럼 금방 응고되는 물감은
   뚜껑을 잘 닫아놓아야 한다. 귀찮다고 제대로
   닫아놓지 않으면 재구매가 불가피하다.

2 물감도 천연성분으로 이루어진 것이 있고,
  화학성분으로 이루어진 것도 있다. 이 말은 곧
  물감도 유통기한이 있어서 기한이 지나면
  변색될 우려가 있다는 의미이다. 따라서 미리
  사놓고 나중에 모두 버려야 하는 불상사가
  생기지 않으려면 필요한 색은 그때그때 사서
  쓰는 것이 가장 좋다.

3 직사광선에 바로 노출되거나 바람이 너무
  많이 부는 곳에 물감을 놓지 말자. 뚜껑이 미처
  닫혀 있지 않을 경우엔 물감이 말라버릴 수도
  있고 햇볕에 변색될 수도 있다. 이왕이면
  잘 쓰지 않는 물감은 상자에 넣어서 서늘한
  곳에 보관해두자.

팔레트

붓과 마찬가지로 세척이 중요하다.
아크릴 물감의 경우에는 팔레트에 물감이
응고되었다 해도 곧바로 떼어내면 잘 뜯어진다.
그러나 굳은 물감을 오랫동안 방치하면
고무 성분이 단단하게 굳어서 떼어내기도
힘들어진다.

종류별로 정리를 잘 해두자

재료를 오래 쓰지 못하는 가장 큰 이유는 자꾸
잃어버려서이다. 막상 필요할 땐 간절하다가도
나중에 다시 쓸 땐 한참을 찾다가 또다시
구입해야 하는 경우가 많다. 나 역시 이런 경우가
허다했기 때문에 재료를 오래 쓰기 위해서는
정리 정돈을 잘해서 보관해야 한다는 것을
절실히 깨달았다. 분실의 염려를 줄일 수 있는
효과적인 방법 중 하나가 라벨지에 메모를 해서
구별해 놓는 방법이다. 그러면 나중에 그 재료가
필요할 때 쉽게 찾을 수 있다.

재료를 오래 사용하는 방법은 결국 부지런함이다.
첫 단추가 중요하듯이 앞으로 그림을 꾸준히
그릴 마음이 있다면 이러한 사소한 절약과
부지런함에 습관을 들이자.

일상용품으로 재료 대신하기

그림 재료의 종류는 워낙 많아서 대형 화방에 가면
입맛대로 구입해서 사용해볼 수 있다. 그러나
가격이 만만치가 않다. 그러다보니 일일이
사서 쓰기엔 부담스러운 것이 사실이다. 그리고
비싸다고 해서 품질이 다 좋은 것도 아니고,
일부러 사서 쓸 필요가 없는 것들도 있다.
하지만 재료를 많이 써보고 요령이 생기니
고가의 재료와 저가의 재료를 적절히 분배해서
쓰는 법도 알게 되었다. 그보다 더 중요한 것은
일상용품에서 충분히 대체할 수 있다는 사실을
알게 된 것이다.
무엇이든 상품이 되면 돈을 지불해야 한다.
일상 재활용품에 약간 손만 대면 인테리어 소품
가게에서 구입한 것과 별다른 차이가 없다.
자, 그렇다면 돈 굳는 방법 몇 가지를 공개하겠다.
일일이 구입하지 말고 알뜰하게 일상용품을
활용하여 그림 연습을 해보자.

페트병 활용

페트병을 활용해 물통 만드는 방법은
개인적으로 한두 가지쯤은 알고 있을 것이다.
수채화, 아크릴화, 수채색연필 등은 물이
필요하다. 먹다 남은 페트병을 윗부분만 오려내서
물통을 만든다. 페트병처럼 입구가 좁아서

큰 붓을 세척하기 어렵다거나 많은 양의 물감을
만들어야 할 때는 딸기 살 때 담아서 주는
대야를 이용해도 좋다. 이 밖에도 사탕 담긴
플라스틱 병이나 음료 병 등등 물통으로
활용할 수 있는 것들은 무궁무진하다. 또한
페트병은 붓꽂이로도 가능하다.

팔레트

물감을 짜서 희석하는 곳이 팔레트다. 그렇다면
생활용품 중에 이러한 용도로 쓸 수만 있다면
뭐든 가능하다. 대신 색감의 구별을 위해서
이왕이면 밝은 단색계열이 좋다. 못 쓰는 그릇이나
쟁반도 상관없다. 나는 급할 땐 책받침이나
책꽂이에 꽂혀 있는 플라스틱 종이 파일함도
팔레트로 쓰곤 한다. 물감의 양을 많이 만들어야
한다면 그릇 형태가 적합하고 그렇지 않다면
납작한 형태여도 상관없다. 그릇이 없을 땐
1회용 종이컵이나 플라스틱 컵도 좋다. 그러나
1회용도 한 번으로 끝내지 말고 씻어서
몇 번이고 쓸 수 있으니 낭비하지 말자.

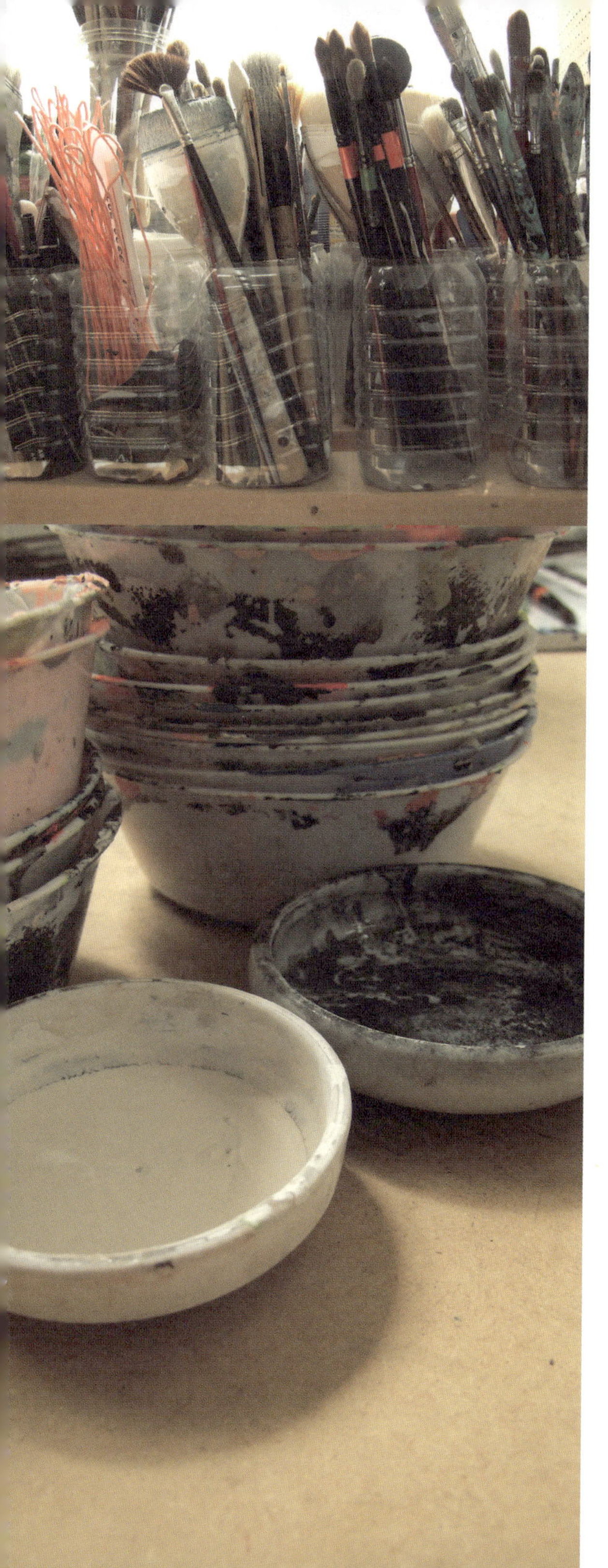

수납공간

물감과 갖가지 드로잉 재료 및 잡동사니를
정리해둘 수 있는 수납공간 역시 충분히
만들어 쓸 수 있다. 화장품이나 약, 또는 제품이
담겨 있던 상자를 바닥과 뚜껑을 따로따로
분리하여 수납공간을 만들어보자. 작은 수납장은
잡동사니를 진열하고 큰 수납장에는 큰 것들을
정리해둔다.

종이 보관함

종이는 말아서 보관하는 것보다는 펴서 보관하는
것이 좋다. 말아서 보관하게 될 경우에 나중에
활용도가 떨어지거나 작품이 손상될 수도 있으니
주의하자. 양쪽 지지대와 그 사이사이에 층을
만들어줄 수 있는 형태면 가장 좋다. 내 경우에는
좌식 책상 아래의 빈 공간을 종이나 스케치북을
보관하는 장소로 사용하고 있다. 여기서 가장
중요한 것은 원래 형태를 유지하며 보관해야
한다는 점이다.

연필깍지

요즘은 저렴한 가격으로 튼튼한 깍지를 사서
쓸 수 있는데 내가 중·고등학생 땐 이것도
만들어 썼다. 만드는 방법은 우선 다 쓴
사인펜이나 볼펜의 잉크 부분을 분리해낸다.
연필이 끼워져야 할 끝부분을 라이터로 살짝
지지면 플라스틱이 말랑말랑해진다. 이때
재빨리 연필을 적당히 끼우고 휘어지지 않도록
수평으로 바닥에 굴려가며 모양을 잡는다.

파지 이용

드로잉과 크로키는 무조건 많이 그려봐야 한다.
비싼 스케치북 한 권 사서 아껴가며 한 달
그려봤자 소용없다. 하루에 한 권을 다 그려도
아쉬울 판이다. 바로 이때 파지를 이용해보자.
달력 뒷면, 이면지, 홍보 전단지 뒷면, 신문지 등등
활용할 수 있는 파지는 의외로 많다. 파지를
크기별로 나눠서 묶음처리를 해서 스케치북을
만들자. 그리고 틈나는 대로 크로키 연습을
해보는 거다. 파지를 이용할 수 있는 것은
또 있다. 콜라주 작품을 만들 때도 얼마든지
활용이 가능하다. 작품 구상을 할 때도
스케치북 대용으로 파지에 그릴 수도 있고,

아이들과 그림교실을 진행할 때도 콜라주는
손쉽게 창작해볼 수 있는 방법이다.

헌 옷

작업할 때 옷을 보호하기 위해 입는 앞치마는
꼭 미술용품일 필요는 없다. 어머니가 쓰시다 만
부엌용 앞치마여도 상관없고 헌 옷을 입어도
된다. 잘 안 입는 치마를 약간 개조해서
앞치마로 활용해도 좋다.

이 밖에도 일상용품을 활용하여 그림 연습을
하거나 작품을 만들 수 있는 방법은 무궁무진하다.
얼마나 비싸고 제대로 된 재료를 갖추었는가보다
얼마나 내게 효율적인 재료를 갖추었느냐가
더 중요하다. 현대 사회에서 돈은 곧 시간이라고들
한다. 맞는 말이다. 그래서 물감도 만들어 쓸 수
있는데도 이미 만들어져 있는 것을 구입해
쓰는 일은 우리에게 시간과 편리함을 제공해주기
때문이다. 그러나 아낄 수 있는 재료가 있다면
조금만 더 아이디어를 내서 조금만 더
부지런해져보자. 내 돈도 굳고 환경도 살리는
일이 될 것이다.

on-jung.com

(온정 작가 작품활동 웹사이트)
온정 작가의 작품활동을 엿볼 수 있는 공간입니다.

instagram.com/onjung1

느리게 사는 작가의 일상을 엿보고
시각적 생각을 나누는 공간입니다.

cafe.daum.net/yes603

(미술과사람들)
오프라인 미술수업이나 그림을 배우고 싶은
이들의 모임 장소입니다.

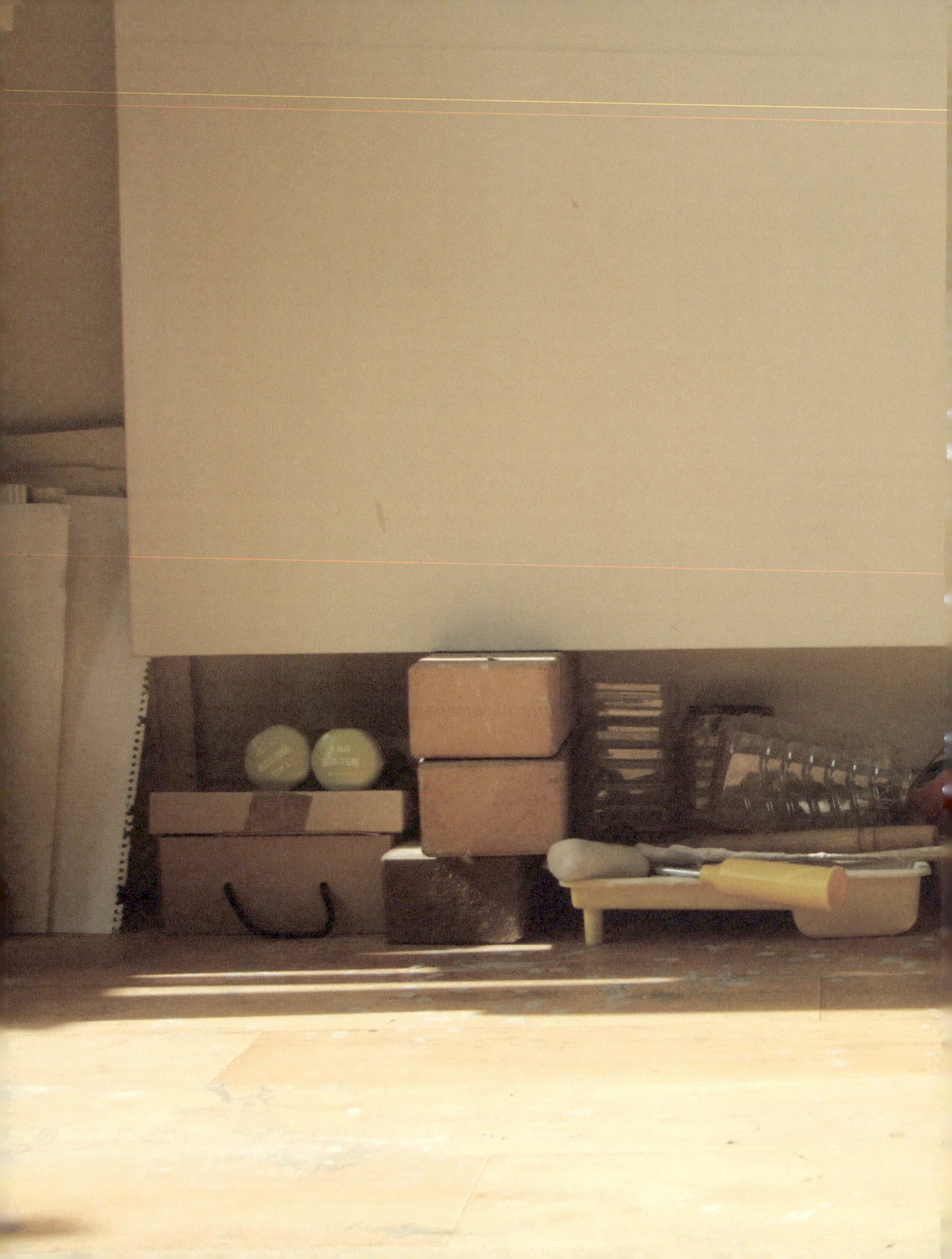

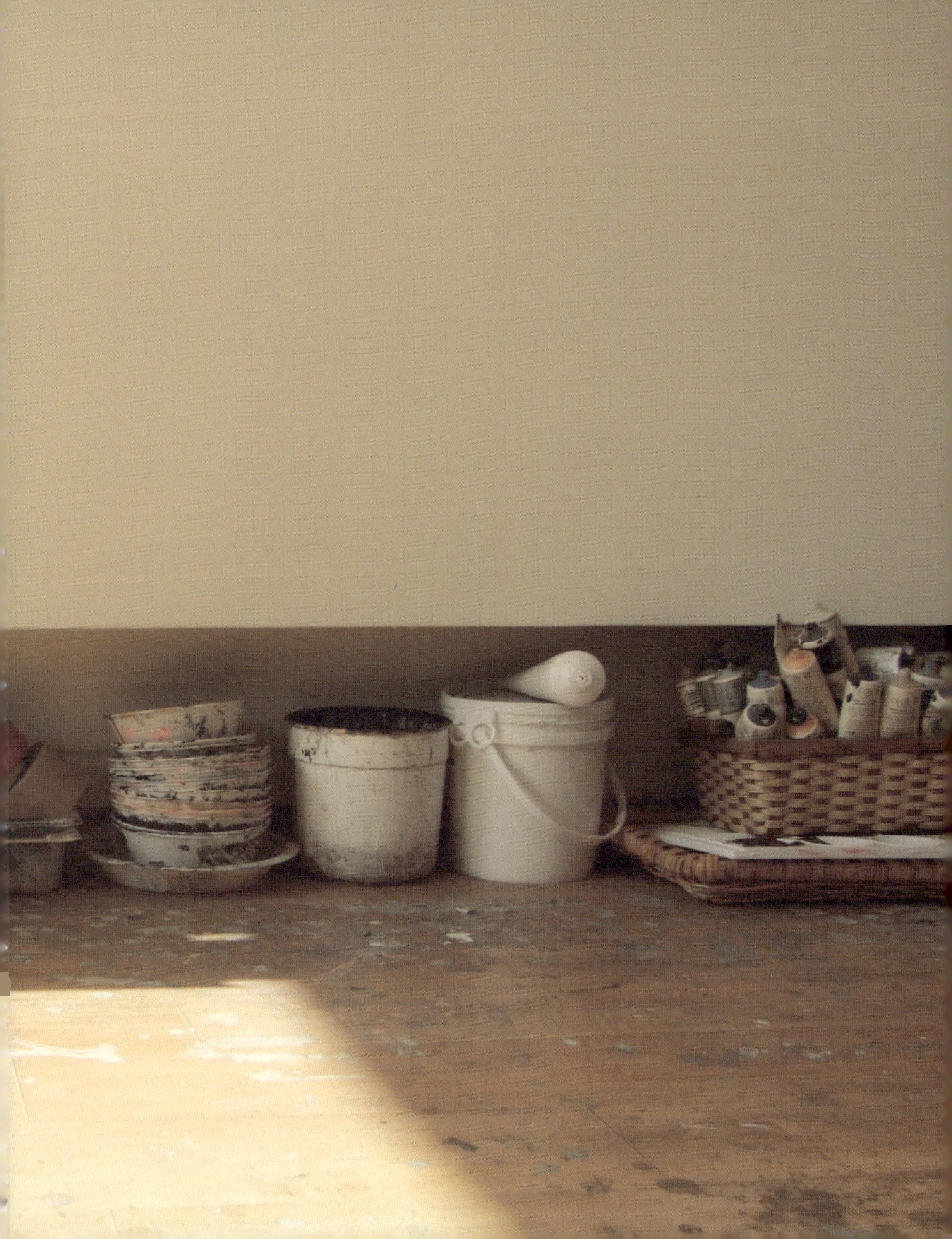

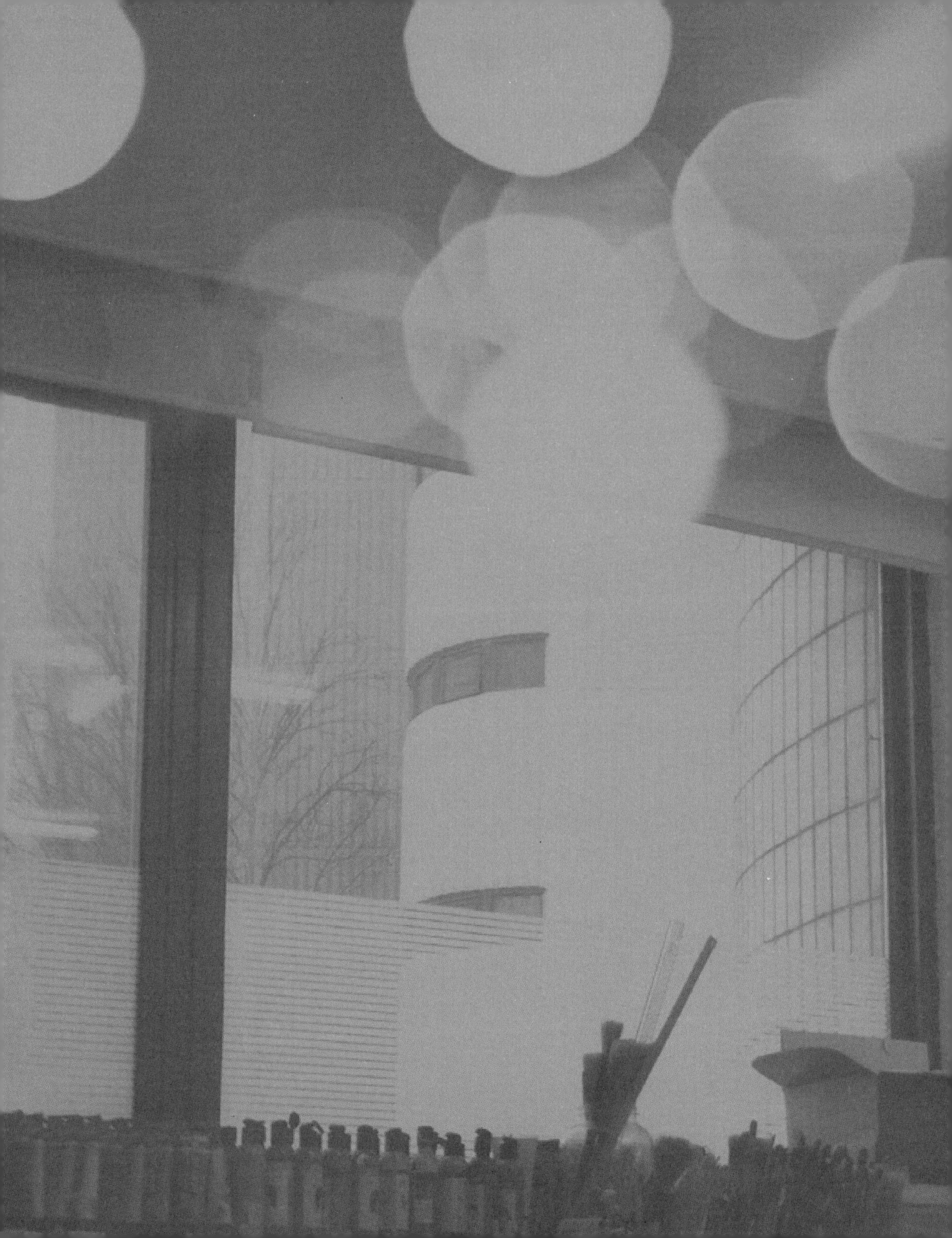

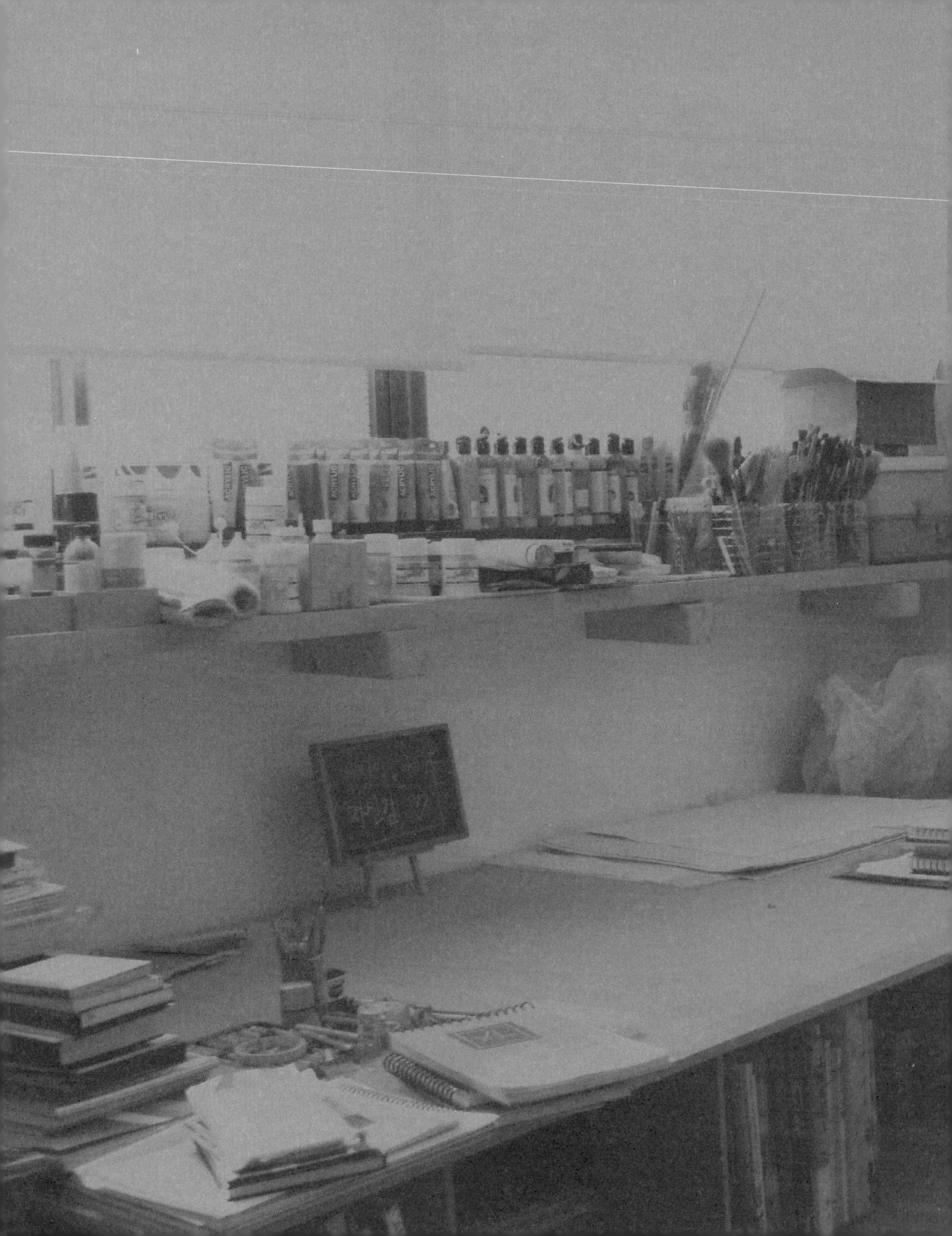

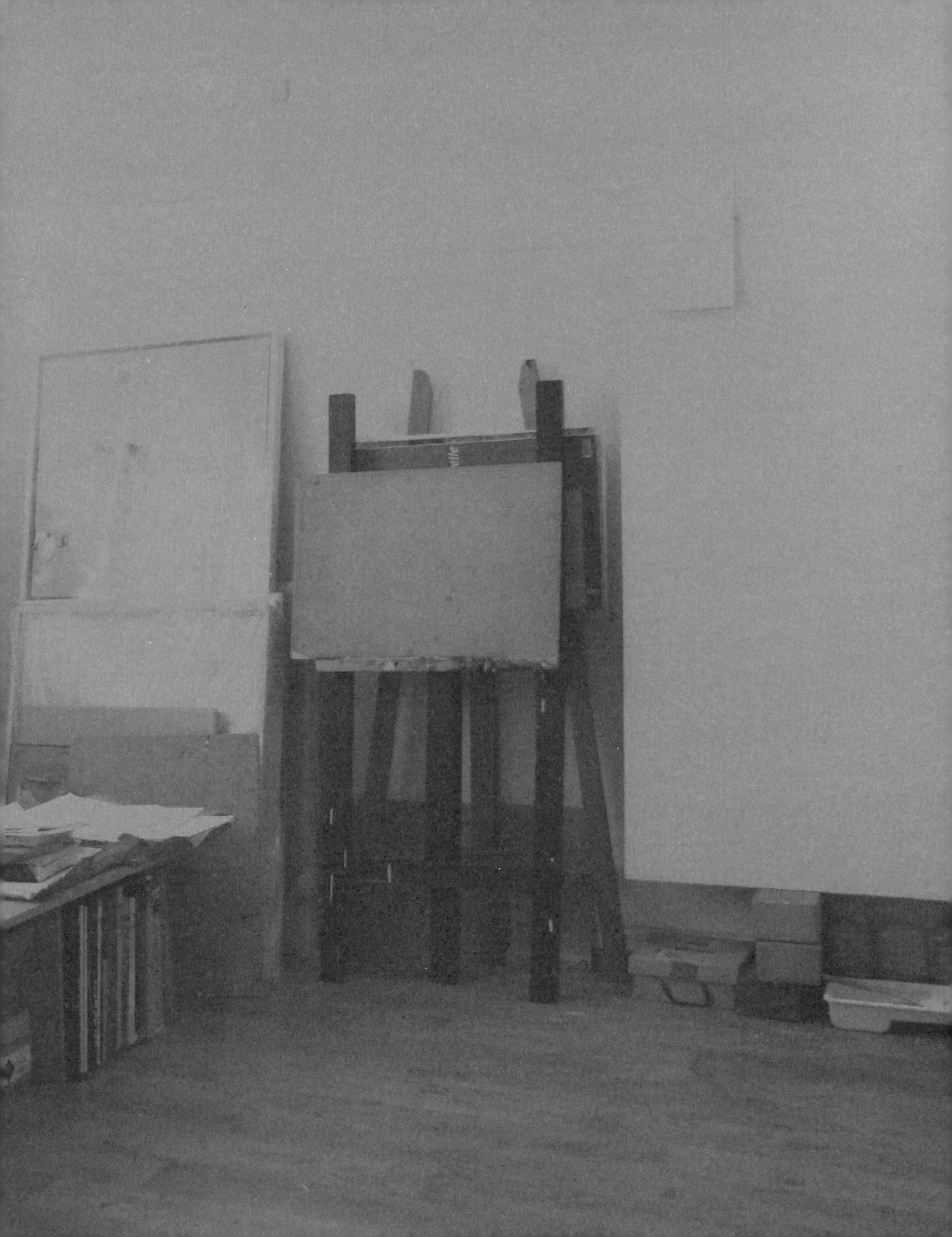

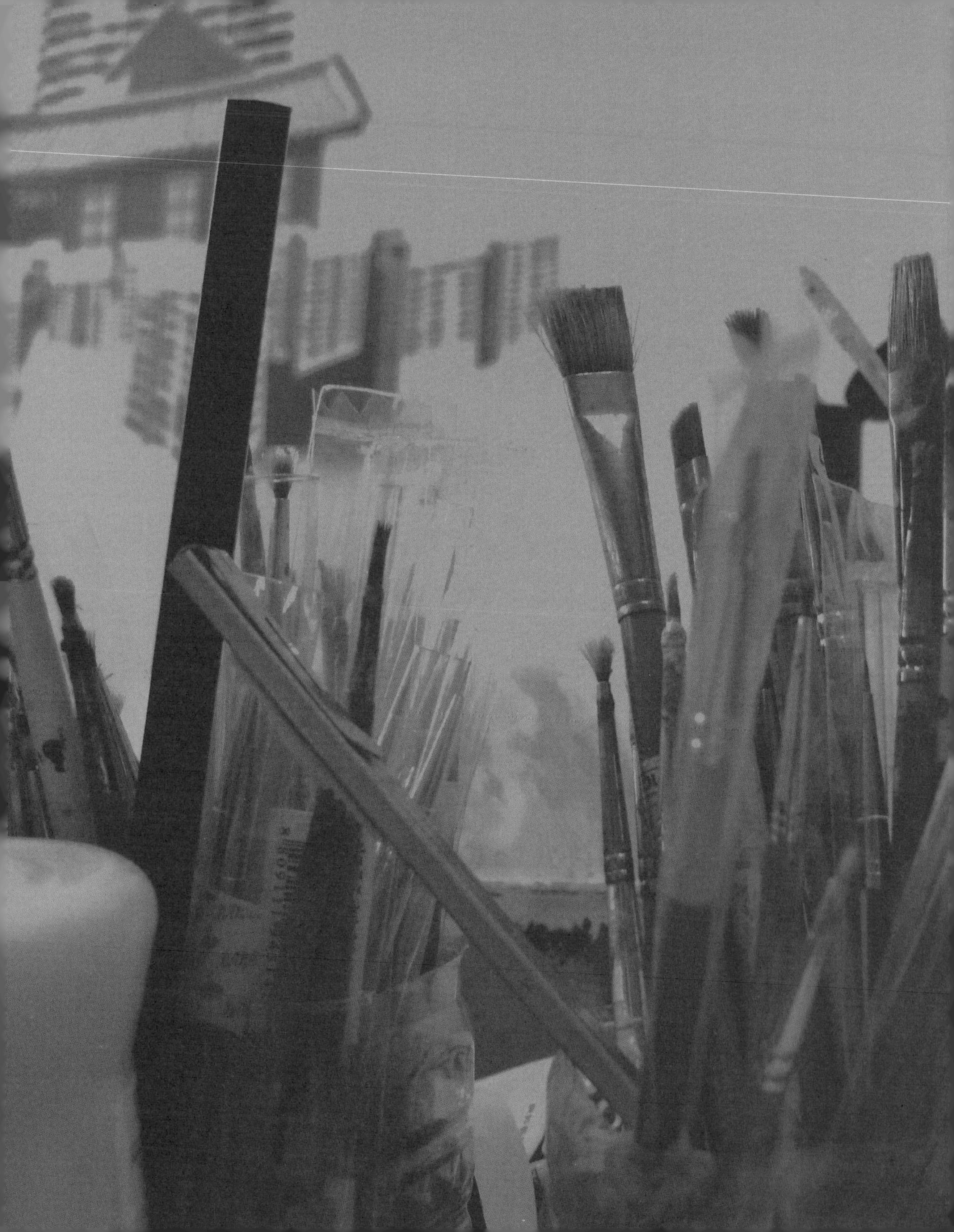

지금 시작하는 드로잉

지금 시작하는 드로잉:
당당하게 도전하는 희망 그리기 프로젝트

2011년 3월 25일 초판 발행 · 2024년 12월 6일 10쇄 발행 · **지은이** 오은정 · **펴낸이** 안미르, 안마노, 오진경
기획·진행·아트디렉션 문지숙 · **편집** 맹한승 · **디자인** 김승은 · **마케팅** 김채린 · **매니저** 박미영 · **제작** 한영문화사
글꼴 SM3견출고딕, SM3신신명조, SM3중고딕, SM3태명조, Letter Gothic Std

안그라픽스
주소 10881 경기도 파주시 회동길 125–15 · **전화** 031.955.7755 · **팩스** 031.955.7744
이메일 agbook@ag.co.kr · **웹사이트** www.agbook.co.kr · **등록번호** 제2-236 (1975.7.7.)

ISBN 978.89.7059.577.1 (13630)

지금 시작하는 드로잉

당당하게 도전하는
희망 그리기 프로젝트

오은정 지음

안그라픽스

지금 시작하는 드로잉

당당하게 도전하는
희망 그리기 프로젝트

PART 2　만끽 - 그리다
빠른 드로잉, 실용 드로잉

PART 3   자유 - 그리다
상상하기, 창작하기, 직업으로 연결하기

십여 년 전 미대를 다니고 있던 어느 날, 나는 학교를 휴학하고
입시 강사를 그만둔 뒤 몇 달 간 유럽여행을 다닌 적이 있었다.
성향도 문화도 피부색도 다른 친구들과 유럽 곳곳을 함께 다니며
항상 들고 다녔던 것은 다름 아닌 크로키북과 일기장이었다. 나에게는
일상적인 일이었지만 그들에게 난 부러움의 대상이었다. 그들과
헤어질 때 크로키북에 그려진 드로잉을 한 장씩 선물로 주곤 했는데
그 어떤 선물보다도 기뻐하는 듯했다. 스케치북에 끼적인 드로잉들은
서로간의 언어와 문화의 장벽을 허물어주었고 내겐 자신감을
심어주었다. 그 후 한국에 돌아와서도 그 우쭐한 기분은 쉽게
사라지지가 않았다.

그 여행을 가기 전까지만 해도, 학교는 온통 그림 그리는 친구들로
북적였었고, 나는 학원에서 미대를 가려는 학생들을 가르치고
있었다. 그렇게 내 주변의 일상이 그리기로 일관되다 보니 '그릴 줄
안다'는 것의 소중함을 점차 잃어가고 있었고 그리기에 식상함마저
느끼던 중이었다. 그러다 어느 날 문득 떠난 여행을 통해 끼적임의
소중함을 다시 알게 된 것이다. 미술 전공자들 이외에 미술과
아무 관련이 없는 일반인들도 그리기를 원하고 있다는 것을
그때 처음 알았던 것이다. 마침 여행 중 만난 한국인 김○○ 씨가
서울로 돌아온 뒤 연락이 왔다. 과외를 해달라는 것이었다. 그것도
내가 여행 중에 그렸던 그것들을 원한단다. 물론 지금은 크로키와
드로잉의 개념이 많이 퍼져 있지만 그 당시엔 취미로 미술을
배우려는 일반인들도 미대 입시생들이 배우는 것과 똑같은 수업을
듣던 분위기였다. 즉, 그림을 배우러 학원에 가면 석고 소묘나

정물 수채화가 주된 수업내용이었고, 그림을 좀 해봤다 싶은
사람들은 작가 작업실에서 유화를 배우는 정도였다.

그런데 김○○ 씨는 그런 종류의 그림 수업이 아닌 좀 다른 것을
원하고 있었다. 바로 내가 여행 중 여기저기서 끼적였던 행위를
배우고 싶다는 것이었다. 내가 말하는 '끼적였다'는 표현은 그림을
그렇게 편하고 쉽게 그렸다는 의미로 하는 말이다. 여행 중엔
일기를 쓸 때도 그림일기를 썼고 사진을 찍는 대신 선을 이용한
빠른 스케치를 했다. 변덕스런 날씨와 빛의 방향, 바람에 의해
수시로 변하는 풍경은 결코 사진 속 풍경을 그리는 것과 같지 않다.
야외에서 예기치 못한 여러 가지 변수를 감당하며 신속하게
그리다 보면 집중력, 관찰력, 속도감이 좋아진다. 이렇게 쌓인
내 실력은 어느새 박제된 그림실력이 아닌 살아 꿈틀거리는
그림실력이 되었다. 하지만 이렇게 지극히 주관적인 나만의 그리기
수련을 통해 만들어진 그리기 방법을 어떻게 정규 수업 커리큘럼으로
만들 수 있을지 난감했다. 게다가 이 수업을 듣는 사람들은 학생이
아닌 나보다 나이가 많은 성인들이라는 것이 나를 더 곤혹스럽게
했다. 그럼에도 불구하고 수업은 진행이 되었고 한 명으로 시작한
그리기 수업이 이제 10년을 훌쩍 건너뛰어 수많은 사람들과 소중한
인연을 맺게 되었다. 단 한 번도 중단한 적이 없던 이 수업에서
오히려 나는 인생을 배웠다. 단순히 기술을 알려주는 것에
그치는 것이 아니라 한 사람의 인생에 영향을 끼칠 수 있다는 것.
그것만큼 황홀한 경험도 없었다.

제 아무리 실력이 뛰어난 선생님일지라도 제자와 교감이 안 되고,
전달 방법이 효과적이지 못하면 그만큼 어려움이 따른다. 기술적인
측면도 몇 십 번을 반복해서 알려주는 것보다 딱 한 번 마음으로
교감하고 눈높이를 맞춰주면 금방 전달이 된다. 눈높이를 맞춘다는
것은 내 올챙이 시절을 떠올리며 배우는 이의 마음속에 들어가보는
일이다. 신기하게도 대부분의 사람들은 비슷한 지점에서 넘어지고
까지고 답답해했다. 그리고 지난 10년간 누군가를 가르치며 겪었던
많은 경험들이 자료로 남았다. 배우고 싶은 마음은 굴뚝같지만
선뜻 행동으로 옮기기가 부담스러웠던 이들에게 주옥같은 정보가
될 수 있을 것이다.

이 책에서는 가급적 내 주관적인 판단이 앞선 글들은 숨아내고
내게 그림을 배우는 이들이 반복적으로 어려워했거나 실수했던 것들
위주로 정리를 해보았다.

책 한 권에 그리기의 모든 것을 담을 수는 없다. 그러나 그림을
사랑하는 모든 이들이 용기를 갖고 정말로 자신이 원하는 것을
그릴 수 있도록 조금이나마 도와주고 싶다. 지금 당신에게
가장 중요한 것은 온몸에 힘을 바짝 주고 그리기를 '정복'하려
하기보다는 자연스럽게 힘을 빼고 한껏 즐길 준비를 하라는 거다.

이 책은 그림을 그리고 싶어 하는 모든 이들을 위한 책이다.
단순히 기법 위주로 나열하여 내킬 때만 꺼내보는 '박제剝製'형
책도 아니고, 난해한 용어가 난무하는 '전문가'용 책도 아니며,
대책 없이 읽는 이의 힘만 북돋워주는 '나 몰라라'식의 책도 아니다.
난치병이 얄미운 건 노력해도 잘 안 고쳐지기 때문이다. 지난 10년간
'그림 못 그리는 난치병'에 걸린 이들을 수없이 만나왔다. 그나마
다행인 건 나도 난치병을 앓은 적이 있어서 이들과 공감할 수
있었다는 거다. 그래서 한 번도 앓아본 적이 없는 이들보다는
이미 한번 앓은 적이 있지만 완치되지 않은 채로 살아가는 이들에게
더욱 필요한 책이다. 그림의 기술은 분명 끝없는 연습에서 비롯된다.
그리하여 내 손은 선 긋는 달인처럼 저절로 익숙함을 따라간다.
이렇게 익숙해지기까지 누구든 방대한 시간을 할애하며 연습하기가
쉽지 않다. 즐기지 않는다면 절대로 할 수 없는 일이다. 하지만
막상 그리는 기술에 능숙해지면 그것을 버릴 수도 있어야 한다.
기술이 위험한 건 내 몸이 기억하고 있기 때문이다. 아무리 자유로운
발상을 해도 손이 이미 익숙한 쪽으로만 움직인다면 자유로운 표현에
방해를 받는다. 우리는 무엇이든 눈에 보이는 것 안에서만 노력하고
해결하려 한다. 그래서 더 초조하고 불안하다. 연습을 즐기고
익숙한 기술에서 벗어날 수 있으려면 '마음의 접근'을 허용해야 한다.
그림이 좋아서 끼적이는 아이들도 학원만 가면 재미를 잃어버린다.
이유는 왜 그것을 배워야 하는지 잘 몰라서이다. 이 책은 당신에게
'왜?'라는 질문을 할 수 있는 기회를 줄 것이다. '왜?'라는 질문에
답할 수만 있다면 어디서든 그림을 즐겁게 그릴 수가 있다.
'그리기'는 고행을 수반하기도 하고 그저 즐길 수도 있다. 그러나

많은 이들이 이 부분에서 헷갈려 한다. 인내력을 갖고 연습해야
그림실력이 향상된다는 것과 자유로운 마음으로 즐겨야 한다는
태도가 서로 상반되기 때문이다. 우리가 어렸을 때부터 봤던 명화,
광고나 책에서 봤던 많은 그림 이미지들, 갤러리에서 전시되는
그림 작품들은 각기 다른 유형으로 제작된다. 그래서 만일 마음에
드는 그림이 있으면 그것처럼 그리기 위해서 무엇을 준비하고
어떻게 연습해야 할지 알아야 한다.

그리는 방법은 한 가지 유형만 있는 것이 아니다. 이 책에서는
세 부분으로 구분해서 이야기해 보았다. 1부에서는 그림을
그리기 전에 마음속에 숙지해두어야 할 것들을 정리했다.
무작정 본 게임부터 들어갈 것이 아니라 이왕이면 게임에서
이길 수 있도록 좀 더 치밀하게 자신을 되돌아볼 수 있도록
마음을 다잡아보자. 2부에서는 본격적인 그리기 기법에 관하여
다루었다. 글씨 쓰는 것부터 대작을 만드는 것까지 결국 그리기는
하나를 말하지만 여기서는 크게 세 장으로 나누어보았다.
우선 1장 '여유-그리다'는 똑같이 그릴 때의 기본기에 관해서
주로 다루었다. 2장 '만끽-그리다'에서는 빠르게 그릴 수 있는
실용 드로잉에 관하여 다루었고, 3장 '자유-그리다'에서는
창작 발상 및 직업으로 연결시키는 방법에 대해서 알아보았다.
3부 별책 부록 편에서는 재료에 관한 유용한 내용들을 실어보았다.

이 세상엔 비슷한 처지의 사람들이 아주 많다. 그런 의미에서
이 책은 같은 도전을 하고 같은 실수를 하며 같은 갈증을 느꼈던
이들의 경험담을 녹여낸 결과물이다. 따라서 이 책을 제대로
활용하기 위해서는 따라 그려보기도 하고 공감하는 부분에선 메모와
동그라미도 쳐봐야 한다. 책이 너덜너덜해지도록 음미한 다음엔
자신에게 '그림을 왜 그리는가?'라고 질문해보기를.

'원하는 그림을 그려보라.'는 식의 미술교육은

문화적인 맥락이 없기 때문에 나쁘다.

예술을 기술적으로 연마하는 것도

감성과 창조력을 떨어뜨린다.

이상적인 예술교육은 학생들의 욕구나

창의적인 아이디어를 받아들이면서

기술도 가르치는 것이다.

『생각의 탄생』 저자, 루트번스타인 부부

마음 - 그리다

마음 - 그리다

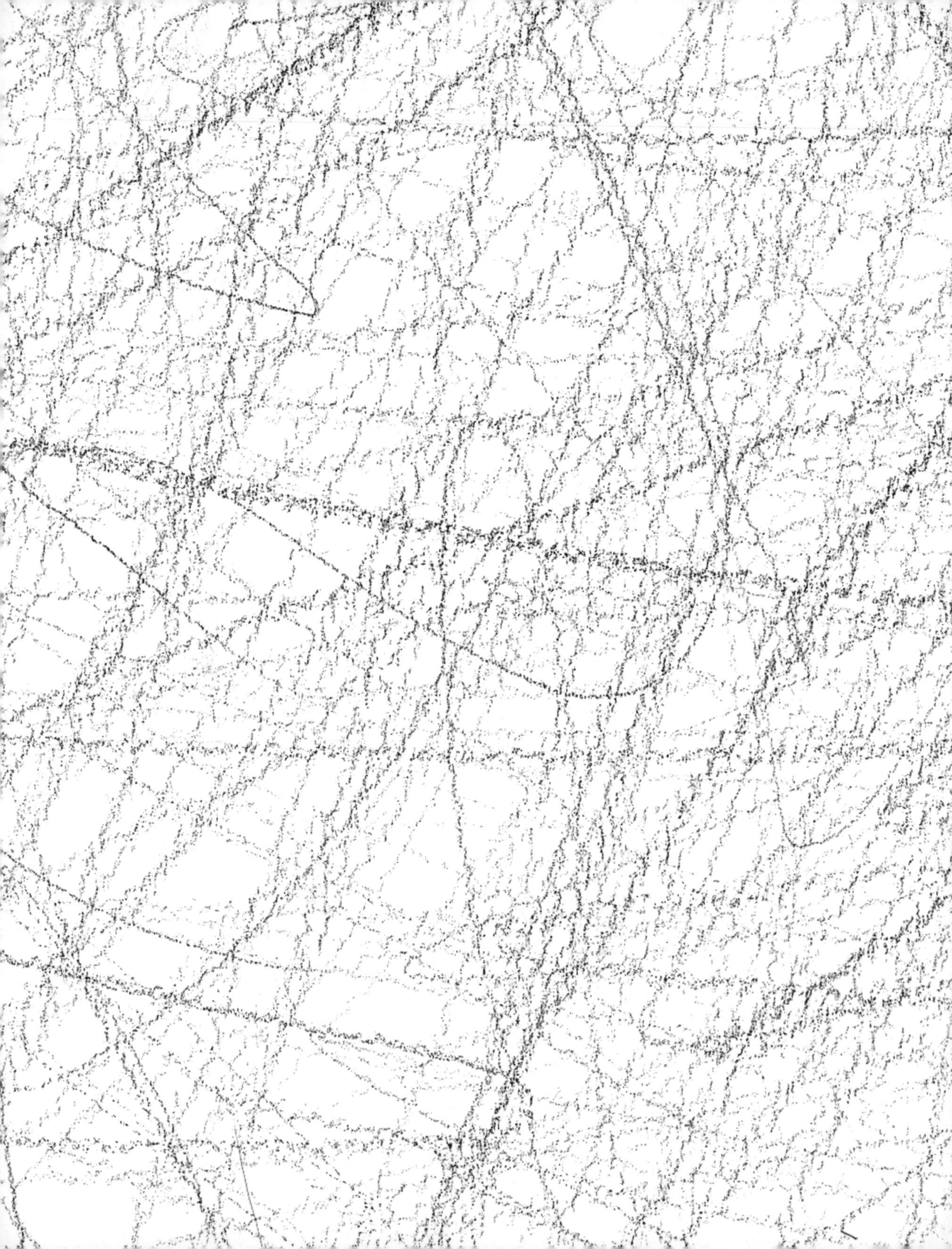

중학생 때였을 거다. 그림을 더 잘 그리고 싶은 마음에 서점에 갔다.
대부분의 책이 기법 위주로 정리가 잘 되어 있는 번역서였다.
하지만 그 당시 나의 그림실력을 향상시키는 데는 별다른 도움을
주지 못했다. 오히려 내용이 없는 작품집이라면 모를까.
세월이 흘러 그림을 제법 그릴 줄 알게 되었을 때 다시금 그 책들을
꺼내 읽어보니 고개를 끄덕이며 공감할 수 있었다. 결국 그 '지점'에
다다랐을 때 저자의 가르침에 공감했던 것이다.
일종의 맞장구랄까?

대다수가 그림을 배울 때, 기법서 위주로 공부를 한다. 그러나
기법보다 더 중요한 것이 '마인드'다. 즉, 마음가짐의 방법
또는 접근의 방법이다. 어차피 기술은 스스로 연습을 해야
터득할 수 있다. 하지만 마음의 준비가 안 되면 그조차도
시도하기 힘들다.

진짜 위로는 "너도 할 수 있어." "힘 내."보다는 "나도 못한다."
"나도 힘들다."이다.

그림의 문턱에 있는 이들의 공통된 고민과 문제를 공유하며
마음가짐의 방법을 배워보자.

당신은 왜 그림을 그리고 싶은가

누구나 한 번쯤은 그림을 잘 그리는 사람들에 대하여 동경하게
된다. 혹은 강렬하게 자신의 마음을 움직인 멋진 그림을 발견하게
되었을 때 그렇게 그려보고 싶다거나 소유하고 싶어진다.
그림을 구입할 때, 인테리어의 목적도 있지만 어떤 이는 작가의
영혼을 소유하고 싶어서 구입하기도 한다. 후자 쪽은 그 그림과
사랑에 빠진 경우다. 그러나 소유에서 만족할 수가 없다면
근본적인 갈증을 채울 수 없다. 결국 본인이 직접 붓을 집어드는
상황이 발생한다.

그림은 '그리움'이라는 말에서 비롯되었다는 말을 많이
들어보았을 것이다. 현재는 사진 기술이 발달해서 정확하고 고정된
이미지를 참고하여 화폭에 옮겨낼 수 있지만 그 옛날 인간이
그림을 그리기 시작했을 땐 사진은 없었다. 즉, 실물을 직접 보거나
봤던 것을 떠올려서 그려야 했다. 좀 더 정확히 말하자면 무언가를
'기록'할 때 실물을 보고 최대한 비슷하게 옮겨내야 했다. 그렇다면
앞서 말한 그리움이란 것과 거리가 멀지 않은가.

언젠가 이런 경험을 했었다. 여행을 다니던 중 인상 좋은
어떤 이를 만나게 되었다. 짧았지만 많은 대화를 나누었고,
나는 곧 여행을 마치고 일상으로 돌아왔다. 그리고 어느 날
드로잉북에 무언가를 그리고 있는 나를 발견했다. 특별한
의도 없이 그렇게 그린 것을 들여다보니 그 안에는 다름 아닌
여행 중에 만났던 이의 모습이 그려져 있었다. 그것은 그리움으로
그려진 그림이었다. 어찌된 일인지 그리움의 감정으로 그림을
그린 다음부터 무언가가 해소된 느낌이었다. 다시는 만날 수 없는
그 여행자에 대한 내 나름의 끼적임은 객관적인 사진보다

더 리얼하고 정확한 이미지였던 셈이다. 실제 모습과 영 딴판일
수도 있으나 난 그 그림을 볼 때마다 여행지에서의 느낌,
그때의 상황, 대화 하나하나를 함께 떠올릴 수 있었다. 이렇게
본다면 역시 그림은 단순한 기록을 넘어선 그 무언가임에 틀림없다.
그러나 그림을 그리고 싶어 하는 이들은 모두가 이렇게 감성적인
목적만 있는 것은 아닐 것이다. 지난 몇 년 동안 내게 그림을
배우러 왔던 이들의 유형을 대략 정리하자면 아래와 같다.
당신도 해당사항이 있는지 한번 훑어보시라.

1 여가시간에 취미활동을 하려고
2 본인 직업의 기초를 탄탄히 하기 위해
3 특기사항을 만들기 위해
4 표현의 자유를 위해
5 미술에 대한 미련을 버리지 못해서

이 밖에도 그리기의 목적을 세부적으로 나눈다면 더 있을 테지만
대체적으로는 1번에서 5번까지의 이유가 대부분이었다.
    1번의 경우, 불과 몇 년 전부터 급격히 늘어난 추세다. 예전에
그리기는 전공자가 주로 하는 일이었고 일반인들은 따로 많은 것을
준비해야 배워볼 수 있었다. 하지만 인터넷의 발달로 정보도
방대해지고 검색도 신속해져서 준비의 막막함을 벗어날 수가 있게
되었다. 또한 개인적인 영역이 점점 더 중요해지면서 취미활동의
종류도 점점 확대되었다. 그중 뚜렷한 특징은 전문가의 영역을
개인의 취미 영역으로 끌어들여 즐길 줄도 알게 되었다는 것이다.
예를 들어 악기 연주, 요가, 와인, 스포츠, 여행…… 등등
많은 이들이 배움을 넘어서서 그것들을 즐기고 있다. 그림도
마찬가지다. 전문가들의 영역이었던 드로잉, 크로키에 대한
매력을 일반인들이 점점 더 많이 알아가고 있고, 온라인에서는

비전문가들이 카툰을 만들어 연재를 하기도 한다.

2번의 경우, 대개는 미술응용계열 종사자들이다. 예를 들어 의상디자이너, 인테리어디자이너, 건축설계디자이너, 카피라이터, 광고기획자, 애니메이터, 일러스트레이터, 동화작가, 게임기획자 등등 다양한 분야의 미술응용계열 종사자들을 들 수 있다. 그동안 수업 중에 만났던 분들 중에 미술응용계열에서 일하는 분들이라 해도 그리기의 걸음마 과정은 비전공자와 크게 다르지 않았다. 특히 디자인 작업은 컴퓨터 프로그램이 발달하면서 수작업이 등한시되어 점점 더 손맛을 잃어가고 있다. CG작업은 신속하고 편리하지만 수작업이 능숙하면 CG작업의 효율성을 몇 배로 증가시킬 수 있다. 미술응용계열 종사자들을 위한 설명은 뒤에서 다시 다뤄보도록 하겠다.

3번의 경우, 1번과 비슷한 맥락이지만 단순히 여가 시간을 즐기는 것에서 그치지 않고 자신만의 특기로 삼기 위해서 그림을 배우는 경우이다. 실력을 키워서 제 것으로 만들어야 특기사항이라고 당당히 말할 수 있다. 따라서 3번의 목적으로 그리기를 배우는 분들이라면 관련 직업이 아니라 해도 전공자들 뺨칠 수 있도록 몇 배의 노력을 감수해야 한다.

4번의 경우, 이것 역시 1번과 같은 맥락이지만 '표현의 자유'가 그리기의 목적인 분들에게는 실력향상보다는 심리적인 것에 좀 더 초점을 두라고 말하고 싶다. 예를 들어 미술치료는 자유표현을 기본으로 한다. 최근 어느 기사에서 자유로운 글쓰기가 정신적, 정서적 치유와 치료에 효과가 있다고 했는데 자유로운 그림 그리기는 그보다 훨씬 앞서 일반인들에게 활용되어왔다. 미술치료가 환자의 정신 상태를 알아보고 치료하는 데에 도움을 주기도 하지만 꼭 병이 있어야 미술을 접하는 것은 아니다. 자유롭게 표현하는 것을 발산이라고 본다면 우리는 평소에도 수시로 자가 치료를 할 수 있고 더 나아가 치유와 정화를

맛볼 수 있다. 너무 거창하게 말한 것 같지만 결국 무언가를
발산한다는 것이 마음의 응어리나 갑갑함을 조금이나마
해소시켜 줄 수 있는 어떤 것이 아닌가. 그런데 무언가를
내뿜고 싶은데 손이 말을 듣지 않는다면? 바로 그때 최소한의
그리기 실력을 간절히 바라게 되는 것이다.

　마지막으로 5번의 경우는 내가 그동안 가장 많이 만나본
사람들이었다. 상황과 여건이 안되어 미대를 가지 못한 분들,
미대나 디자인 관련 학과를 졸업 후 미련을 갖고 다시 시작하고자
하는 분들, 전공자는 아니지만 그림을 배우려고 학원을 다녔다가
중단 후 다시 시작하는 분들, 그림을 한 번도 배워보지 않았지만
계속 미루다가 용기를 내신 분들…….

　여기서 하나의 공통점을 발견하자면 누군가가 살아생전에
그림 그리기에 마음이 갔다면, 자신이 원하는 실력에 도달할 때까지
늘 숙제를 안고 살아가는 기분이라는 것이다.

　이처럼 그림을 그려보겠다고 시도해보는 사람들은 여러 가지
이유가 있다. 그리고 그 이유를 각자가 분명히 알고 있어야 한다.
한 가지 명심할 점은 순간적으로 마음이 들끓었다가 사그라지면
그만두기에는 이 세계의 매력이 너무 강렬하다는 것이다. 특히
맛을 봤다면 더더욱 끊기가 힘들다. 엉거주춤하느니 차라리
제대로 정면을 바라보는 게 좋지 않을까? 그림을 왜 그리고 싶은지
잘 모르겠다면 어쩌면 당신은 더더욱 큰일 났을지도 모른다.
그렇다면 우선 마음이 이끄는 대로 가보시라. 진정한 사랑에는
이유가 없다고 했는데 무슨 말인지는 잘 알 것이다. 뒷일은
책임 못 진다. 중요한 건 늦었다고 생각될 때가 시작이니까.

진심으로 원하고 있는 것 맞습니까

진정으로 원하는 일을 위해
특별히 시간을 내지 않는다면,
늘 해야 할 일이 넘칠 것이고,
늘 너무나 바쁠 것이다.

달라이 라마

우리는 늘 바쁘다. 만약에 당신이 직장인이라면 주 5일 아침마다
출근을 해야 할 테고 칼 퇴근이 안 될 경우 녹초가 되어 밤늦게야
방에 들어와서 뻗어버릴 것이다. 간신히 주말에 시간이 날 테지만
무언가를 배우거나 돌아다니기보다는 방에 편히 누워 뒹굴며
영화를 보든지 잠을 청하고 싶어질지도 모른다. 당신이
프리랜서이거나 학생이라 할지라도 분명 바쁘다. 뭔지 모르게
바쁘다. 바빠서 시간 내기가 힘들다. 정말 이렇다면 아무것도
할 수 없다.

모처럼 마음을 다잡고 그림을 배우거나 연습해보겠다고
다짐했다고 치자. 그런데 투자할 시간이 없는데 어떻게 연습을
할 것인가. 재밌는 사실은 지난 10년 동안 수업 중에 만났던 이들의
공통점은 바쁜 와중에서도 시간을 쪼개어 연습을 하더란 것이다.
특히나 열심히 하는 이들은 내가 보기에도 시간이 없어서
쌍코피 터지기 일보 직전이었다. 이것은 욕심이 많은 것일 수도
있겠지만 달리 말하면 어떤 분야에서건 열심히 하는 이들은
무엇을 해도 열심히 한다는 말이 될 수도 있다. 그런데 이상하게도
별로 바빠 보이지 않는 이들이 바쁘다는 말을 달고 다닌다는

것이었다. 일주일에 한 번이나 두 번 정도 시간을 내서 배우러 오는
분들이 간혹 못 올 경우엔 "시간이 없다."거나 중도 포기할 때는
"바쁘다."는 것이 이유였다. 내가 보기엔 시간이 없어서 연습을
못 하고 중도 포기했다기보다는 우선순위가 다르다는 게 정확한
이유였다. 내 수업에선 바쁜 직장인들을 배려하여 고정된 수업
요일을 정하기보다는 수시로 스케줄을 조율하며 결석을 최대한
줄이도록 했다. 그럼에도 불구하고 결석자가 생긴다는 것은
분명 우선순위가 다른 데에 있다는 것이다.

이참에 그림 연습을 제대로 해보고 싶은 이들에게 간곡한
부탁 하나 하고 싶다. "간절히 원해야만 '그 넘'이 내게 맘을
열어줍니다."라는 당부의 말씀. 물론 '그 넘'은 '그림실력'이다.

"간절히 원하지 않아도 가끔씩 취미로, 흥밋거리로 그림 관련
책을 들추며 몇 번 훑어보다가 다시 책꽂이에 고이 모셔두고
어느 순간 까맣게 잊는다. 그러다가 다시 생각나면 슬쩍
또 들춰본다."

이런 식이라면 결론은 하나밖에 없다. 그냥 딱 거기까지
무한 반복이다. 물론 그 이상 욕심이 없다면 상관없다. 하지만
한번 잘 그려보고 싶다고 마음먹었다면 우선순위를 최대한
앞쪽으로 끌어올려야 한다. 1등이 아니면 어떤가. 그저
덜 부담스러운 2등 정도면 딱 좋을 것 같다. 선 긋기조차 못하는
이가 고난도 기술로 그려진 그림을 보고 그렇게 해보겠다고
목표를 세웠다면 어떤 방식으로 연습을 시작해야 할까. 꿈은
크게 가지라 했다. 현실성 없는 무모한 계획으로만 여길 것이
아니라 그렇게 되려면 무엇이 필요한지 차근차근 준비하고
밟아가는 과정이 중요하다.

내 실력과 이상의 격차가 클 뿐이지 그 격차를 좁힐 수 있는
방법이 없는 것은 아니다. 필요한 것은 시간과 의지다. 간절히
원한다면 매 순간 생각날 것이고, 연습하기로 다짐한 일주일에

한두 번의 시간과 그 이외의 날에도 연습의 끈을 놓지 않을 것이다. 그토록 원하는 그림이라면 학원이 아닌 직장이나 화장실, 심지어 자기 전 침대 위에서라도 드로잉북을 펴놓고 끼적여볼 수 있는 것 아닌가. 자투리 시간에 끼적여본들 얼마나 좋아지겠나 싶겠지만 아까도 말했다시피 우선은 '그 넘'에게 내가 얼마나 간절한지 알려줘야 하는 게 아닌가. 이런 저런 핑계로 백날 미루고 있는 당신에게 진지하게 묻겠다.

　"진심으로 원하고 있는 것 맞습니까?"

우리는 이미 알고 있다

초등학교 2학년 때였던가. 평소에도 그림 그리는 것을 좋아했던
나는 어느 날 음악시간에 수업자료로 사용하고 있던 음악가
'슈만'의 이미지를 보게 되었다. 유화로 그려진 초상화였다.
그땐 유화가 무엇인지도 몰랐고 그림을 정식으로 배워본 적도
없었다. 그래서 유일하게 갖고 있던 12색 어린이 수채화 물감으로
바닥에 엎드려 똑같이 그려보기 시작했다. 아마도 어린 마음에
그런 그림을 무척이나 동경했었나 보다. 지우개질도 수없이 하고
많은 시간을 들여서 밑그림을 완성했고, 수채화 물감으로 최대한
똑같이 채색을 해보았다. 물론 수채화와 유화는 성질이 다르지만
그것을 알 리가 없었기에 불투명 수채화로 유화를 흉내 낸 것이다.
적어도 6시간 이상은 붙잡고 완성을 했던 것 같다. 과정은
힘들었지만 그 성취감은 이루 말할 수가 없었다. 그날 저녁
부모님의 친구 분이 오셨는데 침이 마르도록 칭찬을 해주셨다.
정말로 칭찬은 고래도 춤추게 한다 했던가. 그 칭찬 한마디가
나를 더욱 불타오르게 했다. 그 뒤로 매일매일 스케치북
한 권 이상을 끼적여댔고 미술상도 휩쓸며 소위 '나는 그림을
잘 그린다'고 자부하게 되었다. 그리고 자연스레 미대를
꿈꾸게 되었다. 사실 그때까지만 해도 학원에서 무언가를
배우기보다는 스스로 좋아서 독학으로 다양한 그림을 수없이
그리고 또 그렸다. 아마도 그때의 경험이 오늘의 '작가 오은정'을
만든 기초가 되었을 거라고 생각해보곤 한다.
　　그렇게 세월이 흘러 중학생이 되었고 진로를 고민하고
있던 중, 어떤 미술 선생님이 미대를 가기 위해서는 전문입시학원을
다녀야 한다는 조언을 해주셨다. 그분의 소개를 받아서

대형 입시미술학원에 처음 갔던 날, 학원 선생님이 시범으로
그려보라고 준 물체는 다름 아닌 양배추! 상상해보라. 길쭉한 것도
아니고 그렇다고 동글한 것도 아닌 어정쩡한 타원모양의
허여멀건한 배추. 잠시 당황한 표정을 지으며 배추를 한참 쳐다보던
나는 그동안 해왔던 방식으로 그것을 그렸다. 선생님은 완성된
그림을 보더니 암담한 표정을 지으며 피식 웃으셨다. 그러고는
어떤 방으로 날 데려가서 벽에 빼곡히 붙어 있는 시범 그림들을
보여주셨다. 그때 내 심정은 한마디로 '어떻게 저렇게 잘 그릴 수가
있을까?' 하는 마음뿐이었다. 연필로 또는 수채화 물감으로
어떻게 저렇게까지 그릴 수 있을까? 그 그림들은 탁월한 기술력이
돋보이는 그림들이었다. 내 자신이 위축이 돼서 뭐라 말할 수가
없었다. 그때 벽에 붙어 있던 그림은 우리나라 정통 입시미술
시범 그림이었다.

미대 입시는 정해진 기준에서 소수만 통과할 수 있는 시험이다.
그렇기 때문에 똑같이 주어진 시간과 상황에서 공통된 물체를
최대한 자기 기량을 발휘하여 그려내야 한다. 모두가 알다시피
전형적인 입시미술 종류로는 석고 데생과 정물 수채화 혹은
인물 수채화, 디자인 구성이 있다. 물론 어떤 곳은 발상표현을
입시주제로 다루기도 하지만 대부분은 전자 쪽이 공통된 맥락이다.
입시미술은 그림을 그린다기보다는 미대를 들어가기 위해
제한된 틀 안에서 반복 훈련을 하는 일이다. 게다가 한정된 재료로
고도의 테크닉을 연마해야 한다. 석고 소묘는 연필 하나로 수없이
많은 면 처리를 하고 밀도를 쌓아야 한다. 수채화도 마찬가지로
현란하고 탁월한 기술로 밀도를 쌓아야 한다. 그러나 점수를
따기 위한 기법 위주로만 발달하다 보니 판에 박힌 그림이
나올 수밖에 없다. 나 역시 그렇게 입시미술을 거친 후 미대에
진학했다. 그리고 나중엔 그곳에서 강사가 되어 또다시 그것을
학생들에게 가르쳤다. 배운 대로 가르치게 된 것이다.

그런데 정작 기발한 상상이 요구될 때마다 입시미술의 습관이
고스란히 나를 따라다녔다. 그래서 입시미술의 잔재를 버려야만
머리도 마음도 손도 자유로워질 수 있었다. 기억을 더듬어보면
내가 어렸을 땐 누가 시키지 않아도 하루에 몇 시간씩 앉아서
그림을 그렸었다. 그런데 입시미술학원을 다니면서 슬럼프도
자주 왔었고, 그림 그리기에 회의를 느껴 방황하다가 학원비만
내놓고 한 달가량을 나가지 않았던 적도 있었다. 그림이 그렇게
재미없다고 느낀 적도 없었던 것 같다. 하지만 매번 고비를 넘기고
실력이 붙으면서 성취감과 희열을 느꼈고 차츰 그린다는 것의
즐거움을 알게 되었다. 입시학원에서 내가 얻은 것이 있다면
예전보다 완벽해진 형태력과 더불어 소묘와 수채화의
기술적인 측면이었다.

그렇게 습관적으로 그림을 그리고 있던 중, 대학교 드로잉
시간에 500장의 손을 그려 오라는 과제가 있었다. 물론 500장을
다 해간 사람들은 거의 없었다. 나 역시 그렇게 할 수 없을 거라
생각했다. 그런데 과제를 하던 중 '바로 이거다.' 하는 느낌이
왔다. 얽매이지 않은 선, 재빠른 관찰력, 살아 있는 듯한 그림,
즐기고 있는 나. 더 많이 하면 할수록 눈썰미는 좋아졌고
손은 재빨라졌다. 새로운 세계를 발견하고 있었던 것이다.
그 후 여행을 다니며 자유로운 드로잉을 했고 그린다는 것의
또 다른 세계를 알게 되었다. 즉, 입시용 미술을 한 장르로
구분할 수 있게 된 것이다.

미대 입시가 목적이 아닌 사람들은 입시미술 위주로
배울 필요는 없다. 그러나 가르치는 사람이 입시미술을 거쳐서
미대를 갔기 때문에 일반인들이 학원에 가면 입시생과 똑같은
과정을 밟는 경우가 많다. 물론 언젠가부터 작가의 개인 작업실이나
아동미술학원 등 소형 학원에서 일반인을 위한 취미반이
많이 개설되긴 했다. 그런데 참 이상한 것은, 다는 아니겠지만

상당수의 미술학원 선생이 본인의 작업을 할 땐 자유롭다가도
막상 누군가를 가르칠 땐 입시미술의 맥락을 가르치고 있다는
점이다. 교육이란 게 참 무서워서, 배운 대로 가르치게 되는 것이
어쩌면 당연할지도 모르겠다.

'그림을 한번 배워보겠다고 미술학원에 갔더니 나보다 어린
학생들이 전투태세로 긴 연필을 손에 쥐고 사각사각 소리를 내며
무섭게 잘 그리고 있다. 그 분위기에 압도당한 채 기초 선 긋기를
해야 하는 내 자신이 창피하다. 앞으로 얼마나 더 배워야
잘 그리게 될까? 막막할 뿐이다.'

성인 취미생이 미대입시학원에서 처음 그림을 배울 때
이런 느낌을 받는다고 한다. 게다가 선생이 옆에 착 달라붙어서
지속적으로 설명해주기보다는 가끔씩 와서 몇 번씩 조언해주는
것이 전부다 보니 그림을 처음 배우는 일반인들로서는 꿋꿋하게
버티지 않는 한 도중에 그만두는 경우가 많다. 물론 입시미술
자체에 매력을 느끼고 그것을 일부러 배우는 사람들도
더러 있는데 그런 경우를 제외하면 지금 배우고 있는 것이
맞는지 다시 되짚어봐야 한다.

우리는 이미 알고 있다. 자유롭게 표현하고 즐겨야 하는 것이
우선시되어야 한다는 것을. 그러나 무엇을 원하는지, 무엇을
해야 하는지 알고 있으면서도 마땅히 어디서 어떻게 시작해야
할지를 모른다. 혹은 시작했다가도 수없이 중도 포기를 하거나
미룬다. 그것은 배우고 싶은 그림의 유형을 정확하게 구분하지
못했기 때문이다. 예를 들어 자유로운 드로잉을 알고 싶은데
고정된 입시미술을 중점적으로 배울 필요는 없다. 취미로 즐기고
싶은데 전투적인 자세로 몰아칠 필요도 없다. 단, 대학 입시가
목적이라면 입시요강에 적합한 기초도, 전투적 자세도 필요하다.

잘 그린다는 것

1 표현의 자유

우리가 흔히 생각하는 '잘 그린다는 것'의 의미는 무엇일까?
보통은 똑같이 그린 그림을 보고 잘 그린다고들 하고 더 나아가
기술적으로 잘 다듬어진 그림을 보고 잘 그렸다고들 한다.
그런 그림들을 보면 부럽기도 하고, 그 그림을 그린 사람은
선망의 대상이 되기도 한다. 그러나 한 가지 염두에 두어야
할 것은 그린 이의 입장에서 보았을 때 기술적으로 탁월한 그림은
제작 과정에서 결코 즐겁지만은 않다는 사실이다. 즉, 시간과
인내와 훈련이 필요하다. 물론 그리는 과정은 쉽지 않지만
완성 후 느껴지는 성취감은 남다르다. 그 성취감은 자기만족일
경우도 있고 그림을 보는 이들의 반응에서 얻을 수도 있다.
하지만 잘 그리는 것의 궁극적인 목적은 즐기기 위해서다. 즉,
자유로운 감정을 표출하기 위해서이다. 이때 기술은 기본적으로
녹아 있어야 한다. 예를 들어 스노보드를 탈 때는 초급자 코스에서
수없이 엉덩방아를 찧는 아픈 과정을 겪어야 중, 상급자 코스에서
유유히 즐길 수가 있다. 하지만 엉덩방아를 찧는 과정을 고행이라고
여긴다면 중도 포기할 가능성은 그만큼 높아진다. 왜 사람들이
아픔을 감수하며 그 과정을 겪으려고 하겠는가. 바로 상급자
코스에서 유유히 즐길 자신의 모습을 상상하며 아픔도
즐기는 것이다.
　　그림도 마찬가지다. 순서는 '잘 그린 다음에 즐겨야겠다.'가
아니라 '즐기다보니 잘 그리게 되었다.'가 되어야 한다. 아마도
이쯤에서 "머리로는 알겠는데 실행이 안 되니 문제지."라고 말하는

사람들이 분명 있을 것이다. 단순하지만 실행하기에 어려운
이 문제. 내가 사람들을 오랜 기간 가르치며 커리큘럼을
무던히도 뜯어고쳤던 이유이기도 하다.

기술만으로는 뭔가 부족한, 그리고 창작만으로도
뭔가 부족한…….

기술과 발상을 자유자재로 조절할 수 있어야 진정한 자유를
얻을 수가 있다. 이는 곧 마인드컨트롤, 즉 내 몸의 모든 감각과
정신을 컨트롤할 수 있어야 한다. 결국 잘 그리기 위해선
기술과 마인드, 이 두 가지가 꼭 필요하다.

2 지름길을 찾는 과정

어떤 대상을 선택하여 그려보겠다고 마음을 먹었다면 누구든지
그것을 그려낼 수 있다. 단, 충분한 시간을 쓸 수 있어야 한다.
선을 쓰는 연습을 하다 보면 점점 그것에 익숙해지고 자신감이
생긴다. 또한 붓을 사용하는 그림을 계속 그리다 보면 그것에
익숙해지고 다음번엔 더 빠른 속도로 그려낼 수 있다. 예전에
한번 지나갔던 길을 나중에 다시 한번 가게 될 경우, 처음만큼
낯설지 않은 것과 비슷하다. 실제 인물이나 이미지를 참고하여
똑같이 그린다고 했을 때, 정확한 위치를 잡기 위해서는
지웠다가 다시 그리기를 수없이 반복해야 한다. 그런 과정을
계속 반복하다 보면 실수도 줄어들고 속도가 더 빨라진다.
그것은 반복적인 훈련을 통해서 어떻게 해야 쓸데없는 낭비를
하지 않게 되는지를 알게 되기 때문이다.

당신의 경쟁상대는 고흐다

여기도 고흐, 저기도 고흐. 고흐가 동네북이긴 하다. 그만큼
고흐는 지금까지 전 세계인들에게 아낌없이 사랑을 받는
화가다. 그는 인상주의 화가로서 뒤늦게 그림을 시작하여
보석 같은 작품들을 남기고 짧은 생을 마감했다. 그런데
어떻게 나의 경쟁대상이 고흐가 되어야 하냐고? 그럼 하나만
묻겠다. 당신의 경쟁상대는 누구인가?

혹시 함께 그림을 배우는 옆 사람?
아니면 어디선가 나처럼 연습하고 있을 이름 모를 이?
아니면 선생님?

겨우 그것밖에 안 되는가? 꿈은 높게 가지라고 했다. 가능할 것
같은 것을 꿈꾸는 자에겐 희망도 없다. 화가가 될 것도 아닌데
뭐 그리 원대한 꿈을 품어야 하느냐고? 바로 그것이 당신의
발목을 잡고 있는 단점이다. 정말로 그리고픈 그림, 멋진 그림을
그려보고 싶다면 눈이 어이없이 높아져야 한다. 그릴 줄도
모르면서 눈만 높아졌다고 한소리 들을까 봐 걱정된다면 차라리
그런 겸손은 내다 버리자. 자신이 바라는 이상과 처한 현실의
간격이 크다면 책임감도 그만큼 커진다. 그 차이를 좁히기 위해서는
고집과 욕심이 있어야 한다. 아는 것이 곧 힘이다. 존경하는
예술가의 작품뿐 아니라 그들의 삶과 철학도 유심히 볼 수 있다면
그리기에 도전했을 때 더욱 도움이 될 것이다. 시대는 변했지만
예술가가 작품을 그리면서 발산하는 진지한 태도는 시대를 초월한
대가들의 공통적인 예술혼이다. 우리는 바로 이것을 배워야 한다.

따라서 자신이 존경하는, 혹은 좋아하는 작가들의 그림을 보면서
선망의 대상으로만 볼 것이 아니라 어깨를 나란히 하여 볼 필요도
있다. 자신을 과소평가하지 말고 잠재된 능력을 믿어보자.

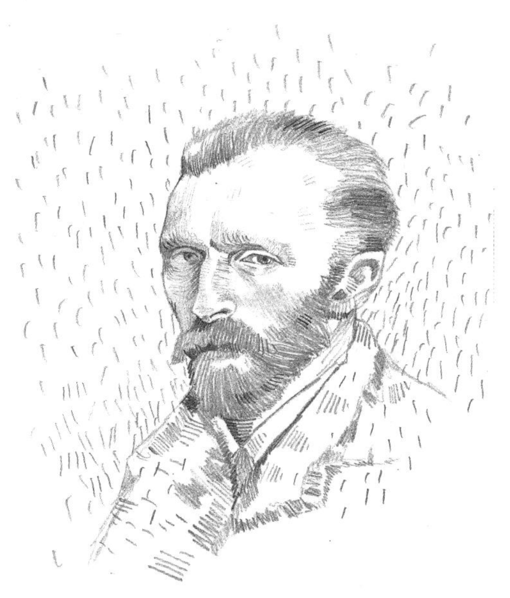

뻔뻔하고 당당하게

그림을 배울 때 가장 장애가 되는 것 중 하나가 자신감 없는
태도이다. 특히 유년시절을 넘기고 시작하게 되면 무언가를
새롭게 배우는 것이 눈치가 보인다. 그러다 보니 그들은 자신보다
더 잘하는 사람들 앞에서 기가 죽곤 한다. 그래서 다른 사람들
눈치를 보지 않아도 되는 독학을 선택해보지만 그것이야말로
100% 본인의 의지가 필요하기에 더욱 어렵다. 그룹으로 배우는
공간에서 행여나 한두 번을 결석하게 되면 다른 이들을 뒤따라
가야 한다는 부담감에 아예 그만둬버리기도 한다. 선생을 붙잡고
늘어지며 활용을 해도 모자란데 질문 하나 하는 것도 망설여 하다가
결국은 있는 듯 없는 듯 구석 자리에서 조용하게 그리다 간다.
혹시 당신도 그런 경험이 있지는 않은가?

처음 배우는 분들이 가장 많이 하는 말이
"저 잘 못 그려요."다.
그럼 난 이렇게 대꾸하곤 했었다.
"감사합니다. 가르칠 것이 있게 해주셔서."
그 다음으로 많이 하는 얘기가
"저 선 하나도 못 그어요."다.
그럼 난 또 이렇게 대꾸하곤 했었다.
"그럼 선 긋기부터 하면 되겠네요."

시작이 반이라고 했지만 많은 이들이 그림을 시작하기까지가
얼마나 어려운지를 잘 알 수 있게 해주는 사례이다. 그러나
모르기 때문에 배우는 것이고 배우려고 마음을 먹은 것 자체가

멋진 일이란 것을 잊지 않았으면 한다. 마음에 품기만 하고
시도조차 하지 않는 사람들이 훨씬 더 많다. 지난 몇 년 동안
수업을 하면서 오히려 존경스러운 분들을 많이 봐왔다. 퇴근 후
1시간이 넘는 거리를 밤길에 오셔서 늦게까지 연습하다가
가시는 분, 거리만 왕복 4시간이 걸리는 데도 주말을 반납하고
배우러 오시는 분, 자신보다 어린 사부에게 반짝이는 눈망울로
질문하시는 분, 오랫동안 다니던 회사를 그만두고 꿈을 향해
뒤늦은 도전을 하시는 분 등등. 나는 단 한 번도 그분들이
그림을 못 그린다는 것에 대해 한심하게 여겨본 적이 없다.

왕초보나 중급 이상이나 내 눈엔 똑같은 학생이다. 그중에서
특히 마음이 가는 분들은 적극적이거나 뻔뻔한 분들이었다.
일에 쫓겨 결석을 할 상황에선 아예 일거리를 가지고 작업실로
오시기도 하고, 인터넷 화상을 통해서 과제검사를 해달라고
조르는 분도 있었다. 그림을 엉망으로 그려놓고 잘 그리지
않았냐고 의기양양해하시거나, 내가 손봐야 할 것이 많은데도
끝까지 더 해보겠다고 우기는 분도 있었다.

그런 반면, 무조건 잘 그려야 한다는 강박관념을 갖고
전투태세로 재미없게 그리거나, 이리저리 눈치를 보며 질문도
망설이는 학생은 오히려 걱정이 됐다. 채워줄 것이 많은
학생에게 마음이 더 가는 것은 이 땅의 선생이라면 다 똑같은
심정일 것이다. 만일 그렇지 않은 선생이 있다면 선생의
자격이 부족한 사람이 아닐까?

어느 날 첫 수업을 시작한 분에게 다음 시간의 재료를
알려드렸다. 며칠 후 4절 스케치북을 지참하기로 되어 있었는데
이상하게도 손바닥만한 스케치북을 갖고 온 것이 아닌가. 이유를
물어보니 들고 다니기 창피해서 눈에 띄지 않는 작은 스케치북을
가져오셨단다. 스케치북 하나 들고 다니는 것이 그렇게 창피하다면
그림을 그리는 것은 더욱 창피한 일이다. 그토록 창피한 것을

배우기 위해서 소중한 시간과 돈을 쓴다는 건 너무 아깝지 않은가.
스스로 창피하다고 여기면 남들도 우습게 볼 것이다.

내 수업을 듣는 분들 중에 인상적인 한 분이 있었다. 그분은
늘 어깨에 야외용 이젤을 메고 무거운 화구가방도 들고 다녔다.
무거우니깐 두고 다녀도 된다고 했더니 그분 왈 "저는 야외에서
그림 그리는 것이 정말 좋아요."라고 했다. 사람들이 자기 옆을
지나가면서 감탄하고 질문을 던지는 그 과정이 무척 재미있다고
했다. 아무리 그래도 보통 강심장이 아니면 실천하기 힘든 일이다.
크로키북을 손에 들고 빠르게 드로잉을 하는 것은 괜찮지만
이젤을 갖추고 자리를 잡고 그리는 것은 꽤나 쑥스럽다. 그런데
그분은 초보자 수준임에도 불구하고 야외에서 그림 그리는 것을
즐겼다. 그 뒤 남들의 몇 배로 실력이 향상되었고 내 수업을
다 듣고 난 후에도 야외스케치를 계속 이어갔다.

그림 그릴 때 소심한 자세로 여기저기 눈치 보느라 숨죽이고
있다면 오히려 그것이 장애요소다.

그러니까 좀 더 뻔뻔하고 당당해지기를!

수능시험에 합격하는 것이 인생의 최종 목표인가?

사랑하는 이와의 결혼이 인생의 최종 목표인가?

당신은 자신이 일하는 분야에서 어떤 최종 목표를 두고 있는가?

아니다. 인생에서 최종 목표란 것은 없다.

왜냐하면 인생은 끝없는 공부의 연속이기 때문이다.

결론도 없고 안심할 수도 없다.

우리는 하루하루를 공부한다.

오답노트는 인생이 다하는 그날까지 계속될 것이다.

30년 산 부부도 그럴 것이다.

남들이 다 부러워하는 지점에 다다른 사람들도 다 그럴 것이다.

그렇기 때문에 지금 뜻하는 바대로 되지 않았다고 해서

모든 것이 끝났다고 착각하지 말아야 할 것이다.

그렇기 때문에 우리는 하루하루를 음미해야 할 것이다.

그렇기 때문에 그동안 내가 무엇을 배웠는지

찬찬히 되돌아봐야 할 것이다.

그렇기 때문에 내 인생에서 무엇을 공부하였는지

되짚어봐야 할 것이다.

실패한 것이 아니고, 실수한 것이 아니고,

공부한 것이다.

인생의 공부.

온정의 「작가노트」 중에서

공중에서 내려다보기

"즐기면서 필요한 부분만 얻어 가시겠습니까?, 아니면
힘들지만 선택의 폭을 넓히시겠습니까?"

언젠가부터 처음 배우러 오는 분들에게 물어보는 사항이다.

어느 날 인테리어디자이너인 OO 씨가 꼼꼼하게 그려진
한 장의 그림을 갖고 내게 왔다. 그 안에는 인테리어 내부 디자인이
세밀하게 그려져 있었다. 완벽하다고 할 수는 없었지만 여기저기
수정한 흔적이 보였다. 그는 6시간을 들여서 그린 거라고 했다.
그러나 내가 보기엔 1시간이면 충분한 완성도였다. 신속하게
그려야 할 아이디어 스케치가 작업시간의 전반을 잡아먹은 것이다.
그리는 것이 익숙지 않아서 손이 느린 것이 문제였다. 그는
시간단축하는 법만 알려달라고 했다.

그림을 따로 그려본 적은 없고 주로 컴퓨터 작업만 해왔다는데
거두절미하고 본론 먼저 배우겠다는 말과 다름없었다. 물론
가능은 하다. 피아노의 '피'자도 모르는 이가 건반 위치만 파악하고
딱 한 곡만 마스터해서 어디선가 과시하며 뽐낼 수도 있고,
외국인과 말 한마디 못 해도 시험유형에 맞는 공부만 죽어라 해서
영어점수를 딸 수도 있으니 말이다.

자, 그렇다면 그 다음엔?

그는 결국 나의 도움을 얻어 실무에 필요한 아이디어 스케치
몇 장을 만든 것이 다였다. 아이디어 스케치를 제 시간 안에
만들었지만 또 다른 아이디어 스케치를 그려야 할 땐 어떻게
대처할 수 있을까?

우리나라에서 가장 많은 학원은 영어학원이다. 사람들이
원해서 많기도 하겠지만 실력이 쉽게 향상되지 않기 때문에

갖가지 방법을 동원한 강의가 하루가 멀다 하고 개발되고 있기 때문이기도 하다. 영어 시험 종류만 해도 토익, 토플, 텝스, 아이엘츠 등등이요, 회화학원 종류만 해도 비즈니스영어, 생활영어, 유학영어, 전화영어 등등 헤아릴 수 없이 많다. 물론 시험에 따라 준비 유형이 다르고 회화도 쓰임별로 나누겠지만 정작 외국인들이 이 광경을 보면 하나의 언어를 다국적 언어로 쪼갠 것처럼 보일 것이다.

그림도 그렇다. 수채화, 유화, 색연필화, 소묘, 아크릴화, 수묵화, 파스텔화. 인물화, 풍경화, 정물화, 캐리커처, 추상화, 일러스트레이션, 디자인, 드로잉, 크로키, 서양화, 동양화……. 대략 이 정도는 들어봤을 것이다. 그런데 이런 분류는 소재와 재료에 따라 세분화시켰을 뿐, 결국 하나를 말하고 있다. 기본기가 쌓여 있으면 새로운 기법을 접했을 때도 짧은 시간에 소화해낼 수 있다. 그래서 공중에서 내려다볼 수 있을 때, 즉 통합능력이 갖추어진 다음엔 재료와 소재를 마음대로 선택하여 실험해볼 수 있다.

모든 분야엔 기초체력이란 것이 있다. 단숨에 모래성이 아니라 기초체력을 치곡치곡 쌓아가다 보면 문득 자신이 공중에서 내려다보고 있음을 발견하게 된다. 그리고 그제야 선택의 폭도 넓어지고 진정한 자유를 만끽할 수가 있다. 중요한 것은 길게 보자는 거다. 본인이 근시안적인 만족감을 원하는 것인지 근본적인 해결을 원하는 것인지 잘 판단해보자.

다 그려봐야 알 수 있는 것은 아니다

수업을 하다 보면 지나친 친절함이 사람을 더 약하게 만든다는
느낌을 받을 때가 있다. 지나친 친절함이란 학생에게 하나부터
열까지 세심하게 설명해주고 가르쳐주는 것을 말한다. 선생이
학생을 위해서 이렇게 하는 것은 당연한 일이지만 지나친 친절함은
오히려 창의적인 그림실력을 쌓을 수 없게 만들 수도 있다.
그렇다고 선생이 불친절하게 가르쳐야 한다는 말이 아니다.
무한정 의지하도록 두는 것보다는 배우는 사람, 즉 본인들이
스스로 컨트롤하도록 해야 한다. 책으로 독학을 하더라도
마찬가지다. 책에 나온 것이 전부라고 생각하면 안 된다.

그리는 것이 직업인 나조차도 처음 그려보는 것이 태반이다.
하물며 집 밖으로 나가면 길거리에서 마주치는 사람들도 전부
처음 보는 이들 아닌가. 한 번도 만나보지 않았다고 두려워하며
피할 수는 없는 노릇이다. 그림도 그렇다. 모든 것을 다 그려봐야
그릴 수 있는 것은 아니다. 모든 것을 다 사용해봐야 재료를
쓸 줄 아는 것도 아니다.

수업 중에 "이것으론 안 그려봐서 못하겠어요."라고 말하는
분들이 참 많다. 오랫동안 그림을 그려온 분들도 습관적으로
튀어나오는 말이다. '못하겠어요.'라는 말을 정당화시키는 것은
안 그려봤다는 이유밖에 없다. 그러나 그것은 이유가 될 수 없다.

붓은 붓, 선은 선이다. 수채화, 아크릴화, 유화 등은 붓질로
이루어진다. 연필, 펜, 콘테, 목탄, 색연필 등은 선으로 이루어진다.
붓은 붓으로 통하고 선은 선으로 통한다. 즉, 한 번이라도 붓이나
선으로 그려본 적이 있다면 같은 맥락의 다른 종류의 그림은
응용이 가능하다. 즉, 익숙하다.

해바라기, 국화, 야생화 등은 꽃이다. 맥주병, 소주병, 막걸리병
등은 술병이다. 은행나무, 벗나무, 포플러나무 등은 나무다.
엄마 얼굴, 아빠 얼굴, 친구 얼굴, 내 얼굴은 모두 사람 얼굴이다.

　"해바라기는 그려봤는데 국화는 안 그려봐서 못하겠어요."라는
말은 정당화될 수 없다. 좀 더 용기를 내서 시도해보면 충분히
그려낼 수 있다. 사람은 누구나 응용능력이 있다. 그것은
잘해보고자 하는 의지에서 비롯된다. 아무런 데이터가 없으면
응용도 불가능하다.

　내가 미술학원에서 배운 것은 소묘, 수채화였다. 그러나
드로잉, 크로키를 비롯하여 유화, 아크릴화도 할 줄 안다. 그것은
응용력 때문이다. 누구를 위하여 그림 연습을 하는 것일까? 바로
나 자신을 위해서다. 그렇다면 누군가에 대한 의존을 버리고
나 스스로 데이터를 만들어내야 한다. 그림 연습은 결국 요령을
터득하여 데이터를 저장시키는 일이다. 그리고 저장된 것이
많을수록 응용력은 더욱 넓어지기 마련이다.

그리지 않고도 그림실력은 향상될 수 있다

중학생 때였다. 대형 미술학원을 처음 구경하던 날, 벽에 붙어
있는 그림들을 보며 부러워하고 있었다. 너무 부러워서 화가 날
지경이었다. 그때 어떤 강사가 다가와 이런 말을 하셨다.
"부러워할 필요 없어. 이 그림이 곧 네 것이 될 테니까."
빈말이라도 어찌나 행복했던지……. '저 그림은 내 것이다.
저 그림은 내 것이다.'라고 되뇌며 좋아하는 그림을 보고 또 보았다.
연습하지 않을 때도 그 그림을 떠올렸다. 그리고 몇 년 후 그 벽에
나의 그림이 붙여졌다. 그리고 그 학원의 강사가 되었다. 나는
좋은 그림을 보며 부러움에 치 떨었던 그 감정을 아직도 간직하고
있다. 그리고 그 마음만으로도 충분히 이룰 수 있다는 것도
알고 있다.

그림 연습을 하겠다고 마음을 먹은 후 계획한 대로 꾸준히
연습하려면 대단한 열정이 있어야 가능하다. 열정이 있어도
연습할 수 있는 상황이 도저히 안 될 수도 있다.

다음의 방법은 우선적으로 권해줄 방법은 아니지만
시간이나 상황이 여의치 않아 그리기 연습에 손을 놓고 있다면
유용할 수 있다.

내 친구 중에는 관련 직업이 아닌데도 의상 코디를 무척이나
세련되게 잘하고 다니는 이가 있다. 별것 아닌 소품과 저렴한
가격의 옷으로 새로운 느낌의 옷을 항상 코디하곤 한다.
어느 날 그 친구 집에 가보니 패션 잡지가 한쪽 구석에 차곡차곡
쌓여 있었다. 무심코 즐겨 보던 패션 잡지가 그녀의 코디감각을
높여주었던 것이다.

어떤 산모는 아이를 낳기 전에 예쁜 아기 사진을 보고

또 본단다. 자신이 동경하는 연예인 스타일의 사진을 책상 앞에 붙여놓고 보다 보면 은근히 닮아가는 것을 느낄 때도 있다. 이런 현상들은 무엇을 말해주는가. 이미 안목이 높아져 있다면 무의식중에 기준선이 올라가 있다는 얘기가 된다. "분수도 모르고 눈만 높아져서 무엇 하느냐?"고 지청구를 줄 분도 있겠지만 명심해야 할 것은 실력이란 우리가 품은 이상만큼만 올라간다.

그림 쪽으로 시선을 돌려 말하자면 실력 있는 대가들의 작품 또는 개인적으로 취향에 맞는 작품 이미지를 자주 자주 보도록 하자. 선호하는 선 맛의 드로잉 이미지가 있다면 뚫어져라 보고 또 봐라. 개인적으로 끌리는 그림이 자신에게 더 많은 영향을 주게 된다. 서점에 가서 화보집을 보거나 구입하기도 하고 인터넷 검색창에서 관심 작가를 검색하여 이미지를 찾은 다음 개인 폴더에 수집해두기도 하자. 시간이 좀 더 있다면 원화 전시회를 보는 것도 좋다. 이렇게 시간이 흐르고 안목이 쌓였다면 어느 순간 연필을 집어 들었을 때 자신의 실력이 일취월장했음을 느낄 것이다. 만일 제자리라고 느껴진다 해도 그림실력이 늘어가는 속도는 전보다 몇 배로 빨라졌음을 실감하게 될 것이다. 왜냐하면 이미 자신의 이상향은 저 높은 곳에 가 있기 때문에 손이 그 지점을 향해서 익숙하게 움직여주지 않으면 성에 안 찰 것이기에.

당신이 언젠가 그리고 싶은 것이 있다면 마음속에 담아두길 바란다. 그것을 지표로 삼고 가슴 한편에 굳건히 박아놓은 후 살아가다 보면 도중에 길을 잃지 않고 그 지점에 다다를 날이 온다.

모사의 힘

모방은 출발지점을 앞당긴다. 그림에서 모사는 작가의 생각과 실험정신을 체험할 수 있게 해주는 좋은 방법이다. 유명한 고전 작가들도 초기에는 과거의 작가들에게 영향을 받았고 그들의 작품을 모사하기도 했다. 새로움은 바로 직전의 것들에 의해 업그레이드된 상태이기 때문에 모사의 과정에서는 내가 무엇을 해야 할지 실마리를 얻을 수 있다. 특히 기술적인 막막함 속에서 첫 시도를 도와주는 것이 바로 모사다. 모사를 할 땐 자신의 실력에 따라 작품의 선택도 고려해야 한다. 오리지널 작품은 제작과정에 대해서 친절하게 설명해줄 리 없다. 그저 우리의 육안과 직감으로 재료와 기법을 추측해야 하기 때문에 시행착오가 필요하거나 아예 감조차 잡지 못할 수도 있다. 따라서 처음부터 너무 과분한 것들은 피하고 쉽게 모사해볼 수 있는 작품을 선택해야 한다.

서울에서 부산까지 가는 방법에는 여러 가지가 있다. 버스, 기차, 자동차…… 등등. 과정은 다르지만 결국 부산까지 도착하기만 하면 된다. 작품을 모사할 때도 동일한 방법과 과정으로 결과물을 만들어내기는 힘들다. 오히려 똑같이 따라하려고 애쓰다 보니 작가의 원본과 같은 방법으로 완성하게 되는 거다. 작가의 창작까지 따라할 수는 없지만 어떤 과정으로 어떤 재료를 사용하여 이러한 결과가 나왔는지 체험할 수는 있다.

모사는 답안지를 보고 그대로 옮기는 것과 같다. 이미 답안이 나와 있는데 다른 정답을 내놓았다면 모사에 충실하지 못한 거다. 따라서 모사의 힘을 얻고 싶다면 최대한 똑같이 재현해내야 한다.

기분 좋음을 따라가자

수업을 하다 보면 그 사람이 어떤 기분으로 그림을 그리고 있는지
눈치챌 수 있다. 그렇다고 얼굴의 표정을 보고 판단하는 것은
아니다. 그림을 보면 알 수가 있다. 억지로 그리고 있는지, 즐겁고
신나게 그리고 있는지 그림에서 나타난다.

수업 중에 "지금 그리고 있는 거 재밌죠?"라고 물으면
백발백중 "예 정말 재밌네요."라고 답한다.

맛있는 음식을 보면 군침이 돌고 먹고 싶듯이 그림도
맛깔스럽게 그리고 있다면 남들이 봤을 때 따라 그리고 싶어진다.
즐겁게 그리고 있다는 증거는 선 하나를 긋더라도 쫀득쫀득
탄력이 있고 눈빛은 초롱초롱 빛나서 딴 곳은 잘 보지도 않는다.
종종 고개를 이리 갸우뚱 저리 갸우뚱하며 자신의 그림을
감상하고, 때로는 일어나서 멀찌감치 보았다가 다시 앉곤 한다.
이렇게 즐거운 마음으로 임하면 그림실력도 나날이 좋아지고
아무리 난해한 것일지라도 거뜬히 도전하고 싶어진다. 실력이
붙으니깐 기분이 좋은 게 아니냐고? 물론 그럴 수도 있지만
기분이 좋기 때문에 실력이 붙는 것이 더 크다.

반대로 그림에서 우울함이 묻어나기도 하는데 그야말로
끼적이고 있는 경우가 대부분이다. 그런 그림은 남들이 봐도
흥미가 생기지 않는다. 그때, 옆에서 "지금 재미없죠?"라고 물으면
불난 집에 기름 붓는 겪이라서 그럴 땐 잠시 휴식을 갖게 하거나
함께 수다를 떤다. 또는 전시회장을 가거나 지금 가장 하고 싶은
것이 무엇이냐고 물어본다. 시작을 했으면 끝을 봐야 하는 것이
당연하겠지만 계속 꾸역꾸역 죽을 쑤고 있는 느낌이 들면 당장
중단하는 것이 좋다. 그리고 즐겁고 기분 좋은 것을 찾아내야 한다.

나도 내 작업을 하다 보면 하루 종일 그려도 진전이 없다고
느껴질 때가 있다. 그럴 땐 충전될 만한 것을 찾아본다.
짧은 시간에 충전할 수 있는 방법은 기분 좋은 음악을 듣는 것,
근처 공원을 산책하는 것, 재밌는 영화 한 편을 보는 것 등이
있다. 그리고 즐겨찾기에 넣어놓고 우울할 때마다 긴급처방으로
들어가는 홈페이지가 있는데 혼자 낄낄대고 웃고 나면 속이
후련해진다. 기분 좋은 사람을 만나는 것도, 여행을 가보는 것도
충전할 수 있는 좋은 방법이다. 온라인을 뒤져서 맛있는 음식점을
직접 찾아가보는 것도 좋다. 꼬일 대로 꼬여 있는데도 계속
그림을 붙잡고 있다면 차라리 안 하는 것만 못하다.
기분 좋음을 따라가자.

　　그러면 당신의 그림도 활짝 웃고 있을 것이다.

작업실.

모처럼 햇살이 따스하다. 창 안으로 스며드는 햇볕이
마치 봄의 기운을 닮아 있다. 그만큼 따스하고 포근한 지금,
나는 소파에 기대어 앉아 노트북 너머로 보이는 한곳을
응시해본다. 하얀 캔버스와 나를 향해 웃음 짓는 나무.
나는 항상 그러했다. 막연한 행복감은 조심해야 한다고.
행복할수록 더 긴장해야 한다고. 그러한 경각심이 너와 나,
서로를, 주변을 위한 길이라고.

그러나 곰곰이 생각해보면 꼭 그렇지는 않았다.

지나친 경각심과 두려움은 오히려 하얀 백지에
오점을 남기기 시작하는 것이며 있지도 않은 불길함을
불러들일 뿐이다. 마음이 충만하다면 그걸 온전히
느끼면 되는 거다.

삶의 교훈. 좋은 게 좋은 거다. 그게 진리이다.

온정의 「작가노트」 중에서

PART 1

여유 - 그리다

보이는 모든 것들, 상상하는 모든 것들을
내 손으로 똑같이 그릴 수 있다면 얼마나 좋을까?

만일 그렇다면 난 더 이상 목마르지 않을 것 같아.

요즘 창작이 중요시되는 시대라 해도 기술이나 눈썰미가 없어서
원하는 것을 그대로 옮기지 못하면 늘 갑갑하다. 예리한 관찰력과
손 기술의 기초체력은 이 유형에서 주로 쌓인다. 때로는 지루하고
고도의 인내심도 필요하지만 결과물에서는 엄청난 성취감을 느낀다.

이 유형에서 그리기 연습을 진행할 땐 그릴 대상의 위아래
좌우 각도를 눈으로 정밀히 재가면서 세밀하게 그려내기 때문에
수많은 시행착오가 뒤따른다. 사람들은 대체로 이렇게 똑같이
그려진 그림을 보고 '잘 그렸다.'고들 한다. 그러나 똑같이 그려내기
위해선 눈썰미와 손의 감각이 아닌 다른 편법으로도 얼마든지
시간단축이 가능하다. 이런저런 편법 없이 순수 감각으로만
옮겨내다 보면 제작 시간이 많이 소요되지만 그것이 진짜 자기
실력이다. 그러나 모든 대상을 그릴 때마다 똑같이 옮겨야 한다는
강박관념에 시달린다면 그림 연습을 몇 번 하기도 전에 금방
지쳐버릴 것이다. 차라리 대상을 최대한 리얼하게 옮겨내겠다는
분명한 콘셉트를 잡고 진행해야 그 과정 자체가 즐겁다.

이렇게 볼 때, 똑같이 옮겨낼 수 있는 기술은 그리는 모든 것에
여유를 확보하는 일이기도 하다.

작업, 너무 어렵게 생각하지 말자

전문가의 영역은 특별한 것이 없다. 결국 가장 편안한
작업환경을 찾다 보면 그 사람만의 독특한 공간이 만들어진다.
유명작가의 폼 나는 작업실을 부러워할 필요도 없다. 그저 좋은
작품이 만들어질 수 있도록 자신만의 가장 편안한 작업환경을
만들어나가면 된다.

1 작업환경은 가장 편한 상태로

어떤 분야든지 전문적인 영역에 입문하면 관련 장비 구입과
환경 조성에 대해 부담을 갖는다. 그림도 마찬가지인데 요즘은
다양한 재료가 많이 있다 보니 사소한 것조차도 구입하려 한다.
그런데 작업환경 조성은 누구에게 배우는 것도 아니요 특정한
형식이 있는 것도 아니다. 모든 것을 다 갖추기보다는 자신에게
최대한 편한 공간으로 조성해나갈 것을 권한다.

작업실이 없다면 자신의 방 안을 활용하자

언제든 그림을 그릴 수 있는 마땅한 장소가 없다면 방 안을 요령껏
활용하자. 전업작가들처럼 대형 작업을 하면 모를까, 일반적으로는
아무리 큰 작업을 한다 해도 켄트지 2절 크기를 넘기지 않는다.
따라서 이젤과 합판만 있으면 준비 완료다. 이젤을 사용한 뒤에는
접어서 문 뒤에 세워놓으면 공간 활용이 된다.
　　만일 이젤이 없으면 합판만 있어도 된다. 방법은 여러 가지인데

그중에서도 바닥에 앉아, 2절 합판을 침대나 벽에 기대어 놓고
그리거나, 책상 위에 4절 합판을 비스듬히 세워놓고 고정시킨 후
그리는 방법이 있다. 결국은 이젤을 대체할 수 있는 작업대를
만드는 일이 관건이다.

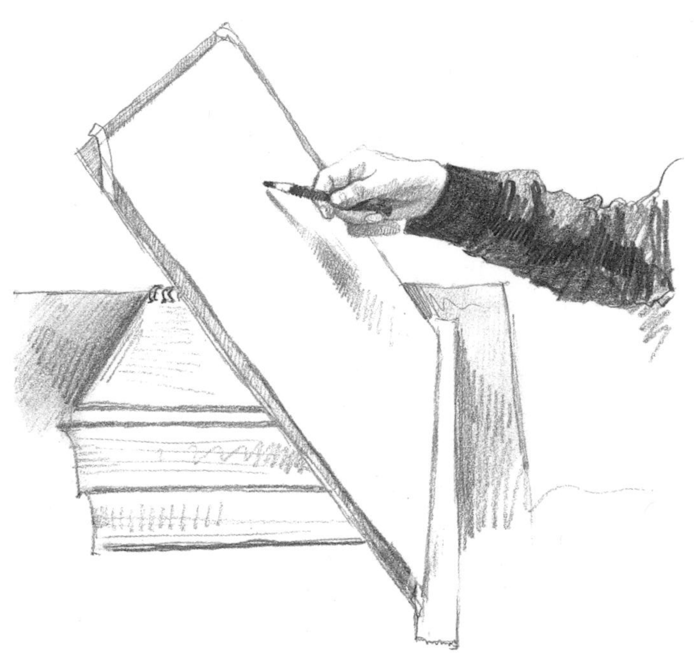

연필은 그리기 편하게 쥔다

어느 날 소묘를 하고 있던 분이 수업 중에 "사부, 오른팔이 너무
아픈데 저만 이런 건가요?"라고 질문을 했다. 그것은 작업환경이
불편한 상태라는 얘기다. 별거 없다. 아프지 않게 만들면 된다.
이젤에 다리를 하나 올리고 그 무릎 위에 팔을 기댄 채 그려도 좋고
왼손으로 오른 팔꿈치를 받치고 그려도 상관없다.
　　또 한번은 어떤 분이 "사부, 스케치할 때 글씨 쓰는 자세로

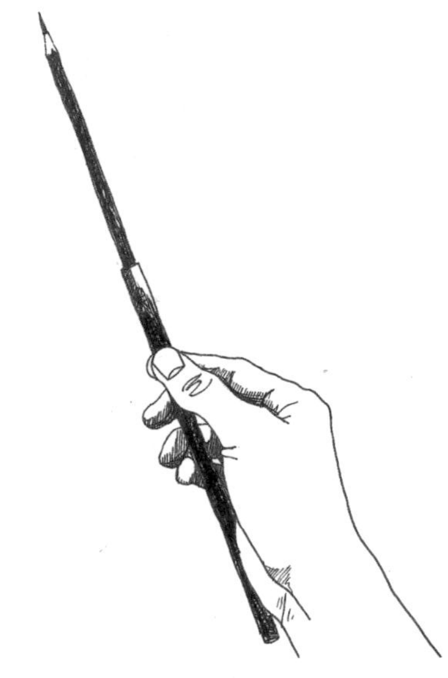

쥐고 그리면 안 되겠죠?"라고 물어봐서 내가 "그 자세가
편하세요?"라고 되물으니 "그렇다."고 대답했다. 그래서 나는
아무렇지도 않다는 듯이 "그럼 그렇게 하세요."라고 했다.

말 그대로 그렇게 하면 된다. 소묘나 스케치를 할 때
보통 연필을 쥐는 자세는 편하게 힘을 빼고 살짝 잡는 정도다.
그러나 묘사를 하거나 다른 방식으로 그려야 할 때는 자신에게
가장 편하고 적당한 자세를 찾으면 된다. 정해진 답은
아무것도 없다.

2 작업할 때 유리한 위치

수업을 하다가 자주 목격하게 되는 것은 사람들이 불리한
자세로 그림을 그리고 있다는 점이다. 자세가 뭐 그리 대단하냐고
가볍게 넘길 수도 있겠지만 실은 이런 사소한 것이 더 중요하다.
막상 본인의 일이 된다면 무심코 지나칠 경우가 많으니,
어떤 자세가 유리한 자세인지 살펴보도록 하겠다.

재료는 가장 손쉬운 위치에 둔다. 만일 당신이 오른손잡이라면
당연히 붓은 오른손에 쥐고 있다. 그렇다면 물통은? 당연히
오른쪽에 두어야 한다. 너무 당연한 말이라 당황스럽겠지만
많은 이들이 이런 별거 아닌 것들을 그냥 넘기곤 한다. 예를 들어
붓은 오른손에 쥐고 물통은 왼쪽에 둔 채 작업을 한다. 팔레트,
물감…… 등등 그밖의 재료도 마찬가지다. 가끔 장구 치듯이
왼쪽과 오른쪽을 넘나들며 몸을 비비 꼬기도 하니까. 그럴 땐
자신이 주로 사용하는 손과 재료가 맞아떨어지는 위치인지
되짚어보자.

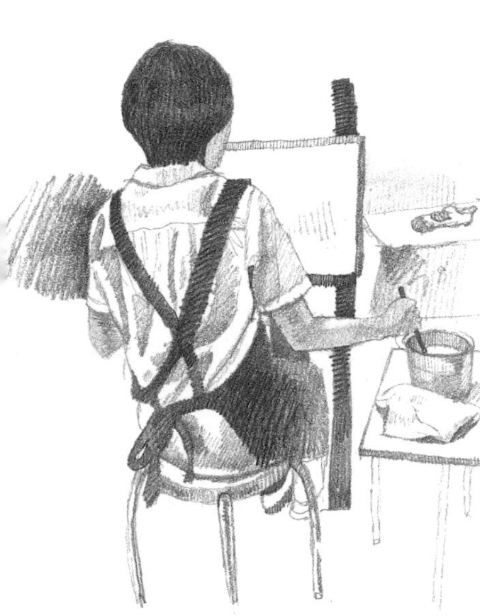

정물대와 그리는 이는 마주 보고 있어야 한다. 또 당연한 말을
하는 것 같지만 그렇게 작업하지 않는 분들이 의외로 많다.
정물을 옆에 놓거나 더 심하면 거의 뒤를 돌아보며 관찰하는
사람들도 있다. 관찰 시에 유리한 위치에 대해 무관심하다 보니
이런 일이 벌어지는 것이다. 물체를 관찰하는 내내 고개를
하염없이 두리번거린다면 얼마나 불편하겠는가.

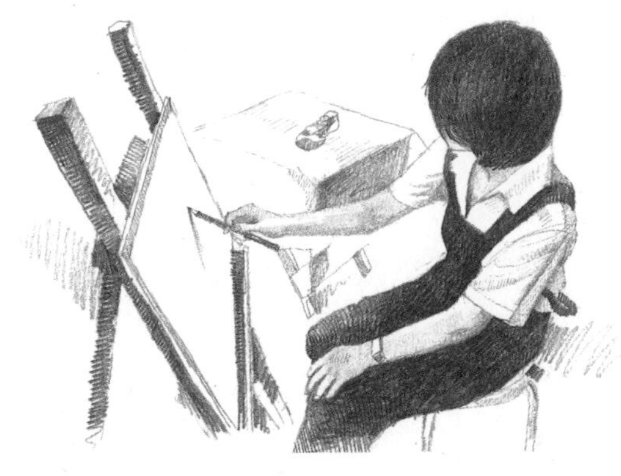

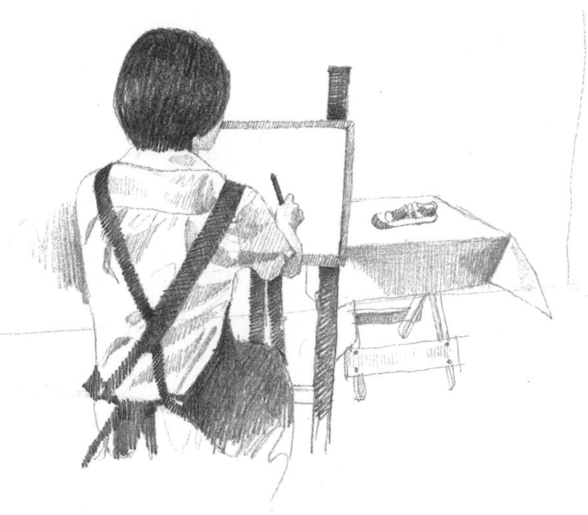

위 그림처럼 그리는 대상과 시선 위치가
멀리 떨어져 있으면 불편하다.
아래 그림은 그리는 대상과 시선을
마주보기 때문에 편리하다.

그것은 그것이 아니다

예전 「바람의 화원」이라는 드라마에서 김홍도가 학생들에게
그림을 거꾸로 놓고 똑같이 그려보라는 시험을 내준다.
제자 신윤복은 그것을 똑같이 그려내서 감탄을 자아낸다.
여기까지만 본다면 사물을 똑같이 그려내는 것은 태어날 때부터
타고났다고 할 수도 있겠다. 절대음감이 있듯이 형태를 정확하게
그려내는 감각도 하늘이 주신 복이긴 하다. 그만큼 많은 이들이
그림 그리기를 시작할 때 형태 잡는 것을 어려워한다. 사람마다
형태 감각이 전혀 없는 사람이 있는가 하면 타고난 감각을
갖고 있는 사람도 있다. 그렇다면 타고난 재능이 없는 이들은
전혀 개선될 여지가 없는 걸까? 그렇지 않다. 발전 속도가 더딜 뿐,
결국 훈련으로 극복이 가능하다. 위의 드라마에서 김홍도는
신윤복에게 독수리의 눈을 가졌다는 말을 한다. 그만큼 예리하게
관찰했다는 뜻이다. 그런데 왜 하필이면 그림을 뒤집어서
그리게 했을까?

　그 이유는 '그것은 그것이 아니다.'라는 전제하에 그리도록
했기 때문이다. 우리는 사물을 볼 때 경험에 비추어 대상을
쳐다본다. 나무의 이미지를 보면서 '이것은 나무구나.'라고
인식을 한다. 그리고 자신에게 익숙한 이미지를 그리려고 한다.
특히 인물화를 그릴 땐 객관적으로 그리기가 힘들다.

　예전에 입시학원 강사를 했을 때의 일이다. 고대 인물 석고상을
학생들에게 그리라고 했다. 나중에 수십 개의 그림을 한 줄로
쭉 늘어놓고 비교를 해보니 모두 자기 얼굴과 비슷하게 그려놓은
것이다. 그 바람에 절로 웃음이 나왔다.

　언젠가 TV에서 평범한 아파트 경비아저씨가 연예인들의

얼굴을 연필로 똑같이 그려서 화제가 된 적이 있었다. 인물화를
그렇게 객관적으로 그려내기는 쉽지 않은데 '배운 적도 없는 분이
어떻게 그렇게 똑같이 그렸을까?' 하고 무척 궁금했었다. 그런데
그분의 제작과정을 보니 의외로 답은 쉽게 나왔다. 사진 이미지에
가로와 세로로 줄을 긋고, 종이 위에도 똑같이 줄을 그은 후
네모 칸에 들어가는 형태를 그대로 옮겼던 것이다. 이 방법은
인물 전체를 대상으로 인식했다기보다는 '그것은 그것이 아니다.'로
인식했기에 가능했던 것이다. 즉, 느낌과 직관보다는 수학적으로
그려낸 것이다. 물론 이렇게 칸을 만들어서 그린다고 해도
인내력도 필요하고 전체적으로 조화시킬 수 있는 실력도 갖추고
있어야 한다. 또한 자신의 실력으로 만들려면 위와 같은 장치는
암산으로 처리할 줄 알아야 한다. '그것은 그것이 아니다.'는
기존에 갖고 있던 습관적인 인식을 버리는 일이다.

막상 손을 그릴 때 문득 '이거 이렇게 해도 되나?' 하며
잘못 그리고 있는 것은 아닌지 불안해질 때가 있다. 그러나
불안하더라도 본인이 그리려고 하는 '손'을 그려서는 안 된다.
눈앞에 보이는 객관적인 대상을 보고 그려야 한다. 이럴 때
오히려 '저것은 손이 아니다.'라고 생각해보는 것은 어떨까?
형태력 연습을 할 때 이미지를 거꾸로 놓고 '그것은 그것이
아니다.'를 적용해보자. 그러나 이런 억지스러운 방법보다는
실물을 통해 눈의 감각을 기르기를 권한다.

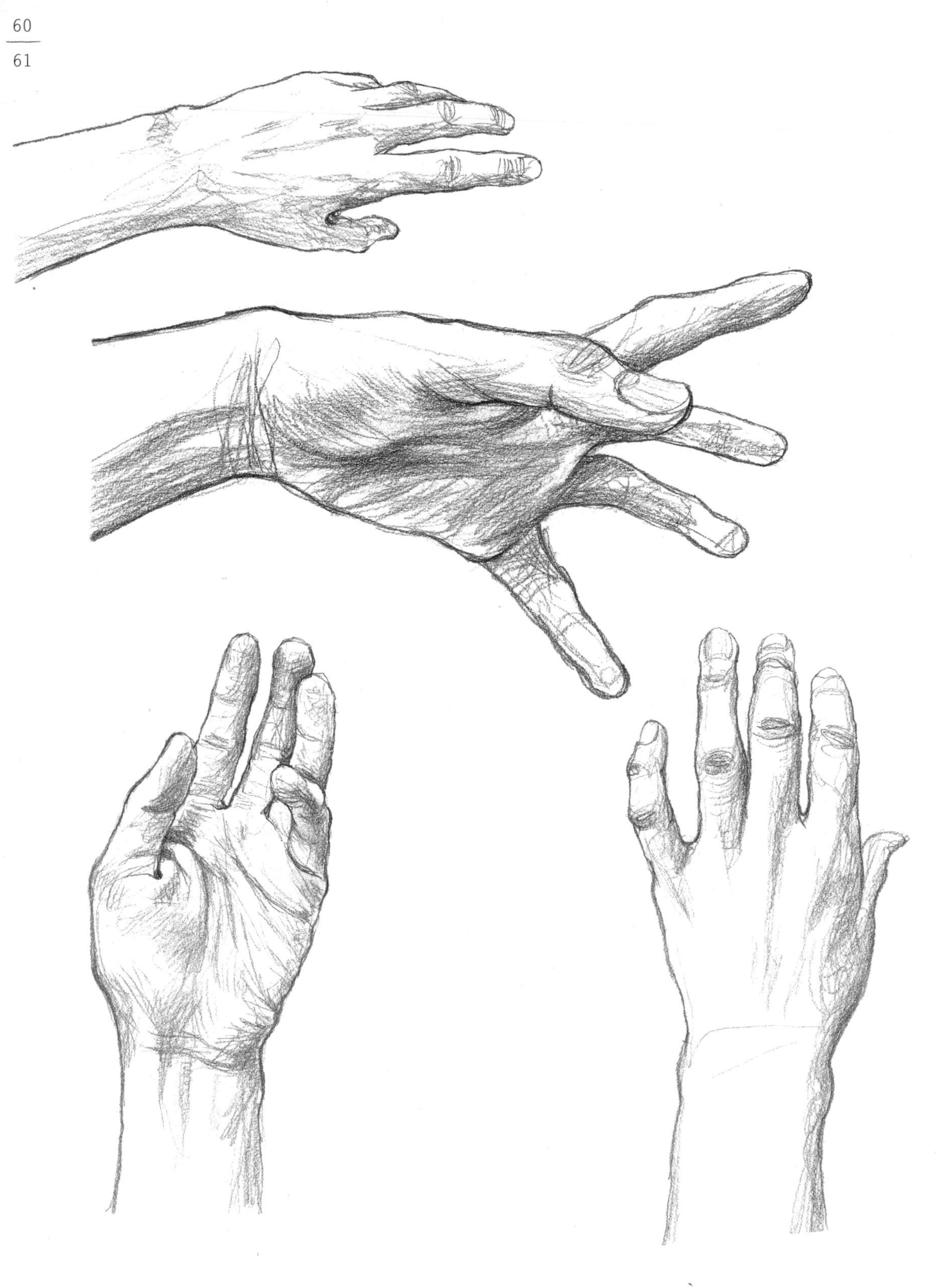

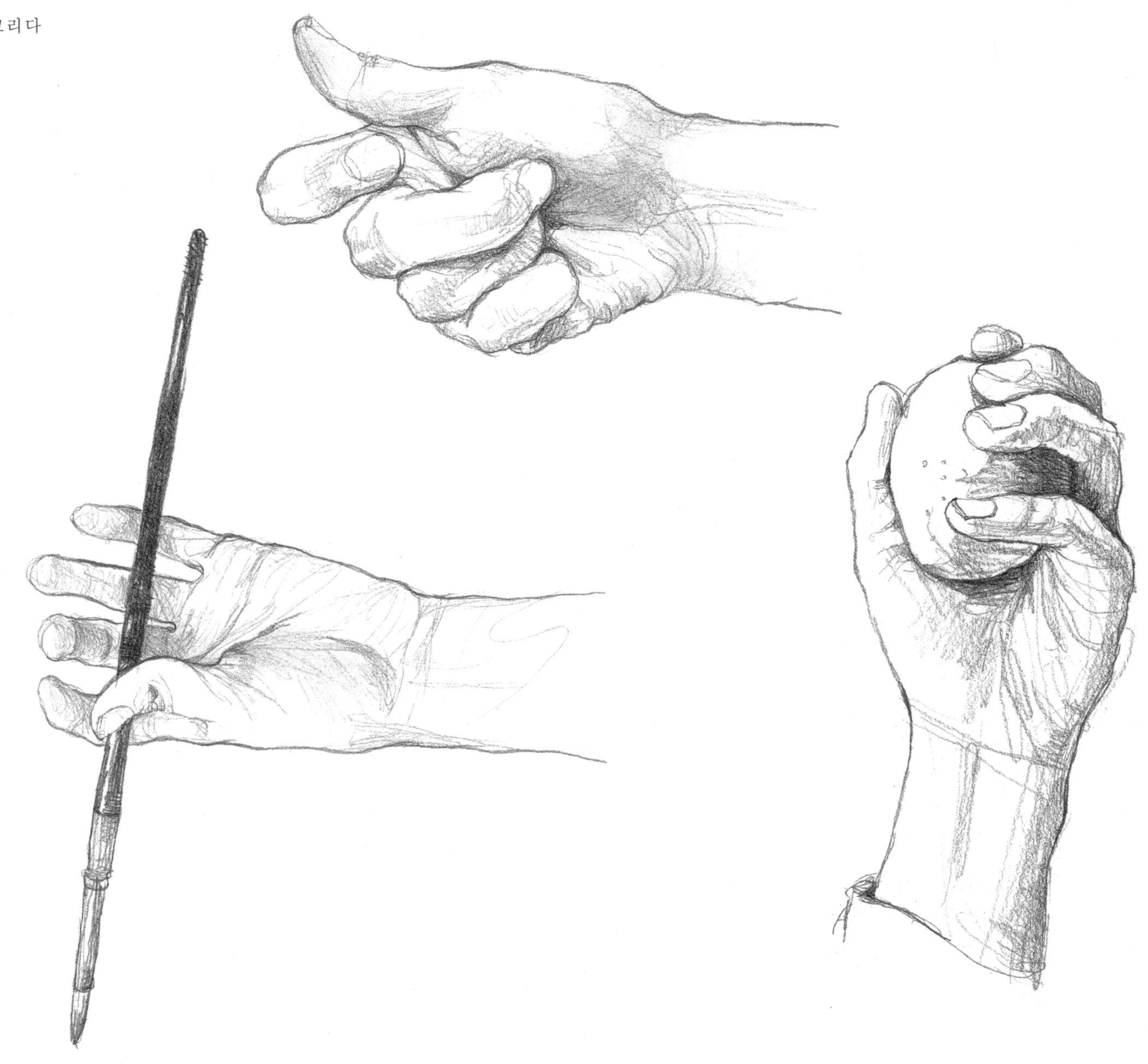

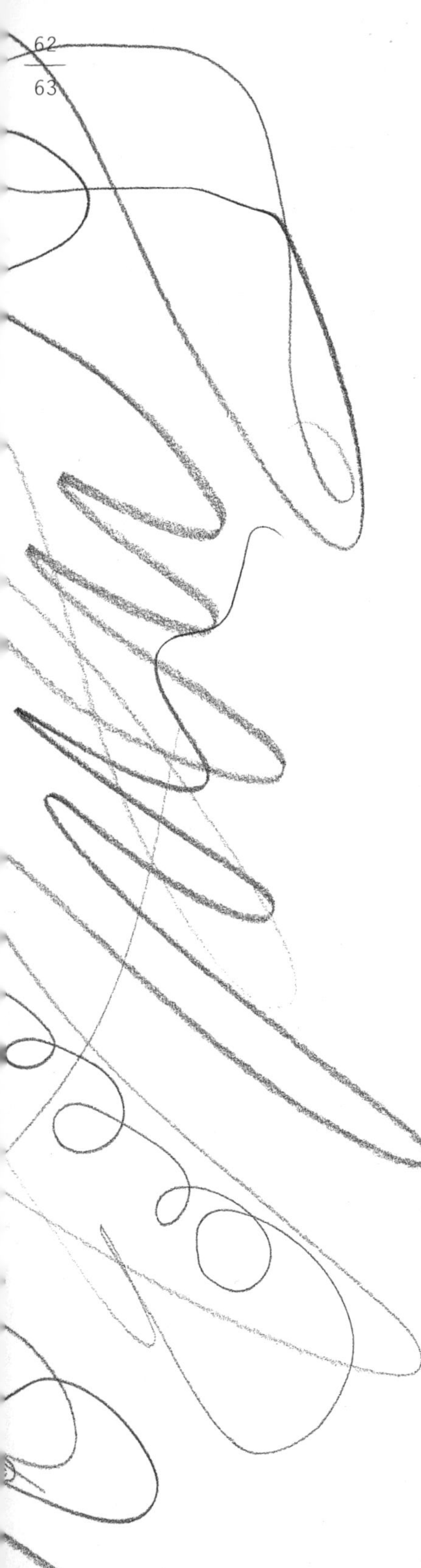

기초체력

운동을 할 때 기본적으로 기초체력이 필요하다. 제 아무리 좋은
장비를 갖추고 훌륭한 스승을 만났다 할지라도 본인이 가지고 있는
기본체력이 약하다면 운동을 배우는 데에 문제가 된다. 아무 이유도
없이 운동장을 몇 십 바퀴씩 뛰게 하거나 산을 오르락내리락하게
하지는 않는다. 이는 운동의 기술을 배울 때 안정감 있게 소화할 수
있도록 미리 신체를 단련시키는 것이다. 그림 그리기도 마찬가지다.
무언가를 그리기 위해 최소한의 두려움을 없애고 안정감 있게
실행해볼 수 있으려면 기초체력이 필요하다. 그리기의 기초체력은
바로 '선'이다.

　글자를 쓰는 것부터 무심코 낙서하는 것에 이르기까지
모든 끼적임의 기본은 선으로 이루어져 있다. 어쩌면 우리는
평생토록 그리기의 기초체력 훈련을 해온 것일 수도 있다.
그러나 넓은 면적을 선으로 채운다거나 세밀하고 복잡한 선을
요한다고 했을 땐 좀 더 강도 높은 기초체력이 필요하다. 즉,
기존에 접해왔던 면적이나 단순함을 넘어서려면 그에 맞는
훈련이 필요하다는 뜻이다. 글자를 쓸 땐 손바닥만 한 종이이거나
커봤자 A4용지 크기 정도였을 테고, 낙서를 할 때도 대체로
그 정도 크기 안에서 끼적여댔을 것이다. 그래서 어렸을 때부터
만화를 좋아하거나 작게나마 여러 번 그려본 이들도 막상
면적이 넓어지면 소화해내기가 쉽지 않다.

　'선'에는 다양한 종류가 있다. 소묘에 적합한 선, 크로키에
적합한 선, 드로잉에 적합한 선, 만화에 적합한 선 등등
그릴 유형에 따라 달라지기도 하고 그릴 면적에 따라 달라지기도
한다. 선 연습을 할 때 두 가지 방법이 있는데, 하나는 선부터

연습하는 것이고 다른 하나는 그림을 그리며 동시에 연습하는
방법이다. 운동으로 친다면 전자는 본 게임을 하기 전에 운동장을
계속 뛰거나 웨이트 트레이닝을 하며 체력을 다져놓는 것이고
후자는 곧장 본 훈련으로 들어가서 저절로 체력도 다지는 방법이다.
두 가지 다 장단점이 있으니 자신에게 맞는 유형을 택하여 연습하면
된다. 물론 스승이 있다면 주로 전자를 먼저 권한다. 그러나
본 게임이 아니기 때문에 지루할 수도 있다는 점을 염두에 두어야
한다. 만일 후자의 방법으로 연습하려면 몇 배의 용기가 필요하고
무던히도 넘어질 각오를 해야 한다.

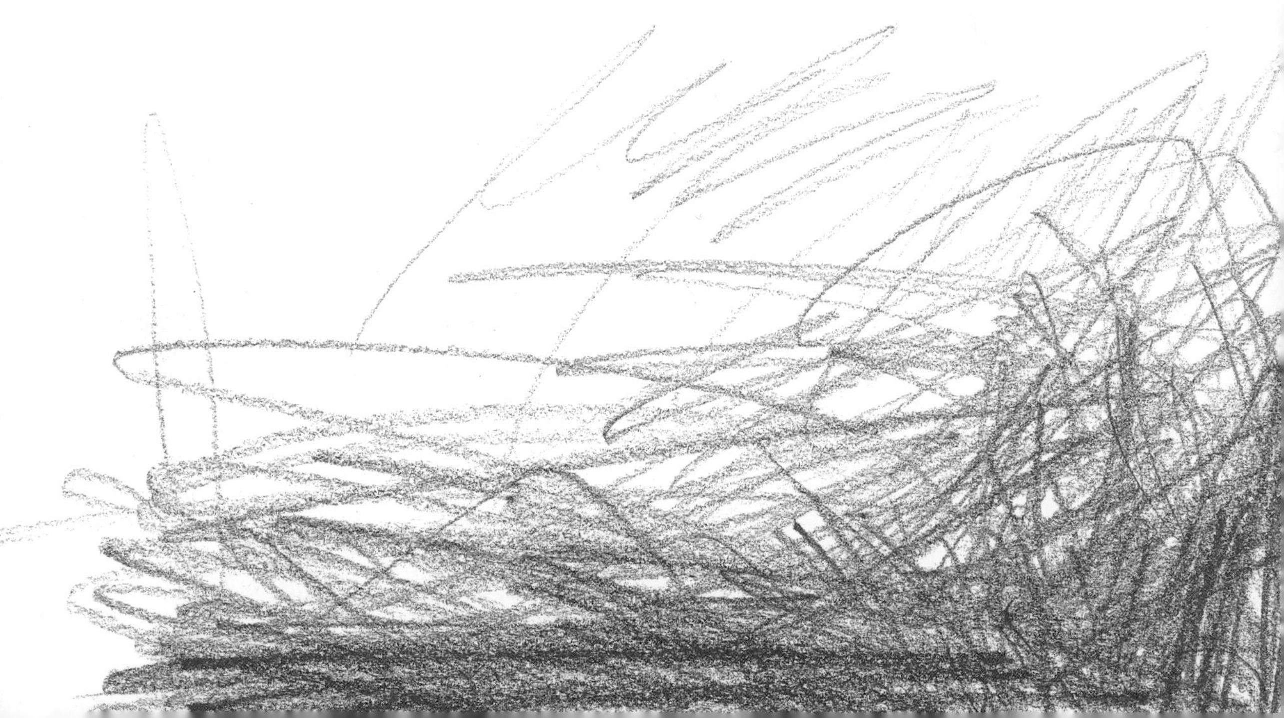

연습은 규모 있게

어렸을 때 담임선생님과 부모님께 자주 들었던 소리를 기억하는가?
　"글씨는 크게 연습해야 예쁜 글씨를 쓸 수 있단다."
그래서 초등학생 일기장엔 커다란 글씨가 빼곡히 적혀 있는
경우가 많다.
　수업을 하다 보면 커다란 종이에 여백의 미를 살리면서
그리는 분들이 있다. 물론 전혀 의도성 없는 여백의 미다.
큰 종이에 그림을 그리는 이유는 그만큼의 규모를 소화해내겠다는
의지도 포함된다. 소묘든, 드로잉이든, 창작 그림이든 간에
크게 연습할수록 대담성이 생긴다. 간편하게 지니고 다니면서
끼적일 아이디어북이나 작은 드로잉북이 아니라면 정식으로
그림 연습을 할 땐 최소한 A3는 넘겨보자. 규모 있게 그림 연습을
꾸준히 하다 보면 나중에는 그보다 작은 규모에서 그리는 것은
식은 죽 먹기다. 그러나 반대로 작은 규모에서 큰 규모로
옮겨 갈 땐 막막해진다. 자, 코딱지만 하게 끼적이지 말고
용기 내서 크게 연습해보는 건 어떨까.

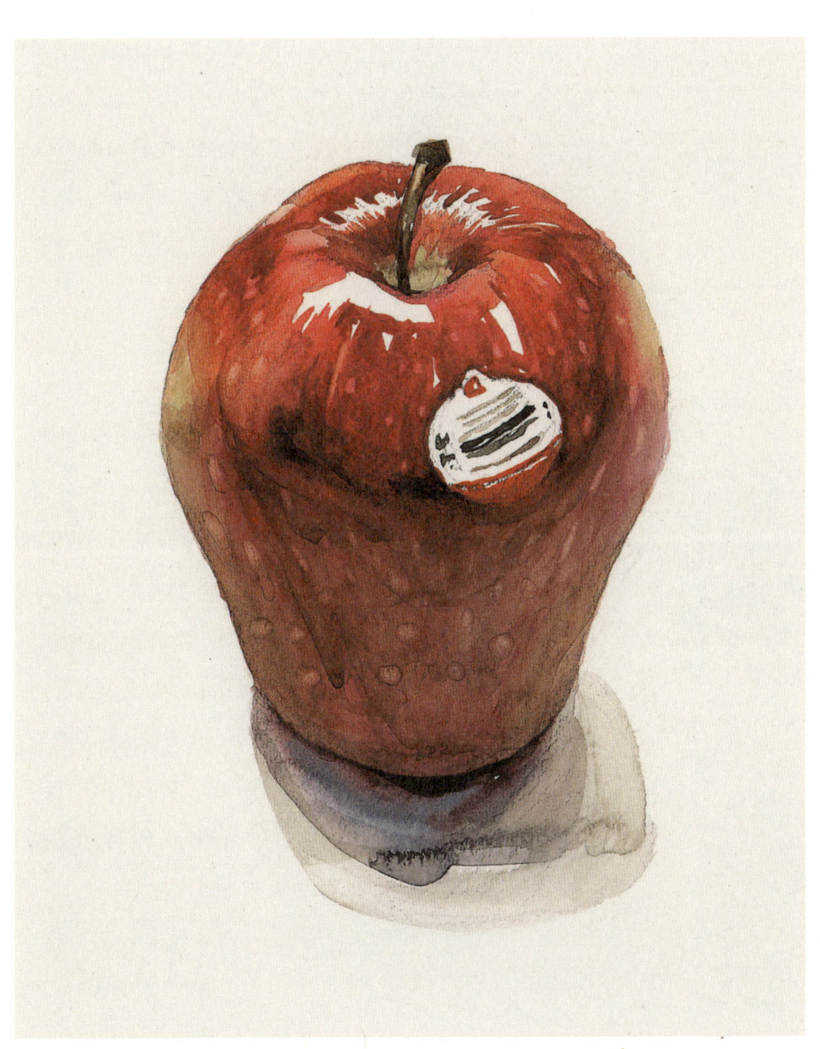

직선 긋는 방법

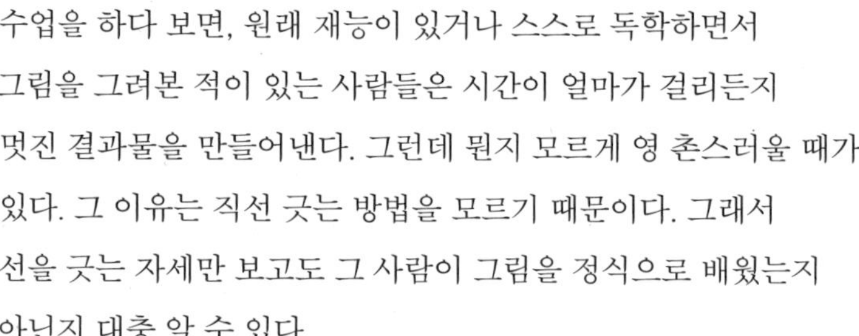

수업을 하다 보면, 원래 재능이 있거나 스스로 독학하면서
그림을 그려본 적이 있는 사람들은 시간이 얼마가 걸리든지
멋진 결과물을 만들어낸다. 그런데 뭔지 모르게 영 촌스러울 때가
있다. 그 이유는 직선 긋는 방법을 모르기 때문이다. 그래서
선을 긋는 자세만 보고도 그 사람이 그림을 정식으로 배웠는지
아닌지 대충 알 수 있다.

　미술학원에서는 재능을 가르치는 것이 아니다. 하지만
강사의 세련된 손놀림을 모방할 수는 있다. 혼자 그리기를
연습해온 사람들이나 그림을 처음 배우는 이들에게 공통적으로
드러나는 특징은 '털 달린 선'을 긋는다는 것이다. 즉, 짧은 선을
연결하여 직선을 만든다. 단번에 긋는 드로잉, 크로키가 아니라
소묘나 채색화의 스케치라면 심혈을 기울여 정확한 선을
그어야 한다. 또한 넓은 면적을 고른 톤으로 이어줄 때도
정확한 선 긋기가 필수적이다.

　선을 그을 땐 손목에 힘을 빼고 부드럽게 종이와 스치듯
그어준다. 그리고 선 끝을 공중에 띄우듯 날려주면서 뾰족한
선끼리 다시 겹치며 연결해준다. 그렇게 연결된 선은
털이 달리지 않은 말끔한 직선이 된다.

A

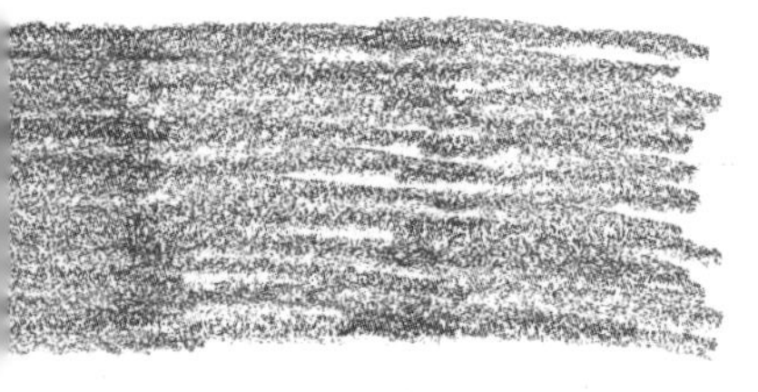

B

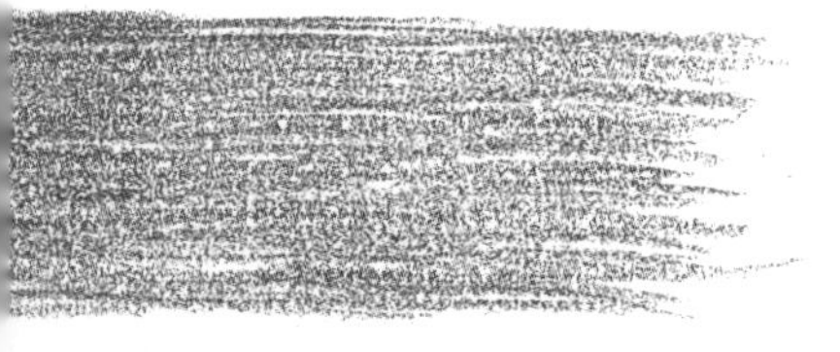

C

A　종이 표면 위에 선 끝을 날려준다.
B　선 끝을 날려주지 않으면 선이 뭉친다.
C　선 끝을 날려주며 선을 연결하면 뭉치지 않고 연결된다.

정확한 선을 긋는 방법

이젤을 놓고 선을 그을 때 팔의 무게 때문에 흔들거려서
정확한 선을 긋기가 어렵다. 그럴 땐 새끼손가락을 종이 위에 대고
그려보자. 손가락 하나를 종이 위에 대는 것만으로도 온몸의
버팀목을 하나 만든 거나 다름없다. 소묘일 경우, 번질 우려가
있어서 닿는 면적을 최소화하여 손톱만 대도 좋다. 그러나
규모 있는 선은 손톱이 갈려서 아프니, 이럴 땐 팔꿈치를 반대편
손으로 받쳐주거나 무릎을 올려서 팔꿈치를 살짝 올려놓는다.
사진을 촬영할 때 카메라가 흔들리는 것을 방지하기 위해서
몸을 벽에 기대거나 카메라의 밑부분을 손으로 받치는 것과
같은 이치라고 보면 된다. 우리 몸의 일부가 공중에 떠 있을 경우
중력에 의해 불안정한 자세가 되기 마련이다. 그럴 때마다
고정된 것에 살짝 의지하여 움직임을 최소화해야만 섬세함을
잡아낼 수 있다.

그 밖의 도구 없이 직선 긋기

1 선의 시작점에서 끝나는 지점을
한눈에 담고 순식간에 긋는다.
이때 긋는 순간 잠시 숨을 멈춘다.
2 그어야 할 선 옆에 평행을
이룰 만한 물건을 놓는다.
책상 라인이나 책도 상관없다.
그어야 할 선과 보조물건을
동시에 보면서 최대한
평행하게 긋는다.
3 자 대고 긋기는 반칙이다.

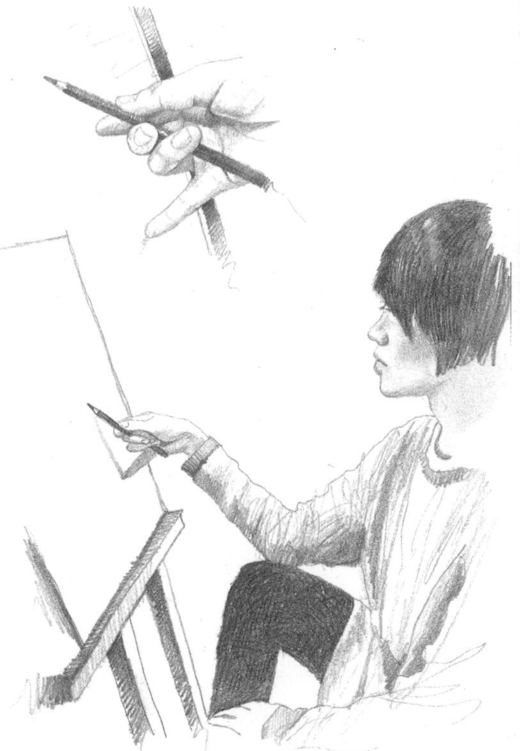

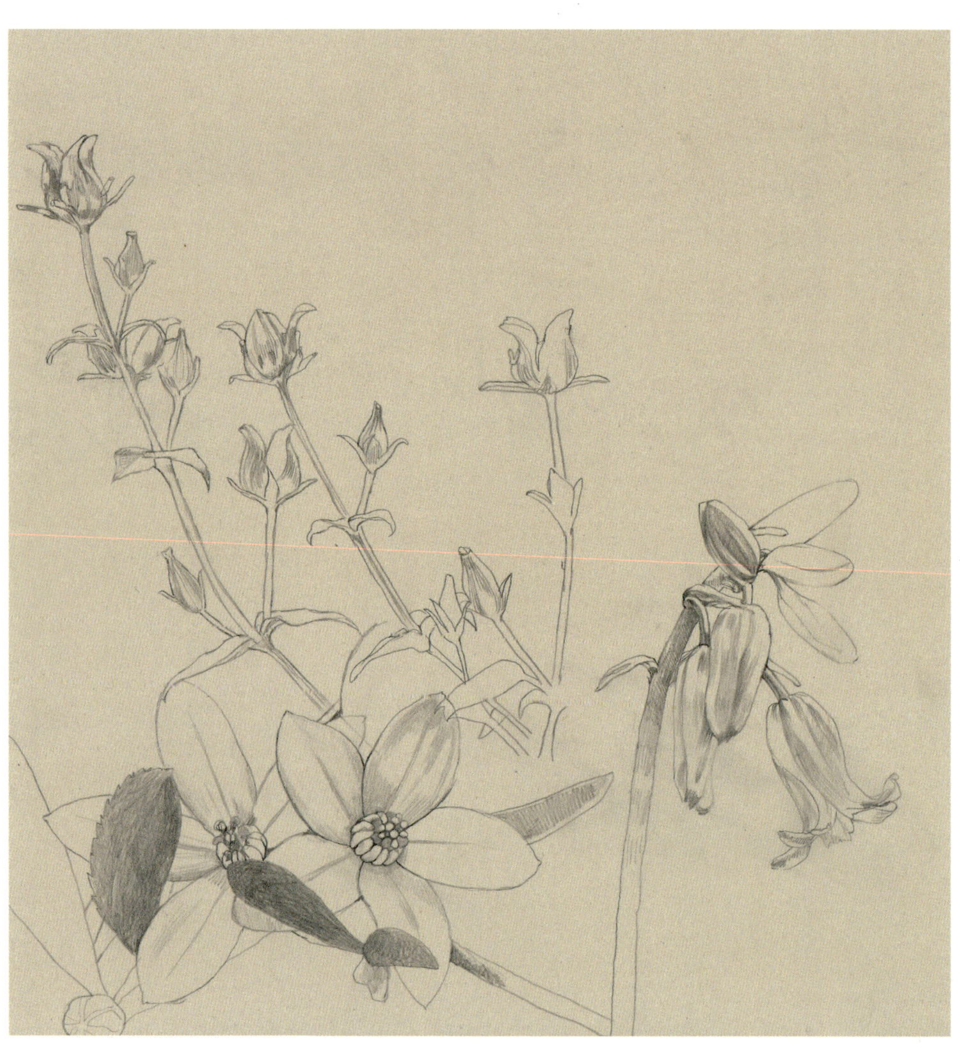

멸치국물 우려내기 - 선을 보지 마라

예쁜 선, 세련된 선을 자유자재로 그을 수 있다는 것은
그림을 배우는 이들의 공통된 소망이다. 즉, 폼이 난다.
특히 처음 그림을 배울 땐, 폼 나는 것에 눈길이 가기 마련이다.
하지만 선이 기초체력이라면 기초체력에 집착하며 신경 쓰다가
정작 본 경기의 흐름을 놓칠 수가 있다. 소묘를 할 때 명암이
은은하고 분위기 있게 나오는 것이 아니라 거칠고 지저분해질 때가
있다. 이것은 마음이 조급하여 선에만 집착했기 때문이다. 차라리
선을 보지 말고 면을 보자. 나무를 보지 말고 숲을 보잔 얘기다.
만일 이를 무시하고 선 맛(기교)에만 현혹되면 멸치국물도
우려내지 않고 고명만 얹은 심심한 국물과 다를 바 없다.

선이 아닌 면을 보려면 '군'을 알아야 한다. 군에는 밝은 군,
어두운 군, 중간 군으로 대략 나누어볼 수가 있다. 만일 '군'을
무시한 채 선만 보고 그리면 전체 형태와 분위기가 깨진다.
그러나 면의 개념으로 선을 그으면 물체의 덩어리감과
분위기를 유지시킬 수 있다.

만일 면을 보려 해도 자꾸 선만 보인다면 안경을 끼고 있는
사람은 잠시 안경을 벗고 대상을 보도록 하고, 그렇지 않은 사람은
눈의 초점을 잠시만 가운데로 모아주자. 이렇게까지 하는 이유는
보이는 장면을 흐릿하게 바꿔주기 위해서이다.

폼 나는 선은 신경 쓰지 말자. 누구든 그림실력이 늘어나면
자연스럽게 얻을 수 있으니.

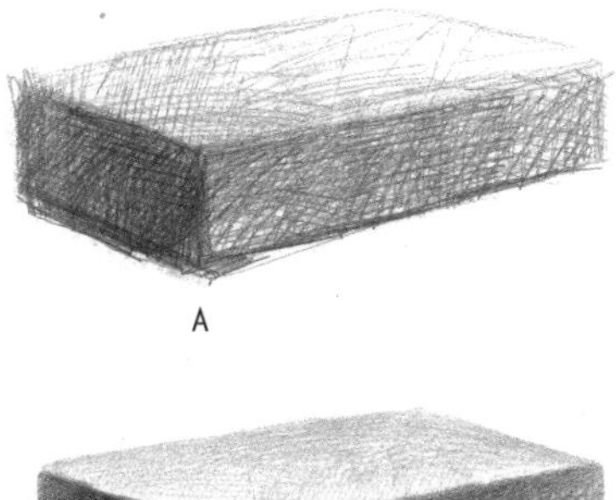

A 밑바탕을 충분히 깔아주지 않은 소묘
B 밑바탕을 충분히 깔아준 소묘

연필 소묘에서 짙은 톤 더하는 방법

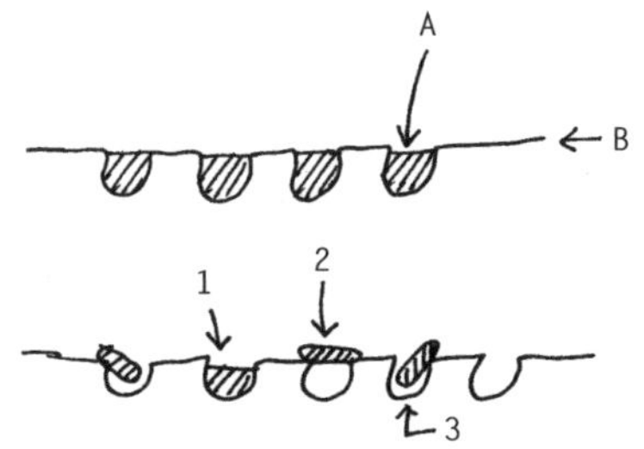

A 연필 흑연 B 종이의 입자

1 완벽하게 먹힌 흑연
2 제대로 먹히지 않은 흑연
3 먹히다가 만 흑연

종이 위에 연필이 어떻게 그어지는지 자세히 생각해본 적이 있는가? 우리가 원하는 대로 재료를 능숙하게 쓰기 위해서는 결과물이 나타나기까지의 원리를 구체적으로 상상해볼 필요가 있다. 연필은 흑연가루의 단단한 스틱 형태이며 종이는 판판해 보이지만 거친 입자의 표면을 지니고 있다. 연필이 종이에 그어지는 과정을 확대해보면 흑연의 입자가 종이의 파인 틈 속으로 들어가는 원리이다. 연필에 힘을 주어 그으면 흑연이 종이 입자 사이로 많이 들어가는 것이고 살짝 그어주면 적게 들어가는 것이다.

소묘에서 명암을 여러 겹 깔아줄 때, 그림이 쉽게 탁해지거나 표면이 반질반질해지면서 더 이상 짙어지지 않을 때가 있다. 이럴 땐 앞서 얘기한 것처럼 종이 위에 흑연이 먹히는 원리를 생각하자. 흑연이 종이의 입자 안으로 차곡차곡 들어가주어야 짙고 맑은 톤이 가능하다.

1 선의 간격을 만들어라

소묘에서 연필로 처음 밑바탕을 깔아줄 땐 선의 간격이 그물처럼 성글어야 한다. 만일 선과 선 사이의 간격이 촘촘하면, 보기에는 좋지만 종이의 여백이 없어서 다음 선이 들어가지 못한다. 그래서 방향을 약간씩 틀어주면서 선에 간격을 주어야 그 틈 사이로 다음에 올 선들이 차곡차곡 쌓일 수 있다.

2 연필은 점점 짧게, 점점 세워서 잡아라

소묘를 완성하는 동안 연필의 길이는 깎지를 포함하여 가장 긴
상태로 눕혀서 출발하여 깎지 제거 후 가장 짧은 상태로 세워서
끝난다. 즉, 길고 옅은 선은 연필심 앞부분과 쥐고 있는 손의
거리가 멀수록, 짧고 짙은 선은 그 거리가 가까울수록 효과적이다.
따라서 연필을 최대한 앞쪽으로 쥐고 그려야 세밀한 묘사를 하거나
짙은 선을 그을 수가 있다.

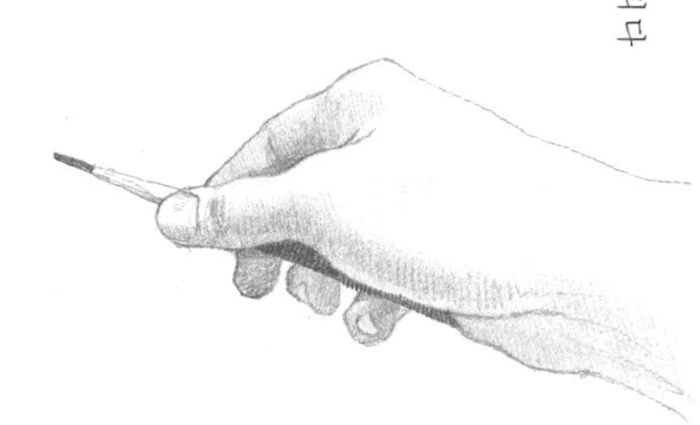

3 연필을 다각도로 만들며 그어라

위에서 연필 흑연이 종이에 먹히게 해야 계속해서 짙은 톤을
맑게 깔 수 있다고 했다. 그렇다면 종이를 '무'라고 가정하여
설명해보겠다. "뾰족한 이쑤시개와 젓가락 중 어떤 것이
무에 더 잘 꽂힐까?"라고 물어보면 대부분 "이쑤시개"라고
답할 것이다. 이유는 젓가락보다 뾰족하고 날카롭기 때문이다.
소묘를 할 때도 연필은 그렇게 유지해주어야 더 이상 짙은 톤이
나오기 힘들 것 같은 상황에서도 더 짙은 톤을 만들 수 있다.
방법은 연필의 심을 칼로 날카롭게 갈아주거나, 그리는 동시에
뭉툭해진 연필의 방향을 바꿔주어야 한다.

　　소묘를 하다 보면 연필심이 닳아서 한 면은 경사가 지고
다른 한 면은 뾰족해진다. 이렇게 되면, 원하는 선을 긋기
어려울 뿐 아니라 짙은 톤을 더하기가 힘들다. 따라서 도중에
연필의 방향을 바꿔가면서 연필심의 각도를 고르게 만들어준다.
또한 앞서 말했듯이 마무리 단계에서 짙게 묘사하려면, 연필의
각도를 점차 세워서 날카로움을 유지해주어야 한다.

이렇게 연필의 한 면이 집중적으로
닳아버리면 고른 선긋기가 어렵다

4 연필을 굴리며 그어라

무에 젓가락을 꽂을 때, 돌리면서 꽂는 것과 그냥 꽂는 것 중
어떤 것이 더 잘 들어갈까? 당연히 돌리면서 꽂는 것이
더 잘 들어간다. 하물며 작은 구멍에 휴지를 끼워 넣을 때도
돌리면서 끼워 넣어야 잘 들어가지 않는가. 연필도 긋는 동시에
돌리면서 그으면 종이에 더욱 잘 먹힌다. 집게손가락을 이용하여
긋는 동시에 연필을 굴려주면 흑연 입자가 종이 표면에
차곡차곡 들어간다.

5 한 방향으로 던져라

다시 또 만만한 '무'에다가 젓가락을 꽂을 때, 그냥 꽂는 것과
던지듯 꽂는 것 중 어떤 것이 젓가락이 더 잘 들어갈까?
물론 던지듯 꽂는 거다.

소묘할 때 대부분 좌우로 왔다 갔다 하며 선을 긋지만 편의에
따라서는 연필을 종이 위에 던지듯 꽂으면서 한 방향으로만
반복해주어도 상관없다. 이렇게 하면 흑연이 종이입자 사이로
더욱 강렬하게 들어가기 때문에 짙은 선이 더 잘 그어진다.

이와 같은 방법은 수업 중 탁한 소묘를 살려달라는 부탁을
받고 무기를 하나씩 꺼내놓는 심정으로 대처했던 것들이다.
1번부터 5번까지의 방법은 한 가지씩 따로 적용해도 되지만
두 개, 세 개 또는 다섯 가지를 동시에 적용해도 상관없다.

형태의 안전장치

19세기 유럽의 인상주의 화가 세잔은 "모든 물체는 도형으로
이루어져 있다."라고 했다. 이런 식의 발상은 사물의 형태를 좀 더
쉽게 인식할 수 있게 해주었다. 그래서 어떤 복잡한 사물이라도
도형이라는 큰 덩어리로 먼저 인식한 뒤 부분적인 것을 관찰한다.
또한 보는 시점에 따른 형태 변화 역시 기본 도형으로 먼저
인식해야 어색함을 줄일 수 있다.

그러나 막상 사물을 그리려고 할 땐 자신도 모르게 전체적인
도형 파악을 무시하고 부분적으로 그려나간다. 사물이 갖고 있는
기본 도형을 무시하면 빛에 따른 명암 표현 역시 매우 어렵게
느껴질 수밖에 없다. 그래서 기본 도형이 갖고 있는 명암의
규칙성을 알면 실물을 보지 않고도 사물의 입체감을 표현할 수 있는
응용력이 생긴다.

그림은 입체적인 사물을 평면 위에 옮기는 작업이다.
따지고 보면 착시현상을 만들어내는 과정인 셈이다. 사진이 실물을
촬영하여 평면적으로 온전히 옮겨낸 것이라면, 그림은 실제보다
더 실제같이 옮겨내는 과정이다. 간혹 '보이는 대로 똑같이
그렸을 뿐인데 왜 이렇게 실제 같지가 않지?'라고 여겨질 때가 있다.
그저 보이는 그대로를 그릴 경우, 그림 속 사물은 아주 평면적으로
보인다. 그 이유는 빛에 따른 입체감 표현이 부족했거나 형태의
안정장치(도형의 규칙성)를 무시했기 때문이다.

우리 눈에는 캔의 윗부분과 아랫부분이 거의 평행선으로 보인다.
사진 이미지가 아닌 실물을 본다면 더욱 차이가 없어 보인다.
그러나 이보다 더 실제같이 느껴지도록 착시현상을 주려면

원기둥이라는 기본 도형의 인식이 먼저 이루어져야 한다.
또한 시점에 따른 형태 변화를 알고 있어야 한다. 시점이 위에서
아래를 보고 있다면 당연히 아래 양쪽이 살짝 좁아져야 맞다.
이것은 흔히들 알고 있는 소실점의 원리가 적용된 것이다.

　　탁자 위에 사물들을 펼쳐놓고 그것을 그린다고 했을 때
실제로 우리 눈에 보이는 정물들은 크기가 비슷비슷하다. 그러나
앞쪽의 물체와 뒤쪽의 물체의 크기가 심하게 차이가 난다. 그것은
가까이 있는 것은 크게 표현하고 멀리 있는 것은 작게 표현했다는
규칙성을 적용했기 때문이다. 우리는 이것을 흔히 원근법이라고
알고 있는데 머리로는 알고 있지만 막상 적용하려고 하면 거짓말을
해야 한다는 느낌을 받는다. 드넓은 풍경이 눈에 들어오는 곳에
서 있으면 원근감이 확연히 보인다. 그러나 가까운 곳에서
작은 규모로 보게 되면 원근감이 잘 느껴지지 않는다. 그래서
약간 과장을 해서 극적으로 만들어주는 것이다.

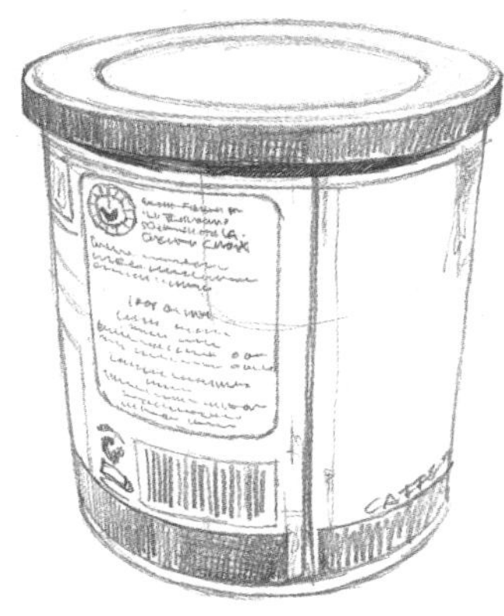

빛에 따른 명암관계도 도형의 형태에 따라 다르다. 둥근 물체와
각이 진 물체의 기본적인 빛의 흐름을 알고 있으면 실제보다
더 실제같이 응용이 가능하다. 사물을 보고 그리다가 형태가
어색하다고 생각되면 이러한 기본적인 규칙들을 적용해보자.
어쩌면 눈에 보이는 것과 규칙을 적용한 것이 다르게 보일 수도
있다. 이것이 바로 형태의 안전장치다.

입체감의 필수조건

오른쪽의 A와 B는 어떤 차이가 있는가? 분명 둘 다 정육면체이다.
그러나 A는 도안으로만 그치고 있는 반면, B는 입체감이
느껴진다. 이러한 차이는 빛과 관련이 있다.

A, B 둘 다 왼쪽 위에서 빛이 내려오고 있다. 빛을 가장 많이
받고 있는 곳은 1이고, 그 다음으로 2, 3이다. 그러나 B는 A보다
더 많은 단계로 표현되어 있다.

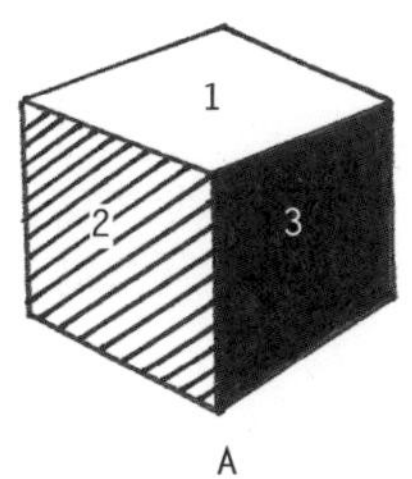

이쑤시개 하나를 그리더라도 실존의 느낌을 주려면 빛에 따른
입체감 표현을 해야 한다. 그리고 다음의 다섯 가지 요소를
염두에 두어야 한다.

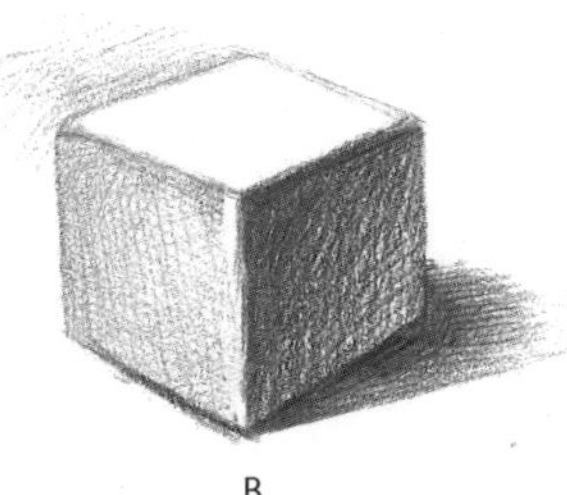

1 하이라이트
2 중간 톤
3 포인트
4 반사광
5 그림자

이와 같이 빛에 따른 입체감은 다른 여러 분야에서도 응용된다.
간단한 드로잉이나 세밀한 상상화를 그리더라도 실제로 존재하는
듯한 느낌을 주기 위해서는 입체감이 필수다. 예를 들어 영화에
삽입된 CG효과는 실제 있는 것 같은 착각을 주는데, 그런 착각이
가능한 건 역시 빛에 의한 명암이 표현되기 때문이다. 그다음에는
위의 다섯 가지 요소를 적용해야 한다. 만일 이러한 명암 표현이
없다면 매우 평면적이고 가상의 느낌이 들 것이다.

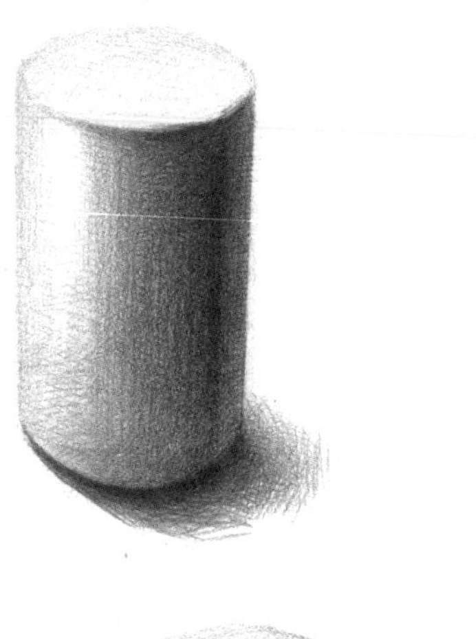

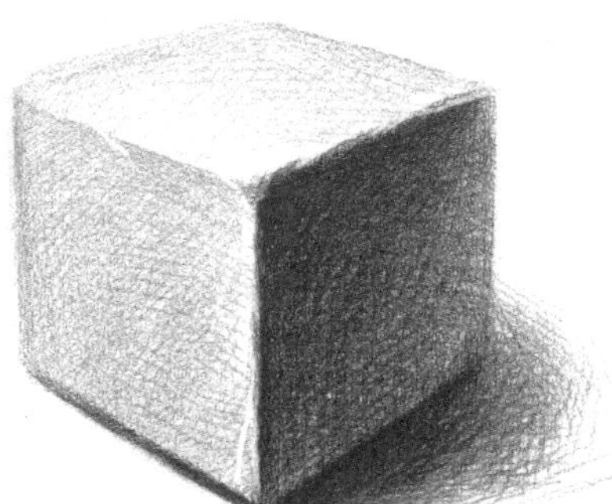

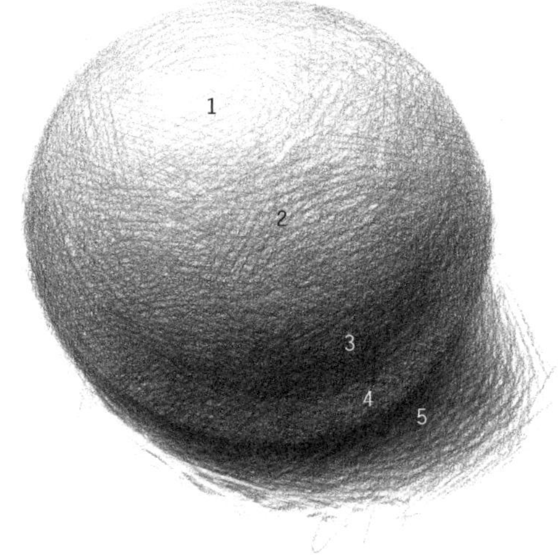

1 하이라이트
2 중간 톤
3 포인트
4 반사광
5 그림자

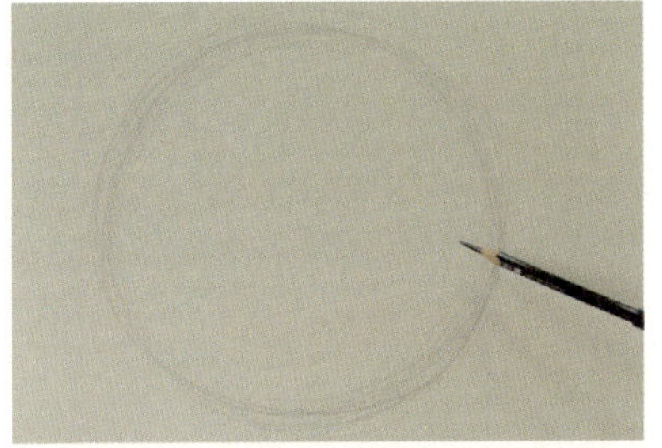

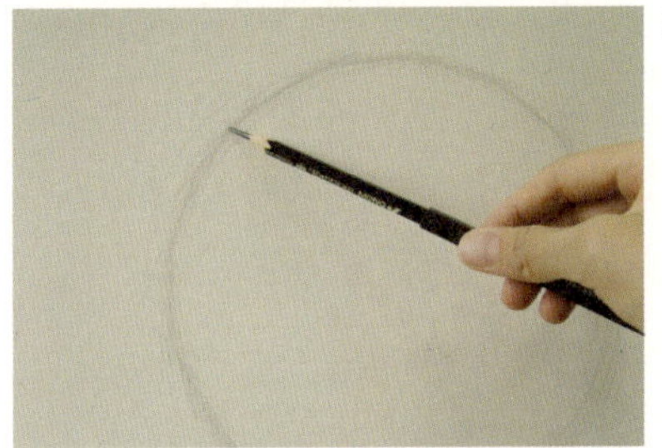

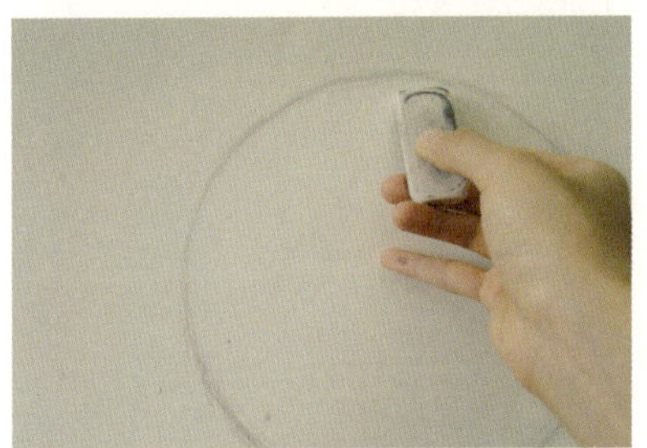

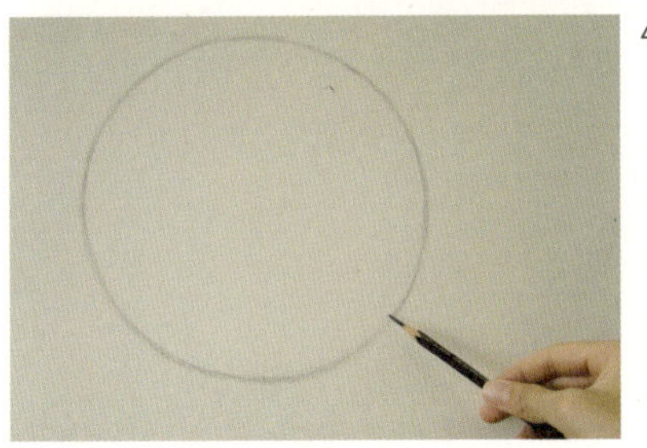

둥근 물체 그리기

'동그라미를 그리는 방법이 따로 있나?' 하고 의아하게 여기는 분들도 있겠지만 이상하게도 많은 이들이 이 별것 아닌 형태를 쩔쩔매며 그린다. 가장 빠르고 간단한 방법은, 우선 옅은 선으로 원심력을 이용하여 여러 번 둥글둥글 보조선을 그어준다. 그 다음엔 '구'의 전체를 보며 정확하다고 느껴지는 선을 짧게 이어준다. 마지막으로 쓸데없는 보조선들을 지우개로 지워주면 예쁜 '구'가 완성된다.

1 원심력을 이용하여 대략의 구를 그린다.
2 확실하다고 생각되는 선을 뚜렷하게 긋는다.
3 불필요한 선을 지운다.
4 외곽을 다듬으며 구를 완성한다.

실제보다 더 실제같이

그림은 사진이 아니다. 그림과 사진은 제작 과정에서도, 결과에서도 차이가 있다. 그런데 사람들은 아이러니하게도 사진 같은 그림에 놀라워하고 그림 같은 사진에 경이로워한다. 왜 그런 걸까? 아마도 주어진 영역의 한계를 넘어섰기 때문일 것이다. 사진 같은 그림은 손으로 일일이 만져주었다는 사실을, 그림 같은 사진은 카메라로 표현할 수 없는 것까지 후반작업으로 섬세하게 만져주었다는 것을 내포한다. 즉, 정성이다. 그리고 이 둘을 합친다면 그 중간지점이 드러난다. 나는 이 중간지점(공통분모)을 '실제보다 더 실제같이' 표현했기 때문이라고 말하고 싶다.

1 원근법의 극대화

요즘은 카메라 기능 중에서 주인공이 될 대상을 뚜렷하게 잡아주고 나머지 배경은 흐릿하게 빼주는 '아웃포커스out of focus'가 대세다. 그림에서도 대상의 앞뒤의 거리감을 표현해야 생동감이 살아난다. 그렇다면 왜 이러한 원근 표현이 매력적으로 다가오는 것일까?

　보통은 어떠한 광경을 사진으로 촬영하거나 그림으로 그리라고 하면 모든 물체가 동등하게 펼쳐져 있게 그린다. 그러면 앞에 있는 대상과 뒤에 있는 대상이 똑같이 선명하다. 보이는 풍경은 모두가 주인공이다. 왜 그런가? 한곳에 시선이 머무를 때마다 정지상태이기 때문이다. 그리고 그것을 하나하나 몰입하여 관찰하고 한 화면에 모아놓아서 그야말로 전체가

박제된 공간이 되고 만다. 이렇게 그린 그림은 우리가 실제로
눈으로 바라보는 것보다 실제감이 오히려 떨어진다. 더 정확히
말하면 강약도 없고 감정도 없다.

우리 눈에는 어떠한 대상이 평면적으로 보이지 않는다.
원하는 대상을 바라보는 동안, 그것을 제외한 것들은 몰입하지 않은
상태이기 때문에 뿌옇게 보인다. 실제로도 우리가 누군가를
바라볼 때, 그 사람 주변의 것들을 선명하게 읽어내진 못한다.
다만 어떤 것이 있다는 정도만 인식할 뿐이다. 어쩌면 카메라에서
담당하는 아웃포커스 기능은 사랑에 빠진 사람이 자신의
연인을 보는 것처럼 렌즈 앞의 대상을 더욱 매력적으로
만들어주는 것이리라.

2 빛의 흐름을 극대화

한쪽은 강렬한 빛이 내리쬐고 다른 한쪽은 어둡게 하여 음양을
뚜렷하게 구분한다. 이는 대상의 입체감과 분위기를 극대화하는
한 방법이다. 이런 연출을 하려면 실제로 조명을 설치하여
빛의 형태를 극단적으로 설정하거나 존재하지 않는 빛과 그림자를
응용해서 만들어내면 된다.

3 디테일

카메라나 사람의 눈으로 대상을 바라볼 때 디테일한 부분이
쉽게 눈에 들어오지 않는다. 그러나 그냥 넘길 수 있는 부분을
관찰하여 표현함으로써 주제가 되는 부분을 더 강조해줄 수 있다.

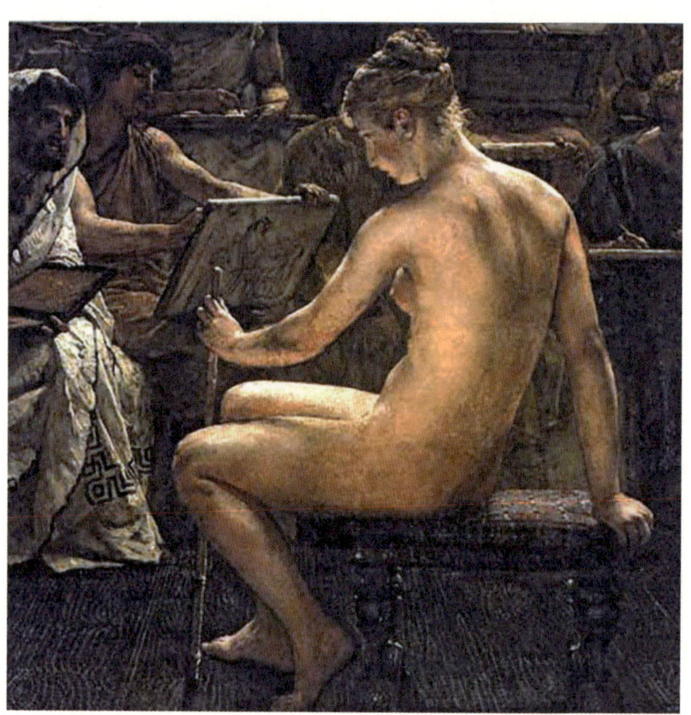

alma tadema, *a roman studio*, 1877

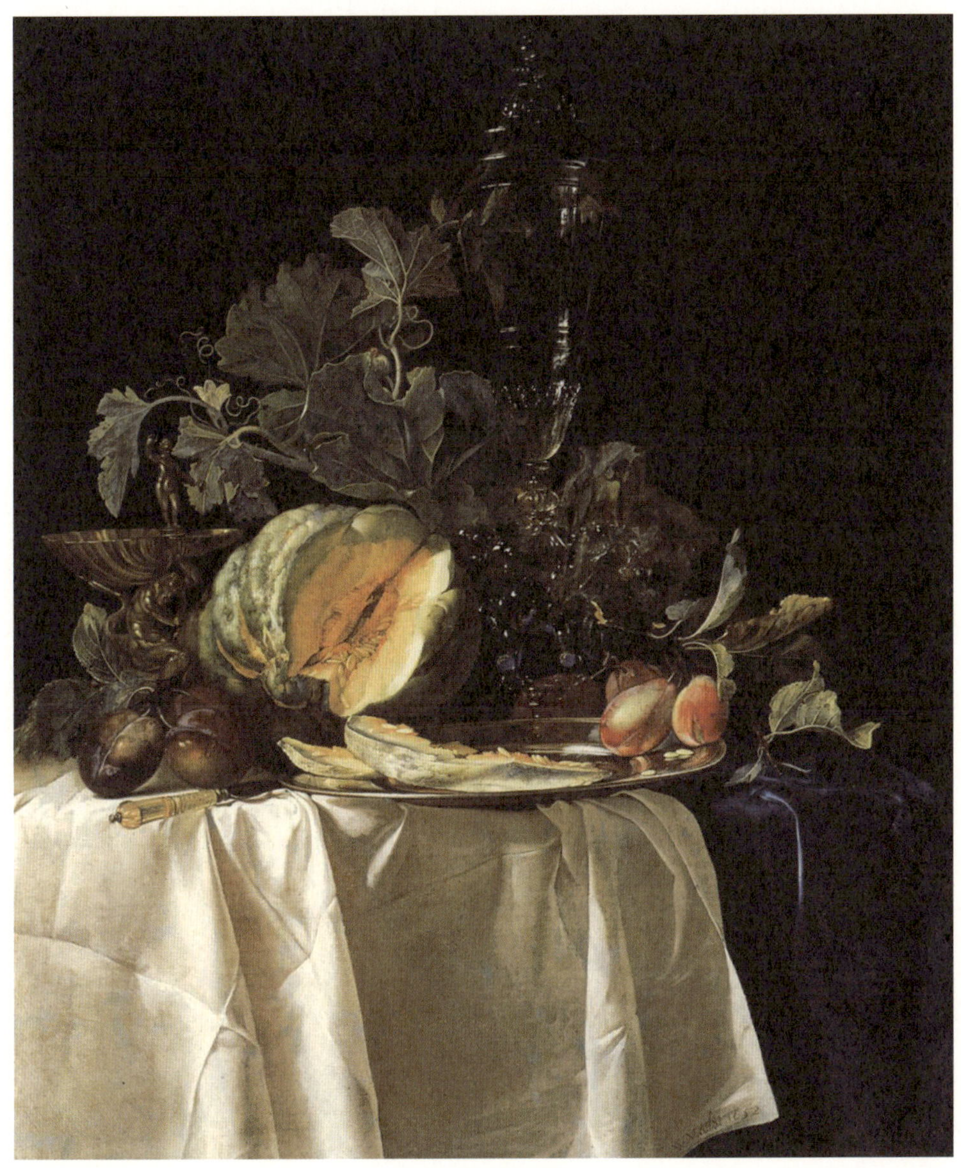

willem van aelst, *still-life with fruit and crystal vase*,
580 x 730mm, oil on canvas, 1652

깊이감과 밀도감

'깊이감이 있다.'는 말은 그림뿐 아니라 다른 분야에서도
종종 한다. 아마도 결코 가볍지 않다거나, 분위기가 있다거나,
진지한 느낌이 든다거나 할 때 주로 쓰는 말인 듯하다. 또한
'밀도감이 있다.'는 의미는 촘촘한지 허전한지로 따질 수 있다.
여기에서는 내용의 깊이감이 아닌 시각적으로 보이는
깊이감에 대해서 알아보는 것이니, 깊이감과 밀도감을
같은 맥락으로 보면 된다.

밀도감(촘촘하다) = 깊이감(얕지 않다) = 무게감(가볍지 않다) =
성실함(정성을 들이다)

그림 안에서 깊이감을 표현하기 위해서는 많은 시간을
할애해야 한다. 즉, 무언가 많이 매만진 흔적이 있어야 한다.
　　우물 입구가 까맣게 보인다고 해서 모두 검은색으로
덮어버리면 그저 까만 점으로만 보일 뿐이다. 그보다는 우물 안의
공간을 표현해주어야 실제 깊이가 느껴진다. 숲속을 생각해보자.
가까이 있는 나무와 멀리 있는 나무 사이에는 무수한 먼지와
공기가 존재한다. 이러한 공간을 표현하는 것이 밀도감이다.
멀리 있는 형상은 아련하면서도 정확하게 묘사해야 한다.
예상치 못한 부분까지 정성을 들여야 그림의 깊이감을
살릴 수 있다.

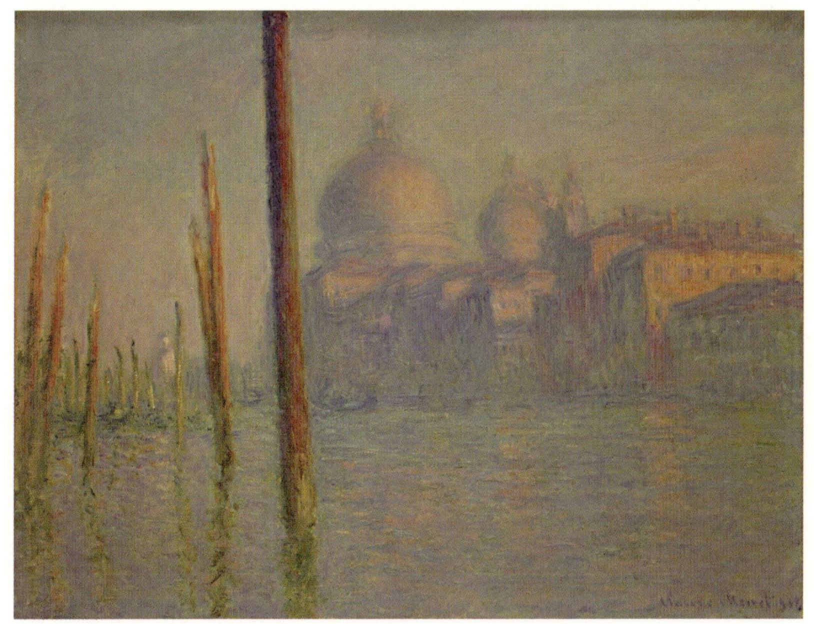

claude monet, *grand canal, venice*, 1908

바위를 조각하듯

인간은 세밀하고 복잡한 것을 계산하거나 자기 몸집의 몇 백 배가
되는 엄청난 크기의 대상을 다룰 수 있는 능력을 가지고 있다.
예를 들어 현미경을 만들어서 눈에 보이지 않는 미세한 것들도
관찰할 수 있고, 100층이 넘는 어마어마한 빌딩을 지어 올릴 수도
있다. 만일 도심 한복판에 고층 빌딩을 쌓아 올릴 때마다 어느 때는
성공하고, 어느 때는 실패한다면 인간은 빌딩을 만드는 시도조차
망설였을 것이다. 그래서 인간은 실패를 줄이기 위해 좀 더
효율적이고 체계적인 방법을 만들었고 이는 현대건축이 고도로
발전할 수 있는 촉매제 역할을 했다. 이 효율적이고 체계적인
방법은 대규모 건축 이외에도 예술 조각이나 그밖에 무엇인가를
만드는 데에도 적용된다. 숙련된 조각가가 특수장비 없이
능수능란하게 조각품을 만들 수는 있을지 몰라도 아무런 손길이
닿지 않은 바윗덩어리와 처음 마주하면 막막하고 암담한 느낌이
들지도 모른다.

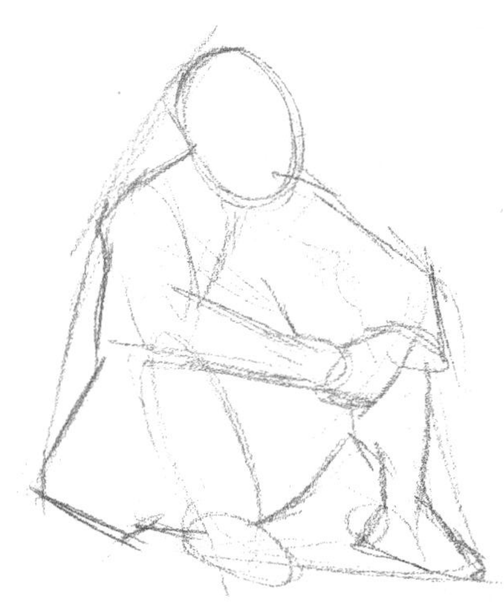

잘못 깎아낼 경우엔 바위 조각을 다시 덧붙이기도 힘들기 때문에
실패할 확률을 안고 조각을 하는 것은 모험에 가깝다. 바로 이럴 때,
효율적이고 체계적인 순서와 방법이 필요하다.

　어떤 이미지를 바윗덩어리를 이용해서 조각할 때 바위가
너무 남아돌거나 모자라서 실패하지 않기 위해서는 처음부터
부분적으로 자세히 파들어가면 안 된다. 즉, 세부형태를 보기 전에
큼직한 덩어리를 먼저 나누어야 한다. 하얀 백지를 마주할 때
잠시 막막한 마음이 들겠지만 심호흡을 하고 정신만 바짝 차리면
형태를 잡는 것은 별 게 아니다. 그리다가 틀리면 지우개로
지우면 되니까. 우선은 대상의 상하, 좌우 끝나는 지점을
종이 위에 표시한다. 그리고 조각하는 심정으로 큰 덩어리의
위치를 표시한다. 그리고 점점 세부 위치를 찾아가며 묘사한다.
이 과정이 굉장히 복잡하고 귀찮게 느껴질 것이다. 그러나
실패의 확률을 줄이기 위한 체계적인 면 분할 작업이 꼭 필요하다.
무엇이든 처음이 어려울 뿐, 이 과정도 반복하고 숙달되면
표시 선을 긋지 않고도 대강 짐작이 가능하다. 그래서
크로키처럼 신속하게 형태를 잡아야 하는 그림은 아래와 같은
과정이 순식간에 이루어진다.

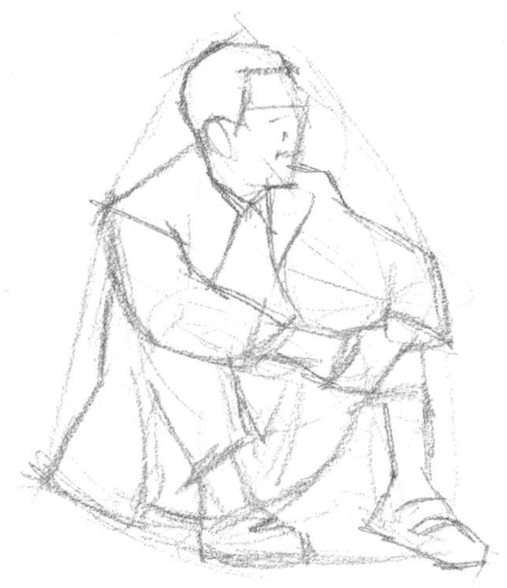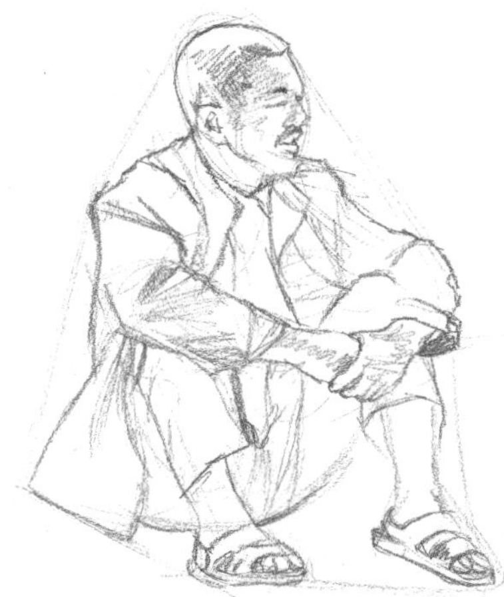

잰다는 것

좌우대칭 물체 쉽게 그리기

자연물은 형태가 고정되어 있지 않다. 예를 들어 '사과'라는 물체가 있다고 치자. 이때 사과라는 사물의 형태는 같지만 각각의 사과는 어떤 것은 납작하고 어떤 것은 동그랗다. 그래서 자연물은 각도가 약간 틀어져도 크게 달라 보이지 않는다. 그러나 공산품으로 나오는 물체들은 고정된 형태를 갖고 있어서 약간만 틀려도 눈에 띄게 어색해진다. 그럴 땐 무턱대고 그리지 말고 좌우를 번갈아가며 그려 내려가자.

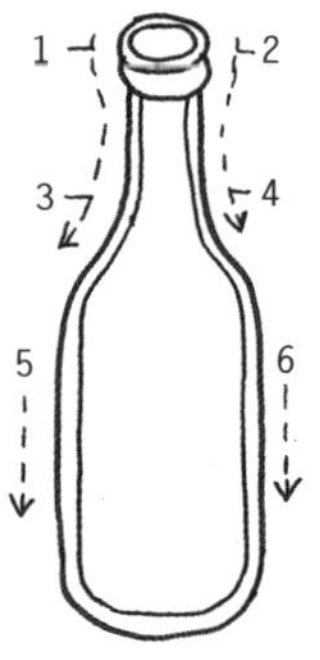

1-2-3-4-5-6 식으로 좌우를 번갈아가며 그린다. 마치 같은 무게가 되도록 양쪽 저울 위에 번갈아가며 조금씩 덜어내고 더하는 과정과 흡사하다. 이런 식으로 그리면 좌우대칭 물체를 정확하고 쉽게 그릴 수가 있다.

처음 입시학원에 갔을 때다. 많은 학생들이 기다란 연필을 쥐고 허공을 향해 팔을 뻗고 있었다. 그 모습에 압도되어 정말 멋지다는 생각을 했었다. 저렇게 허공에 팔을 뻗으면 뭔가가 더 잘 그려진단 말이지? 나는 지금까지 알지 못했던 특별한 영역에 입단하는 심정으로 그 대열에 합세했다. 그리고 얼마 안 있어 그때 내가 보았던 풍경이, 석고 소묘나 정물화를 그릴 때 길이나 비율을 재는 행동이었다는 것을 알게 되었다. 모두가 하니까 나도 따라서 했다. 먼저 한쪽 눈을 감고 팔을 뻗어 석고상을 잰다. 그리고 잰 것을 종이 위에 옮긴다. 그러나 대략 50번 재면 실제 적용하는 것은 열 번도 채 안 됐다. 그렇다면 왜 재는 것인가? 그것은 무의식적으로 재는 것에 의존하고 있어서다. 우리의 육안으로 측정하기 어려운 어떤 대상을 도구를 이용하여 도움을 받을 수는 있다. 하지만 그것에 전적으로 의존하면 오히려 시간낭비다. 가장 좋은 방법은 감각으로 잰 후 다른 도구의 도움을 받으며 확인해보는 순서로 그리는 것이다.

모든 대상을 그릴 땐 눈의 감각으로 크기나 길이, 그리고 기울기를 재면서 그린다. 그러나 감각만으로 다소 어렵다고 느껴지면 기준점의 도움을 받아야 한다. 만일 두 가지 이상의 대상을 그린다면 기준이 되는 한 부분을 선택하여 그것을 기준으로 다른 대상의 길이나 크기를 비교한다. 명심해야 할 것은 곧은 연필이나 막대기로 눈금을 재서 비교하는 동안 절대로 몸을 움직여선 안 된다는 점이다. 기준은 말 그대로 기준이 되는 것이기에 처음의 기준과 다음의 기준이 다르면 소용이 없다.

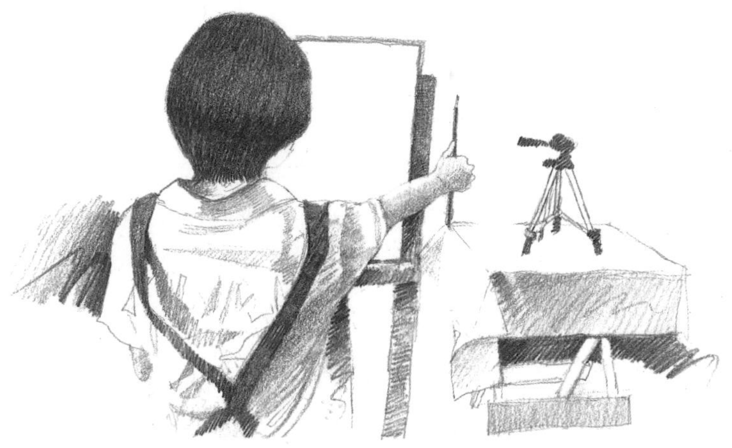

예를 들어 허리를 곧게 펴고 팔을 쭉 뻗고 눈금을 쟀다면
다음에 잴 때도 앞서 했던 것과 똑같은 자세로 대상을
재야 한다.

건물이나 난간의 기울기를 잴 때 기준점은 수평과 수직이다.
그리고 수평과 수직은 그리는 사람을 기준으로 한다. 수직은
중력에 의해 사물의 수직과 나의 수직이 일치하지만 수평은
헷갈리기가 쉽다. 그래서 절대적인 기준의 수평은 나를 기준으로
하는 수평이다. 그래서 기울기를 재기 전에, 수평으로 연필을
눕히고 허공에 연장선으로 움직여본다. 그렇게 연장선으로 그은
수평을 기준으로 해서 보이는 대상의 기울기를 비교한다.

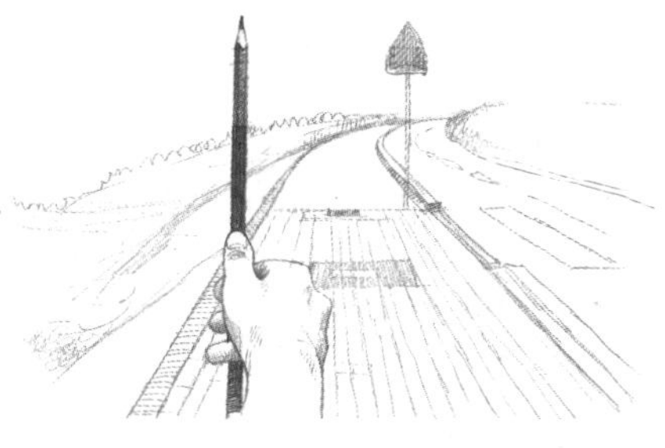

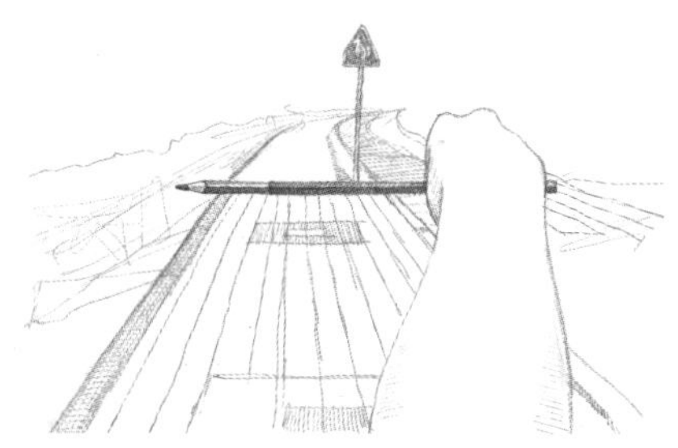

눈으로 레이저 쏘기

**세밀한 스케치를 할 땐
샤프를 이용하라**

모든 그림의 밑그림은 주로 연필을
이용한다. 가장 손쉽게 다룰 수 있고
지우개로 수정이 가능해서이다.
그러나 세밀한 스케치를 할 땐
뭉툭한 연필로는 역부족이다.
바로 이때 샤프를 이용해보자.
심은 H-HB-B 중에서 HB가
가장 적당하다.

앞에 '그것은 그것이 아니다.'에서 말한 독수리의 눈, 예리한
관찰력, 정확한 형태감각은 어떻게 하면 얻을 수 있을까?
난 그림을 그릴 때 혼잣말로 '레이저를 쏘자.'며 자기최면을 건다.
이 레이저의 강도는 본인의 마음대로 조절할 수 있다. 레이저의
강도가 낮을 땐 전체적인 분위기를 보는 것이고, 강도가
점점 강해질수록 부분적이고도 섬세한 곳을 보는 것이다.

　　오른쪽 그림 A에서는 대상이 어떤 물체인지 대강 알 수는
있는 정도로 두루뭉술하게 그렸다. B에서는 A보다 레이저의
강도를 높여서 좀 더 세밀한 것을 관찰했고, C에서는 B보다
더 높은 레이저 강도로 자세하고 꼼꼼하게 관찰했다. 만일
콘셉트가 두루뭉술한 느낌이라면 A가 맞다. 하지만 그렇지 않은데
C처럼 자세히 관찰을 하지 않았다면 눈에서 레이저를 그만큼
쏘지 않았다는 얘기다.

　　레이저를 강도 높게 쐈다는 것은 대상에 얼마나 강렬하게
집중했냐는 정도의 차이를 나타내는 의미이다. 대상을 관찰하는
집중력에서도 선수냐 아니냐를 구분할 수 있다. 테크닉이
형편없어도 고도의 집중력과 인내력이 있다면 그 사람은
이미 프로의 근성을 지녔다고 해도 과언이 아니다.

　　수업을 하다 보면 "더 이상 못하겠어요."라는 말을 종종
들을 때가 있다. 이런 경우, 정말로 더 이상 어떻게 해야 할지
몰라서 중단하는 분들도 있지만 대다수는 '설마 이런 것까지
하겠어?'라는 마음으로 그런 말을 하는 분도 많다. 이분들의 심정을
너무 잘 알기에 그때마다 나는 "더 집중해서 관찰해보라."라고 한다.
그러면 아니나 다를까 역시 더 많은 것을 찾아낸다. 간혹 도저히

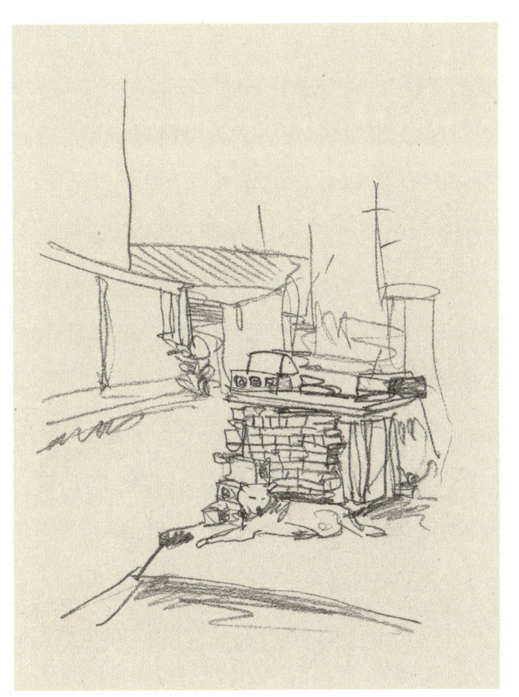

A

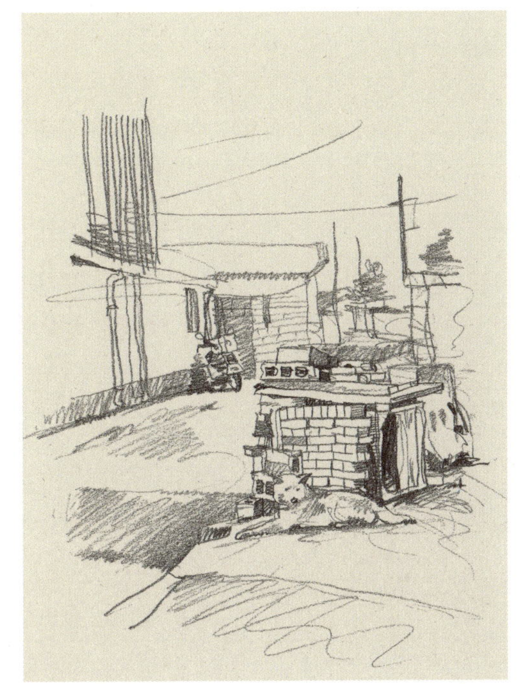

B

C

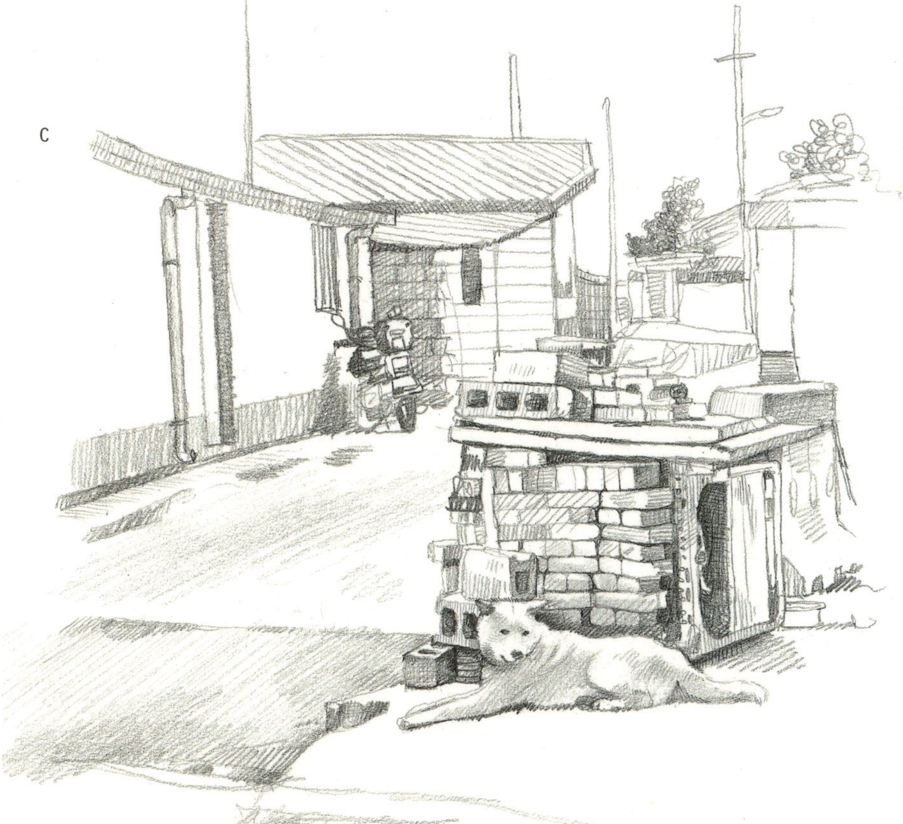

더는 못하겠다고 하는 분들에게 시범을 보여드리면 "그런 것까지 하는 줄은 몰랐어요."라고 말한다. 세밀함은 욕심이고 자존심이다. 그래서 정말 세밀하게 관찰하고 그려낸 사람들을 향해서 "독하다."라고까지 말하는 것이다. 귀찮아서, 혹은 '설마 이런 것까지…….' 하면서 대충 넘겨버리면 스스로 자신의 한계를 드러내는 것이다.

예리한 관찰력이 훈련이 되면 평소에도 득 볼 일이 종종 있다. 바로 흔히 '눈대중'이라고 하는 감각이 발달하는 것. 자 없이 길이를 잰다든지, 본 것을 다시 떠올려 그릴 수 있다든지 (이 얘기는 뒤에서 다시 다뤄볼 예정이다.) 시각훈련을 통해 본인의 잠재된 재능을 자유자재로 활용할 수 있는 경지에까지 이르게 된다. 단, 큼직하게 그려야 할 때 자꾸 부분적으로만 파고 있으면 안 된다. 그래서 부분적으로 세밀하게 보는 것과 전체적으로 큼직하게 보는 것은 어느 한쪽으로만 치우쳐선 안 되며 적절히 조절할 줄 알아야 한다.

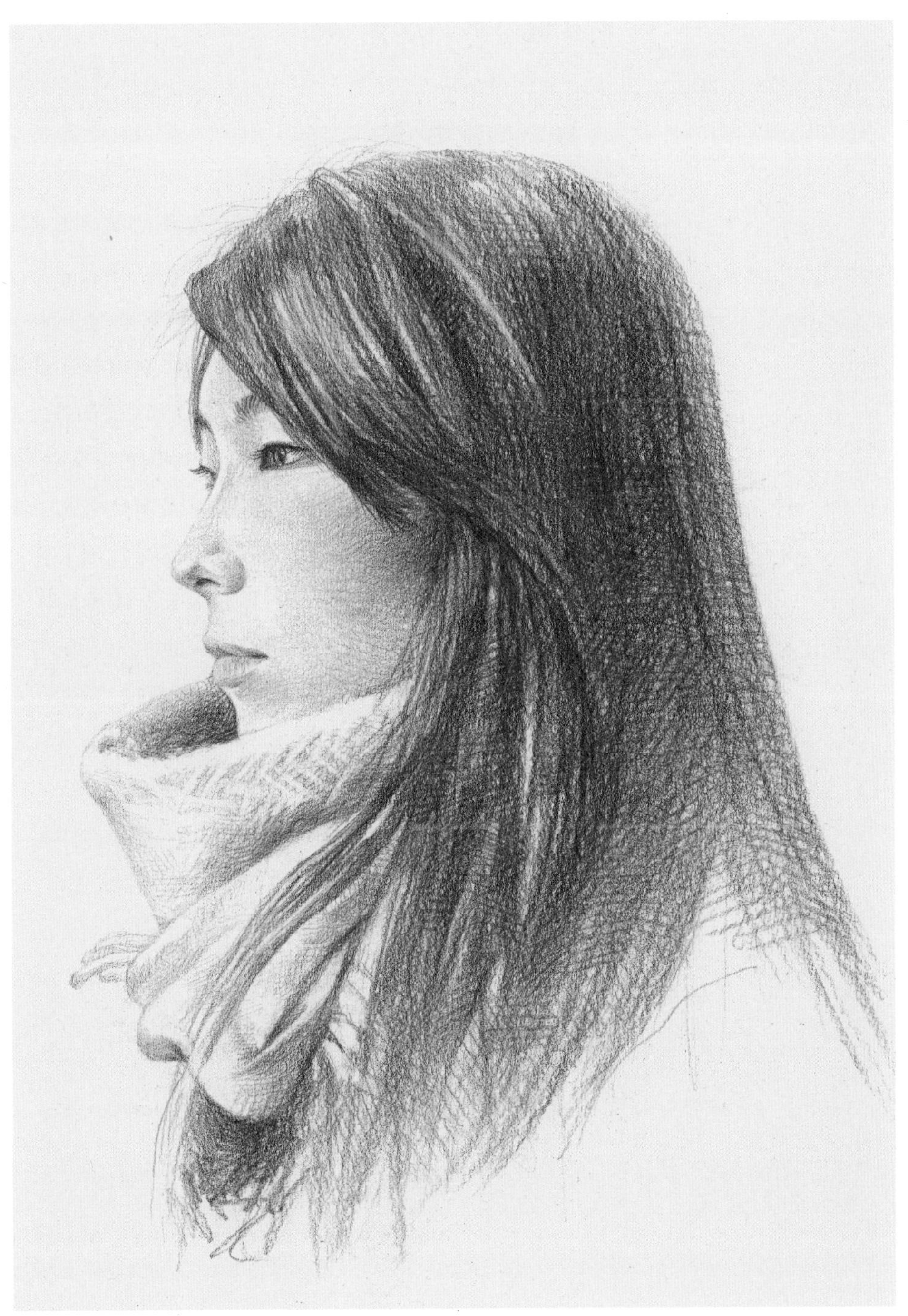

진짜 관찰은 구조를 파악하는 것

조각, 조소는 대상을 입체로 옮기는 작업이다. 그래서 실제
원본의 구조를 면밀하게 관찰해야 한다. 그림도 마찬가지다.
리얼하게 옮기려면 대상의 구조를 꿰뚫어야 한다.

　　예를 들어 운동화 한 켤레가 있다고 치자. 이때 운동화를
그리려면 운동화의 색감, 모양만 봐서는 안 된다. 운동화는
색감과 겉면으로만 이루어진 것이 아니라 여러 천이 덮여져서
박음질을 한 형태다. 운동화 끈은 구멍으로 들어갔다가 나와서
묶여 있다. 따라서 운동화를 관찰할 때는 운동화의 완성된
형태만 보지 말고 처음부터 다시 만드는 상상을 해야 한다.
그래야 왜 저런 주름이 생겼는지, 왜 저런 그림자가 있는 것인지
이해할 수 있다. 그것이 대상을 꿰뚫으며 관찰하는 방법이다.

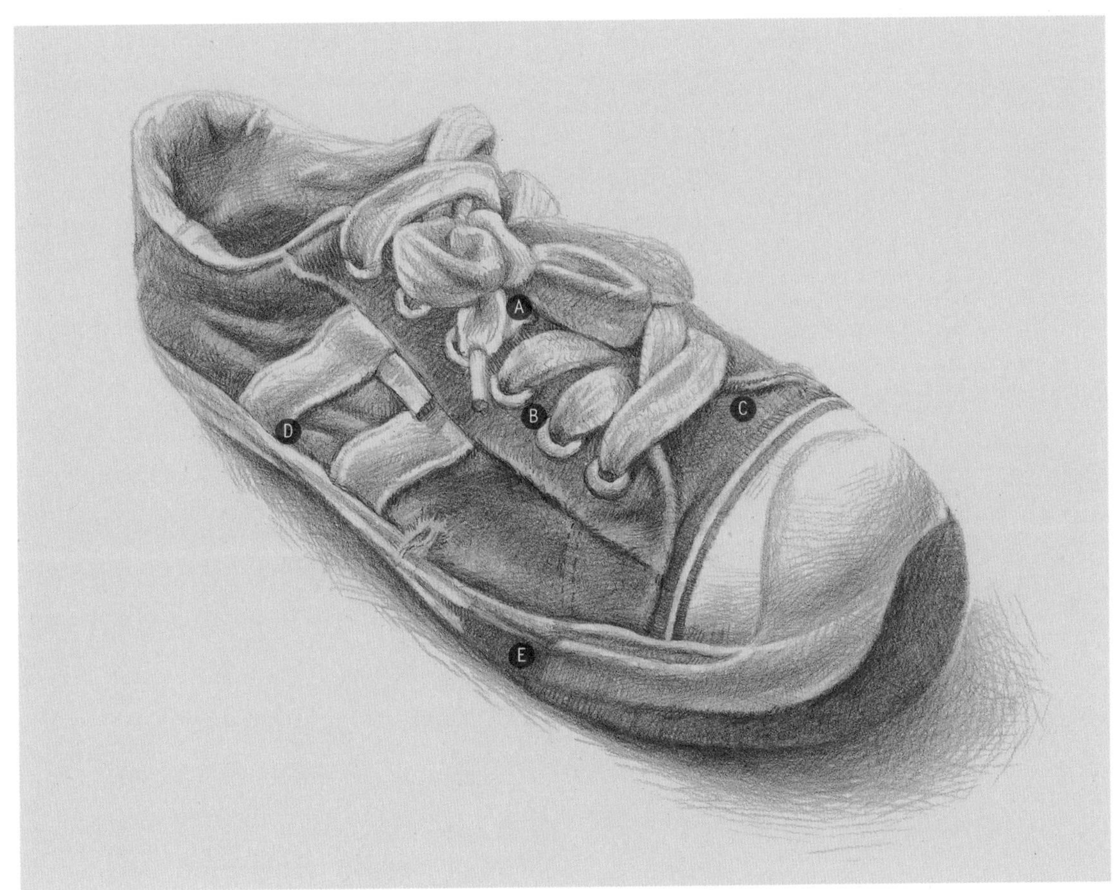

A 어떻게 끈이 묶여 있는지 상상해봐야 한다.

B 끈이 작은 구멍에서 나왔기 때문에 주름이 생겼다.

C 천 위에 천이 박음질이 되어 있어서 두께감이 있다.

D 선이 아니라 주름이 잡혀 있다.

E 두께감이 있는 고무가 겹겹이 덧대어 있다.

대상을 배열하는 응용력 기르기

그림을 처음 그리기 시작했을 때를 기억하는가? 기억이 잘 나지 않는다면 어린이들의 그림 속을 들여다보면 처음 그림을 그렸을 때 내가 어땠었는지 쉽게 알 수가 있다. 대상이 두 개 이상일 때 대개는 둘 관계를 단절하여 펼쳐서 나열하곤 한다. 특히 어린이들 입장에선 눈에 보이는 것들을 평면 위에 옮기는 것이 아주 어렵게 느껴질 것이다. 아니, 어렵다는 인식조차도 하지 않고 그저 자기 나름대로 옮겨보는 것이리라. 고학년이 될수록 제법 세련된 배열을 하는데, 그것도 다른 그림을 보고 안목이 생겼기 때문에 가능한 것이다. 그림에는 정답이 없지만 마치 실제공간을 보고 있는 착각이 들도록 그리는 방법은 따로 있다.

물체가 두 개 이상일 때 중요한 것은 거리감 표현이다. 이는 실물을 보지 않고 응용하여 그릴 때도 염두에 두어야 할 사항이다. 하지만 실물을 직접 보며 그려도 거리감 표현이 안 된 경우가 많다.

A는 물체와 물체 사이의 간격을 생각하지 않고 그렸다. 따라서 이 그림은 말이 안 되는 상태다. 우리는 보이지 않는 부분까지 상상할 필요가 있다. 즉, 앞부분의 물체와 뒷부분의 물체와의 거리감을 염두에 두고 그려야 하는 것이다. 딱풀로 두 물체를 붙여놓은 것이 아니라면, 둘 사이엔 간격이 존재한다. 반면 B의 경우는 두 물체의 간격이 자연스럽다. 이번엔 물체가 두 개 이상일 경우를 보자. 물체가 많아질수록 그리기가 점점 복잡해진다. 원근감과 거리감을 모두 신경 써야 하기 때문이다. 이것이 정리정돈이 안 되면 어린이들의 그림처럼 모든 대상이 나열구조가 된다. 그럴 땐 규칙을 정해서 그 규칙 안에서 그려보는 방법이 있다.

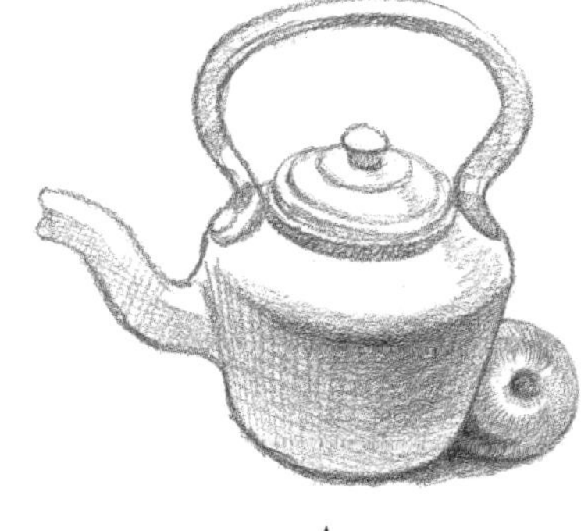

A

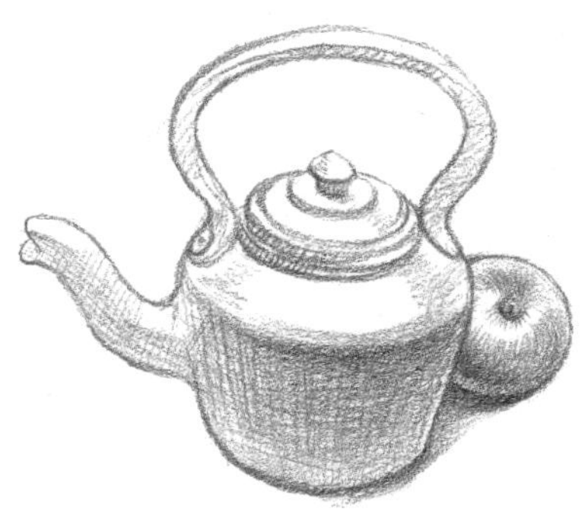

B

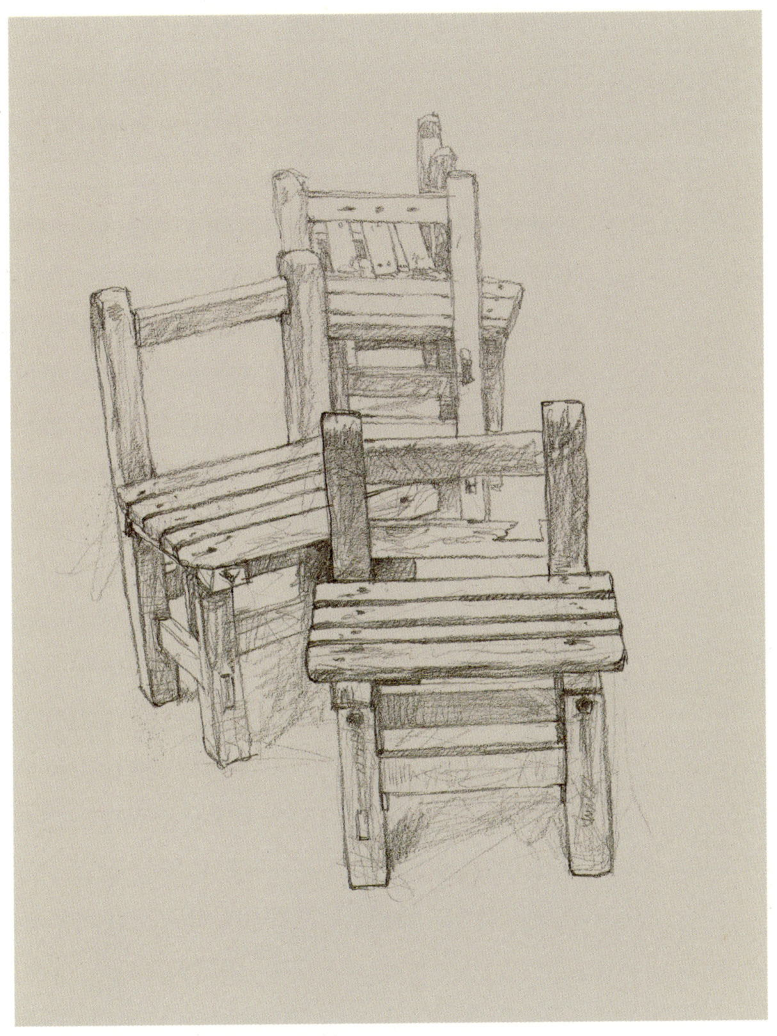

대상만 보고 공간을 응용하여 연출하기 위해서는 오른쪽 그림처럼
종이를 1, 2, 3 구역으로 나누고 각 구역에 맞는 특징을 적용해보자.

1 가장 가깝기 때문에 시점이 높고 대상의 크기는 크며 선명하게 묘사한다.
  정물화에서는 주제군에 해당한다. (주인공)
2 세 구역 가운데 시점이 중간으로 높고 A보다 대상의 크기는 작고
  덜 선명하게 표현하다. 정물화에서는 부주제군에 해당한다. (조연)
3 시점이 가장 평행선이며 대상의 크기는 가장 작고 흐릿하게 표현한다.
  정물화에선 배경에 해당한다. (엑스트라)

3
2
1

시점을 연습하는 방법

시점 연습은 게임과도 같다. 시점의 규칙만 잘 지키면 되기
때문이다. 자신이 그린 그림이 어딘지 모르게 어색하다면
시점의 규칙을 적용해보라. 분명 틀린 곳이 나온다. 평소에
시점을 연습할 수 있는 방법을 알려주겠다. 종이와 연필만 있으면
끝이다. 소실점을 기준으로 해서 기본 도형부터 그려나간다.
처음엔 소실점의 개수를 한두 개로 시작하여 자신감이 생기면
점점 수를 늘려 복잡한 형태로 응용해보자.

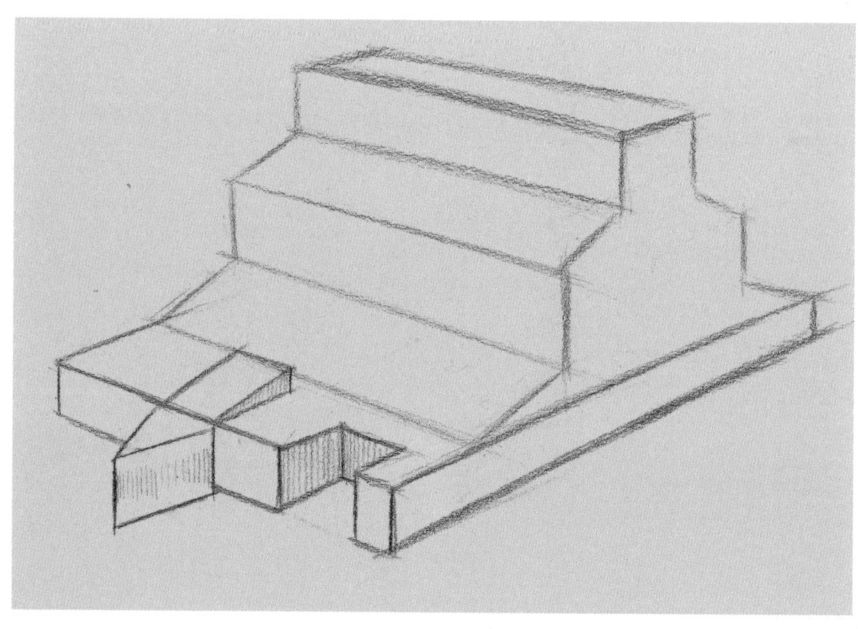

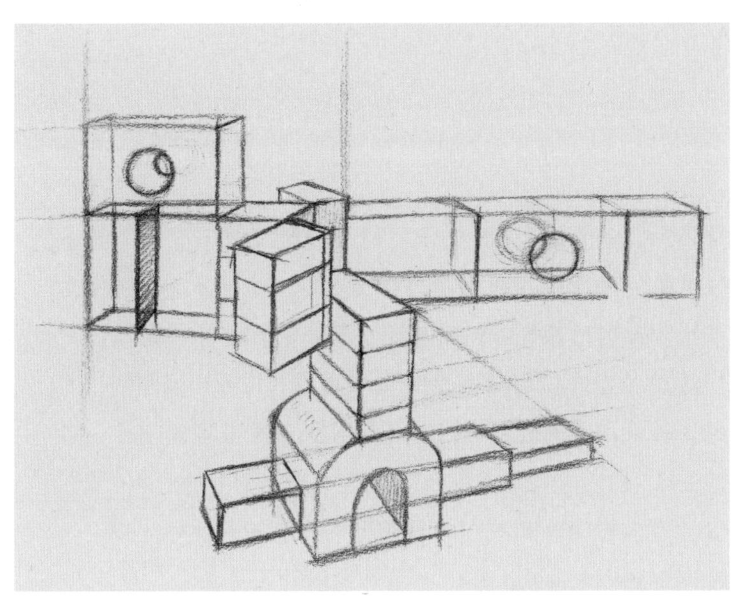

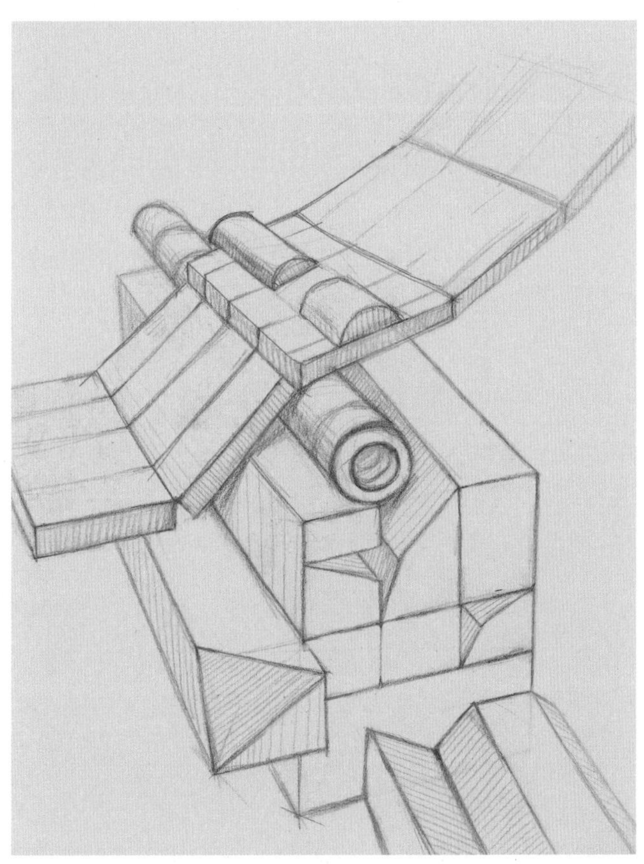

물체에 붙어 있는 글씨도 함께 따라간다

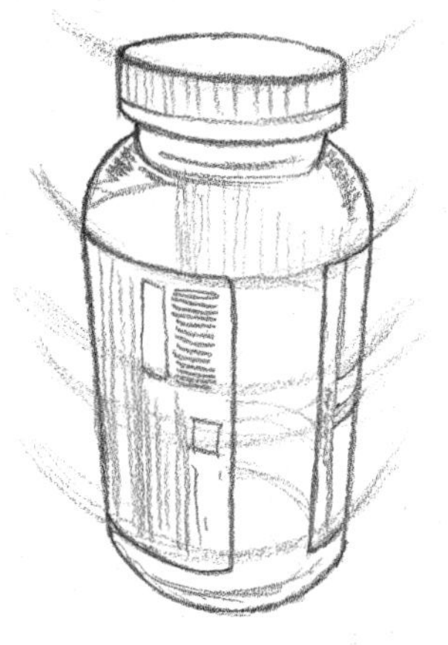

물체를 그리다 보면 어딘지 모르게 어색할 때가 있었을 것이다.
실제 보이는 대로 그린 것 같은데 뭔가가 이상하다고 느껴지면
그건 대체로 시점에 따른 도형의 규칙성 적용을 하지 않아서다.
특히 티가 많이 나는 경우는 물체 위에 글씨나 무늬가 붙어
있을 때다. 카메라로 촬영하면 원근이나 시점 변화가 쉽게
두드러지는데 우리 눈으로 직접 관찰하면 그렇게까지 두드러지지
않아서 더 헷갈린다. 하지만 도형의 규칙성을 알고 난 뒤엔
예전에 보이지 않았던 것이 서서히 보이기 시작한다.
신기하지 않은가.

여기서 도형의 규칙성이란

1 물체를 도형으로 인식한다.

2 소실점까지 연장선을 그어주며 기울기와 각도를 파악한다.

3 물체 표면 위에 있는 글자도 도형의 기울기를 따라간다.

이러한 규칙성은 실물이 없어도 응용하여 그려낼 수 있게 해준다.

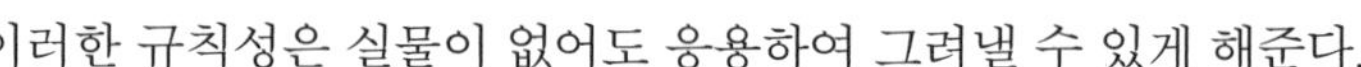

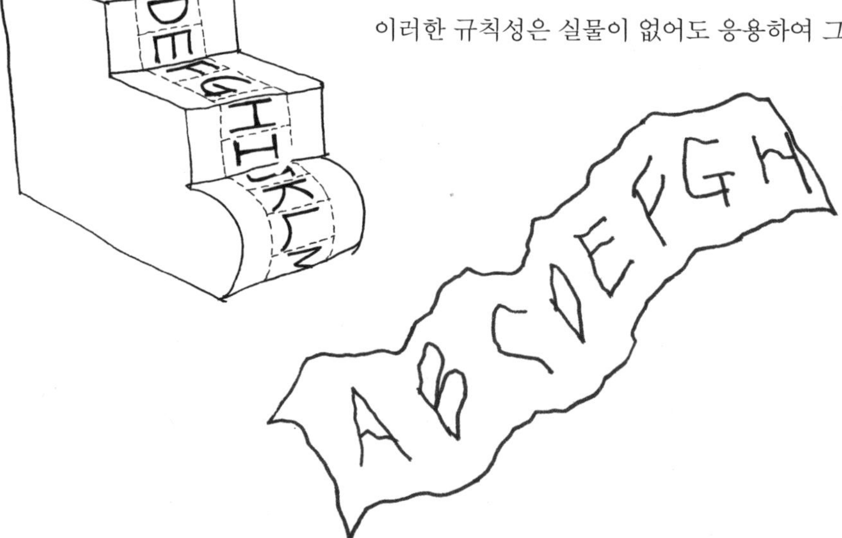

어떤 땐 잘되고 어떤 땐 안되고

그림 그리기가 걸음마 단계를 넘어서면 중급자의 단계가 기다리고
있다. 이 과정은 연습량이 가장 많아야 하고 넘어지고 좌절하는
순간들을 극복해야 한다. 그러다가 중급 과정에서 고급 단계로
넘어갈 땐 한결 여유가 생기면서 즐기는 법도 알아간다. 이때
계속해서 도전의식을 갖는 사람이 비로소 고수가 될 수 있다.
여러분들을 비롯하여 대부분의 사람들은 초급 단계에서 중급자로
가는 단계에 있다. '나는 중급 정도는 되는데……'라고 생각하고
있다면 다음의 질문에 어떻게 대답하겠는가?

　"매번 실수 없이 해낼 수 있겠습니까?" 이 질문에 "네."라면
당신은 중급자에서도 안정적인 중급자다.

　어떨 땐 잘 그려지다가도, 어떨 땐 그렇지 않다면 바로 이때
가속도를 붙여야 하는 시기다. 분명히 당신은 어떨 땐
잘 그려진다고 했다. 이것은 가능성이 있다는 의미이다. 그런데
어떨 땐 그렇지 않다고 했다. 이것은 실력이 안정적이지 않다는
뜻이다. 실력이 안정적이지 않을 때 중단하면 다음에 다시
시작했을 땐 처음의 초급 단계로 되돌아가 있을지도 모른다.
그렇다면 실력이 안정권으로 들어서게 하려면 어떻게 해야 할까?

　몇 년 전 모 TV프로그램에서 「고수를 찾아서」라는 다큐영상이
방영된 적이 있었다. 택견과 태권도를 하는 청년 둘이서 전국을
돌아다니면서 진정한 고수를 찾는 내용이었다. 고수들은 자신을
드러내지 않고 전국 방방곡곡에 숨어 살고 있었다. 그들은
겉으로 봤을 땐 평범한 아저씨이거나 허약해 보이는 노인,
평범한 농사꾼이었다. 하지만 막상 겨루기에 들어가면 눈빛은
날카로워지고 몸은 날쌔져 건장한 두 청년을 눈 깜짝할 사이에

제압했다. 인상 깊었던 것은 어떤 농부가 쟁기를 손수 제작하여 스스로 짊어지고 소를 대신해서 농사를 짓는 것을 훈련이라고 말하는 대목이었다. 삶과 훈련이 분리되지 않는 것이야말로 생생한 실전연습이 아닌가.

따로 시간을 내어 형식적인 연습을 하는 것은 강박관념을 갖게 한다. 차라리 일상 속에서 하루하루 꾸준히 그리기 실력을 쌓는 것이야말로 진짜 내공을 만들 수 있는 방법이다. 기술이 기술로만 그친다면 살아 있는 실력이 아니다. 결정적일 때 발휘할 수 있는 것, 어느 때든지 마음대로 조절할 수 있는 것, 그것이 진짜 자기 실력이다. 칼을 뽑았는데 막상 뽑고 나니 두렵다? 연필을 들었는데 막상 그리려고 하니 막막하다? 이것은 내공이 충분히 쌓이지 않았기 때문에 마음의 여유도 없는 것이다.

깨달음은 갑자기 온다

농구 만화 『슬램덩크』를 보면 주인공 강백호가 득점을 내기 직전
혼자서 독백하는 장면이 자주 나온다. 그는 아무리 연습을 해도
별로 실력이 나아지지 않다가 어느 순간 갑자기 깨달은 다음
놀라운 실력에 도달한다. 이 만화뿐 아니라 쿵푸나 음식 관련
만화를 봐도 주인공들은 연습한 만큼 실력을 얻기보다는 순간의
깨달음으로 일취월장하는 경우가 더 많다.

만화에서 보면 스승이나 비범한 사람이 주인공에게 대뜸
알아들을 수 없는 힌트를 한마디 던지고 유유히 사라지곤
한다. 그러면 주인공은 '이 말이 무슨 의미일까?' 하며 곰곰이
생각해보지만 의미를 찾지 못한 채 숱한 시간이 흐른다. 그러다
막상 결정적인 순간에 부딪쳤을 때 스승의 송곳 같은 한마디가
엄청난 실마리가 되어 도움을 주지 않는가.

그림도 연습한 만큼 순차적으로 나아지는 것이 아니고
어느 순간 갑자기 깨닫는다.

'앗! 선이 좋아졌다. 이건 뭐지? 내가 어떻게 이런 선 맛을
낸 거지? 아. 그렇구나. 이 선의 비밀은 속도감에 있었어.
생동감 있는 선을 위해서는 생동감 있는 움직임이 필요했던 거야.'

'아무리 연필을 그어대도 왜 이렇게 선이 진하게 나오지
않는 거지? ……. 아! 힘으로 하는 게 아니구나, 종이가 연필을
잘 먹을 수 있게끔 달래면서 하는 거였어!'

'왜 수채화를 그릴 땐 색감이 옅어지는 걸까? 팔레트에선
모르겠는데 막상 칠하고 마르면 색이 너무 옅어진다…….
아, 그것은 물감의 농도 때문이었어. 수채화는 물로 그린다고
물에 의존했던 거야, 발색을 위해선 물감의 농도도 높였어야 했어.'

아무리 연습해도 해결되지 않았던 부분이 어느 순간에 번뜩이며
깨닫게 됐던 나의 경험담들이다. 정말 열심히 연습을 하는데도
실력이 나아지지 않는다고 낙심하지 말자. 왜냐하면 내공을
쌓는 일들은 노력한 것들을 즉석에서 결과로 보여주지 않는다.
실력이 나아지지 않는 것 같아도 믿음을 갖고 묵묵히 소처럼
밀고 나가다 보면 언젠가는 그간 쌓았던 내공들이 한꺼번에
터질 날이 온다. 우리 몸은 마음을 따라가기엔 턱없이 부족하다.
그래서 마음이 앞서는 게 당연하다. 많은 사람들이 그림을
중도 포기하는 이유 가운데 하나가 바로 쉽게 내주지 않는 결과
때문이다. 아무것도 하지 않고, 간절한 마음도 없는데 좋은 결과를
바란다면 도둑놈 심보다. 결과에 배반당하지 않으려면 당장
무언가 보이지 않아도 꾸준히 밀고 나가야 한다.

다시 한번 명심하자. 깨달음은 갑자기 온다는 것을.

단순함이 더 어렵다

친한 지인이 내게 이런 말을 한 적이 있다. "사람이 어렸을 땐
순진무구하고 낙천적이다가도 어른이 되면 어둡고 무거운
것이 무엇인지 알게 되지요. 그런데 또 더 나이가 들면 다시
순진무구해지고 낙천적으로 변하는 것 같아요. 즉, 점점
단순해지는데 그래서 단순함이란 것이 실은 가장 어려운
것이기도 해요."

　　복잡함을 생략하고 단순해지는 것. 그래서 어린아이의
단순함과 노인의 단순함은 다르다. 그림을 처음 배우는 이들에게
그리고 싶은 물체를 고르라고 권하면 대부분은 단순한 물체를
택한다. 물론 쉬울 줄 알고 택하는 것인데 단순한 물체는 오히려
신경 써야 할 것이 더 많다. 그래서 그림의 고수들은 즐기는 것을
넘어서서 도전하는 마음으로 단순함을 택하기도 한다.

내가 입시미술 초급자였을 땐 라면 면발 같은 비너스 머리카락과
샴푸질하다 만 듯한 줄리앙 머리카락이 너무 어려웠다. 그리고
중형에서 대형 석고로 옮겨 가면서부터는 커다란 석고상을
작은 종이에 모두 집어넣어야 하는 것과 복잡한 형태를 그리는
것이 너무 어려웠다. 그런데 실력이 붙을수록 이상한 현상이
벌어졌다. 형태가 복잡할수록 더 쉽다고 느껴졌고, 제일 단순하게
생긴 아그리파를 그릴 땐 허허벌판에 내던져진 두려움마저 생겼다.
이유인즉 딱히 설명거리가 없는 밋밋한 형태를 더 많은 손길과
정성으로 그려내야 했기 때문이다.

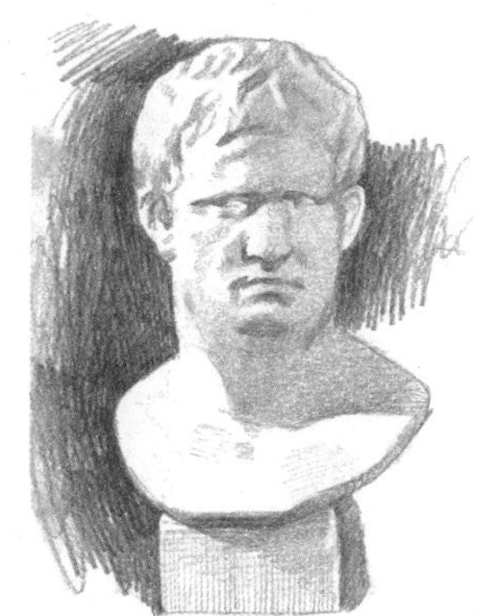

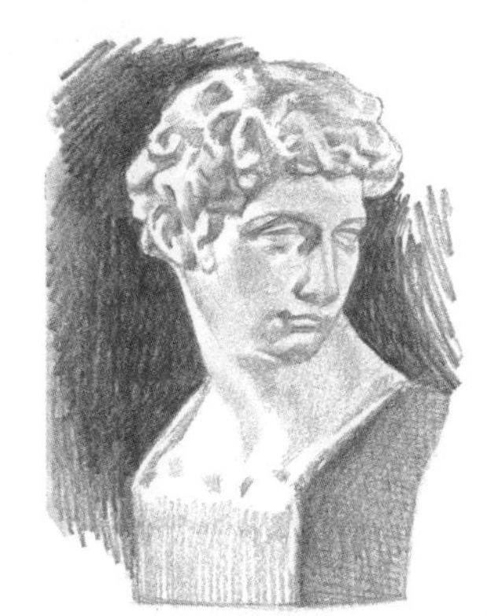

어디선가 본 글에서 "화가는 무지의 단순함에서 시작하여 열정이 넘치는 화려함과 복잡함으로 분출을 하고 인생의 황혼기를 앞두고 모든 색이 사라진 단순함에서 매력을 느끼게 된다."라고 했다.

물론 다 그런 것은 아니겠지만 우연인지, 나 역시 대학교 1, 2학년 시절엔 화면 안에 사용할 수 있는 모든 색과 형상을 꾸역꾸역 가득 채웠다. 그때와 지금 달라진 것이 있다면 무엇인가를 말하기 위해서 여백과 무채색을 이용할 줄 알게 되었다는 점이다.

침묵이 때로는 화려한 언변보다 설득력이 있듯이 그림도 시끄러운 함성보다는 침묵의 날카로움이 호소력이 높을 때가 있다. 그러나 그러한 단순한 침묵을 표현하기 위해선 더 많은 고민과 계획이 필요하다.

누구든지 그리는 것을 즐기고 싶다면 설명거리를 발견하는 것이 좋다. 이왕이면 복잡하고 어려운 것을 택해보라. 만일 그것들을 즐기고 있다면 한창 그림실력이 붙고 있다는 징조다. 그 선을 넘어서면 단순한 것에 도전을 하고 싶어진다. 초급자였을 때 단순하게 보였던 쉬운 사과조차도 그림실력이 붙은 후엔 어렵게 느껴진다. 왜냐하면 설명거리가 없어 보이는 물체를 설명해야 하기 때문에.

풍경은 '기록'이 아니라 '이야기'다

대부분, 풍경화를 그린다고 하면 실물을 보고 그릴 기회가
많지 않아서 그런지 사진을 보고 많이들 그린다. 하지만 인터넷이나
잡지에 실린 사진은 이미 구도가 나온 것이기 때문에 그것을 보고
그리는 것은 그다지 어려운 일은 아니다. 또한 자신이 직접 촬영한
사진을 참고하여 그린다 하여도 '사진'은 프레임 안에 자신이
지정한 영역을 넣는 작업이 이미 진행된 것이기에 그 또한
마찬가지다. 만일 직접 야외에 나가서 풍경화를 그리려고 한다면
사진을 참고하여 그린 것만큼 쉽지는 않을 것이다. 실제로 드넓게
펼쳐진 풍경들을 상상 속 프레임 안에 넣는 작업이 먼저 진행되어야
한다. 풍경화가 꼭 원근법이 포함되어야 하는 것은 아니지만
종이 안에 어떤 구도를 잡고 배치하느냐에 따라 작품 분위기를
좌우하는 것은 당연하다. 하지만 구도를 잡기 전에 장소를
찾아내야 하는데 이때 작은 소재의 내용이라도 담겨 있는 풍경은
그만큼 더 매력적인 풍경화가 될 수 있다.

　　뻣뻣하게 서 있는 기록성의 나무보다는 흩날리는 나무가
보이지 않는 바람을 나타내고 골목길에 세워둔 자전거는(참 흔한
풍경이지만) 앞일과 뒷일을 추측해볼 수 있는 내용이 들어가 있지
않은가. 도시를 그릴 때도 깨끗한 건물 벽면보다는 전단지가
붙어 있거나 뜯다 만 자국이라든지 등등 어떤 내용이 담겨 있다면
그만큼 그림을 그리는 과정에서 지루하지 않을 것이다.

　　있는 그대로 기록성을 갖고 옮기려고 하지 말자.
'그림'은 '사진'이 아니다.

　　풍경을 재창조하는 것은 무리지만 발견해낼 수는 있다.
이야깃거리가 있는 곳을 찾아다녀보자. 편집 능력이 있다면

모노톤으로 그릴 때 유념할 점

색채가 있는 물체를 모노톤으로
그리려면 명도로 인식해야 한다.
명도는 밝고 어두운 정도를 말한다.
예를 들어 소묘는 모노톤인
연필 하나로 전체를 표현한다.
따라서 색이 있는 물체를 그리기 전에
흑백사진을 상상해보자.

이 부분 저 부분을 접목시킬 수도 있을 것이다. 물론 자연스러운 풍경을 위해서는 우리가 평소에 그냥 지나칠 수 있는 구석구석을 유심히 살펴보자.

　똑같은 고층 건물을 보고 그려도 로맨틱한 분위기로 도시의 아름다움을 나타낼 수도 있고, 회색빛 도시의 답답함을 담을 수도 있다.

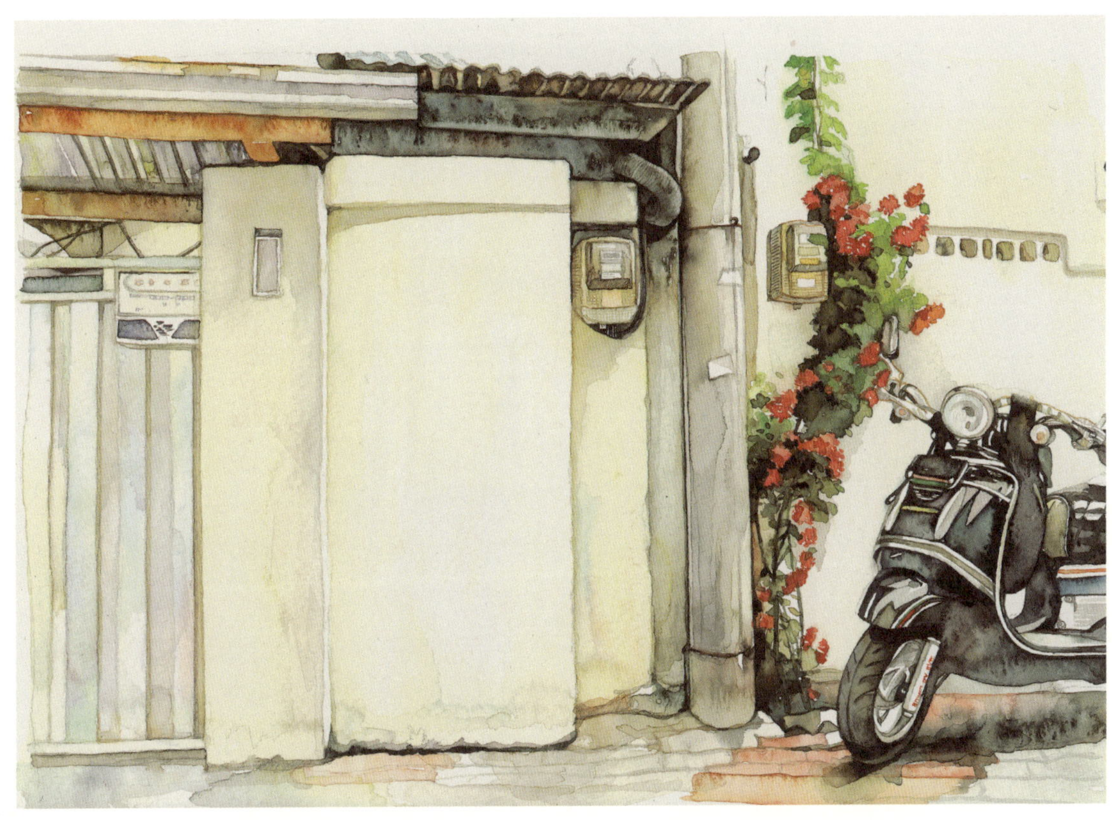

그림이 내게 말을 걸어준다면 얼마나 좋을까?
내가 그림에게 말을 건넬 수 있다면 얼마나 좋을까?
우리는 그림을 감상하며 살아왔다.
가끔은 말을 걸고 싶거나 어떤 이야기가 숨어 있을 것 같은
그런 그림들을 만날 때도 있었다.
바로 그것이 끌림이고 친근감이다.
그러한 그림을 직접 그려본다면 어떨까?
누군가가 내 그림에 말을 건네고 싶게끔 그려보면 어떨까?

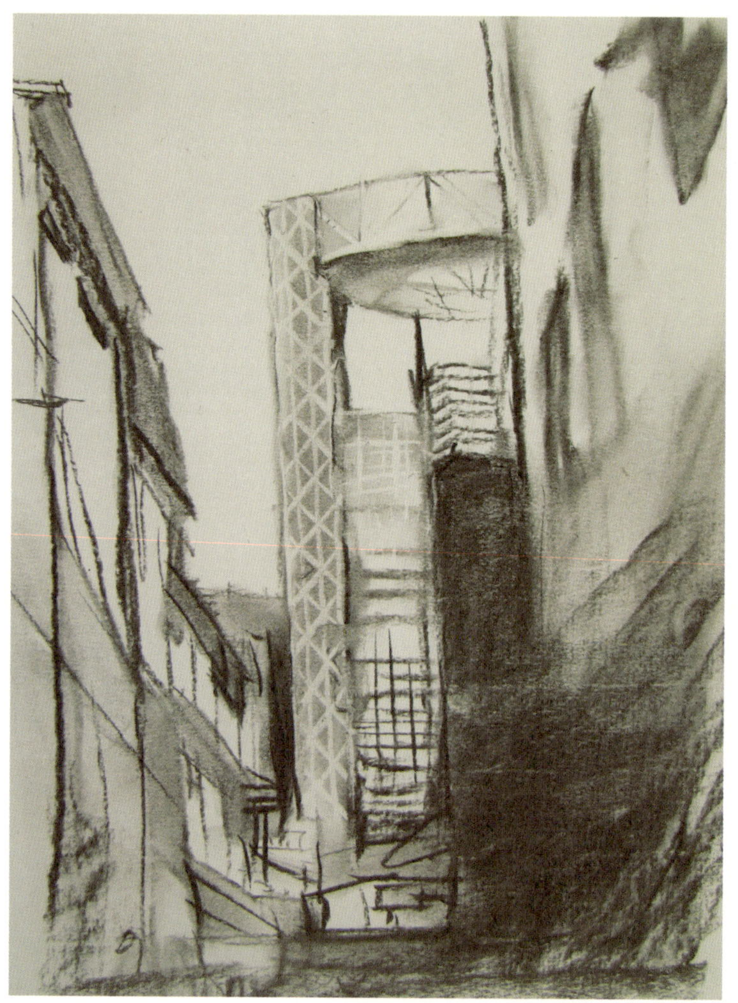

요리하듯 그리기

난 요리를 많이 해보진 않았어도 요리할 때 실패한 적은 거의 없다.
그러다 보니 그럴 때마다 스스로 '나는 정말 요리실력을
타고난 것이 아닐까?' 하고 감탄을 하기도 한다. 그런데 가만 보면
요리와 그리기는 닮은 점이 많다.

요리는 다양한 순수재료들의 혼합이다. 단일재료만으로
완성도 있게 요리해도 되고, 두 가지 이상의 재료를 혼합해도 된다.
재료 각각의 특징들을 파악해놓으면 혼합 후 어떤 맛이 나올지
대충 짐작할 수 있다. 또한 재료의 성질에 따라 시간차를 두고
조리하기도 하며 함께 조리해선 안 되는 것도 있다. 맛깔 나는
요리를 보면 군침이 돌고, 먹고 싶다는 욕구가 생기며 더 나아가
그것을 만들어보고 싶어진다. 흔하고 평범한 요리도 있지만
개성 넘치는 창작 요리도 많은데 대표적인 것이 퓨전요리다.
예상치 못한 재료들의 혼합이 의외로 궁합이 잘 맞기도 하고
그전에는 맛보지 못한 새로운 미식美食의 세계를 열어주기도
한다. 전문 요리사들은 한 가지 요리를 질질 끌면서 하기보다는
신속하게 빠른 속도로 만들어낸다. 그렇게 해야 신선도도
살아 있고 그동안 쌓인 감각의 노하우를 정확하게 발휘할 수 있다.
물론 시행착오는 더 나은 맛을 위해 필요한 요소다. 때로는
오랜 시간을 들여 재료를 푹푹 삶는다거나 소스를 우려내는데,
이는 맛의 깊이감을 더하기 위함이다. 팔딱 뛰는 신선도를 유지해서
만든 음식은 맛에 신선함이 살아 있는 반면 오랜 시간 공들여 만든
음식은 맛에 깊이가 있다. 요리를 배우기 위해 요리학원에 가면
2분의 1 스푼, 4분의 1 스푼 등 수치를 빌려 조미료의 양을

측정하지만 정작 요리 고수들은 감각으로 양념을 넣곤 한다.
즉, 수치로 이해력을 돕는다 해도 결국은 많은 경험이 쌓여서
감각으로 만들어낸 음식이 더 맛있고 진정한 자기 실력인 것이다.
그렇기 때문에 도시의 최고급 호텔 조리장과 마찬가지로 시골의
우리네 할머니 역시 똑같이 장인이고 전문가임에 틀림없다.
겉으로 보이는 화려함과 요리의 종류가 약간 다를 뿐이지,
요리의 고수가 되는 과정에 스스로의 경험과 창작 정신,
그리고 충분한 시간이 필요하다는 것은 공통된 사항이다.

이쯤되면 이 책이 그리기를 돕는 책인지 요리책인지 분간하기가
힘들어질 것이다. 그렇다면 위의 글에서 '요리'라는 단어를 빼고
'그림'이라는 단어를 다시 집어넣고, '조리'를 '그린다'로
다시 바꿔보자.

그림은 다양한 재료들의 혼합이다. 단일 재료만으로 완성도 있게
작품을 제작해도 되고, 두 가지 이상의 재료를 혼합해도 된다.
재료 각각의 특징들을 파악해놓으면 혼합 후 어떤 느낌이 나올지
대충 짐작을 할 수가 있다. 또한 재료의 성질에 따라 순서를
달리하여 적용하기도 하며 함께 접목해서는 안 되는 것노 있나.
느낌이 좋은 그림을 보면 마음이 동요되고 더 나아가 나도
그리고 싶다는 욕구가 생긴다. 흔하고 평범한 그림의 유형도 있지만
개성 넘치는 창작품도 많은데, 예를 들면 장르가 혼합된 그림이
그러하다. 예상치 못한 재료와 기법들의 혼합이 의외로 궁합이
잘 맞기도 하고 그 전에는 발견하지 못한 새로운 세계를 열어주기도
한다. 전문가들은 한 가지의 그림을 늦장 부리며 질질 끌면서
완성하기보다는 계획적으로 신속하게 제작을 하는 편이다.
그렇게 해야만 아이디어의 감각이 남아 있고 계획한 것들이
최대한 오차 없이 진행되기 때문이다. 물론 시행착오는 더 나은

결과물을 위해 당연히 필요한 요소다. 때로는 오랜 시간을 들여
다듬고 또 다듬기도 하는데 이는 그림의 깊이감을 주기 위함이다.
즉흥적인 드로잉은 선 맛이 매력적이라면 오랜 시간 공들인
제작과정은 그림의 밀도를 높여준다. 그림을 배우기 위해서
학원에 가면 수채화, 소묘, 풍경화, 인물화 등 세부적으로
나누어 커리큘럼이 짜여 있지만 정작 그림 고수들은 감각으로
이 모든 것을 통합하여 인식한다. 즉, 세부적으로 나누는 것이
이해력을 돕는다 해도 결국은 많은 경험으로 감각을 익혀서
그려내는 그림이 더 느낌이 좋고 진정한 자기 실력인 것이다.
그렇기 때문에 도시에서 활동하는 프로급 고수와 마찬가지로
시골에서 오랜 시간 아무도 모르게 그림을 그려온 이 역시 똑같이
전문가임에 틀림없다. 겉으로 보이는 화려함과 그림의 유형,
활동 영역이 약간 다를 뿐이지 그리기의 고수가 되는 과정에는
스스로의 경험과 창작 정신, 그리고 충분한 시간이 필요하다는 것은
공통된 사항이다.

어떤가? 이렇게 대입을 해보니 요리와 그리기가 비슷한
구석이 너무나 많다는 것을 충분히 실감할 수 있을 것이다.
그림 감상하는 것을 좋아하고 더 나아가 그려보기를 원한다면
요리하는 심정으로 그림을 대해보면 어떨까?
맛있는 그림을 위하여!

대상의 질감에 따른 효과적인 표현 방법

후기 인상주의 화가의 그림 안에는 '공기'가 느껴진다. 특히 고흐의 '별이 빛나는 밤에'에선 바람이 어디로 와서 어디로 흘러가고 있는지, 밤하늘의 총총한 별이 어떻게 비춰주고 있는지 생생하게 느껴진다. 마치 그 당시 현장에 있는 것 같은 공기가 느껴지는 이유는 왜일까? 그것은 붓질 때문이다. 만일 붓질 없이 판판하게 칠해버렸다면 어땠을까? 이보다는 좀 더 고요한 풍경이거나 현장감이 줄어들었을 것이다.

만화는 입체적인 실물을 평면 위에서 선만 이용하여 상황 설명을 해준다. 이것은 마치 그리는 사람과 보는 사람 모두가 소통할 수 있는 하나의 암호와도 같다. 예를 들어 빠르게 달리는 장면을 연출할 땐, 스피디한 느낌을 주기 위해 직선을 반복적으로 그어주지 않는가.

결국 그림은 착시현상이다. 종이 안에 실물이 들어가 있는 것이 아니다. 가략하게 그려진 만화나 일러스트레이션이 단순한 선과 색감으로 도식화한 것이라면, 눈에 보이는 실물과 흡사하게 그린 그림은 빛을 이용한 착시현상이다. 그리고 대상의 질감 표현은 이러한 착시현상을 더욱 극대화해준다.

선은 모여서 한 면이 되고, 대상의 표면을 이룬다. 이때 중요한 것이 선의 방향이다. 많은 이들이 이것을 별로 개의치 않는다. 그러나 선의 방향은 대상의 실제감에 영향을 준다.

색채는 정서다

그림을 볼 때 가장 먼저 눈에 들어오는 것은 색감이다. 즉, 색감은
그 그림의 첫인상이다. 특히 창작을 할 때 색감도 상상해서
결정하기 때문에 그린 이가 어떤 정서를 나타내고 싶은가의
문제는 색감의 결정으로 크게 좌우된다.

1 객관적인 느낌을 주는 무채색

그림에서 흑백은 객관적인 감정을 보여준다. 그래서 무채색의
옷을 입으면 차가우면서도 세련되고 이성적이면서도 지적이다.
또한 '회색빛 추억'이란 말이 그렇듯 현재의 감정을 배제하고
이미 지나가버려서 시간이 굳어버린 듯한 느낌을 주기도 한다.

2 부드럽고 착한 느낌을 주는 파스텔 톤

모든 유채색에 흰색을 섞으면 파스텔 톤이 만들어진다. 흰색은
우유를 연상시키기 때문에 부드럽고 깨끗한 느낌을 주며 어느 색과
섞이건 강한 느낌을 주지 않는다. 오히려 비현실적이고 몽환적인
느낌에 더 가깝다. 그래서 유아용품에 파스텔 톤이 많은 편이다.

3 강조를 위한 형광색

실생활에서 형광색은 어디에 쓰일까? 교과서에 중요 구문
표시할 때, 어두운 밤 이정표나 안전장치 표시할 때, 광고나 간판,
전단지에 강조 구문 표시할 때…… 등 한마디로 튀는 색이
필요할 때 형광색을 주로 사용한다. 그렇다면 형광색으로만
그림을 그리면 어떻게 될까? 눈이 피로할 테고 그야말로 광적인
느낌이 날 것이다. 그것이 콘셉트라면 상관없지만 형광색의
장점을 살리기 위해선 전면 사용이 아닌 강조할 부분에 포인트를
주기 위해 사용하는 것이 훨씬 효과적이다.

4 따뜻한 색과 차가운 색

따뜻함과 차가움은 온도다. 온도는 정서적으로 큰 영향을 끼친다.
난색은 뜨겁고 온화하고 정겨운 느낌을 주고 한색은 시원하고
냉정하고 음침한 느낌을 준다. 따뜻한 색은 노란색, 빨강색,
주황색 계열이다. 차기운 색은 초록색, 파란색 계열이다. 그러나
차가운 느낌의 빨강, 주황, 노랑도 있고 따뜻한 파랑과 초록도
존재한다. 수많은 색을 빨주노초파남보로 규정짓기에는 턱없이
부족하다. 즉, 절대적인 색도 없으며 절대적인 느낌도 없다.
색은 한없이 미묘하고도 정서적인 표현이다.

색에 대한 오해

나는 그동안 색감에 대해 정식으로 공부해본 적이 없다. 그래도
그림 그리는 데에는 전혀 지장이 없었다. 이론공부는 순간적인
지식을 주지만 색에 대한 진짜 감각은 많이 써봐야 알 수 있다.

색에 대하여 관심을 갖게 되면 이 세상은 정말 재밌는 것들로
가득 차 있다는 것을 알게 된다. 만약 당신이 보이는 모든 색을
물감으로 만들어낼 수 있다면 신나지 않는가?

나도 그랬다. 색감에 자신감이 붙었을 때, 어떤 색을 섞어야
그 색이 나오는지 보이는 모든 것을 머릿속에서 무수히
상상하곤 했다.

색을 처음 다루던 초보시절에 색감에 대해 오해했거나
고정관념을 갖고 있었던 것들을 몇 개 정리해보겠다. 이미
다 알고 있는 분들은 초보자들을 위해 잠시 쉬어 가주시길…….

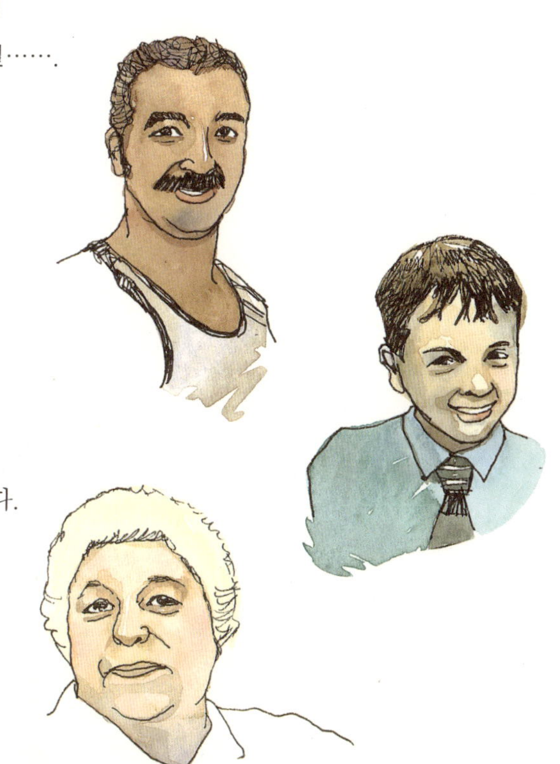

1 사람의 피부색은 주황색과 흰색이
    희석된 색이다 – 아니다

사람마다 피부색은 미묘한 차이가 있어 살구색이라고
단언해서는 안 된다. 한 가지 독특한 사실은 피부색을
표현할 때 소량의 연두색이 들어간다는 것이다. 아니,
빨주노초파남보가 다 들어간다고 보는 것이 더 정확하겠다.
그러나 대부분은 주황색과 흰색에만 손이 가고 흰색이
들어가지 않는 투명 수채화로 피부 표현을 할 때도
주황색과 노란색 이외엔 얼씬거리지를 않는다.

2 물은 파란색이다 - 아니다

어렸을 때부터 누구나 물은 파란색으로 채색했다. 그러나 드넓은
바다도 파란색은 아니다. 파란색에도 종류가 많으며 흔히 말하는
파란색은 코발트 블루에 가깝다. 그런데 바다가 아닌 강물이나
개울가의 물을 표현할 땐 주변 풍경에 있는 색감에 따라 달라지며
물비늘이나 물결 표현을 해주어야 한다.

3 하늘색 물감이 따로 있다 - 아니다

초등학생 때 문구점에서 팔던 물감에는 하늘색이 분명히 있었다.
보통 세룰리안 블루나 피콕 블루에 가깝다. 그러나 하늘색을 블루로
규정해서는 안 된다. 하늘은 많은 색을 가지고 있다. 노을 진 하늘과
밤하늘은 어찌할 것인가? 하늘색은 오만가지 색이 모여 있다.
    색감 작업을 하다 보면 자연에 대해 경이로움을 저절로
갖게 된다. 자연물을 표현할 때 형광색을 소량으로 섞어야 할 때가
많다. 형광색은 극도로 화려하고 발색이 강하다. 그것은 아마도
태양 때문이 아닐까? 햇살에 비춰진 모든 사물은 황홀한 발색을
띤다. 수많은 화가들은 자연의 색감에 매료되어 끝없이 도전해왔다.
그러한 도전이 있었기 때문에 물감도, 그림도 발전할 수
있었다. 남들이 이미 정해놓은 색감에 의존하지 말고 원하는
색감에 도전해보는 건 어떨까?

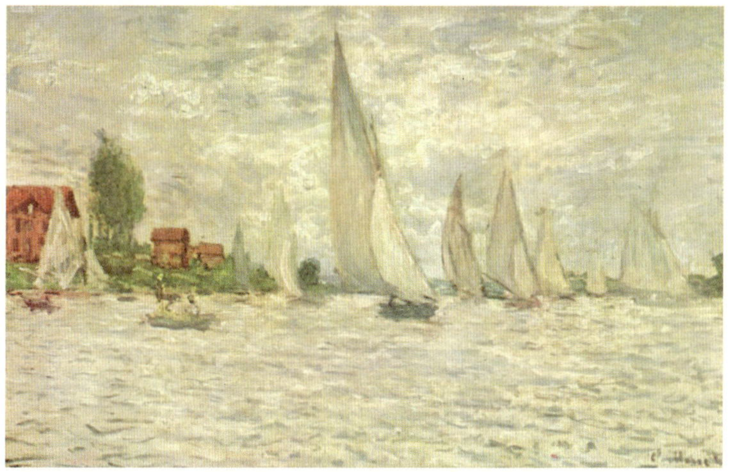

A

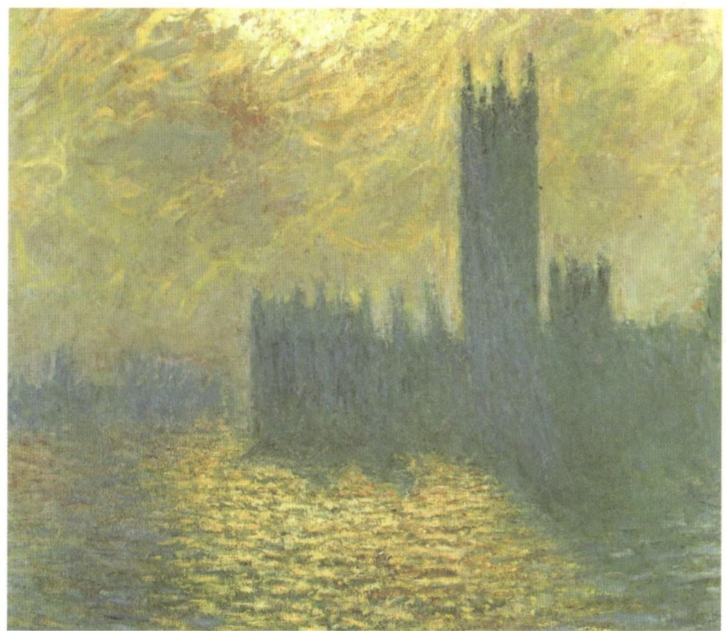

B

A claude monet, *segelboote, regatta in argenteuil*,
   600 x 1000mm, oil on canvas, 1874

B claude monet, *parliament in london-stormy day*,
   oil on canvas, 1904

인체해부학은 필수일까

미대 수업시간에는 인체해부학을 공부한다. 물론 의학전공자들과는
약간 다른 각도로 공부한다. 그 옛날 레오나르도 다빈치도
의학전문가이자 화가였다. 그런데 인체해부학을 공부하면
인물화를 잘 그릴 수 있을까? 그렇지 않다. 어차피 사람의 얼굴과
몸도 하나의 사물로 인식하며 그리는 것이 더 정확하다. 그리는
도중에 인체해부학의 지식을 일일이 되뇌며 그리는 경우는
극히 드물다. 그 대신 인체를 응용하거나 오답을 찾아낼 땐
유용하다. 만일 해부학 지식이 전혀 없으면 형태가 틀려도 어디가
틀렸는지 눈치채기 어렵다. 어딘가가 어색한데 그게 무엇인지
갑갑하다. 특히 캐릭터를 창조해서 움직임을 넣어야 할 때
해부학 지식은 빛을 발한다.

그림을 위한 인체해부학 공부는 근육이나 장기의 이름을
외우는 것이 아니다. 사람마다 뼈와 근육의 두께, 길이가
야간씩 차이가 나지만 근본적인 형태는 갈아서 뼈 모양과 길이,
근육의 형태를 알아보고 그것들이 서로 어떻게 붙어 있는지
잘 살펴보는 것이 중요하다.

인물화를 잘 그리고 싶다면 인체해부학을 하기 전에
'그리기의 기본'을 습득하자.

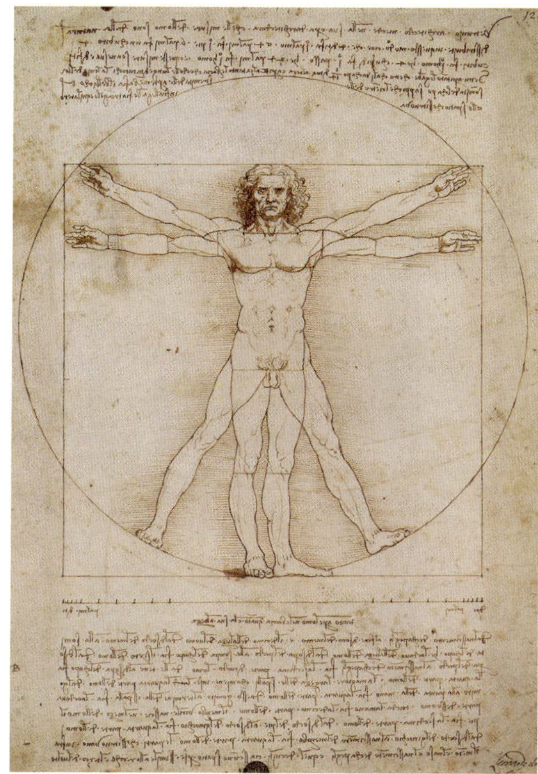

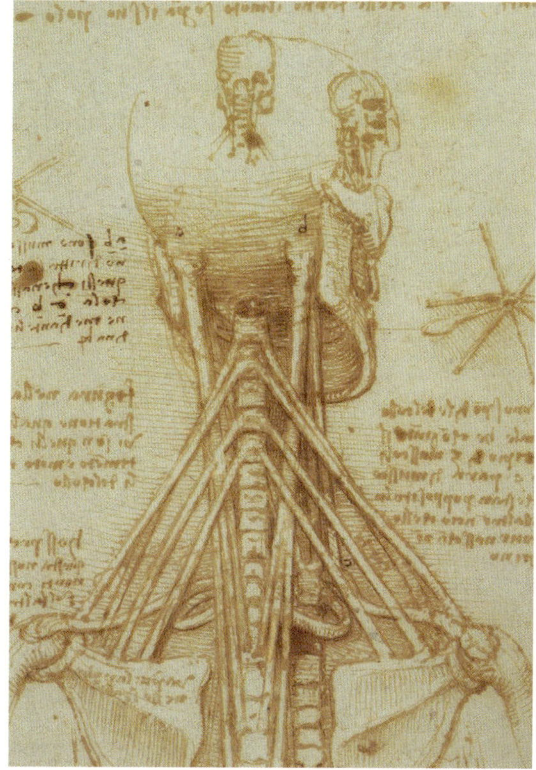

A leonardo da vinci, *vitruvian man*, 1485

B leonardo da vinci, *anatomy of the neck*, 1515

인물화 그릴 때 가장 많이 하는 실수

인물화를 그릴 때 사람들이 자주 하는 실수가 있다. 내 경우에도
그랬기 때문에 아마 모든 이들이 공통적으로 어려워하는 부분이
아닐까 싶다.

1 옆모습

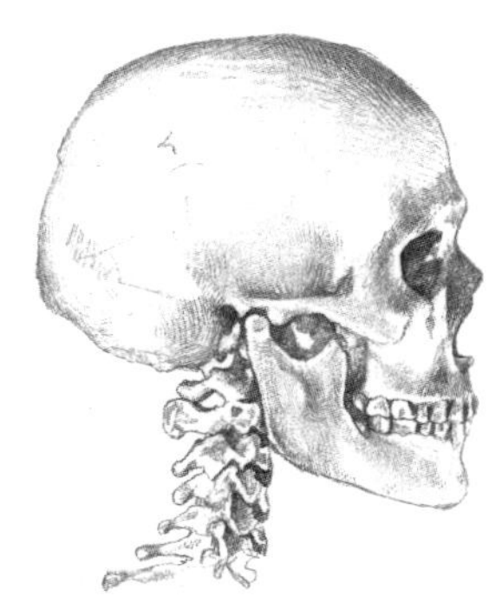

오래전 그렸던 인물화를 꺼내서 보면 내 그림에서도 발견되는
것이 있다. 바로 옆모습을 그릴 때 뒤통수가 실제보다 납작하게
그려졌다는 점이다. 그 당시에는 그것이 잘못되었다고 인식하지
못했지만 지금에 와서 보면 한눈에 들어온다. 수업을 받았던
많은 분들도 거의 비슷한 실수를 하곤 했다. 이럴 때 해부학 지식을
알아두면 좋다. 자신이 생각하고 있는 것보다 뒤통수가 많이
튀어나와야 한다. 옆모습을 그릴 때 이 부분을 의식하며 그려보자.

2 눈의 실제 크기

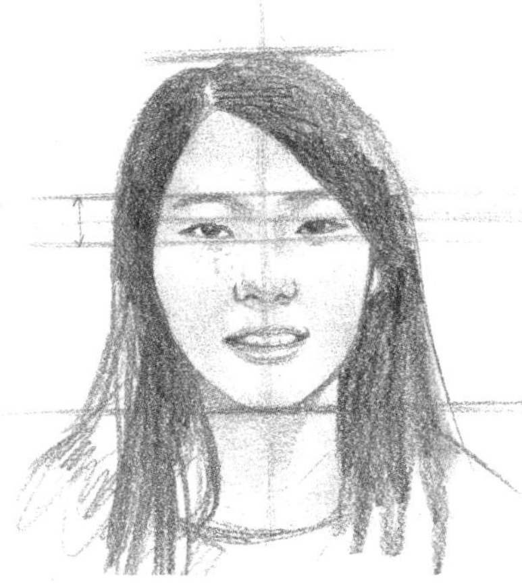

어렸을 때 만화를 자주 그려본 사람이라면 눈을 실제보다
더 크게 그릴 확률이 높다. 그러나 얼굴의 전체 비율로 보았을 때
눈은 우리가 생각하는 것만큼 크지 않다.

3 손 발 크기와 길이

실물을 보고 그리는데도 손과 발은 실제보다 크거나 작게
그려지는 경우가 많다. 그리고 팔을 늘어뜨렸을 때 유심히 관찰하지
않으면 대체로 짧게 그려진다. 해부학 지식을 동원하여 그려보면
의외로 팔이 길다는 것을 알 수 있다.

4 인체도 도형이다

사람의 얼굴도 몸도 알고 보면 기본 도형으로부터 출발한다.
그래서 인체를 응용할 때도 도형으로 인식하면 더욱 쉽다.

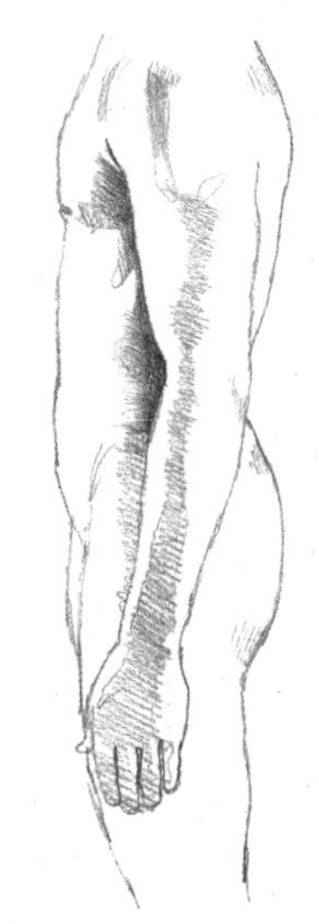

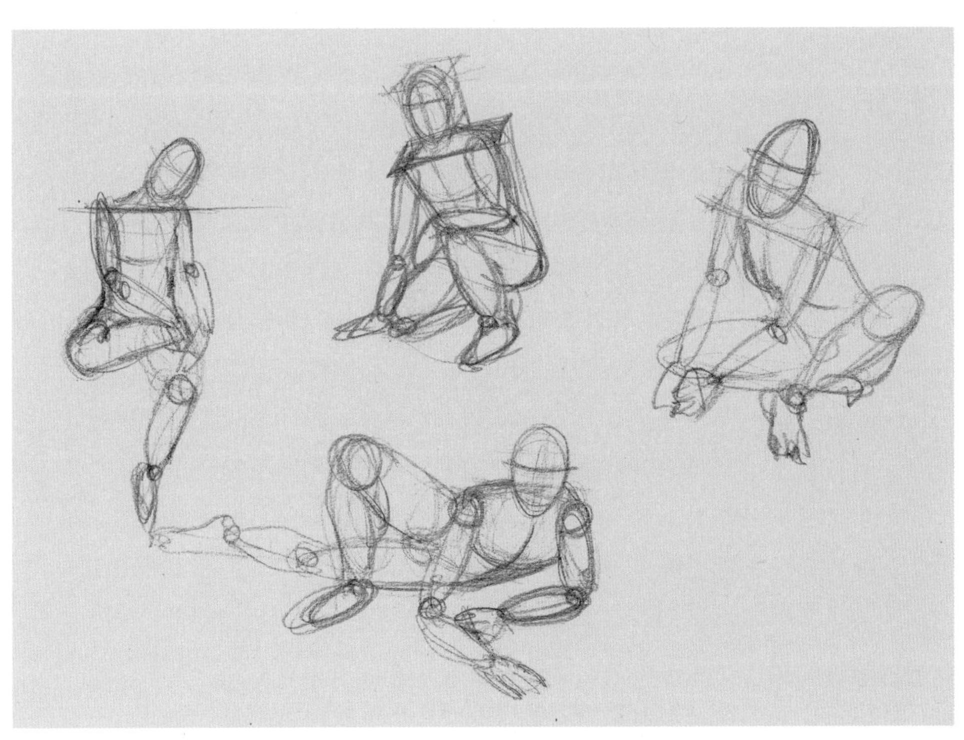

인체해부학 적용하기

공부는 공부대로, 실전은 실전대로. 시험 못 보는 이들의 특징이다. 나도 예외는 아니다. 공부를 하는 양에 비해 결과는 그다지 만족스럽지 못했던 적이 나 역시 많았다. 특히 유년시절 공부했던 것 중에서 지금까지 정확하게 기억하고 있는 내용들은 오히려 열심히 한 것들이 아니다. 열심히 한 것이 아니라 재밌게 했던 것들이다. 즉, 삶에 적용했던 것들인데 어떤 지식이 산지식으로 남으려면 삶에서 써먹어야 한다. 써먹지 못한 지식은 금방 잊어버리기 쉽다.

그림에서 인체해부학 공부는 금방 잊어버릴 가능성이 높다. 즉, 공부는 공부대로 해놓고 막상 그림을 그릴 땐 제대로 적용하지 못한다. 내가 인체해부학 공부를 그림에 적용하기 시작했던 때가 아마도 중학생 때였던 것 같다. 책에 있는 내용은 어려웠기 때문에 글을 읽진 않았고 도판 중심으로만 봤다. 공부해야지 하고 공부를 하면 어떤 곳에도 적용할 수 없었다. 그보다는 굉장히 흥미롭게 인체해부학을 받아들이기 시작했을 때부터 나의 인물화는 달라졌다. 마치 당구에 재미를 붙인 사람은 사람 얼굴이 당구공으로만 보이듯이 나도 사람의 뼈와 근육에 재미를 붙이는 동안 주변 모든 사람들의 몸속 뼈와 근육이 보이기 시작했다. 보이는 안구의 면적은 작지만 뒤쪽엔 엄청 큰 안구가 이어져 있다는 것, 사람의 골반은 양쪽에 마치 바퀴처럼 붙어 있다는 것, 사람의 코는 물렁뼈가 있는 것이지 원래는 뻥 뚫려 있다는 것, 사람 다리는 순정만화처럼 일자가 아니라는 것, 목뼈는 머리 뒤쪽으로 이어져 있다는 것 등등 사람의 겉모습은 제각각이지만 인간은 같은 패턴의 뼈와 근육으로 이루어져 있다.

앞서 말했듯이 인물화를 잘 그리기 위해서 인체해부학 공부를
해야 하는 것은 아니다. 우선순위로 보았을 때 인물화도 그림이기
때문에 그림의 기초를 다져야 인물화도 잘 소화해낼 수 있다.
그리고 그다음 단계로 넘어갈 때 인체해부학 지식은 무척 유용하다.
요즘은 아마추어도 누드 크로키nude croquis를 많이들 그린다.
하나 당부하고 싶은 것은 누드 크로키의 목적이 선 맛을 알기
위함인가, 인체를 알기 위함인가 하는 것이다. 물론 둘 다일 수도
있지만 만일 후자일 경우, 사전에 인체해부학 공부하기를
권하고 싶다. 살갗 안에 있는 뼈와 근육을 알고 그리는 것과
모르고 그리는 것은 많은 차이가 있을 것이다. 해부학 지식은
사람이 어떤 자세를 취하고 있든 형태의 막막함을 다소 덜어준다.
인체는 관절이 있기 때문에 움직임의 반경은 한정되어 있다.
그래서 해부학 지식을 동원하여 응용도 가능한 것이다.

연습하기

1 트레이싱 페이퍼를 구입하여 뼈와 근육이 나온 참고이미지에
  대고 그려보자. 그리는 것에 집착하면 구조를 음미하는 데에
  방해가 되기 때문에 트레이싱 페이퍼에 하는 거다. 단,
  음미하면서 그려야 한다.

2 외워서 그려보자. 섬세하지 않더라도 대략의 구조만 익히면
  된다. 전신과 부분별로 다양하게 외워서 그려본다.

3 잡지 속 모델과 주변 사람을 보며 살갗 안에 있는 뼈와 근육을
  상상해보자. 특히 안면근육의 움직임과 몸통의 움직임을
  유심히 보며 상상하여 대입해본다.

4 뼈 → 근육 → 살갗 순서대로 그려보았다면 최종적으로 옷을
  입혀보자. 어렸을 때 종이인형 놀이를 기억하는가? 살갗 위에
  옷을 입혀보고, 응용이 가능하다면 움직임까지 넣어보자.

5 얼굴을 그릴 땐 대체로 이목구비에 집중하는 경향이 있다.
  그러나 이목구비를 받쳐주는 안면근육과 뼈를 파악하지 못하면
  인물화는 어색해진다. 뼈와 근육 파악이 되면 얼굴 위에 흐르는
  빛과 그림자의 방향까지 납득할 수 있다. 즉, '말이 된다'고
  느낀다. 말이 된다는 느낌이 오도록 해부학 지식을 적용해보자.

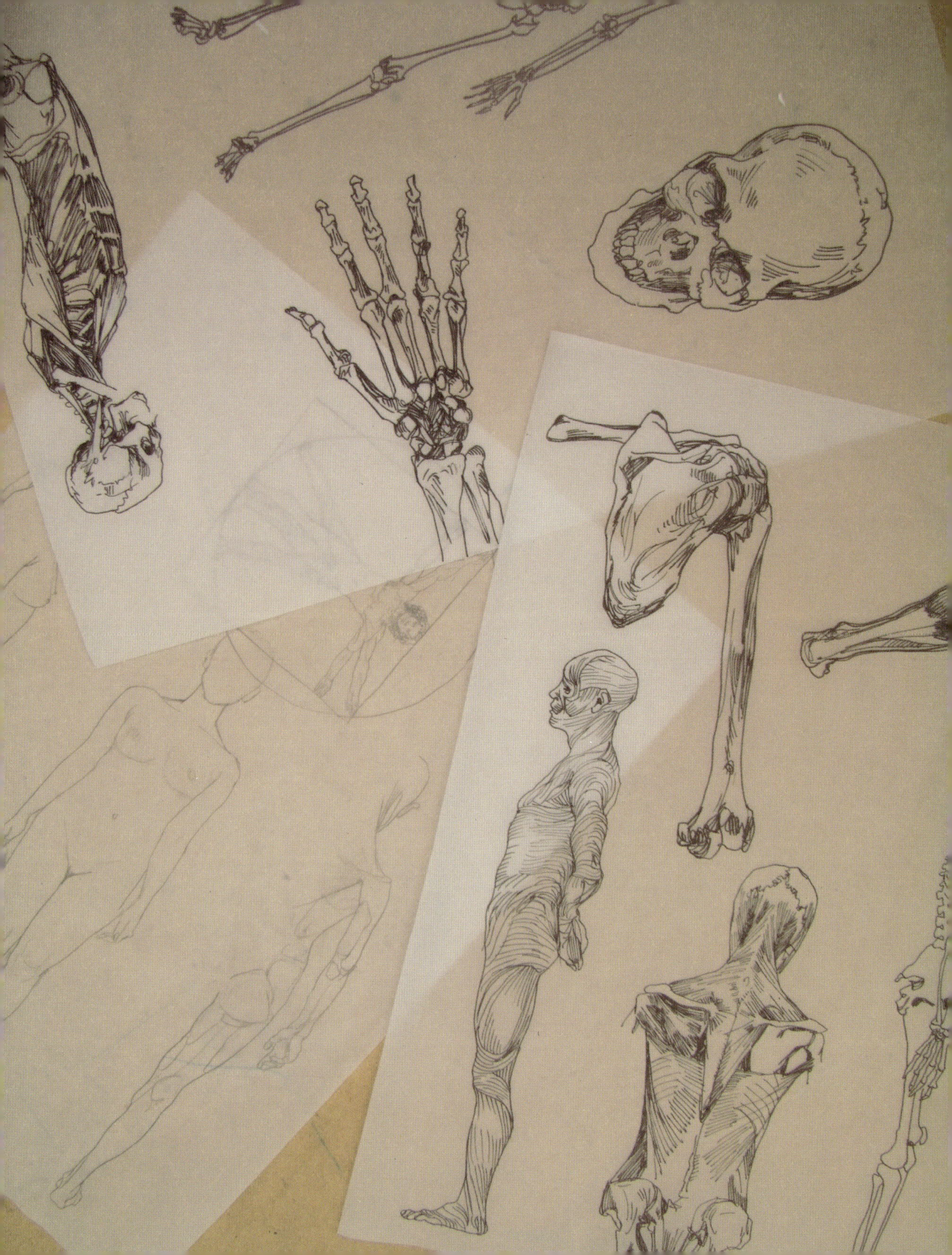

PART 2

만끽 - 그리다

왜 그림은 이토록 나를 힘들게 하지?

그림을 그리기 위해서
많은 시간을 할애하고
많은 준비를 해야 해.

나는 그저……
그림을 마음껏 이용하고 싶어.
그림을 마음껏 즐기고 싶어.

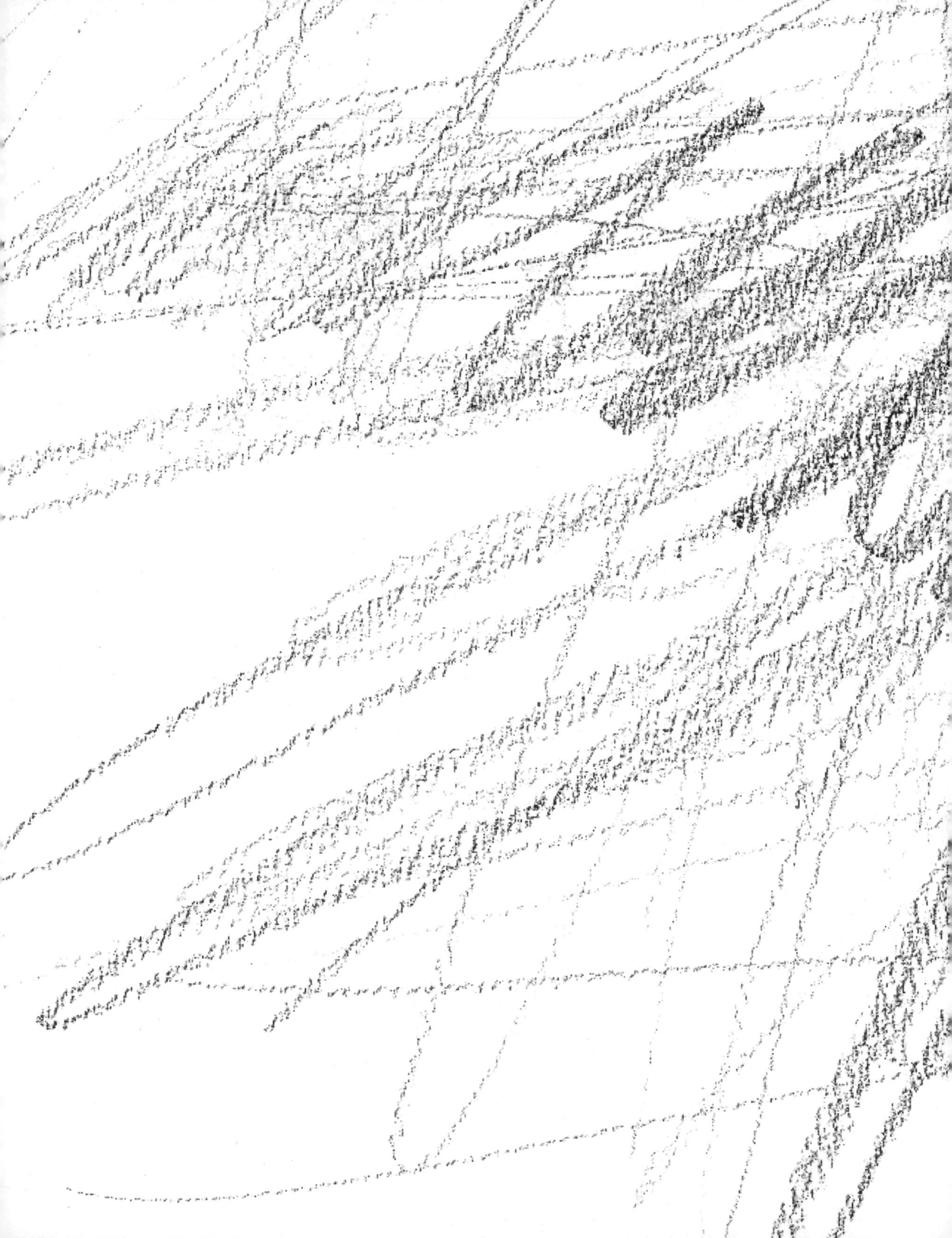

이 유형은 드로잉, 크로키와 같은 빠른 드로잉에 관한 맥락이다.
최대의 집중력으로 대상을 파악하여 시원하고 맛깔스러운
선 맛으로 그려낸다. 의상 드로잉, 인테리어 아이디어 스케치,
애니메이션 아이디어 드로잉 등 각종 아이디어 드로잉이나
콘셉트화처럼 여러 미술응용분야에서도 활용하는 실용적인
기법이다. 선을 자유롭게 쓸 수 있다는 것은 기초체력이
강하다는 것이고 1-3분 이내로 빠르게 그릴 수 있다는 것은
집중력을 고도로 훈련했다는 뜻이다. 이것은 훈련으로 가능하며
더욱 능숙해지면 여행스케치나 아이디어 스케치, 또는 선을
사용하는 모든 것에 자신감이 생긴다.

그림 그리는 것을 원 없이 즐기고 활용해보자.

완벽하지 않을 때 정이 간다

완벽한 한 사람이 있다. 그 사람은 누가 보아도 완벽하지만
정이 가지 않는다. 만일 그에게 약간의 허점이 있다면?
약간의 흐트러짐이 있다면? 그때부터 당신은 그 사람에게
끌리기 시작할 것이다.

자, 오른쪽에 두 개의 드로잉이 있다. A는 평범하게 그린
스케치다. 그리는 동안에도 대상을 천천히 관찰하며 편안하게
그렸다. 그래서인지 평온함이 묻어난다. 한편으로는 그 이상도
그 이하도 아닌 것 같다. 또는 더 이상 호기심이 생기지 않는다.
그저 잘 그려진 스케치일 뿐이다. B를 보자. 그리다 만 것 같지만
미완성이라기보다는 뭔가의 여지가 느껴진다. 속도감과 강약은
그 안에서 음률과 리듬감을 보여주고 있다. 이러한 드로잉은
그린 이의 감정을 꼭꼭 눌러서 차분한 선으로 숨겨버리는
그림과는 차원이 다르다. 오히려 선을 그어내는 동시에 가슴속
뭉글한 감정을 손끝까지 전달한다.

드로잉의 매력은 흐트러짐이다. 선에 긴장감과 광기가
묻어날수록 그 매력은 더욱 강하다. 또한 몰입하면 몰입할수록
감정이 격하면 격할수록 드로잉은 역동적으로 살아난다.
그런데도 자꾸 완벽하려고 애를 쓴다. 자꾸 곱게 다듬으려고만
한다. 정이 가는 그림을 그려보자. 왠지 끌리는 드로잉을 해보자.

A

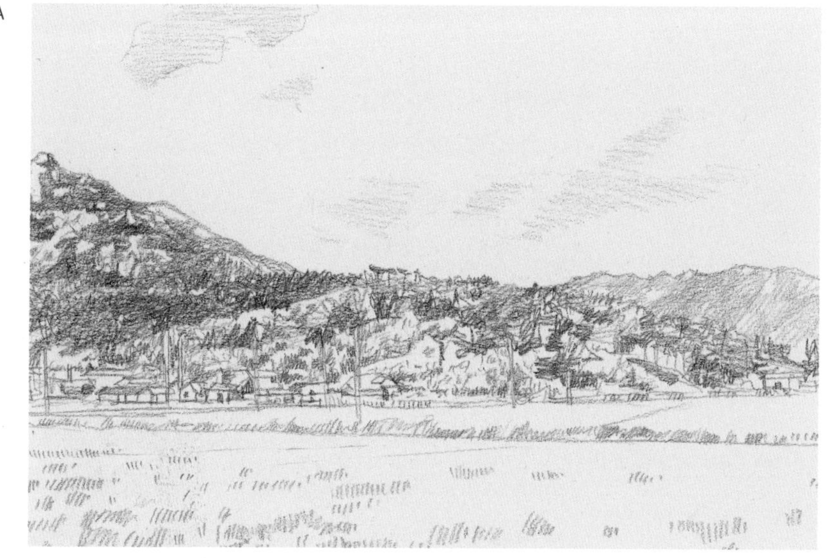

B

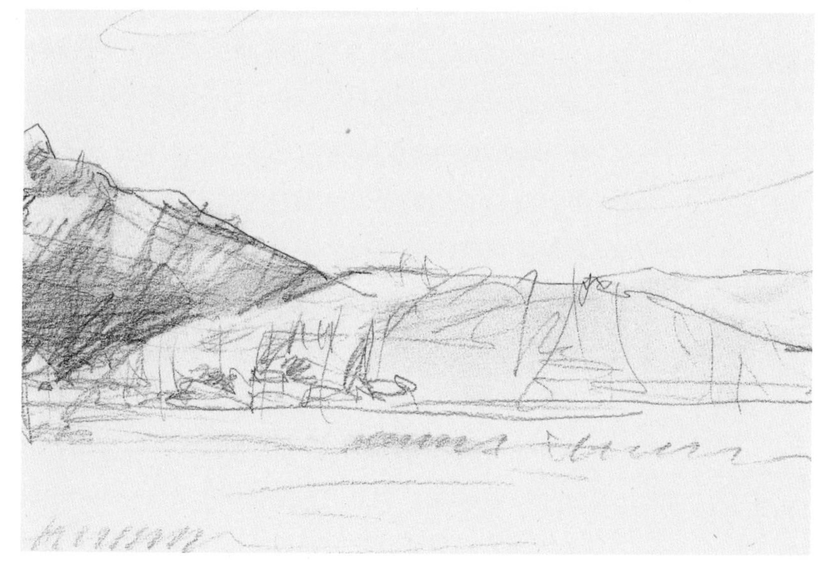

드로잉은 초심이다

시작과 끝.

머리로 시작한 것들은 머리로 끝낼 수 있으나
가슴으로 시작한 것은 머리로 끝낼 수가 없다.

온정의 「작가노트」 중에서

다듬는 것은 감정을 숨기는 것과 다를 바 없다. 아니, 그보다는
본래의 초심을 불순한 것들로 포장하고 덮어서 사실상
껍데기라는 결과물을 만들어낸다. 완벽할수록 점점 내가 아닌
다른 것들로 채워져 간다. 그런 의미에서 빠른 드로잉은
솔직하고 인간미 있는 그림이다.

아티스트는 새로운 영감을 받고 작품의 초심을 찾는다.
그리한 초심은 완벽하진 않아도 망망대해의 등대처럼 끝까지
유지해야 할 감정상태다. 그런데 초심을 잃고 다른 욕심을 내면,
어느 순간 불순한 것들로 채워지고 포장되어 거짓 작품이
눈앞에 나타난다. 완벽한 결과물이라 해도 처음의 영감을
유지하지 못한 작품은 이미 망가진 작품이다. 작품을 만드는 동안
생각이 바뀔 수도 있고 발전할 수도 있다. 그러나 그것은 말 그대로
바뀐 것이다. 즉, 또 다른 영감으로 전환되어 그 지점에서 다시
시작된 것이다. 나 역시 이러한 복잡한 과정을 거친 적이 있었는데
생각이 발전하는 것까지는 좋았으나 초심을 잃어버리면서
좋은 작품을 만들기가 어려웠다. 그 이후로 난 첫 영감이 떠오르면
메모를 하고 스케치를 해둔다. 그리고 작업할 때마다 보면서
감정 상태를 유지하려 애쓴다. 물론 사람마다 다를 것이다.

창작행위와 기술행위는 다르지만 창작이건, 기술이건 만든 이의
감정은 매력적인 작품을 만들기 위한 중요한 요소다. 따라서
감정의 초심을 덮어나가는 행위는 언제나 주의해야 한다.
초심은 번뜩이는 아이디어이기도 하다. 빠른 드로잉은 즉흥적인
순발력을 요하는 만큼 이러한 매력을 더욱 많이 발산할 수
있기 때문에 예술가들의 아이디어 노트는 빠른 드로잉으로
채워져 있는 경우가 많다.

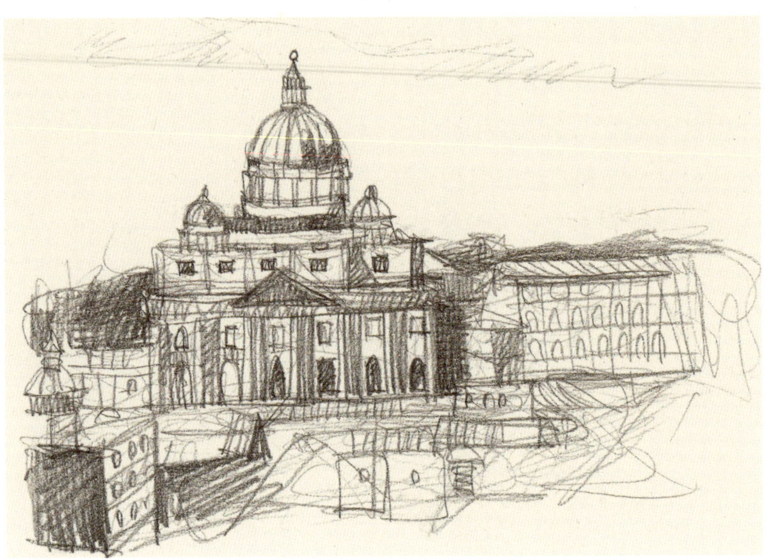

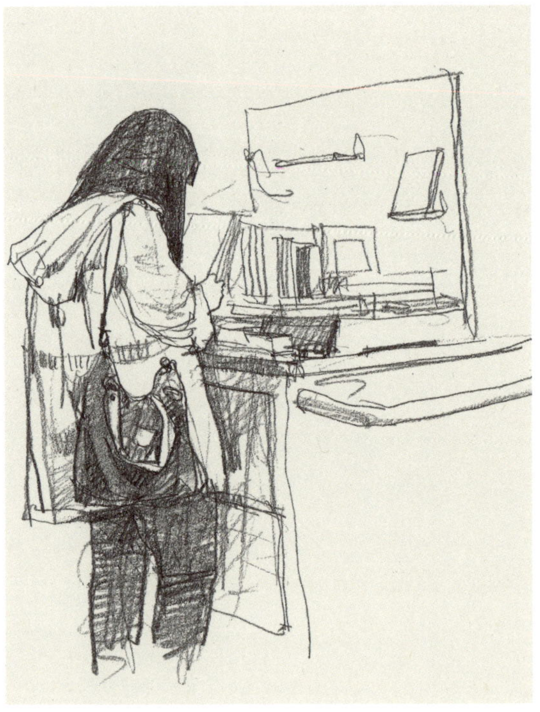

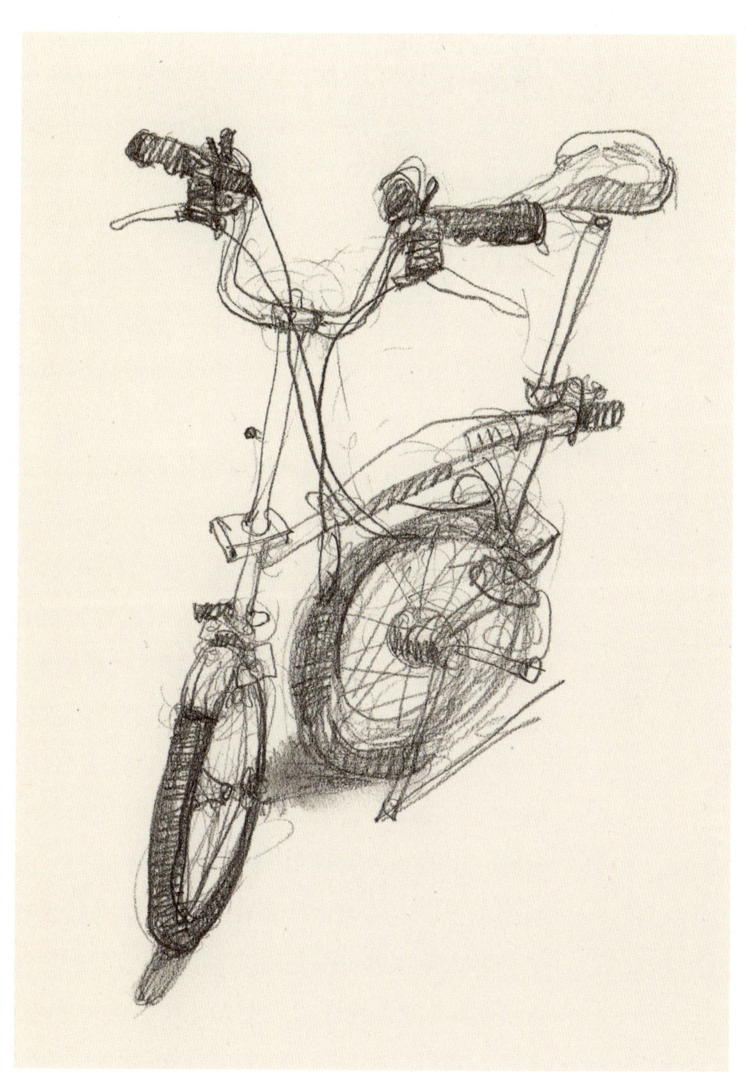

우연도 설정이다

사진작가는 배우의 표정을 찍기 위해 수백 번의 셔터를 눌러서
겨우 몇 장을 건져낸다. 배우가 우연히 지은 표정이 수백 장 중의
하나로 채택되었다면 그것을 과연 우연이라 말할 수 있을까?
아니다. 그것은 우연에서 최고를 찾기 위해 설정된 것이다.

그림엔 종류가 많은데 오랜 시간을 다듬어 완성하는 것이
있는가 하면 즉흥적으로 그려내는 그림도 있다. 보통 후자에
해당하는 그림은 선을 이용한 추상화, 서예, 수묵화, 크로키,
빠른 드로잉 등이 있다. 제작과정은 분명히 짧고 즉흥적이지만
제대로 된 한 장을 건지기 위해서는 오랜 내공과 수십, 수백 장의
제작과정이 필요할 때도 있다.

빠른 드로잉을 예로 들자면, 수업시간에 배우는 이들에게
시범을 보이면서 "사물을 이런 식으로 그려 오세요."라고 하고
그다음 시간에 그분들이 그려온 드로잉북을 들여다보면
사물이 무미건조한 테두리로 급하게 그려져 있다.

어째서 이렇게 대충 해오셨을까 하고 곰곰이 생각해보니,
빠르게 그려내는 드로잉에 대해 잘못 인식했기 때문이란 것을
알았다. 초보자 입장에서 시범 드로잉을 볼 땐 즉흥적으로
빠르게 그려낸 것이 분명하다. 그런데 인식의 오류는 그런 방식이
우연에서 얻을 수 있다고 판단하는 데에서 온다.

즉흥적이고 빠른 것을 인식하기 전에 어떤 상태가 맛깔스럽고
좋은 그림인지가 먼저 인식되어야 한다. 즉, '즉흥적으로 하다
보니 그런 느낌이 우연히 나왔다.'가 아니라 '이런 느낌을 위해
빠르게 그렸다.'가 되어야 한다. 시원한 선 맛과 강약 조절,
마치 틀려서 실수한 것 같은 삐져나온 선. 이런 것들이 즉흥적이고

우연한 느낌을 살려주기 때문에 더욱 자연스럽다. 그러나
실은 바로 그것을 의도하고 그렸다는 것을 알고 있어야 한다.
울트라 초특급 여우가 여성스러운 옷을 입고 미팅에 나가서
일부러 소탈한 모습을 보여주는 격이랄까. 운동복 입고
소탈한 것과는 차원이 다르다. 그렇다고 가식적으로 해야 한다는
말이 아니다. 우연처럼 보이는 자연스러움이 드로잉의 매력이란
것을 알고 있다면 실수도 즐길 수가 있다. 결국 실수도 하나의
설정일 수 있기 때문이다. 빠른 움직임에서 얻을 수 있는 선 맛은
빠르게 움직여주는 것 자체가 설정이다.

영화나 드라마 세트장을 제작할 때 특히 사극을 배경으로
했다면 낡고 오래된 것같이 만들어주는 것도 그런 이유이다.
설마 세트장을 지어놓고 수백 년을 기다려서 자연스럽게 낡도록
하겠는가. 이처럼 우연히 얻은 것 같은 작품들도 알고 보면
의도성을 갖고 처음부터 치밀하게 계획하고 들어간 작품이라는
것을 알고 있어야 한다.

대상을 포착하라

내가 그의 이름을 불러 주었을 때

그는 나에게로 와서

꽃이 되었다.

김춘수의 '꽃'이라는 시의 한 구절이다. 전에는 아무것도

아니었지만 어느 순간 서로에게 특별한 존재가 되는 것.

이것은 사람과 사람 사이에서만 국한되는 것은 아니다.

어떠한 장소와 사물에도 적용된다.

　　수업 중, 무언가를 그려 오라는 과제를 내줄 때마다

많은 분들이 어려워했던 점은 다름 아닌 '무엇을 그려야

하는가?'였다. 그릴 것이 얼마나 많은데 고민을 할까 싶었지만

의외로 많은 이들이 비슷한 고민을 하고 있었다. 드로잉 과제로

아무거나 그려 오라고 하면, 주로 여자는 화장품케이스,

손톱깎이, 필통, 컵, 수첩 등등을, 남자는 담배, MP3 플레이어,

CD 케이스, 지갑 등등을 그려 왔다. 여기서 어떤 공통점을

느낄 수 있는가? 우선 크기가 작고, 자기 주변에 둔 것들이며,

듣기만 해도 별 매력이 없는 밋밋한 물건들이다. 물론 주변에 있는

모든 사물이 연습 대상이다. 하지만 이렇게 자그마하고 뻣뻣한

물체들을 그릴 때 어떤 심정이었을지 짐작이 가지 않는가.

　　또 하나의 공통점은 그림을 배우는 분들이 하나같이

'안전빵'이랄 수 있는 최대한 쉬운 사물을 찾아서 그리려 했다는

점이다. 하지만 단순한 물체는 그리기가 더 어려운 법.

설명할 것이 없는 물체는 아무리 잘 그려도 분위기가 거기서

거기다. 마지못해서 억지로 그리는 것이 아니라면 좀 더

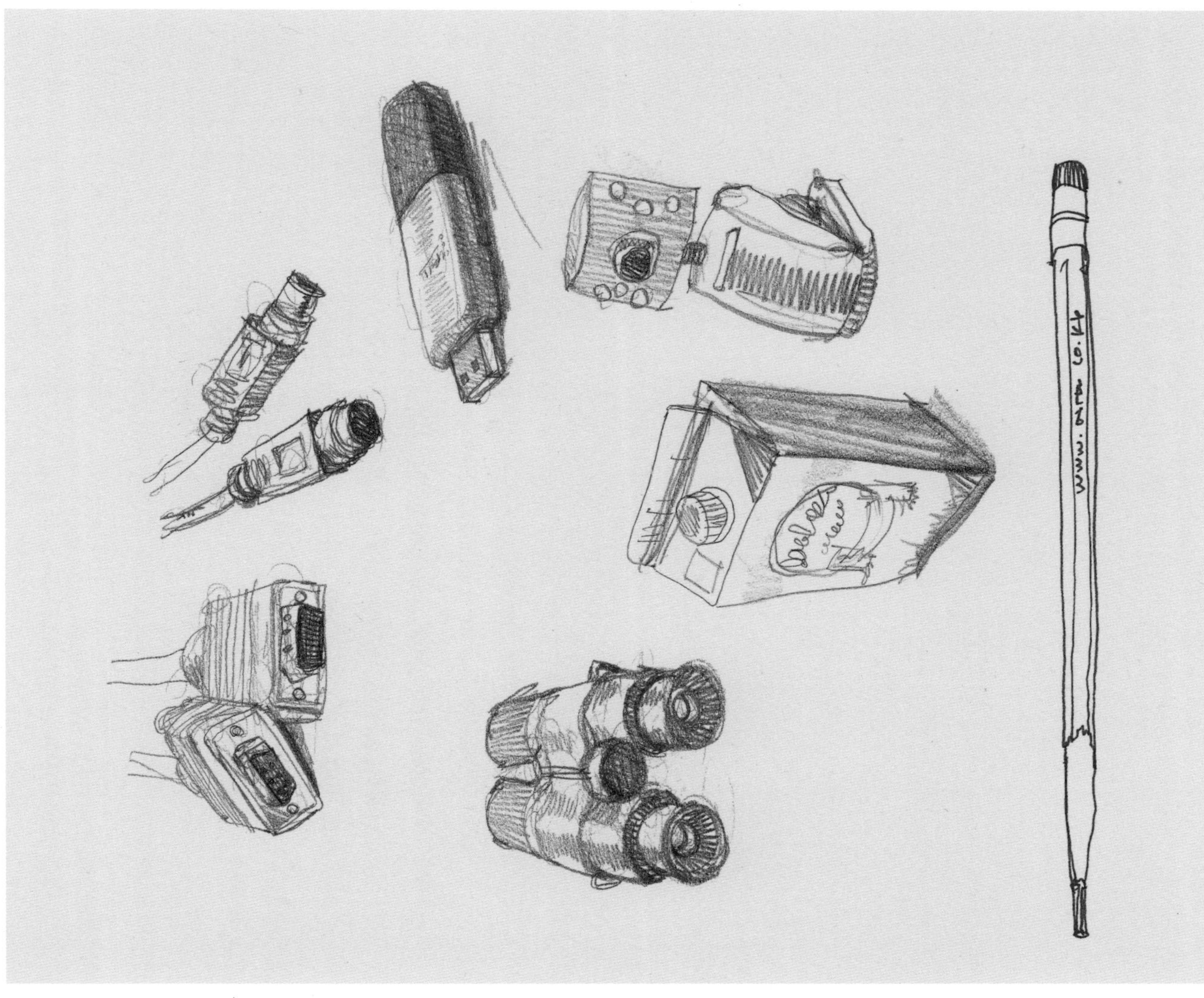
www. ara co.kr

흥미로운 대상을 포착해보자. 손톱깎이와 담배케이스가 별 매력이 없다는 건 아니다. 그래서 때때로 그것들을 그려 온 분들께 이런 말을 하곤 했다. "정말 매력적인 손톱깎이를 그려봐요." "담배케이스를 분위기 있게 그려봐요."라고 말이다.

손톱깎이 하나를 그리더라도 매력적으로 그리라고 한 이유는 무엇일까? 그리는 행위는 단순히 옮겨내는 것이 전부가 아니다. 대상을 포착한 순간, 눈→뇌→손의 과정을 거치는 것이 아니라 눈→뇌→가슴→손의 과정을 거쳐야 한다. 즉, 감정을 포함해야 매력적인 그림을 그릴 수 있다. 선의 강약, 떨림, 형태 왜곡, 분위기 등 이 모든 사항은 감정을 거쳐야 가능하다.

'무엇을 그려야 하는가?' 고민하고 있다면 우선 그리고 싶은 것을 선택해라. 그리고 별거 아닌 사물이라 해도 나와 인연을 맺은 특별한 존재로 여기며 그만의 느낌을 끄집어내주어라.

빠르게 그려내는 방법

음악으로 치면 '여유-그리다'는 클래식이고 '만끽-그리다'는
재즈다. 피아노나 기타를 배울 때도 클래식 기초교본으로 차근차근
마스터하는 과정은 오랜 시간과 피나는 연습이 필요하지만
그로 인해 실력은 탄탄해지고 성취감은 높아진다. 대신 재즈는
즉흥적이면서 세련되었고 연주하는 동시에 즐길 수가 있다.
음악을 모르는 이가 대충 박자감으로 건반을 두드린 뒤 즉흥작곡을
했다고 둘러대도 어쩌면 그럴싸하게 들릴 수도 있다. 하지만
기초교본을 다 밟고 밑바탕부터 탄탄하게 다져온 사람이 재즈를
연주하면 연주의 완성도는 더욱 높을 것이다. 멋지게 리듬을 타며
어디로 튈지 모를 곡조로 연주하는 자유분방한 재즈. 드로잉과
많이 닮았다. 그렇다면 사물을 보고 재빠르게 그려내기 위해서
필요한 것은 무엇일까?

첫째는 집중력, 둘째는 관찰법, 셋째는 속도감이다. 물론
이 세 가지를 다 갖췄다고 누구나 빠른 드로잉을 할 수 있는 것은
아니다. 빠르게 그려내는 요령만 알아내서 그것만 연습하다 보면
드로잉 실력은 좋아지지만 기본기가 갖추어져 있지 않아 한계가
드러난다. 재즈인 척할 것인가 아니면 완성도 있는 재즈를
연주할 것인가.

빠르게 그릴 수 있는 첫 번째 요령은 집중력이다. 필자가
말하고자 하는 집중력은 일반적인 집중력과는 조금 차원이
다른 얘기다. 빠른 드로잉을 위한 집중력은 조용하게 몰두하여
그것에만 집중하겠다는 의미의 단순한 집중력만으로는
어림도 없다. 집중력의 차이가 얼마나 큰 결과를 가져오는지
한 가지 사례를 들어보겠다. 내가 미대에 처음 들어갔을 때

누드 크로키 시간의 일이다. 갓 미대를 들어온 동료들이
그동안 해왔던 대로 여유를 갖고 누드모델을 그리고 있었다.
4절지에 그리는 시간은 대부분 30분을 넘겼다. 그때 선생님이
파격적인 제안을 했다. 5분 동안 누드를 그려보라는 것이다.
모두가 말도 안 된다고 아우성이었다. 그러거나 말거나 선생님은
학생들의 아우성은 뒤로한 채 “시작!”을 외쳤고 학생들은
얼떨결에 초집중을 하며 행동개시를 했다. 그런데 이게 웬일인가!
대부분은 누드 크로키를 그려냈고, 더욱 황당한 것은 30분 이상
소요해서 그린 것과 별반 차이가 없었다는 것이다. 다음엔 1분.
모두가 발을 동동 구르며 팔을 움직였다. 결과는 어땠을까?

　　우선 내 경우는 멋진 선 맛의 누드 크로키가 내 앞에 있었다.
모델을 1분 내에 그린다는 것이 불가능하게 느껴질 수 있다.
머리만 그려도 1분이 지나갈 수도 있으니까. 그러나 그것은
충분히 가능했다. 내 말을 믿지 못하는 분들을 위해서 또 하나의
경험담을 얘기하겠다. 바로 지난 10년간 일반인들을 대상으로
이 방법을 그대로 적용해봤더니 대부분 같은 결과를 보였다는
점이다. 처음엔 형태도 틀리고 선도 엉망이었지만 역시 짧은 시간에
그린 드로잉의 느낌이 더 좋았다. 게다가 본인들도 놀란 눈치였다.
바로 이것이 집중의 힘이다.

　　그림을 그릴 땐 여유 있는 마음으로 그려야 한다. 그러나
빠른 드로잉 훈련으로는 적합하지 않다. 의지만으로는 어렵다면
시간을 재며 연습해보자. 처음엔 1시간 이내로, 다음은 30분,
그다음엔 15분, 또 그다음엔 10분, 마지막으로 5분…….
이런 식으로 점점 시간을 줄여가며 그려보라. 이 과정은
훈련방법이라서 연습하는 동안 즐겁다기보다는 불편한 마음으로
실패를 거듭해야 할지도 모른다. 그러나 이런 방법이 점차
익숙해지면 촉박한 순간조차 즐길 수 있으며 마음만 먹으면
때와 장소에 관계없이 고도의 집중력을 끄집어낼 수 있다.

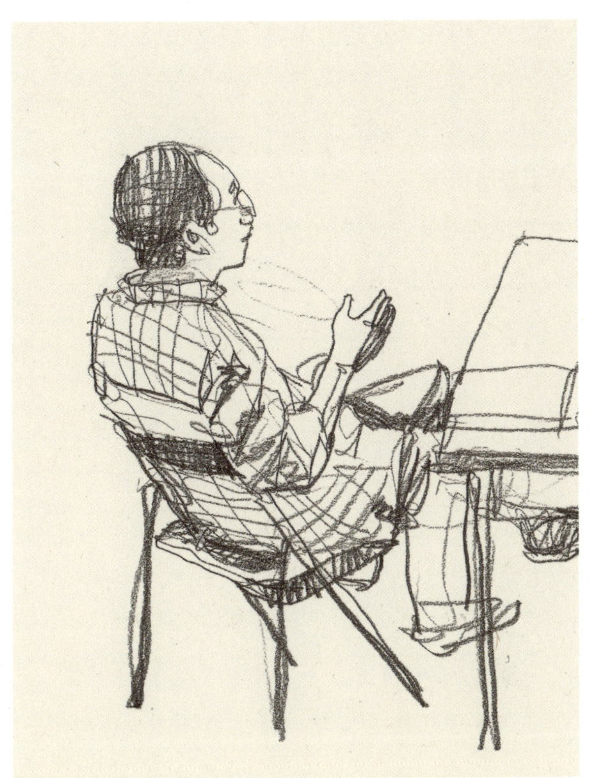

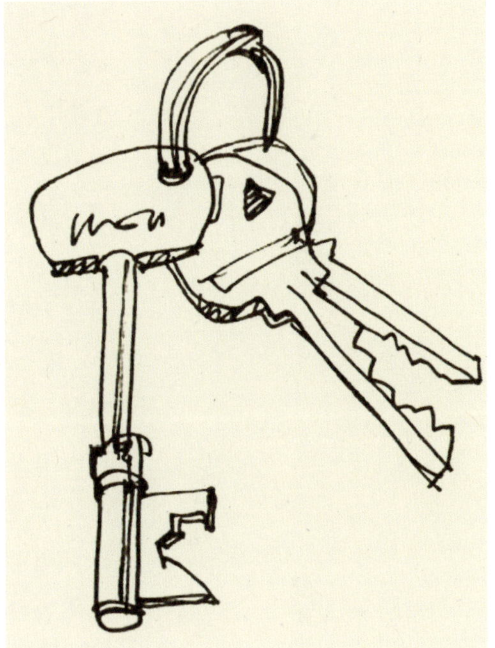

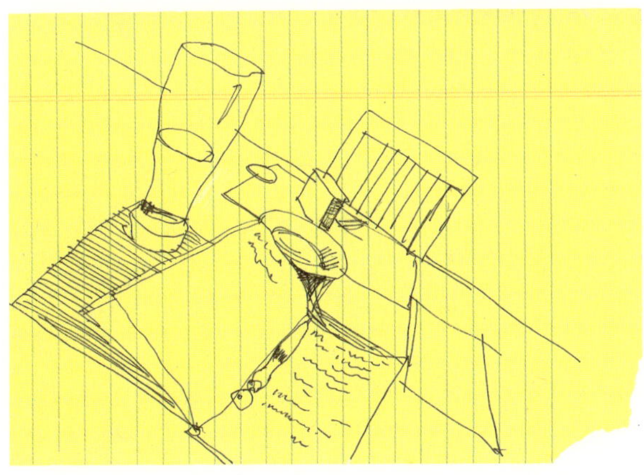

빠르게 그릴 수 있는 두 번째 요령은 관찰법이다. 대상을
빠르게 그려낼 때, 아무리 집중을 한다 해도 평범한 관찰법으로는
시간을 단축시킬 수가 없다. 따라서 대상을 바라볼 때 전체와
부분을 번갈아가며 관찰해야 한다. 예를 들어 해당물체와 전체를
동시에 눈에 담으며 그리거나, 그리려고 하는 지점을 미리 앞서
관찰하는 식이다. 그리는 순서가 1→2→3→4라고 한다면
1을 그리고 있을 때 2를 보고 있어야 하고, 3을 그릴 때
4를 보고 있어야 한다. 이 방법이 숙달되면 1을 그릴 때 이미
3이나 4를 먼저 볼 수도 있다. 즉, 손보다 시선이 앞서가야 한다.
빠른 드로잉을 할 때도 바위를 조각하듯 사물을 도형으로
인식하며 큰 덩어리를 먼저 찾아주어야 한다. 그다음에
집중력과 속도감이 좋아지면 전체 덩어리는 암산으로 가능하며
어느 시작점에서든 그려나갈 수 있다.

　　빠르게 그릴 수 있는 세 번째 요령은 속도감이다. 집중력과
관찰법을 어느 정도 갖추었으면 손도 빨라져야 한다. 초보자라면
손이 잘 따라주지 않는다. 그러나 누구든지 처음은 있고 고정관념을
깨는 그 순간부터 발전할 가능성도 있다. 어지라 해도 어쩔 수 없다.
안 되면 되게 하라. 속도를 내기 시작하면 형태는 자꾸 틀리고
선은 마치 애들이 장난친 것처럼 삐뚤빼뚤하게 보인다. 그럴 땐
마음에 드는 드로잉을 속도감 있게 모방해보자. TV프로그램에서
생활 속 '달인'들에 관한 내용을 본 적이 있을 것이다. 칼질의 달인,
봉투 접는 달인, 쟁반 옮기는 달인……. 달인들의 공통된 특징은
속도감과 엄청난 반복이다. 따지고 보면 빠르게 그려낼 수 있는
사람들도 달인에 속한다. 선 긋기의 달인.

　　창의력은 손기술에서 나오지 않는다. 그러나 창의력을
표현할 수 있는 자유는 손기술에서 나온다.

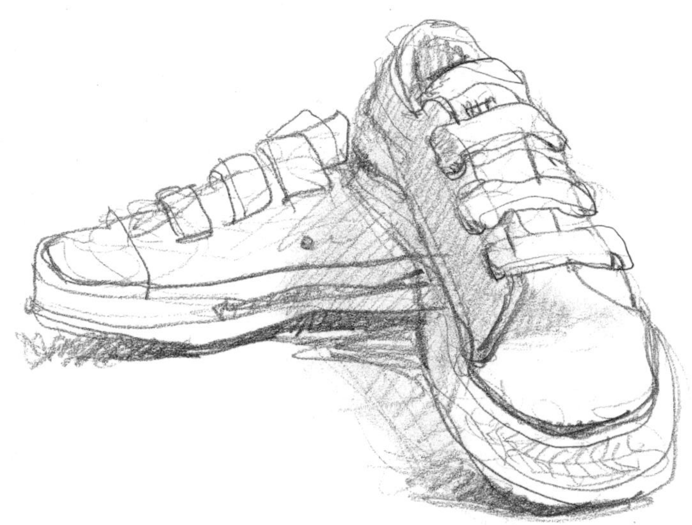

살아 있는 뱀은 꿈틀댄다

드로잉을 표현하기 위한 선의 종류는 이러이러하다고
규정할 수 없을 정도로 무수히 많다. 한마디로 자유로운 선의
느낌에서 오는 생동감은 드로잉의 최대 매력이다. 그런데
생동감이 넘치는 드로잉을 그리겠다면서 소극적인 자세로
끼적거리는 경우가 많다. 그럴 땐 위의 제목처럼 '살아 있는
뱀은 꿈틀댄다'는 명제를 다시 한번 상기해보자. 잔뜩
위축되어 느린 손놀림으로 그리는 드로잉은 그리는 사람도
재미가 없고 보는 이도 군침이 안 돈다.

나는 드로잉에 심취해 있을 때마다 롤러코스터를 타는 기분이 든다.
롤러코스터를 상상해보자. 천천히 오르막길을 오른다. 그러다가
잠시 쉬어 있다 갑자기 미친 듯이 속도를 내며 내려간다.
위 아래로 돌고 옆으로 틀었다가 다시 잠잠해진다. 자, 강약이
느껴지지 않는가? 내리막길 전에 잠시 숨을 고르는 지점은
물체를 관찰하기 위해 손을 잠시 멈춘 순간이다. 하이라이트,
내리막길은 빠른 속도로 선을 긋는 행위이다. 반듯한 직선은
잠시 숨을 멈추고 빠르게 쫙 그으면 된다. 하지만 드로잉할 땐
숨을 멈출 필요가 없다. 직선보다는 자연스럽게 꿈틀대는 선을
더 원하기 때문이다. 곧은 물체를 그릴 때도 비뚤하게, 그냥
그 맛을 내버려두자. 자연스럽게 삐져나오거나 숨을 쉬다가
휘청거린 선. 바로 그런 것이 드로잉의 생동감이다.

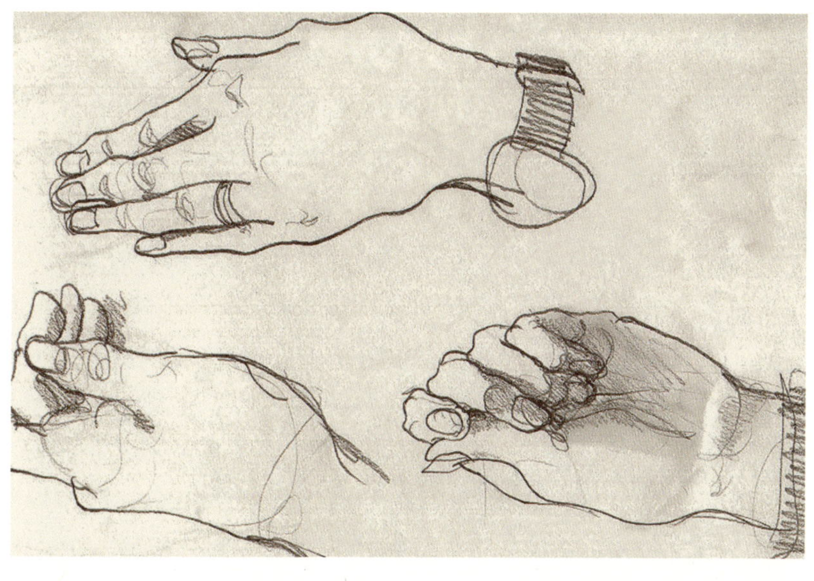

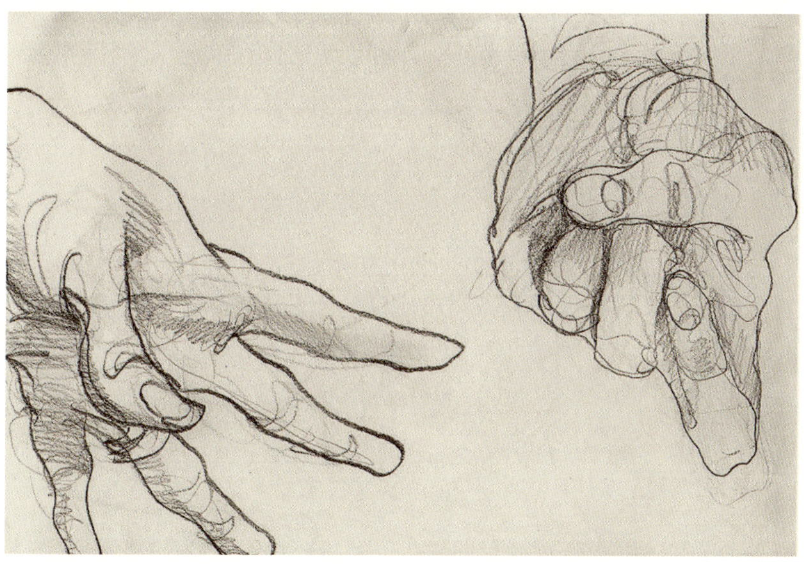

1분 크로키

종이에서 손을 떼지 마라

롤러코스터를 타는 느낌으로 드로잉을 하려면 스릴을 즐길 줄
알아야 한다. 그럴 때마다 좋은 그림만 나올 리 없다. 따라서
망칠 수도 있다는 마음의 여유를 갖는 것이 좋다. 그림을
느린 속도로 꼼꼼하게만 그려본 사람들에게 속도감을 요구하면
대부분 안절부절못하고 긴장한다. 그럴 때마다 내가 했던 말은
"한번 망쳐봅시다."였다. 신기하게도 이런 말을 하면 사람들은
과감하게 연필을 휘둘렀다. 틀릴 수도 있다는 불안감은
오히려 방해가 된다. 심리적인 안정을 찾는 것이 중요하다.
마음의 여유 다음엔 속도감을 위한 요령이 필요하다. 속도감은
곧 시간이다. 시간을 단축하기 위해서는 쉬고 있는 상황을
만들면 안 된다. 즉, 손을 종이에 계속 대고 있어야 한다.
드로잉에서 보이는 무수한 보조선들은 손을 멈추지 않았음을
보여준다. 롤러코스터에서 멈추는 것은 물체를 잠시 관찰하는
순간이라 했다. 시선이 멈춘 동안에도 손은 계속 움직여야 한다.
자동차도 출발하기 직전엔 매끄럽게 나가지 않는다. 멀리뛰기를
할 때도 도움닫기가 없으면 멀리 나가기 어렵다. 드로잉도
손을 멈추었다가 다시 출발하면 최상의 선이 나오기가 어렵다.
다음 선을 위한 도움닫기를 하려면 종이에서 손을 떼지 마라.

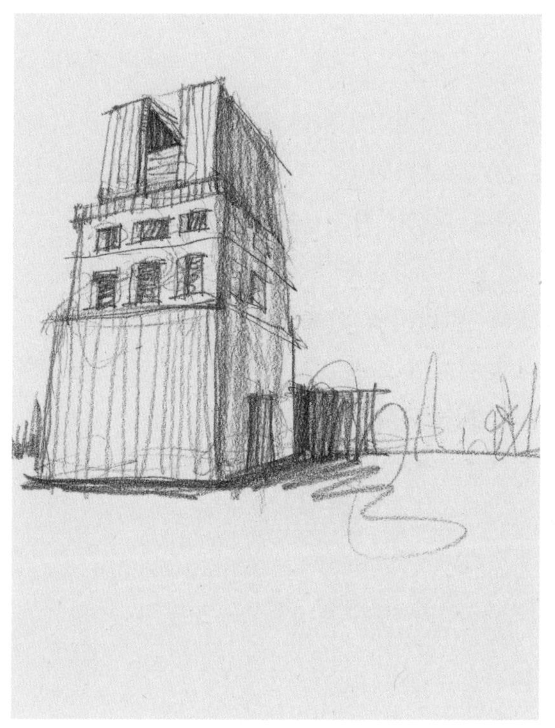

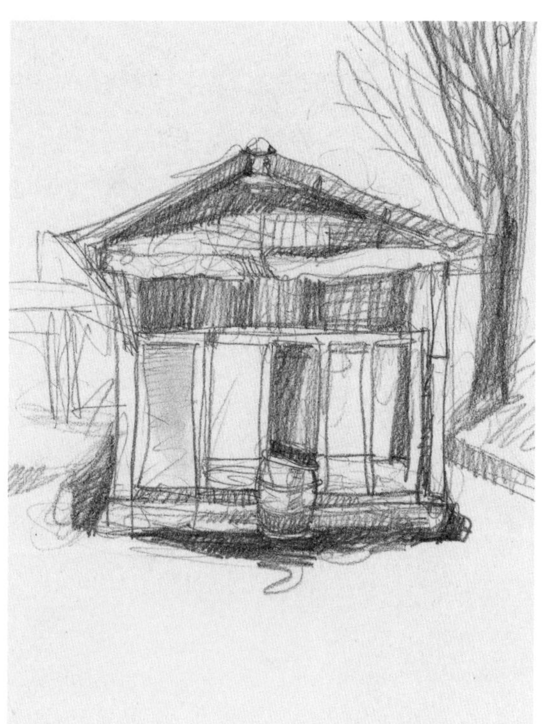

빠른 드로잉의 선 연습

1 한 번에 긋자

예쁜 선을 그어보겠다고 너무 욕심을 내면 소심해지고
그런 자세가 그대로 선으로 표출된다. 그래서 소위 '털 달린 선
(짧게 끊긴 선)'이 탄생한다. 이것은 머뭇거리며 망설이고 있음을
보여준다. 의도적으로 잔선을 이용한 것이 아니라면 시원스럽게
쭉쭉 그어보자. 망칠 때 망치더라도 연습이니까 과감하게,
단숨에 그어보자. 세 번 나눠서 그릴 것을 한 번에 끝내고
다섯 번 나눠서 그릴 것을 한 번에 그어버리자. 물론 처음엔
쉽지 않다. 그러니까 연습이 필요한 거다.

2 지우개로 수정하지 말자

연필 드로잉할 때, 틀렸다고 지우개를 집어드는 순간
또다시 맥은 끊긴다. 틀리면 기존의 선을 무시하고 그 위에
다시 긋자. 지저분해진다고? 그게 더 멋있다. 곱게 다듬어진
것이 아니라 거칠게 살아 움직이는 듯한 선, 그것이
빠른 드로잉의 매력이다.

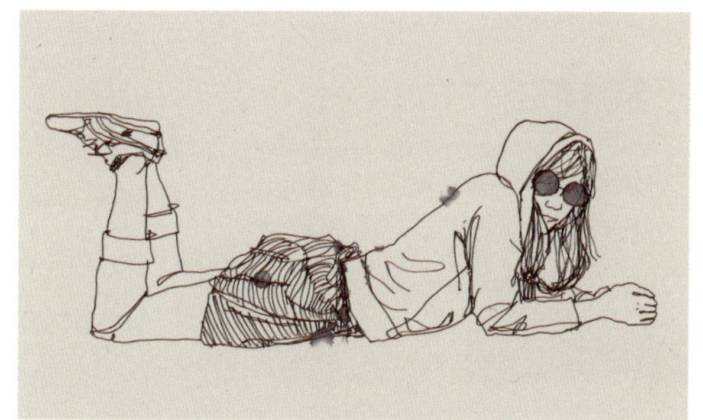

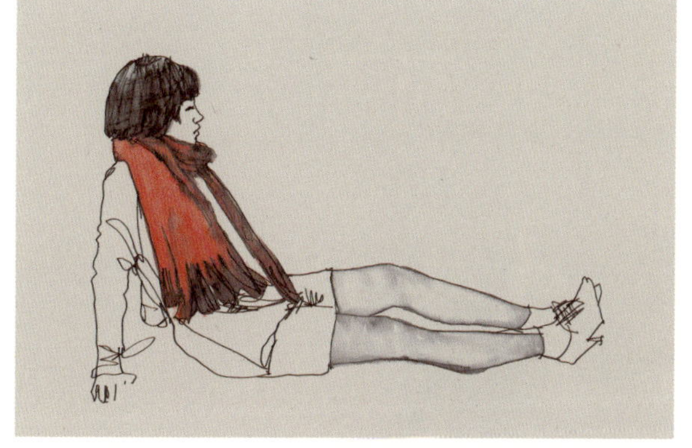

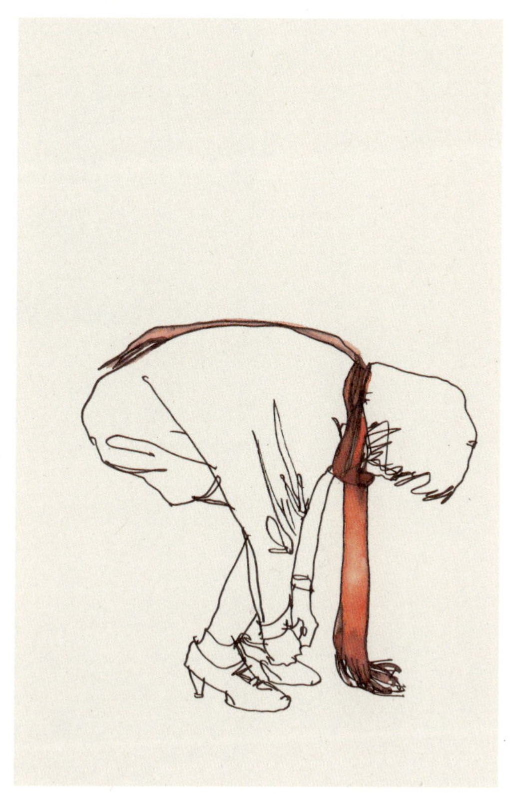

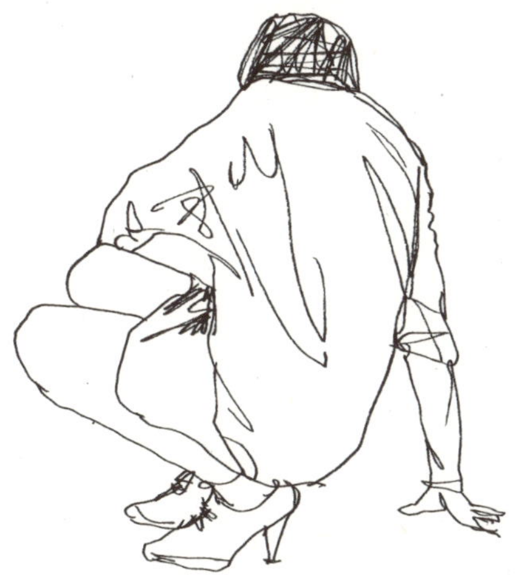

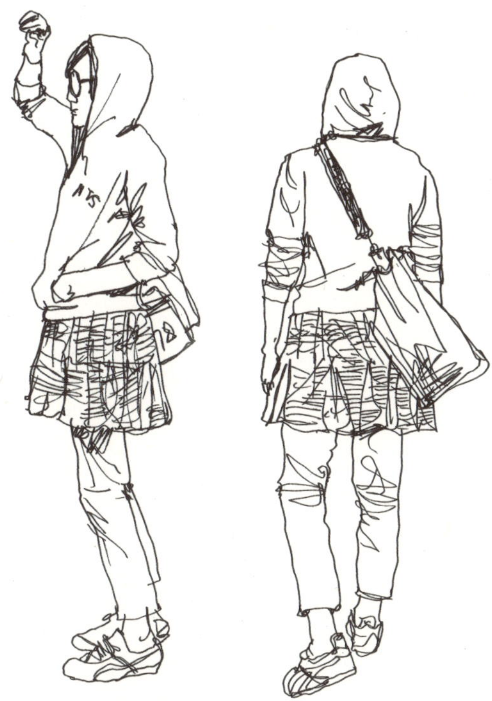

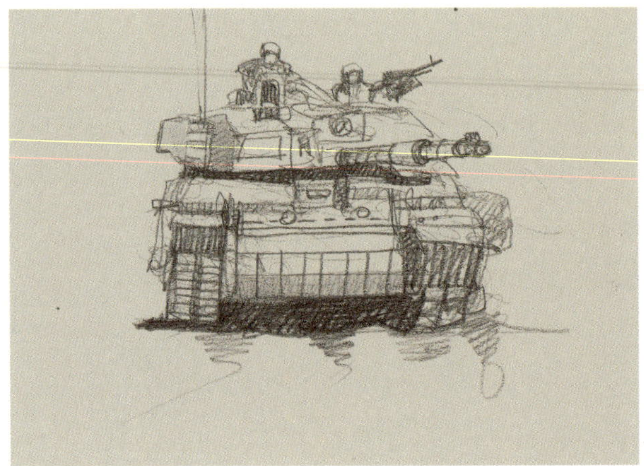

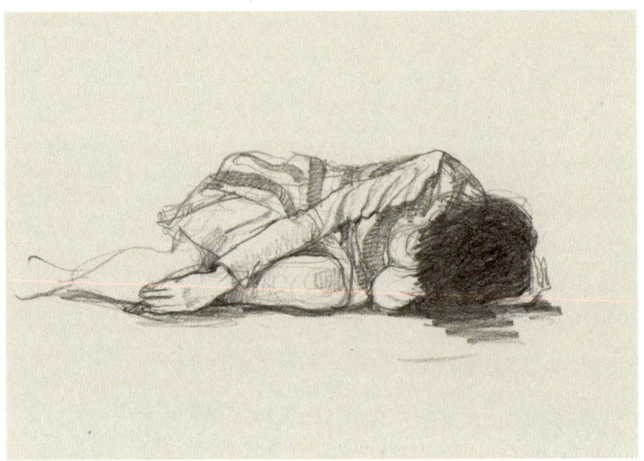

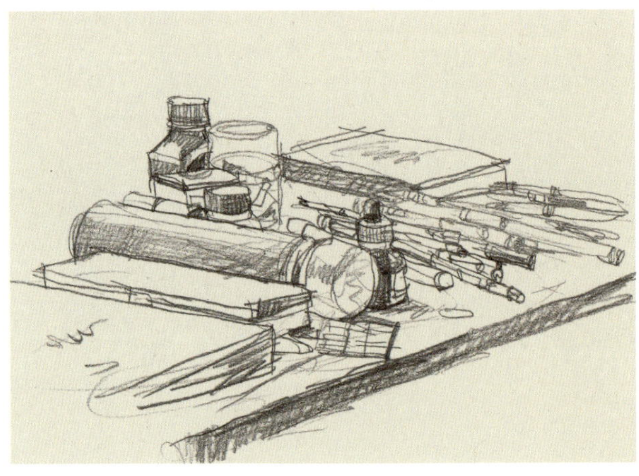

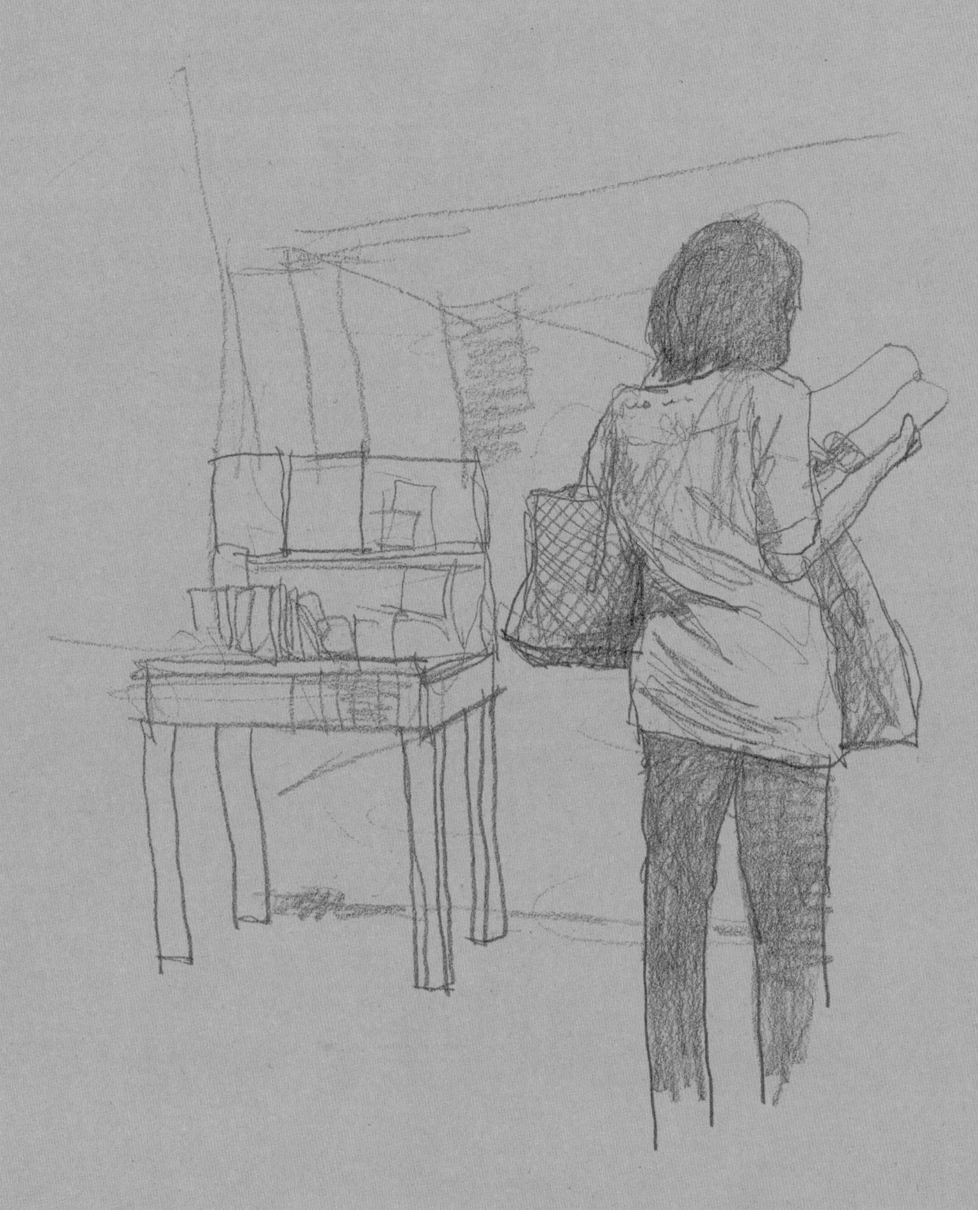

3 힘주어 긋자

겁을 내면, 선은 피죽도 못 먹은 것처럼 힘을 잃고 비실거린다.
생기 넘치고 시원한 선을 긋기 위해서는 힘이 있어야 한다.
마치 화가 난 것처럼 힘을 주어 선을 긋자. 종이가 뚫리면
어떤가. 그 대신 속도감도 함께해야 한다. 이런 식으로
연습을 하다 보면 선에 대한 두려움도 사라진다.

빠른 시간 안에 그려내는 드로잉에서 어떻게 원근법까지
신경 써야 하나 걱정하지 말자. 그저 선의 강약만으로도 충분하다.

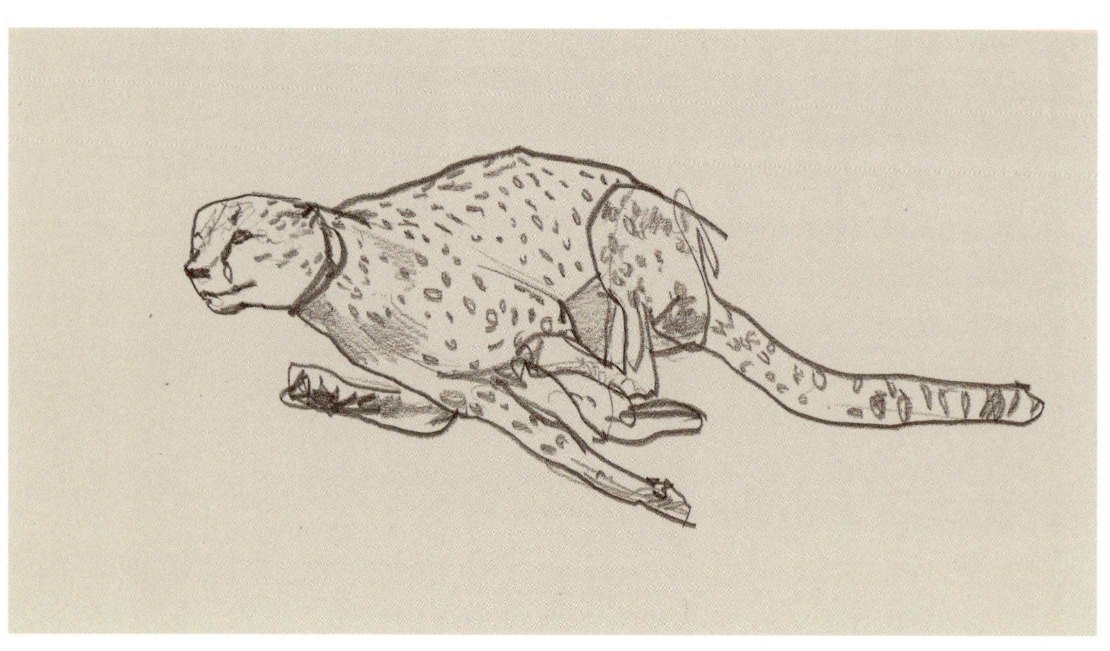

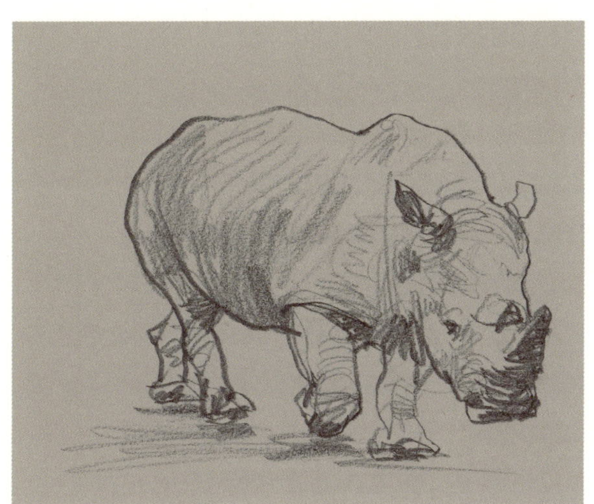

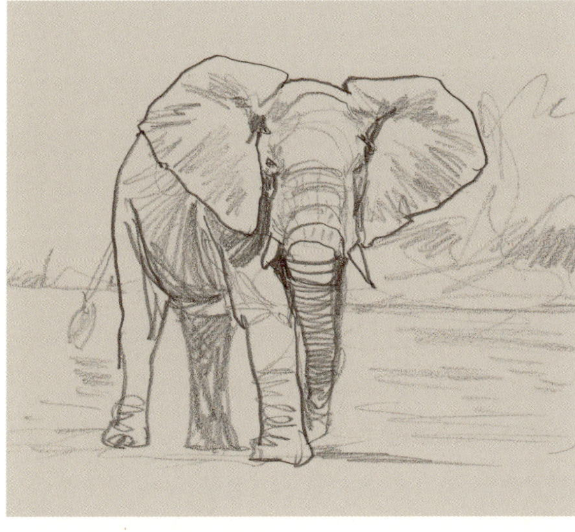

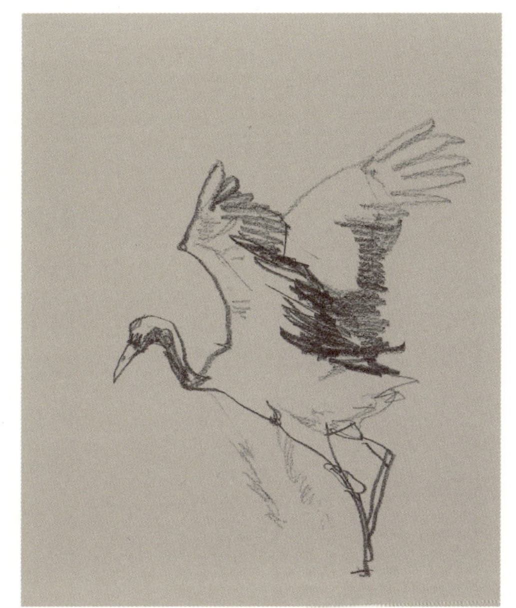

그리는 도구는 온몸이다

우리의 손이 최고급 붓이라는 것을 알고 있는가?

나는 내 개인 작업 중, 물풀이나 안료를 고르게 퍼뜨리며
발라야 할 때 붓보다는 손을 주로 사용한다. 붓 자국이 필요하거나
붓이 더 효율적일 때 빼고는 손이 더 잘 발린다. 어머니들이 김치를
버무릴 때 장갑을 끼지 않으려고 하는 것과 비슷한 이치일 수도
있겠다. 즉, 손맛이다. 옷에 묻을까 봐 신경이 쓰이고 손을 닦는
것이 귀찮아서 몸을 사린다면 손맛이 묻어나는 드로잉과는
점점 멀어지게 된다.

연필이나 콘테같이 번지는 재료는 손과 옷에 잔재가 쉽게
묻는다. 간혹 흑연 묻은 손으로 얼굴을 무심코 만지면 우스꽝스러운
모습이 연출된다. 하지만 그것은 드로잉을 한껏 즐겼다는 증거다.
만일 비싼 옷에 자국이 생길까 봐 걱정된다면 앞치마를 두르거나
안 입는 옷을 작업복 대용으로 사용해보자. 옷에 묻을까 봐
조마조마하고 있는 것은 좋은 드로잉을 그리는 데에 방해가 된다.

톤을 고르게 문질러야 할 땐 휴지조각보다는 손가락이
훨씬 부드럽고 고르게 퍼진다. 모든 손가락을 다 사용한 후엔
물에 씻어주고 완전히 건조시킨 뒤 다시 시작한다. 손을 씻으러
화장실을 왔다 갔다 하는 것이 번거롭다면 작은 접시나 종이컵에
물을 받아놓고, 손가락에 묻은 가루를 씻어내고 마른걸레에
닦고를 반복한다.

그리는 도구가 온몸이라고 생각하고 마음껏 즐겨보자.
모든 형식을 버리면 버릴수록 자유로운 드로잉은 빛을 낸다.

드로잉에서 명암 만들어주는 방법

'여유 - 그리다'에서 사물을 실제보다 더 실제같이 그릴 수 있는
방법은 빛에 따른 명암 표현이라고 언급했다. 그렇다면 빠르게
그려야 하는 드로잉에서는 이러한 명암 표현이 불가능한 것일까?
아니다. 얼마든지 가능하다. 중요한 건 명암 표현이라 해도 빠르게
파악하여 표현해야 한다는 것이다. 드로잉 특유의 명암 표현
방법을 연습해두면 다양한 그리기에 유용하게 활용할 수 있다.
빠른 드로잉을 할 때 명암을 표현하는 방법은 여러 가지가 있다.
은은한 느낌이 나도록 손으로 문질러주는 방법도 있고, 일률적인
선으로 면을 만들어주는 방법도 있다. 옅은 톤을 원한다면
전자가, 좀 더 강렬한 톤을 원한다면 후자가 적합하다.

손으로 문지를 수 있는 재료는 연필, 콘테, 목탄, 파스텔 등
가루가 압축된 것들이다. 문지를 손가락은 최대한 건조해야
한다. 손끝에 기름기나 물기가 조금이라도 묻어 있으면
오히려 얼룩덜룩 지저분해진다. 연필이 아닌 무른 콘테, 목탄,
파스텔이라면 처음부터 진하게 톤을 깔아주고 문질러도 상관없다.
하지만 연필은 종이에 강하게 먹히기 때문에 처음부터 진하게
깔아주면 연필 자국이 그대로 남아 있어서 손으로 문질러도
지저분해 보인다. 따라서 연필일 경우, 은은한 톤을 원한다면
한 번에 끝내선 안 된다. 그보다는 옅은 선을 살살 문질러서
번지게 하고, 더 짙게 하고 싶으면 문지른 톤 위에 다시 면을 깔고
문지르는 것을 반복한다. 특히 인물 드로잉에서 피부 톤 표현을
할 때, 강한 선 자국이 들어가면 상처가 난 듯 인상을 망친다.
바로 그때 부드러운 문지르기 방법이 아주 효과적이다.

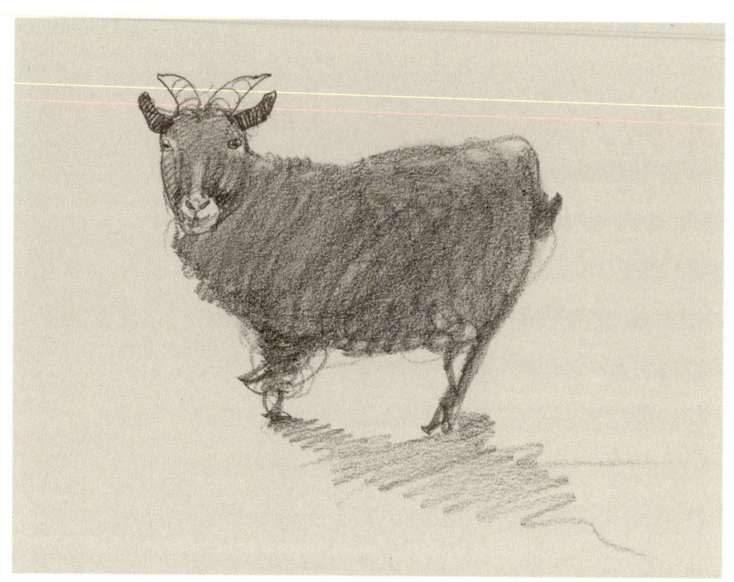

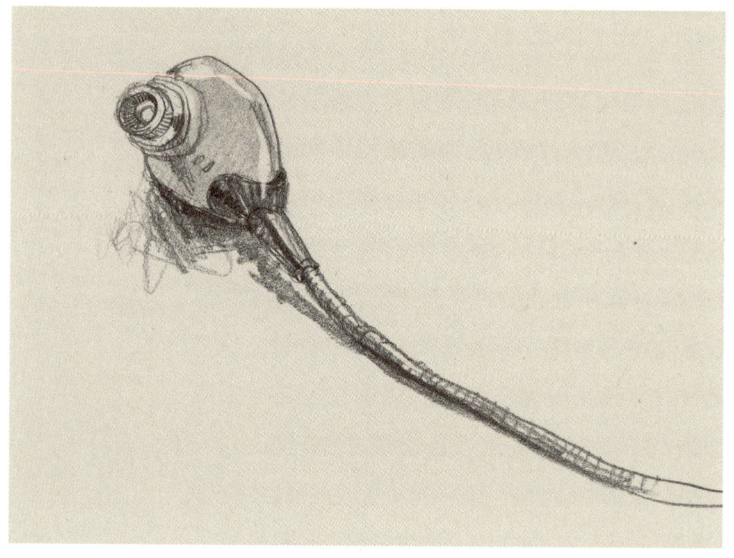

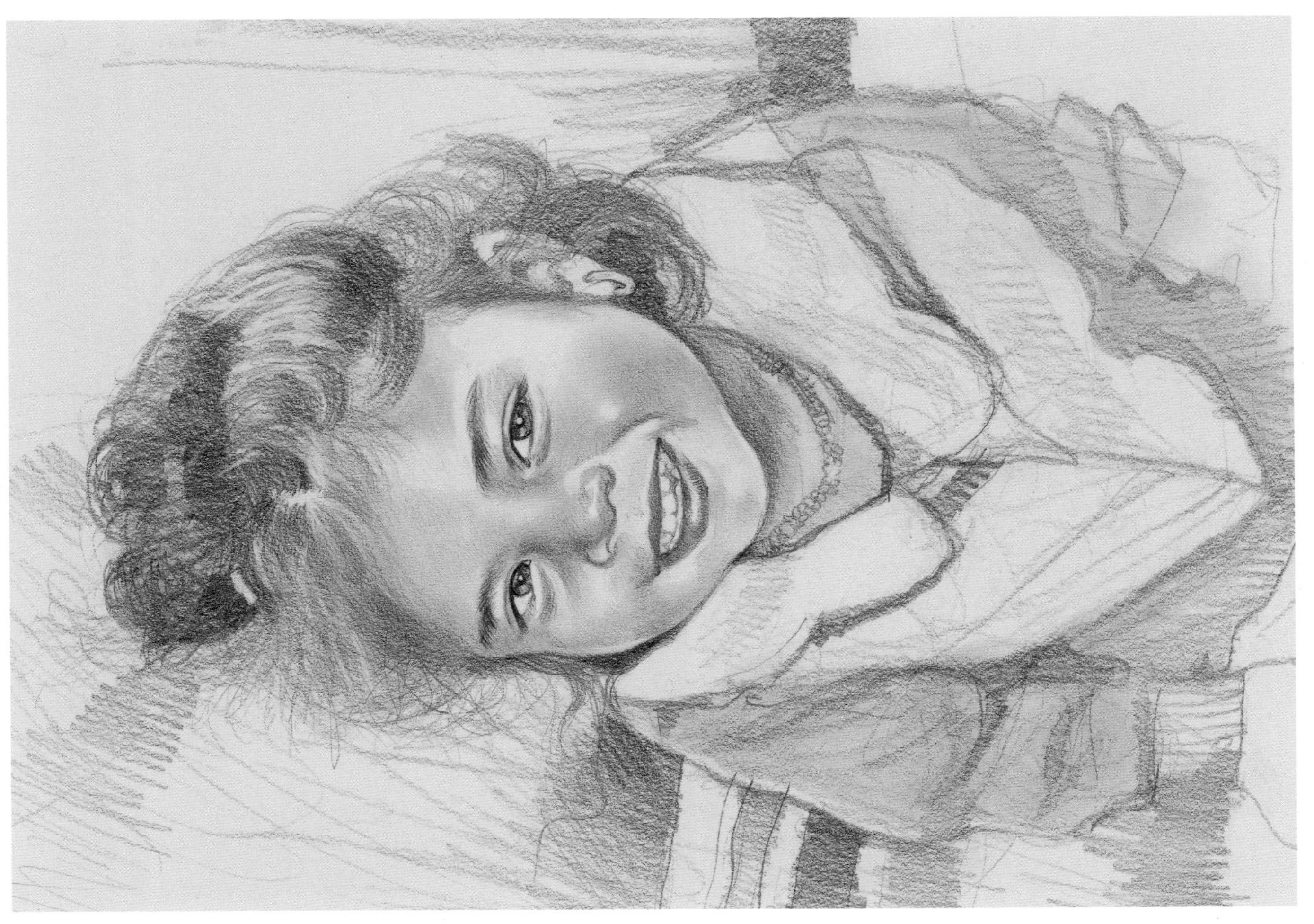

복잡한 물체는 패턴을 찾아라

대상을 꼼꼼하게 그려야 할 땐 잔머리를 쓰는 것보다는
정직하고 묵묵히 그려내는 것이 가장 좋지만 드로잉에서는
시간을 단축할 수 있는 요령이 필요하다. 예를 들어 깨알 같은
글자나, 바구니, 나뭇잎처럼 그리기 복잡한 형태는 하나하나
다 그리지 말고 패턴을 찾아낸다. 글자와 같은 미세한 무늬는
정렬된 전체 형태를 파악하고, 바구니처럼 복잡한 모양의
물체는 부분적인 패턴을 찾아낸 다음 그러한 패턴으로 통일하여
반복 표현한다. 그리고 나뭇잎과 같이 작은 형태가 모여
큰 형태를 이루는 대상은 전체적인 도형을 파악하여 밝음과
어둠의 덩어리감으로 구분하여 그린다. 너무 복잡해서 표현하기
어렵다면 너무 복잡해서 알아보기 어렵게 그려보시라!

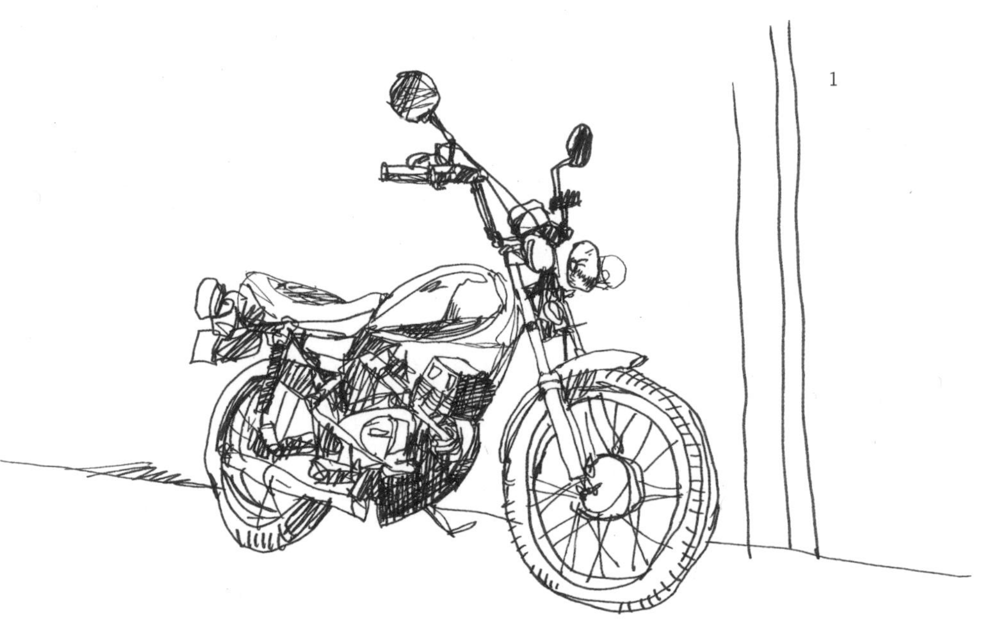

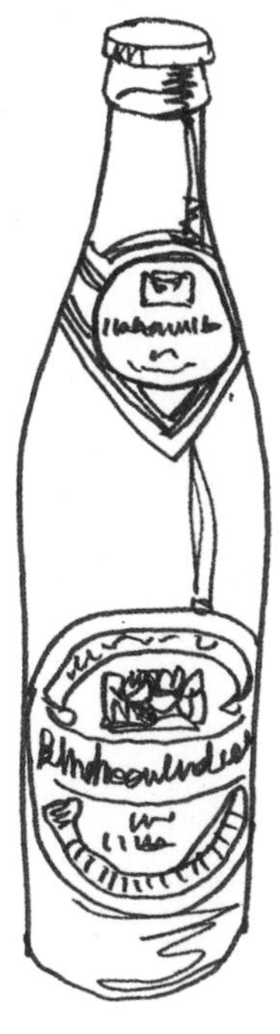

2

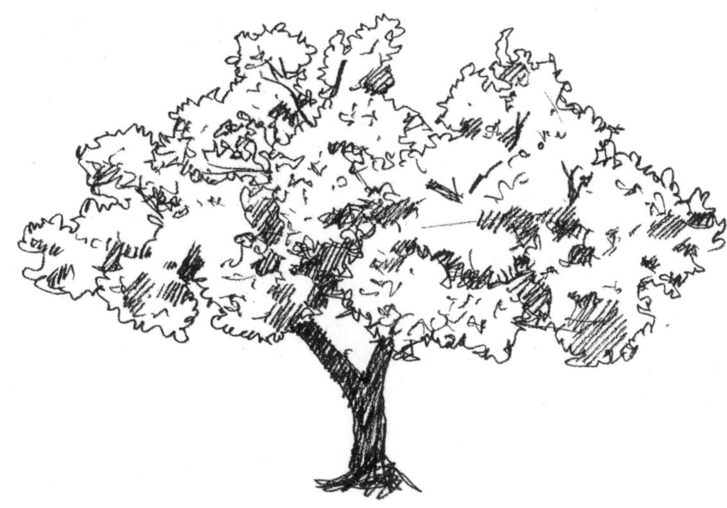

3

1 알아볼 수 없이 복잡한 부분은 알아볼 수 없이 복잡하게 그리면 된다.

2 깨알 같은 글씨는 하나하나 다 쓰지 않고 형태로 인식한다.

3 나뭇잎을 보기 전에 큰 덩어리의 음양을 표현한다.

맑은 느낌의 연필 드로잉

수업시간에 빠른 드로잉을 체크하다 보면 소묘와 드로잉이
합쳐진 그림을 자주 본다. 소묘는 오랜 시간 다듬어서
밀도감이 높은 그림이고 빠른 드로잉은 시원한 선 맛과 강약이
살아 있는 그림이다. 그래서 이 책에서도 그 둘의 구분을
'여유-그리다'와 '만끽-그리다'로 나누어 설명하고 있다.
그런데 이 두 가지를 구분하지 못하는 경우가 많다.

빠른 드로잉을 소묘 그리듯 하면 탁한 느낌이 든다.
그 이유는 소묘와 빠른 드로잉의 기법이 전혀 다르기 때문이다.
소묘는 꼼꼼하게 관찰해서 차근차근 밀도를 쌓아주며 완벽하게
만들어가는 그림이다. 반면에 빠른 드로잉은 관찰한 것을
생략하고 함축하여 속도감 있게 시원한 선 맛으로 그려나가는
그림이다. 두 개를 같은 기법으로 그리다가는 헷갈려서 뭐가 뭔지
모를 것이다. 가장 좋은 것은 두 개를 구분할 줄도 알고
골라 쓸 줄도 알아야 한다는 것이다.

소묘의 인식 구조로 드로잉을 그리면 탁한 느낌이 든다고
했는데 이것은 곧 그 반대가 되면 맑은 느낌이 든다는 뜻이기도
하다. 소묘가 명암을 여러 겹 깔아주며 밀도를 쌓는 거라면
맑은 느낌의 드로잉은 명암 표현을 최대한 한 겹으로 끝내는
것이다. 만일 짙은 톤의 물체라면 처음부터 아예 힘을 주어
진하게 한 겹으로 명암을 깔아준다.

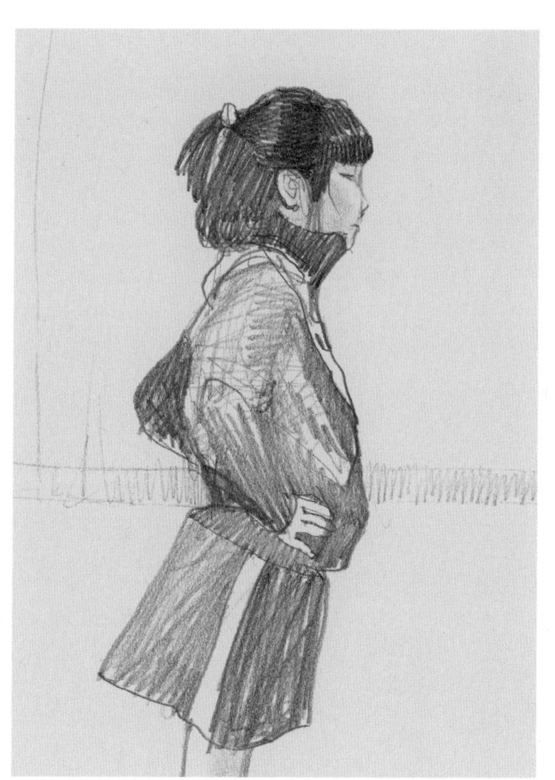

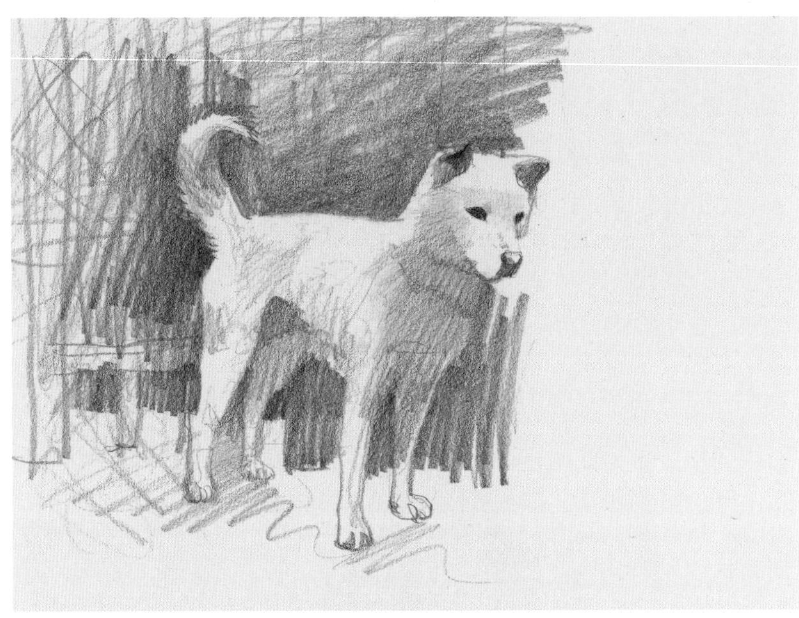

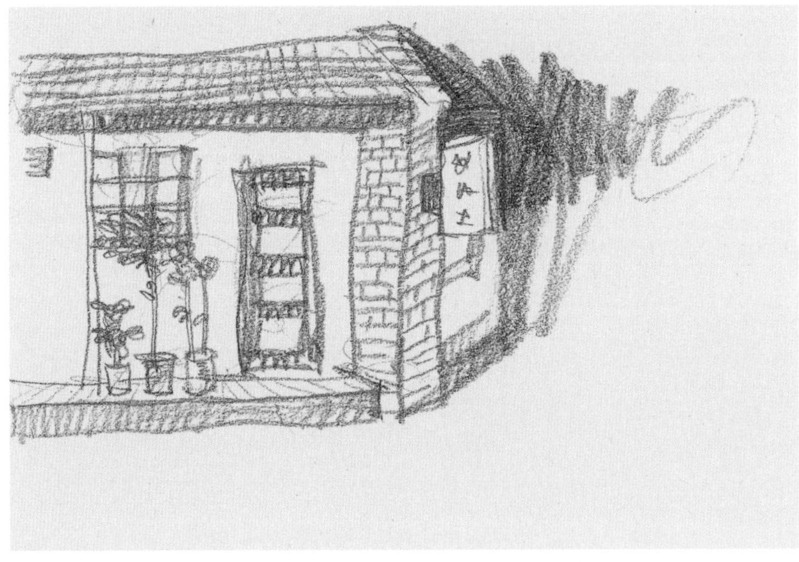

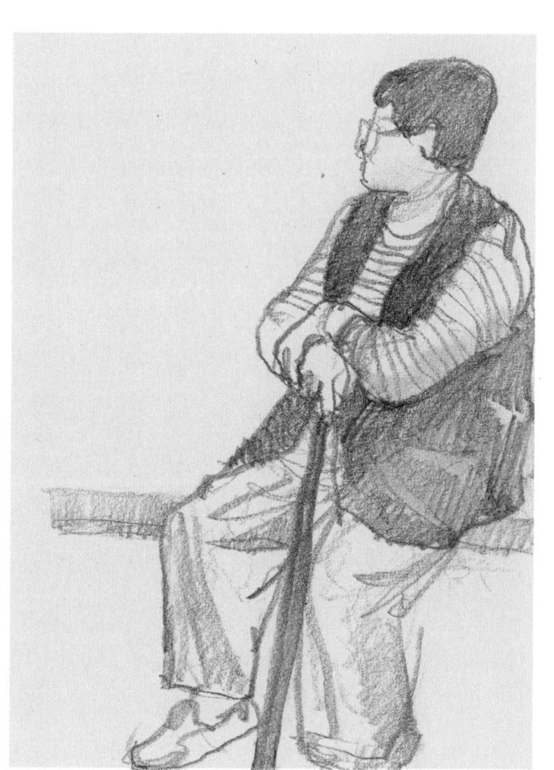

느낌 좋은 드로잉

느낌이 좋은 드로잉이 무엇인지 정확히 말할 수는 없다.
그러나 인간이 공통으로 가지고 있는 본연의 정서를 밑바탕으로
했을 때 대부분 보는 눈은 비슷하다. '자유-그리다'에서처럼
창작을 기본으로 한다면 공통된 정서를 규정짓는 것도 우스운
일이다. 그러나 빠른 드로잉에 국한하면 어느 정도 공통적으로
선호하는 드로잉이 있긴 하다.

느낌이 좋은 그림은 매력적이고 정감이 가는 그림이다.
내가 가르쳐왔던 많은 일반인들이나 미술응용계열 종사자 분들도
거의 비슷한 그림의 유형에서 호감을 보이곤 했다. 그렇다면 이렇게
공통적으로 매력을 느끼는 드로잉의 요소에는 어떤 것들이 있을까?

첫 번째는 따뜻한 느낌의 드로잉이다. 이는 정서적으로는
허점이 많고 인간적인 드로잉이요, 색감으로는 난색계열이다.
분명 흑백의 연필로 드로잉을 했어도 종이는 약간 누런빛이 감돈다.

두 번째는 선의 강약과 리듬감이 있는 드로잉이다. 극과 극의
상반된 느낌은 서로를 돋보이게 하기 때문에 한 화면에 옅은 선과
짙은 선이 어우러지도록 힘을 조절한다. 리듬감은 앞에서 언급했던
빠르게 그리는 방법 중 속도감과 관련이 있다. 속도를 높이고
줄이는 것을 반복하며 리듬을 탄다.

세 번째는 '기술적인 선'만의 강약이 아닌 표현의 강약이다.
즉, 복잡함과 단순함 또는 정리정돈과 어지러움과 같이 상반된
느낌을 한 화면에 함께 보여준다.

네 번째는 끝까지 설명하지 않음으로써 숨구멍을 트이게
해주거나 여백을 활용하여 여운을 남기는 드로잉이다.

물론 이런 식이 아니어도 느낌이 좋은 드로잉은 얼마든지 있다.
중요한 것은 남들이 좋아하는 것을 덩달아 좋아하기보다는
본인이 좋다고 여겨지는 스타일을 자주 그려보도록 하라는 것이다.

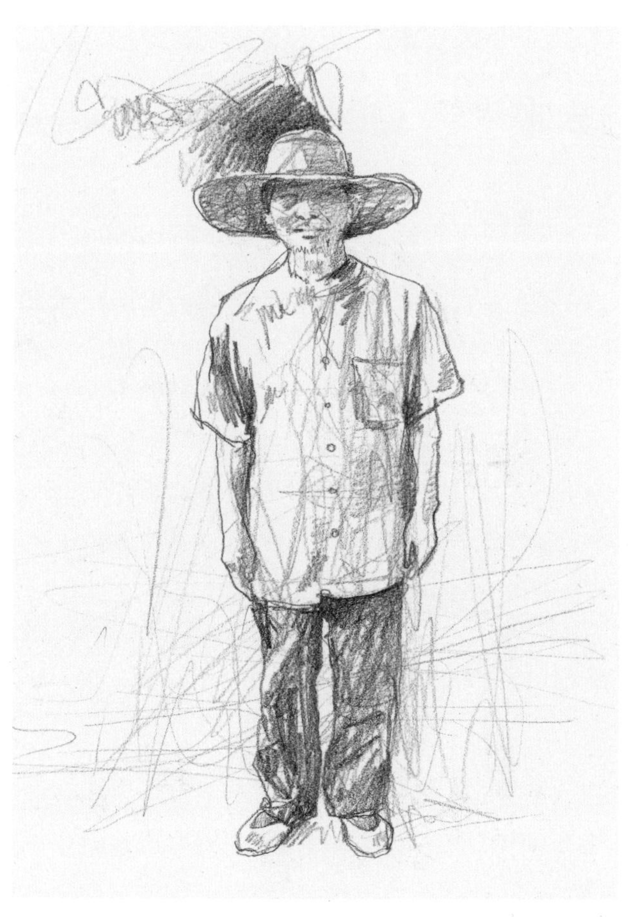

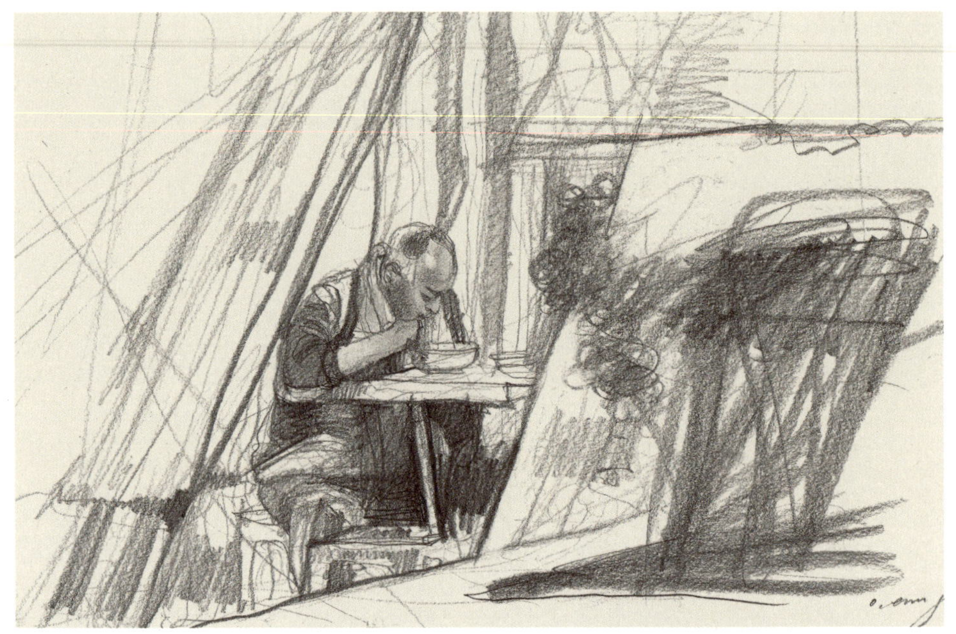

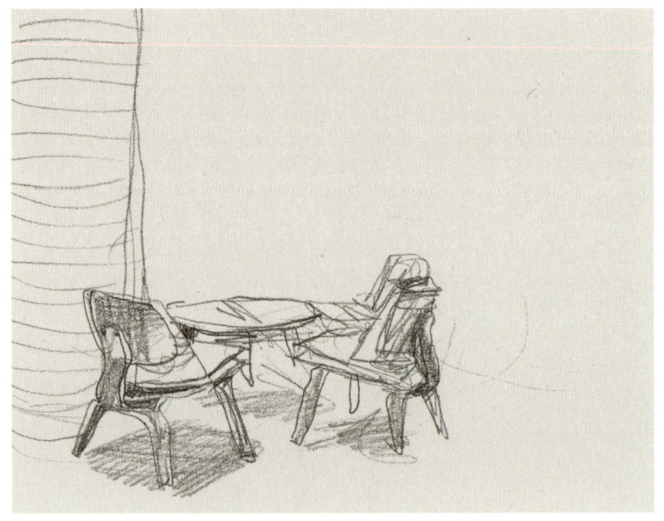

세밀한 묘사와 시원하게 흐트러뜨리는 선을
한 화면에 보여줌으로써 강약과 리듬감을 줄 수 있다.

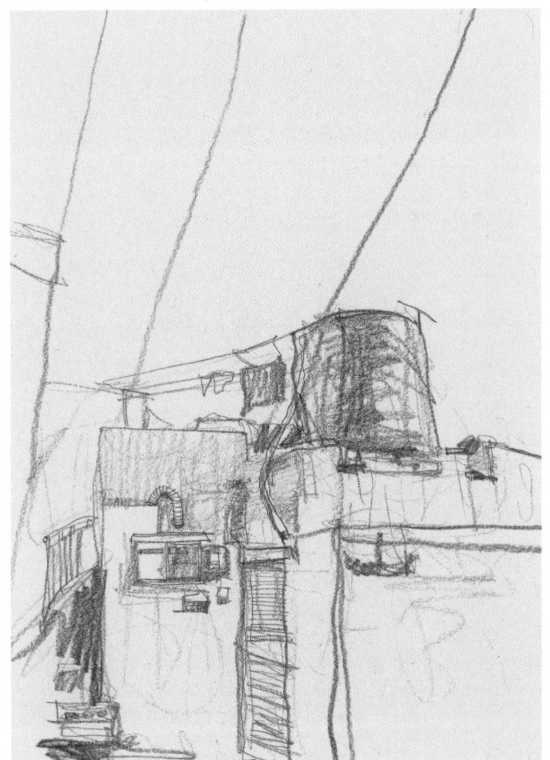

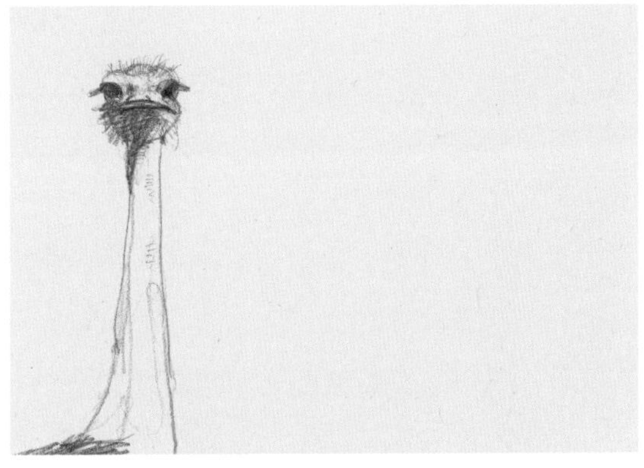

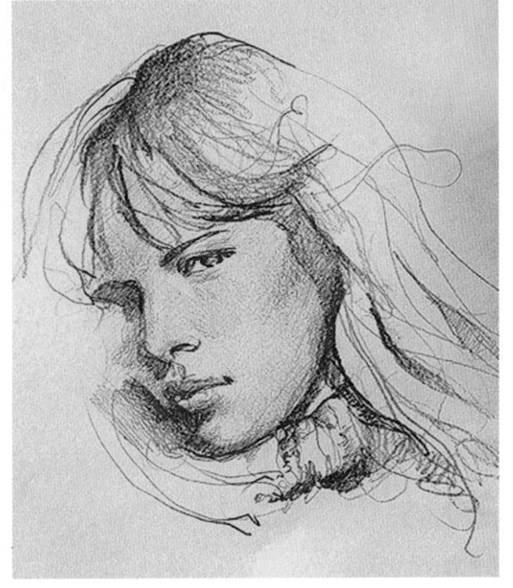

굵은 선과 얇은 선을 다양하게 사용하여 화면에 리듬감을 주고
여백을 살리거나 미완성으로 여지를 남겨서 느낌 좋은 드로잉을 만들어낼 수 있다.

양으로 커버하기

예전에 수업을 받던 분들 중에 아주 조용한 남자분이 있었다.
그분은 항상 말이 없고 묵묵히 그림만 그렸다. 한창 드로잉 수업을
하던 중, 나의 드로잉북을 보며 "사부님, 드로잉을 잘하려면
어떻게 해야 하나요?"라고 질문했다. 난 농담 반 진담 반으로
일주일에 500장을 그려 오라 조언해드렸다. 나도 예전에
그랬으니까. 그러나 전공자가 아닌 이상 일주일 동안 500장 이상을
그리기란 결코 쉬운 일은 아니다. 그래서 그분이 설마 500장을
그려오랴 싶어서 별로 기대하지를 않았다. 평소 수줍음도
많이 타고 조용했던 그분은 가끔 가죽 재킷에 가죽 장갑을 착용하고
헬멧을 옆구리에 끼고 오시기도 했다. 아마도 내재된 폭발성이
있었던 것일까? 일주일 뒤 그분은 500장이 넘는 분량의 드로잉북을
가지고 왔다. 그 방대한 양의 과제물도 놀라웠지만 첫 장과
마지막 장의 수준이 현저히 차이가 나고 있었다. 오랜 시간 내공을
쌓아야 할 것을 양으로 단기간 커버한 것이다.

　자, 그렇다면 그분이 상당히 우수한 재능을 가지고 있어서
그렇게 된 거라고 생각할 수 있을까? 절대로 그렇지 않다.
이분 말고도 나에게 배운 다른 분들도 '양으로 커버하기'는
효과가 있었다. 빠른 드로잉은 제작 과정이 짧아서 일주일에
몇 백 장 그리는 것은 일도 아니다. 다만 단시간에 방대한 양을
해치워보겠다는 의지와 부지런함이 관건이다. 정말 드로잉을
잘하고 싶다면 속는 셈 치고 단 몇 개월이라도 이 방법을
시도해보는 건 어떨까?

　이것은 마술봉 휘둘러서 짠 하고 바뀌는 쇼가 아니다.
대충 500장 채워놓고 좋아졌나 안 좋아졌나를 벼르다가

'속았네.' 하고 내게 달려오진 마시길. 그럴 의욕이 넘친다면
차라리 그 과정을 진지하게 임하며 변화를 몸으로 느껴보길
바란다. 마음에 드는 드로잉을 최대한 비슷하게 모방해도 좋다.
한 장을 그리더라도 욕심과 애정을 갖고 그려야 한다.
    하루에 3장씩 일주일이면 21장이다. 한 달이면 90장이다.
그 90장을 일주일에 해내면 나머지 3주를 번 것이다. 어떻게
한 달에 습득할 것을 일주일 만에 가능한가 싶겠지만 다시 한번
말하면 빠른 드로잉 실력은 그린 만큼 얻는다. 10장보다 50장이,
50장보다는 100장에서 실력이 달라진다. 1장씩 100일 할 것을
10장씩 10일에 끝내보자.

제발 날 좀 믿어보시라!

현장에서 스릴을 즐기자

나는 삶의 긴장감이 떨어졌다고 판단되면 채찍질의 의미로
드로잉북을 들고 밖으로 나간다. 지나가는 사람들, 옆에 앉은
사람들, 마주 보는 사람들, 모두 나를 흘끗 쳐다본다. 물론
떨리고 민망하지만 음악을 듣고 게임하는 것처럼 그냥 드로잉을
한다. 만일 당신도 나처럼 한다면 이거 하나는 확실히 얘기해줄 수
있다. 모두가 당신을 부러워할 거라는 것. 그림 그릴 때
자아도취는 권장사항이다. 사람들이 "엄청 못 그리네요."
"제발 좀 덮어주실래요?" "당신 이상해 보여."라는 말보다는
"잘 그리네요." "멋지네요."라는 말을 더 많이 할 것이다.

그러나 이왕이면 드로잉에 자신감이 붙어서 더 짜릿한
긴장감이 필요할 땐 밖으로 한번 나가보시라. 선 긋기조차
할 줄 모른다면? 그땐 담력 테스트라 생각하고 용기를 내어
시도해보자. 순발력, 관찰력, 선 맛 등은 많은 연습을 통해서
이루어지기 때문에 극한 상황은 빠른 드로잉 연습에 제격이다.
긴장감은 고도의 집중력을 키워주고 스릴과 활력소를 배가시켜
준다. 결과물이 만족스러우면 짜릿한 희열감은 덤이다.

산책할 때 강아지를 데리고 나가면 동네 사람들과 연결고리가
된다. 동네주민들과 말 한마디라도 서로 건넬 수 있기 때문이다.
길 위에서 그림을 그릴 때 이런 비슷한 경험을 한다. 그림은
삭막한 관계 속에서 대화와 관심의 매개체 역할을 하며, 폐쇄된
개인공간에서 개방된 공간으로 나갈 수 있게 해준다. 그것은
단순히 외부인과의 접촉 그 이상의 의미를 지닌다.

현장에서 드로잉을 즐기는 요령은 다음과 같다.

첫째, 인물을 선택할 땐 움직임이 적은 사람을 찾는다.
공원이나 지하철에서 움직임이 적은 노인이나 잠시 졸고 있는
사람들, 가만히 앉아 있는 사람들을 선택하자. 움직임이 적을수록
실수를 줄일 수 있다. 만일 몰래 그리다가 들키면 "모델이 정말
좋아서 그림으로 그리고 싶었다."라고 솔직하게 얘기하자.

둘째, 스릴을 즐기자. 멈춰 있는 사진을 보고 그리는 것과
실물을 그리는 것은 차이가 크다. 누군가가 볼지도 모른다는
두려움과 모델이 움직일 것 같은 불안감이 생기면 오히려 그러한
스릴을 즐겨보자. 그럼 드로잉의 선 맛은 활기가 넘칠 것이다.

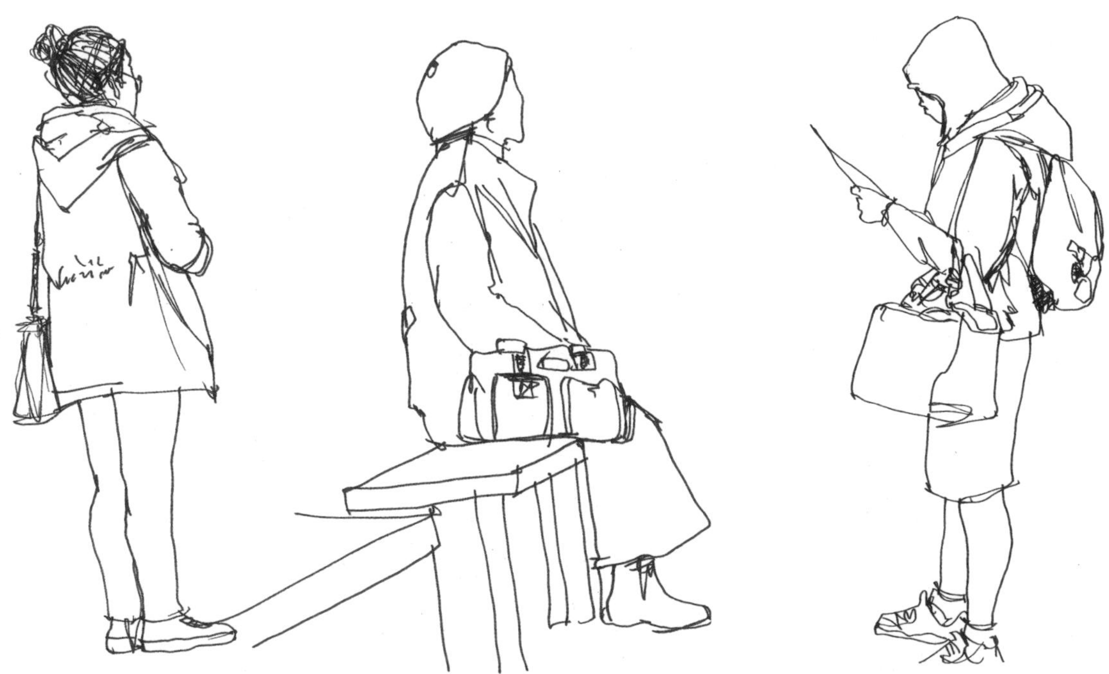

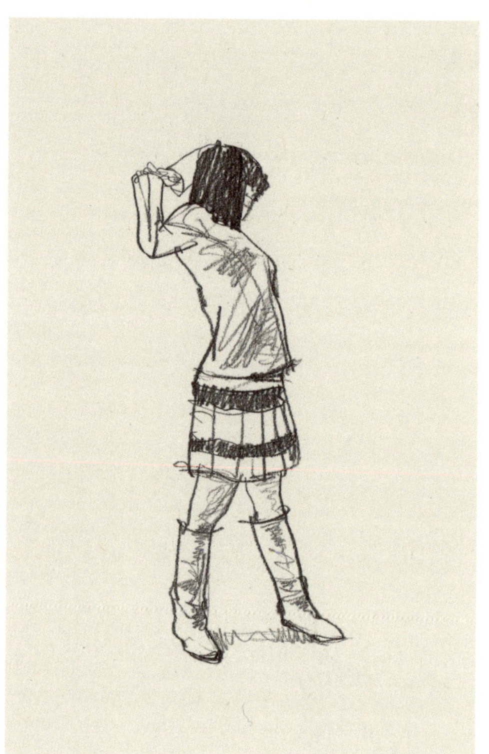

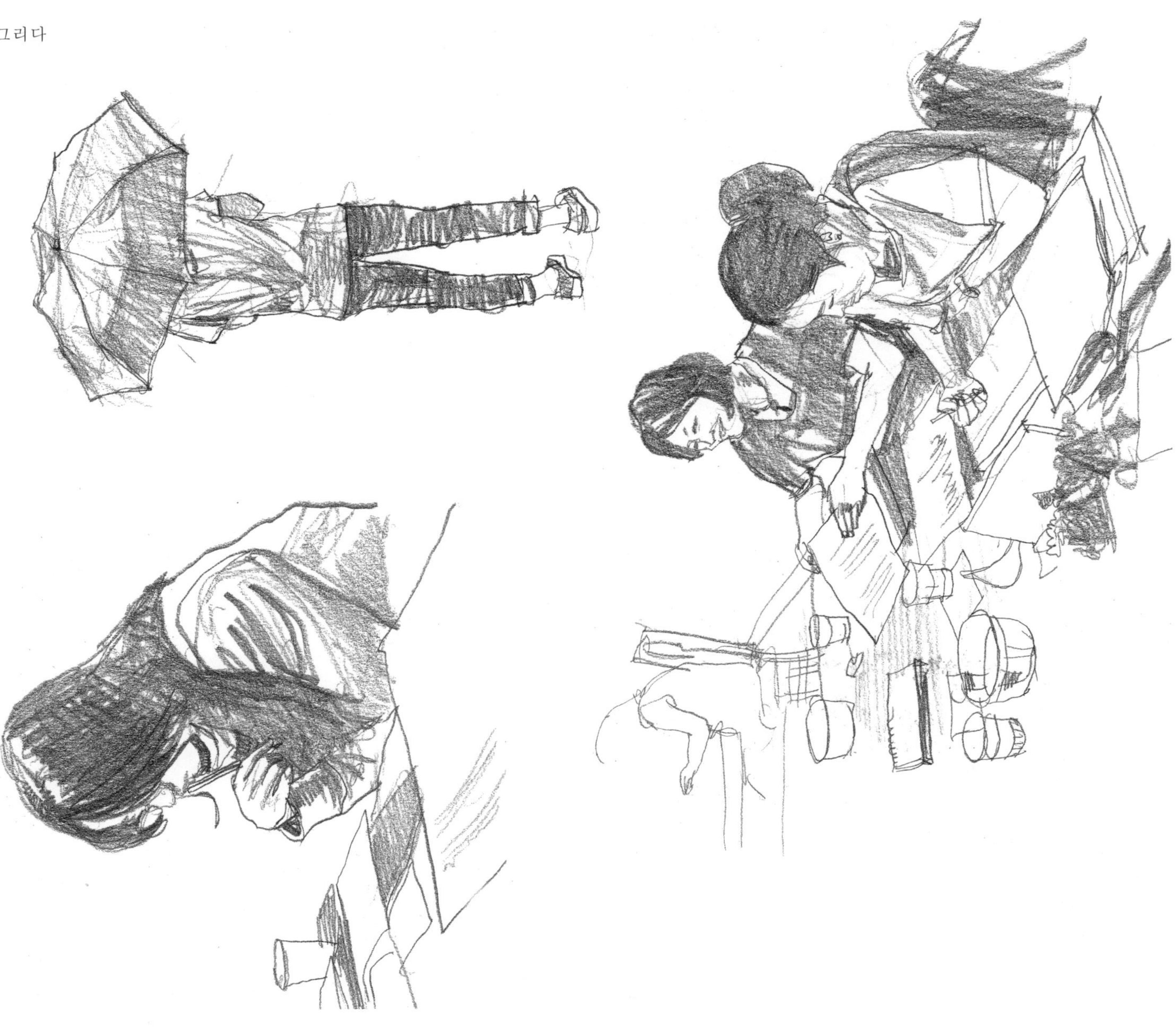

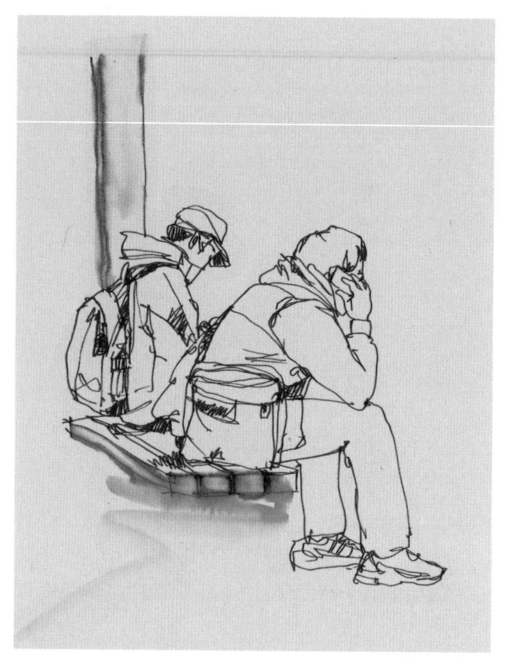

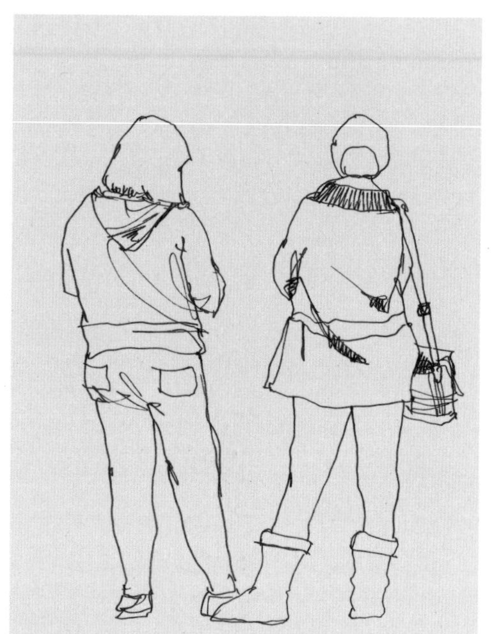

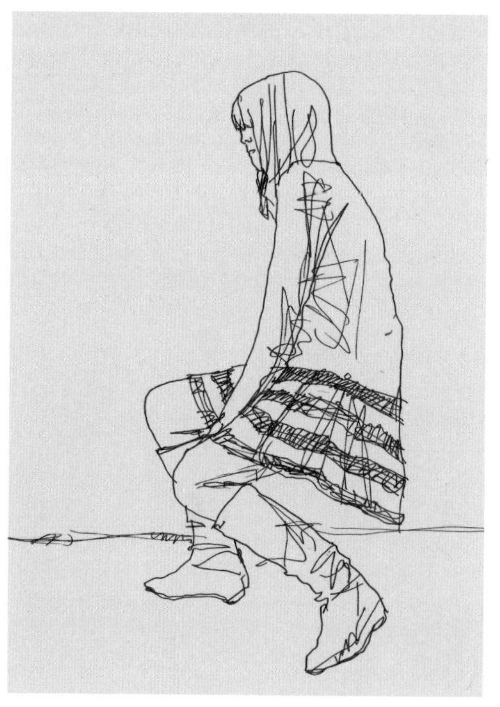

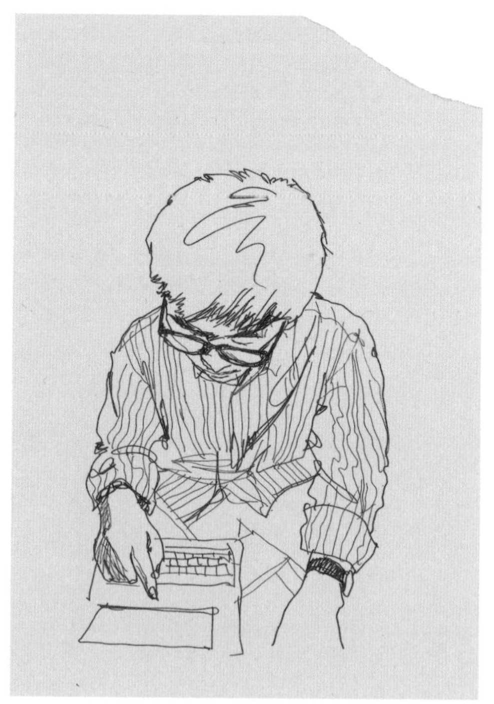

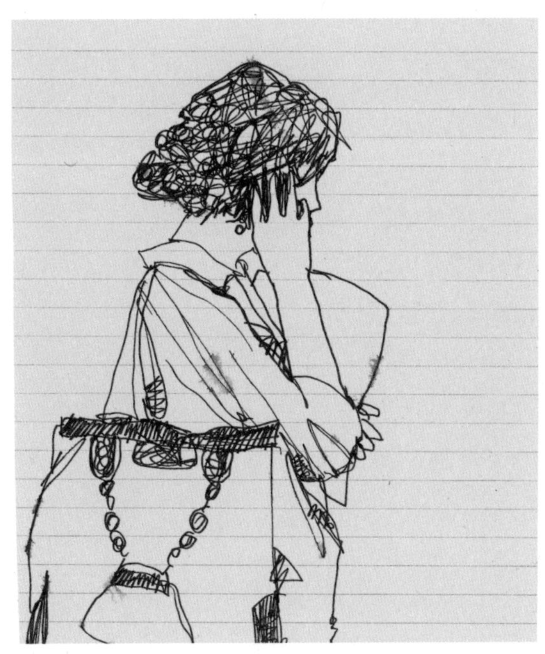

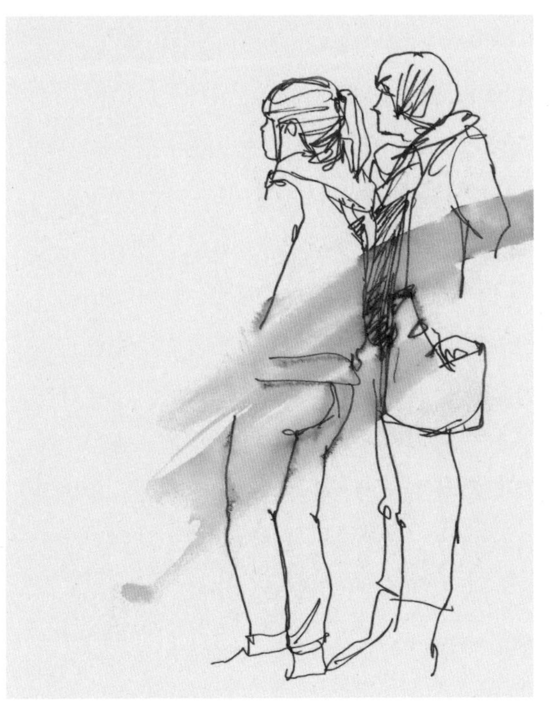

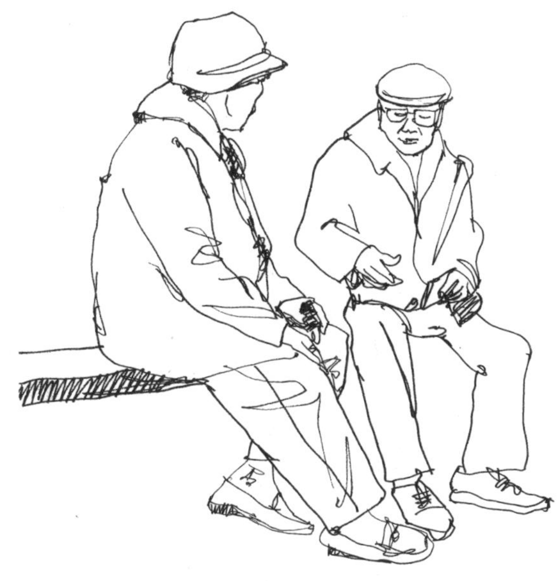

아날로그적 휴식, 여행스케치

음악에서처럼 사랑에도 침묵의 몫을 남겨둬야죠.
음표뿐 아니라 쉼표가 음악을 완성시키는 것처럼
삶에서도 빈칸이 필요하다.
숨 가쁜 대도시의 삶 속에서
우리는 여유와 침묵이 없다면
영감과 에너지, 존재에 대한 자각을
어디서 찾을 수 있겠는가.

피아니스트 '엘렌 그리모'의 모 신문사 인터뷰 중에서

나에게 여행은 일상의 쉼표이자 침묵이고 영감과 에너지,
존재에 대한 자각을 찾을 수 있는 최고의 방법이다. 그리고
그 생생함을 남겨줄 여행스케치가 함께한다면 더할 나위가 없다.
　　여행스케치! 글자만 떠올려도 설레는 단어다. 나는 여행을
정말 좋아한다. 거의 한 달에 한 번 이상은 기차나 고속버스,
비행기를 타야 한다. 여행을 다닐 때 지참해야 할 필수 요소는
읽을 책과 드로잉북이다. 책은 기차나 버스 안에서 이동하는
동안에도 머리와 마음을 충만하게 해주며, 드로잉북은 그 시간
그 장소에서 보고 느꼈던 흔적을 남겨준다. 자료사진을 위해
카메라가 더욱 효과적일 때도 있지만 기계의 몸체를 스쳐야 한다는
과정이 능숙하지도 않을뿐더러 내겐 영 차갑게만 느껴진다.
　　요즘은 걷기가 유행이란다. 걷는 것을 좋아하는 나는
최근에 지리산 둘레길을 다녀왔다. 길 위에서 만난 이들 몇몇이
"고작 여기까지 오는데 그렇게 오래 걸렸소?"라고 하신다.

1박 2일 코스를 하루 더 추가된 2박 3일 동안 걸었으니 그럴 만도 하다. 하지만 그만한 이유가 있다. 앞만 보고 걷는 것이 아니기 때문이다. 우리가 왜 도심을 떠나서 자연 속을 걸으려고 하는 것일까? 일탈일 수도 있고 정화일 수도 있고 단지 심심해서일 수도 있다. 이유야 어찌되었든 왜 여행길에서조차 앞만 보며 걸어야 하는가? 코스 완주가 무슨 의미가 있을까? 걷다가 길가에 핀 들꽃도 뚫어져라 바라보다가, 주렁주렁 달려 있는 감도 슬쩍 한 개 따보고, 깨를 털고 있는 할머니와 담소도 주고받고, 동네방네 활보하는 누렁이도 쓰다듬어주고, 풀밭에 철퍼덕 앉아서 스케치라도 할라치면 하루도 모자랄 지경이다.

길 가던 중 돌부리에 앉아서 스케치를 하다 보면 지나가는 사람들이 꼭 한 마디씩 말을 건넨다. 카메라는 그 느낌을 다 담을 수가 없다. 사소한 끼적임. 바로 그것이 여행스케치다. 여행을 다니면서 그림을 그리는 것에 사람들은 너무 큰 환상을 갖고 있는 듯하다. 대략 상상을 해본다면, 이젤을 펴고 간이 의자를 놓고 팔레트에 물감을 쭉쭉 짠 다음 멋들어지게 풍경을 그려내는 장면이랄까? 그러나 나도 학창시절 교내 사생대회 때 빼고는 길바닥에서 이런 식으로 그려본 적이 없다. 교내 사생대회는 수십 명의 학생들이 단체로 야외에서 함께 그리기 때문에 덜 쑥스럽다.

게다가 요즘은 사진기술이 발달해서 직접 야외에 나와 작업하는 작가들은 많지 않다. 만일 있다면 존경받아 마땅하다. 사진에서 얻을 수 없는 느낌을 찾기 위해 거추장스러움을 각오하고 용기를 내어 야외로 나온 거니까. 요즘은 모든 것이 편리하다. 그러나 아날로그적인 생각과 행동이 줄어드는 것 같아서 한편으로는 씁쓸하다. 나 역시 매번 과학의 힘을 빌려서 작업 시간을 단축하고픈 마음이 굴뚝같다. 그래서 여행 중에 끼적이는 드로잉은, 빠르게 흘러가는 세상 속의 '아날로그적 휴식'이다.

드로잉이 여행과 궁합이 잘 맞는 가장 큰 이유는 간편한 재료와
신속한 제작과정 때문이다. 필통과 드로잉북만 지참하면
준비완료다. 또한 빠르게 그려내는 방식은 황금 같은 여행 시간을
많이 잡아먹지 않는다.

　　여행스케치와 풍경 드로잉은 다르다. 여행스케치는
여행 중에 그리는 것이고 풍경 드로잉은 그 장소에서 직접
그리지 않고 사진 자료를 참고하여 나중에 그려도 무관한 것이다.
풍경 드로잉은 시간에 구애받지 않고 좀 더 꼼꼼하게 그려낼 수
있지만 여행을 다니는 도중엔 그러기가 힘들다는 것을 감안해야
한다. 여행스케치는 자유롭고 스릴 있다는 것이 최대의 매력이다.
역시 빠른 드로잉이 한몫한다. 단, 여행 중에 모든 사물은
살아 움직이고 있다는 것을 알아야 한다. 이것은 관찰법 또한
달리해야 한다는 뜻이기도 하다.

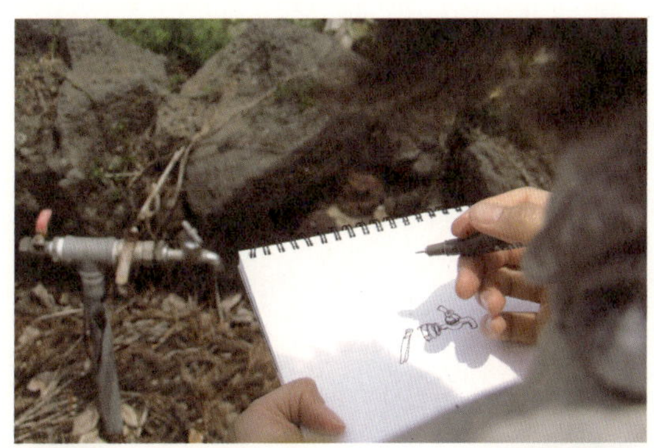

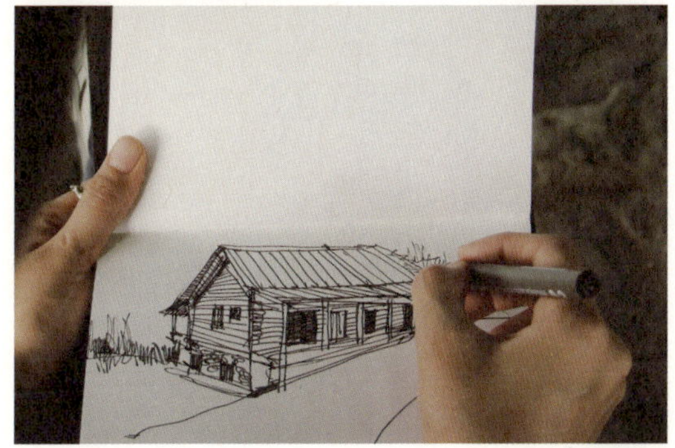

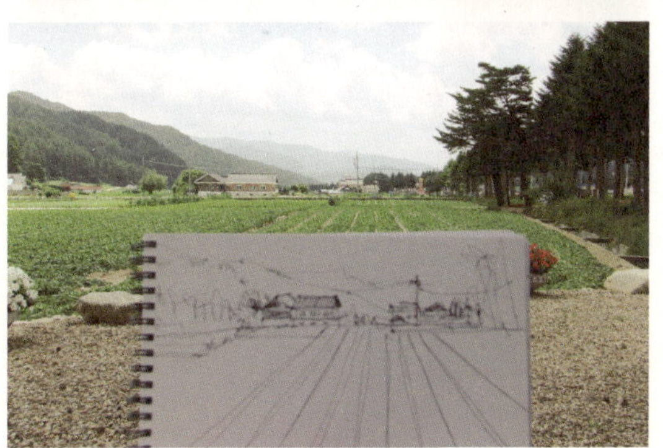

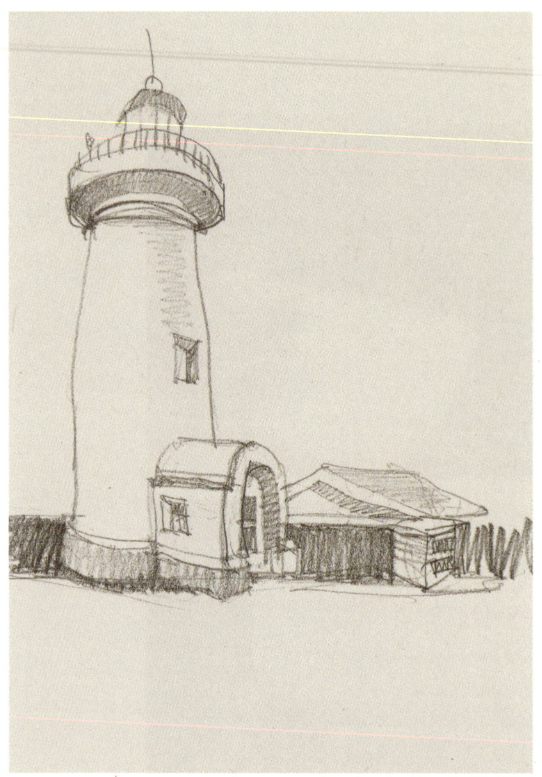

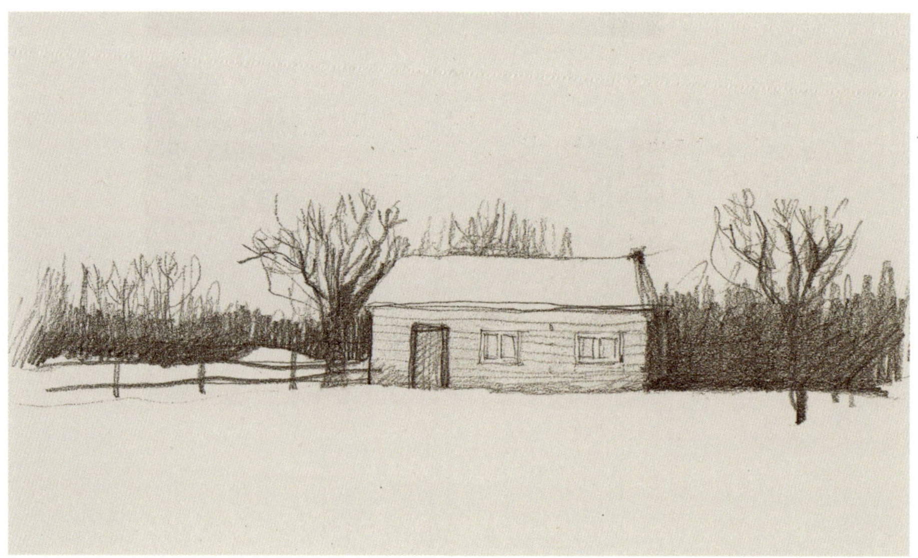

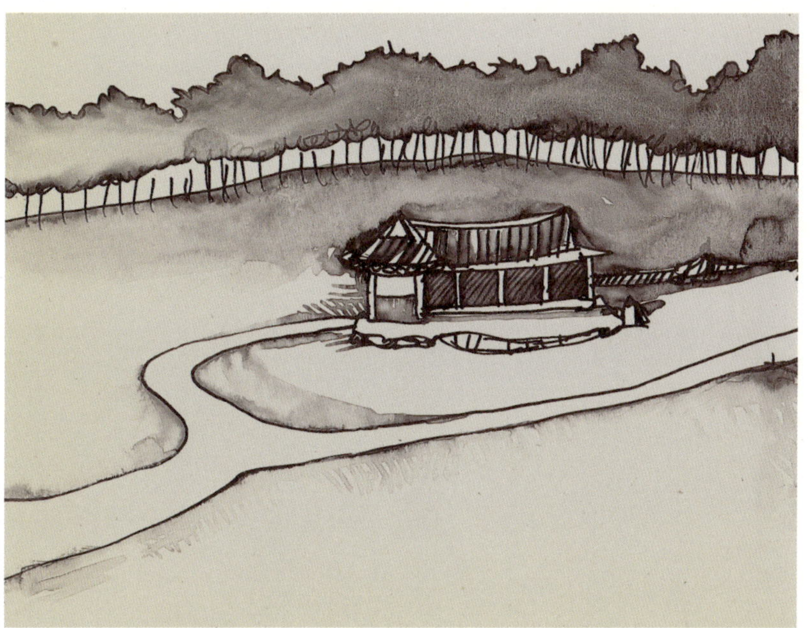

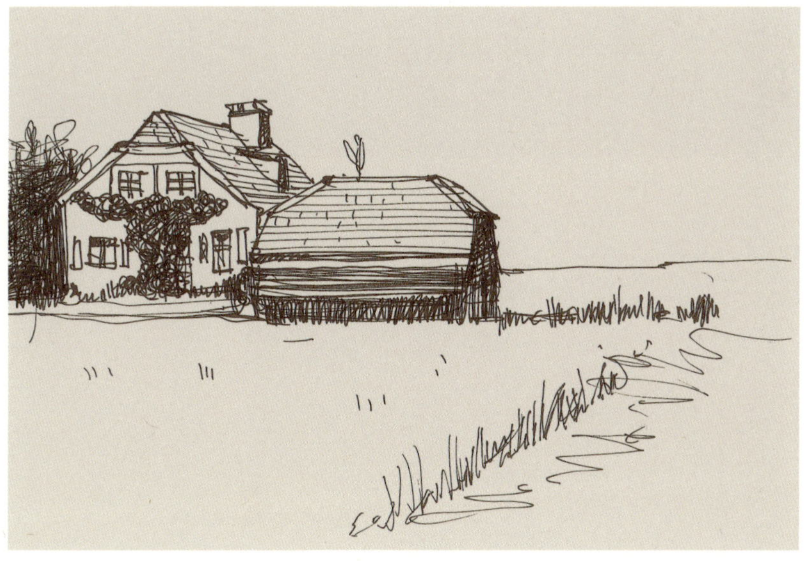

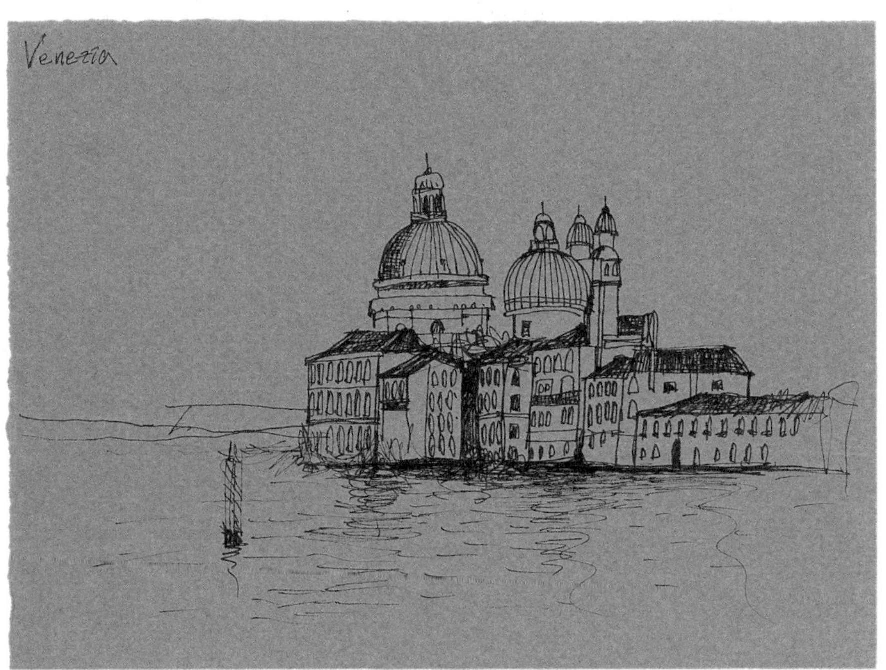
Venezia

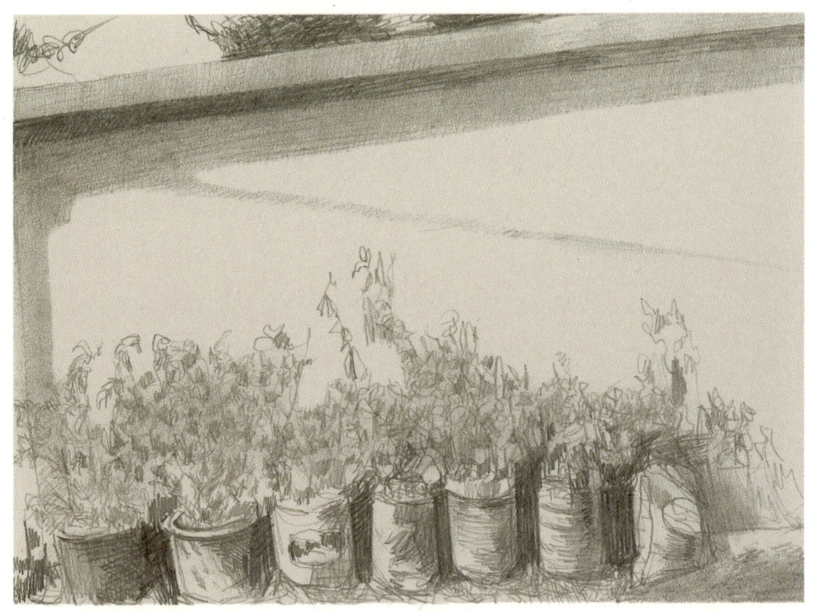

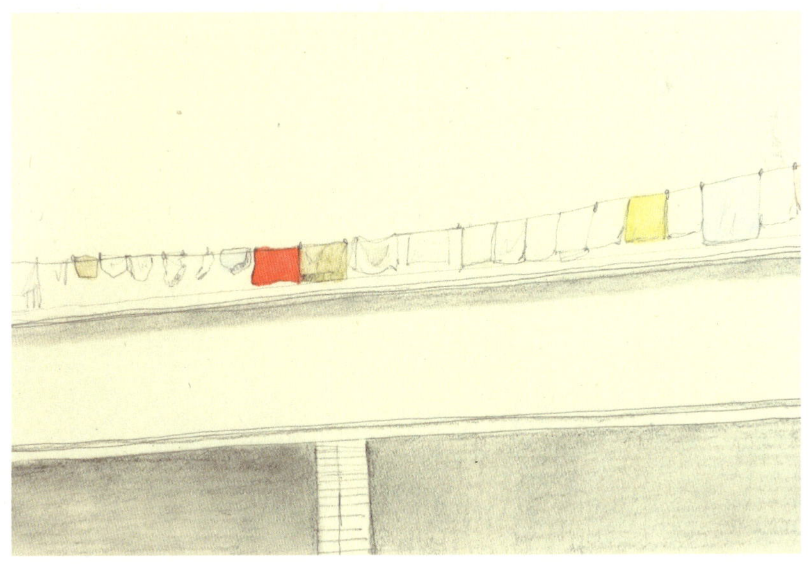

내 머릿속의 도장

오래 전 유럽 배낭여행을 하며 언제 어디서든 펜으로 끼적일 수
있는 드로잉북을 항상 가지고 다녔다. 오며 가며 외국인
친구들도 많이 만났는데 기념으로 줄 만한 선물이 딱히 없어서
곤란해하던 차에 한 친구가 내 드로잉북을 보더니 감탄을 하며
좋아하는 것이 아닌가. "선물로 한 장 뜯어줄까?" 하고 물으니
엄청 좋아했다. 맨 아래에 이메일 주소와 사인을 곁들여 주니
오호 그럴듯해 보였다. 그 뒤로 외국인 친구들과 작별인사를
나눌 때마다 그런 식으로 선물을 대신했다. 한국에서 구입해 간
하회탈 열쇠고리보다 더 값진 선물이었다. 나에게 드로잉
한 장쯤은 문제도 아니었기 때문에 여행 중에 드로잉북이
효자노릇을 톡톡히 한 셈이다.

그렇게 여행하며 버스를 타고 이동하고 있었다. 창밖의
아름다운 풍경을 그냥 보고 지나칠 수가 없어서 또다시 드로잉북을
꺼냈다. 버스는 빠르게 달리고 있었기 때문에 창밖 풍경도 함께
움직이고 있었다. 친구들은 "대체 무엇을 보고 그리고 있는 거냐?"며
신기해했다. 나는 내 머릿속의 도장을 그리고 있었다. 달리는
버스 안에서 보이는 창밖의 풍경은 나를 위해 기다려주지 않는다.
그럴 땐 보이는 장면을 도장을 찍어버린다. 즉, 눈에 보이는
그대로를 머릿속에 저장하기 때문에 기억력과도 연관이 있다.
아무 생각 없이 쳐다보면 나중에 떠오르지 않는다. 기억해야겠다고
마음을 먹고 그것을 바라보아야 한다. 단, 한 치의 왜곡도 없이
그대로 도장을 찍어 저장한다.

이것이 숙달되기 위해서 평소에 연습해볼 만한 것을 제시하자면
'떠올려 그려보기'다. 친구와 시합을 해도 재미있다. 예를 들어

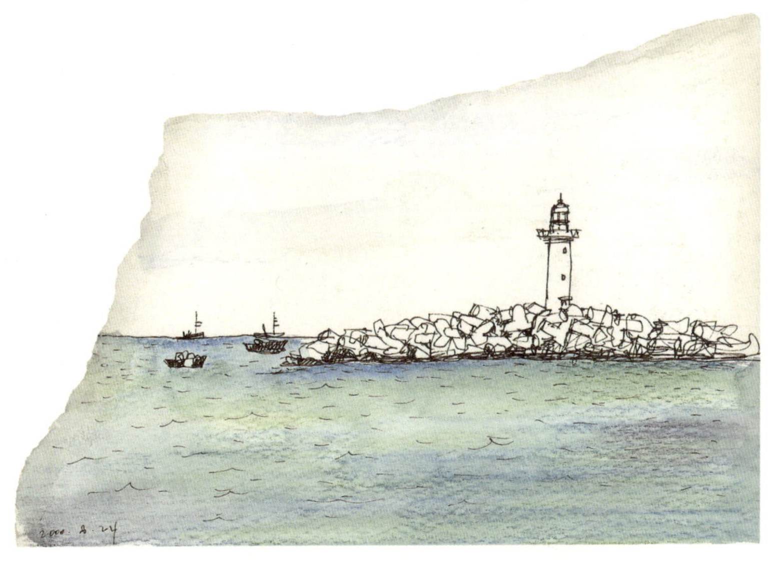

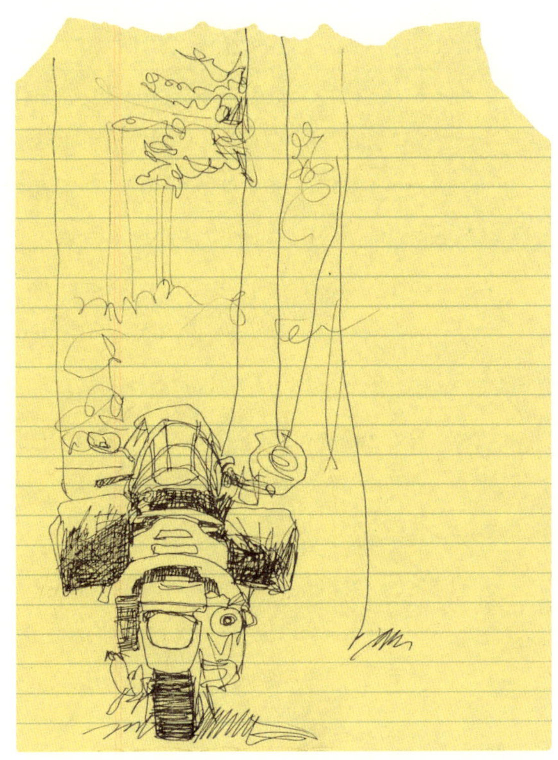

한 사람이 낱말을 제시하면 떠오르는 형태를 아는 만큼 그려보는
게임이다. 단, 상대방을 골탕 먹일 속셈으로 어처구니없는 장면을
제시하는 것은 자제하자. 제시된 낱말을 그릴 땐 자세하게
그릴 생각은 말고 누구든 그것을 보고 알아볼 수 있을 정도면 된다.
한번은 내 친구에게 아무거나 말해보면 다 그려보겠다고 했더니
'기린'을 얘기하는 것이 아닌가. 순간, 목이 길고 갈색 점박이
무늬가 있다는 것은 알겠는데 정작 얼굴이 어떻게 생겼는지
기억이 나지 않았다. 나중에 동물원에 갈 기회가 있었는데
기린을 발견하자마자 얼굴만 뚫어져라 보며 머릿속에 도장을
찍어 저장했다.

이런 훈련은 우리의 눈에 보이는 시각적인 모든 사물과
풍경들이 단순하게 스쳐 지나가지 않고 좀 더 특별하고 구체적으로
각인될 수 있게 해준다. 버스 안에서 행했던 풍경 드로잉은
이런 식으로 장면을 재빨리 각인시킨 후 대상이 사라진 뒤에도
도장 찍었던 것을 떠올리며 그렸던 것이다.

나는 학창 시절에 유난히 암기 과목에 강했었다. 비결이랄 건
없지만 굳이 암기를 잘하는 방법을 대라면 외우는 방법이
독특하다고 할 수 있다. 교과서는 내용을 이해하는 것이 첫째지만
종종 교과서 구석에 있는 사소한 낱말이 주관식으로 나올 때가
있었다. 한마디로 틀리라고 내는 문제. 그런 것까지 적어내는
학생들은 교과서를 통째로 씹어 먹었다거나 너덜너덜할 때까지
외운 아이들이었을 것이다. 그런데 나는 화면을 도장 찍어
기억했다. 즉, 어떤 참고사진 근처에 무슨 색 형광펜으로 칠해져
있었는지 한 페이지의 화면을 통째로 기억해내는 식이었다.
방대한 양을 떠올릴 땐 이미지로 저장시키는 것이 아주 효과적이다.

여행을 다니다 보면 태양과 바람에 따라 풍경이 수시로
바뀌어서 포착하기가 쉽지 않다. 바로 그럴 땐 이 도장 찍기를
활용해보자.

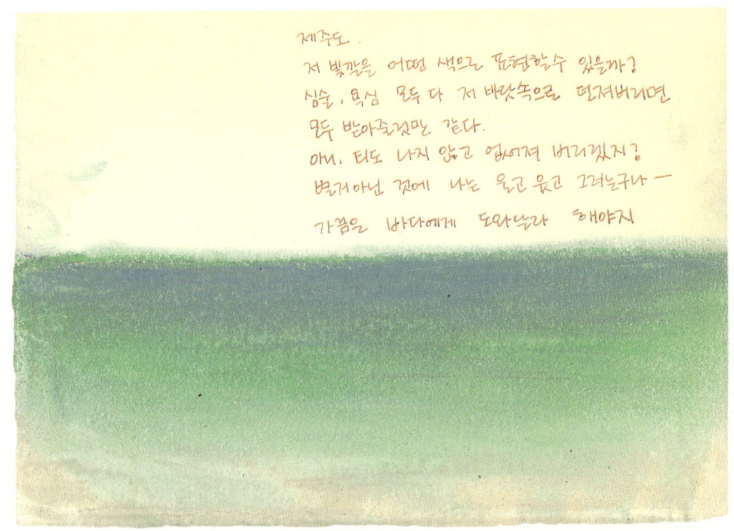

제주도.
저 빛깔을 어떤 색으로 표현할수 있을까?
심술, 욕심 모두 다 저 바닷속으로 던져버리면
모두 받아줄것만 같다.
아니. 티도 나지 않고 없어져 버리겠지?
별거아닌 것에 나는 울고 웃고 그려놓는구나 —
가끔은 바다에게 도와달라 해야지

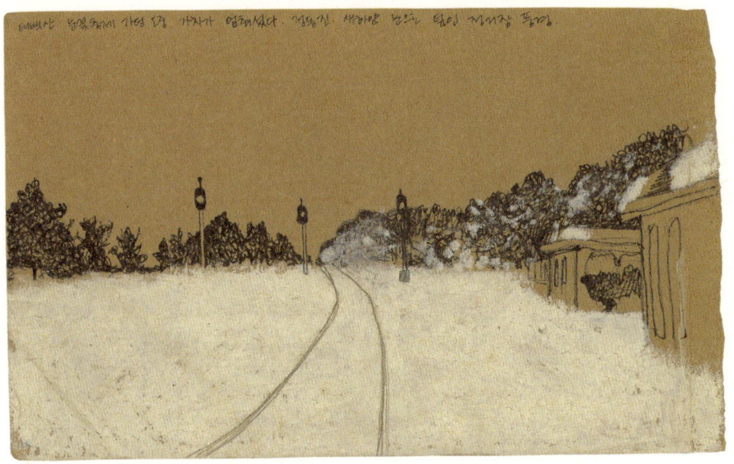

태백산 동쪽줄기에 가영 도경 가자가 엄해있다. 정동진. 새하얀 눈으로 덮인 철거장 풍경.

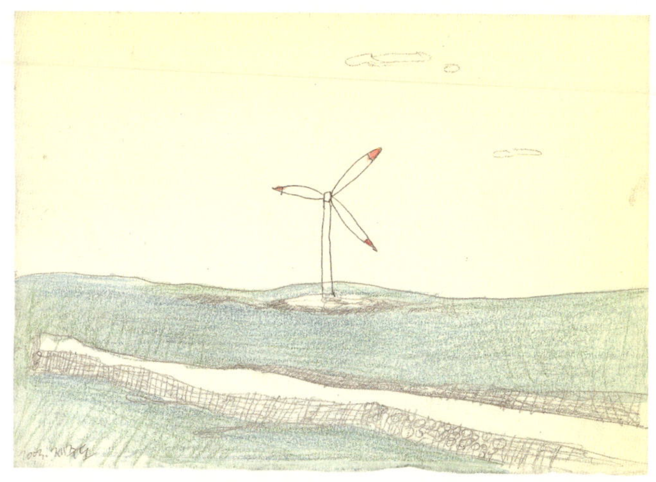

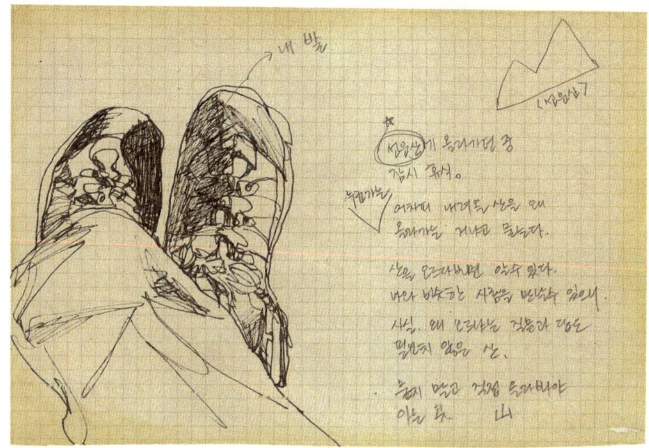
내 발
[성응산]
★ 성응산에 올라가던 중
잠시 쉬어.
어차피 내려올 산을 왜
올라가는 거냐고 묻는다.

산을 오르다보면 알수 있다.
나와 비슷한 사람을 많이 알어서.
사실. 왜 오르냐는 질문과 답도
필요치 않은 산.

욕심 말고 천천히 올라타야
아는 것.   山

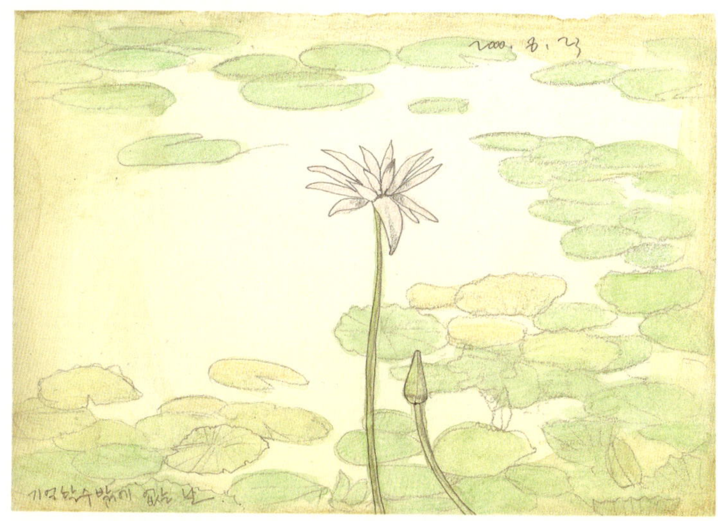
2000. 8. 23

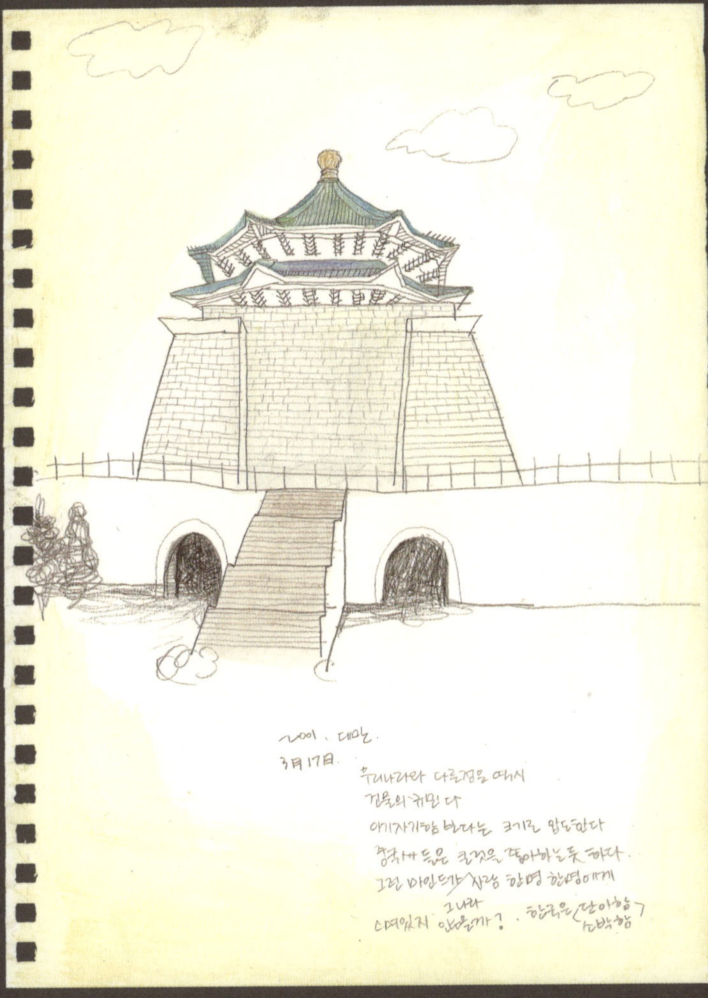

2001. 대만.
3月 17日.

우리나라와 다른점을 여서
건물의 커밌다
아기자기함 보다는 크기로 압도한다
청국새 등은 큰것을 똩아마는듯 하다.
그건 마인드가 사랑 항명 함병에게
그나라
대여있지 않을까? . 한국은 [단아함]
섬박함

자유로움은 신선함을 낳고

여행의 즐거움은 가벼움에서 비롯한다. 가볍자고 떠난 여행인데
내 몸에 지닌 짐들이 주렁주렁하다면 즐거움은 짐 무게만큼
줄어들기 마련이다. 그래서 여행스케치를 위한 재료는 최대한
간단하게 준비하도록 하자.

갖가지 드로잉 재료를 넣은 필통과 드로잉북이면 충분하다.
그런데 재료를 간소하게 준비하다 보면 채색이나 다양한 표현에
갈증이 느껴질 것이다. 이때 주변의 널려 있는 재료를 활용하면
표현의 영역은 확장된다.

예전, 이탈리아 카프리 섬을 여행하던 중 배를 탈 일이 있었다.
배 위에서 눈앞에 펼쳐진 풍경을 그리고 싶었지만 그 당시 내가
지녔던 재료는 일기장과 수성펜이 전부였다. 하지만 바닷물도
물이 아닌가. 수성펜은 물에 잘 번지기 때문에 바닷물을 이용했다.
우선 펜으로 풍경을 그린 다음 손가락에 바닷물을 묻힌 후 칠하고
싶은 부분에 살짝 문질러주면 끝이다. 건조한 선만 있는 것보다
촉촉한 물의 번짐이 그 당시의 추억을 생생히 간직하게 해주었다.

여행가방 주머니에 딱풀을 넣고 돌아다니면, 발견하는
모든 것이 재료로 돌변한다. 주머니에 공간이 있다면 가위도
넣어두자. 마른 나뭇잎, 흙뿐 아니라 굴러다니는 전단지도
여행스케치를 표현할 수 있는 훌륭한 재료가 될 수 있다.

'빨주노초파남보'는 기본 7색인데 여행스케치를 할 땐
우리가 그동안 보아왔던 완벽한 색상환을 상상하지는 말자.
좌충우돌 여행 중에 완벽한 색감은 오히려 인위적일 뿐이다.
천연염색을 한다는 기분으로 이런저런 시행착오를 겪으며
여행스케치를 즐겨보자. 1회용 커피믹스는 여행자의 필수사항.

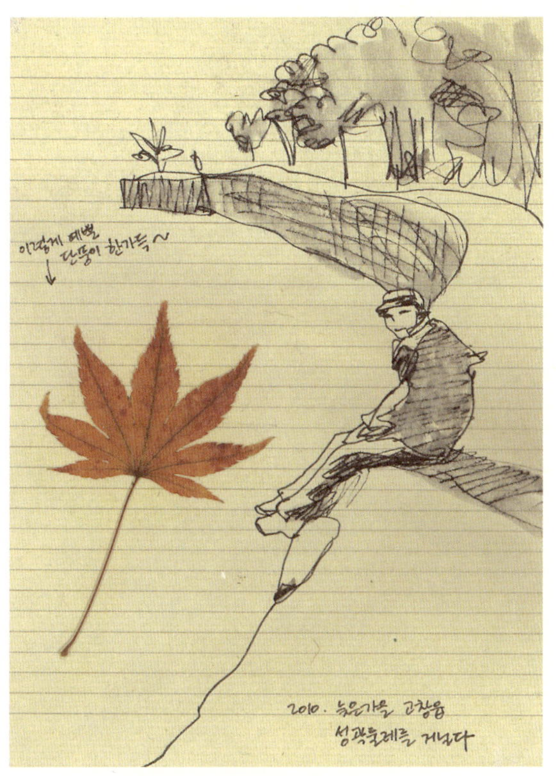
이렇게 예쁜
단풍이 한가득~
2010. 늦은가을 강창용
성곽둘레를 거닐다

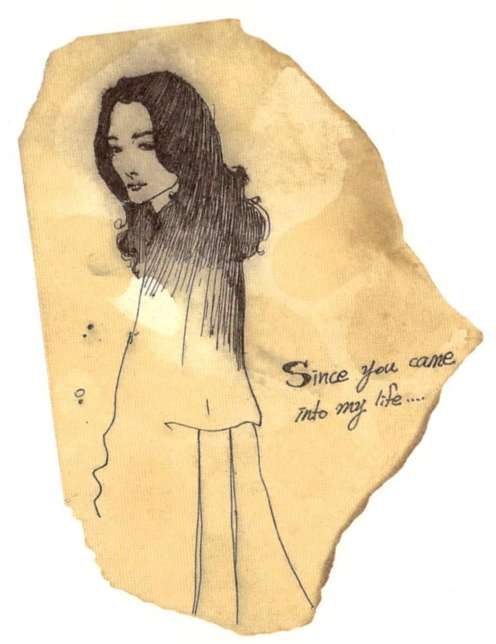
Since you came
into my life....

지참하지 않더라도 식당이건 야외건 커피를 만날 기회는 많다.
커피는 곱고 은은한 갈색을 띠고 있다. 오래된 빛깔의 옐로 오커.
구수한 커피 향까지 곁들여진다. 길가에 핀 봉선화도 마찬가지.
진한 분홍색을 원한다면 이것도 좋다. 녹색을 원한다면 널려 있는
풀을 이용하면 된다. 막상 으깨면 진녹색보다는 옅은 노란색,
또는 갈색을 띠지만 향긋한 풀 향기는 어떤 물감도 흉내 낼 수 없는
괜찮은 천연 채색 재료다.

정해진 틀 안에서 완제품 물감으로 치밀하게 그리는 그림보다
우연적으로 시도해보는 것이 그 당시의 추억과 향기를 고스란히
간직해줄 것이다. 또한 이러한 자유분방함이 오히려 신선함을
선사해주는 것이 아닐까?

여행을 다녀보자. 그리고 보너스로 즐거움까지 챙겨보자.
열심히 일한 당신, 드로잉북 하나 넣고 떠나라!

주의사항: 고추장이나 케첩을 이용하는 등의 다소 확장된
실험정신은 주변인들에게 따돌림을 당할 수 있는 소지가 된다.

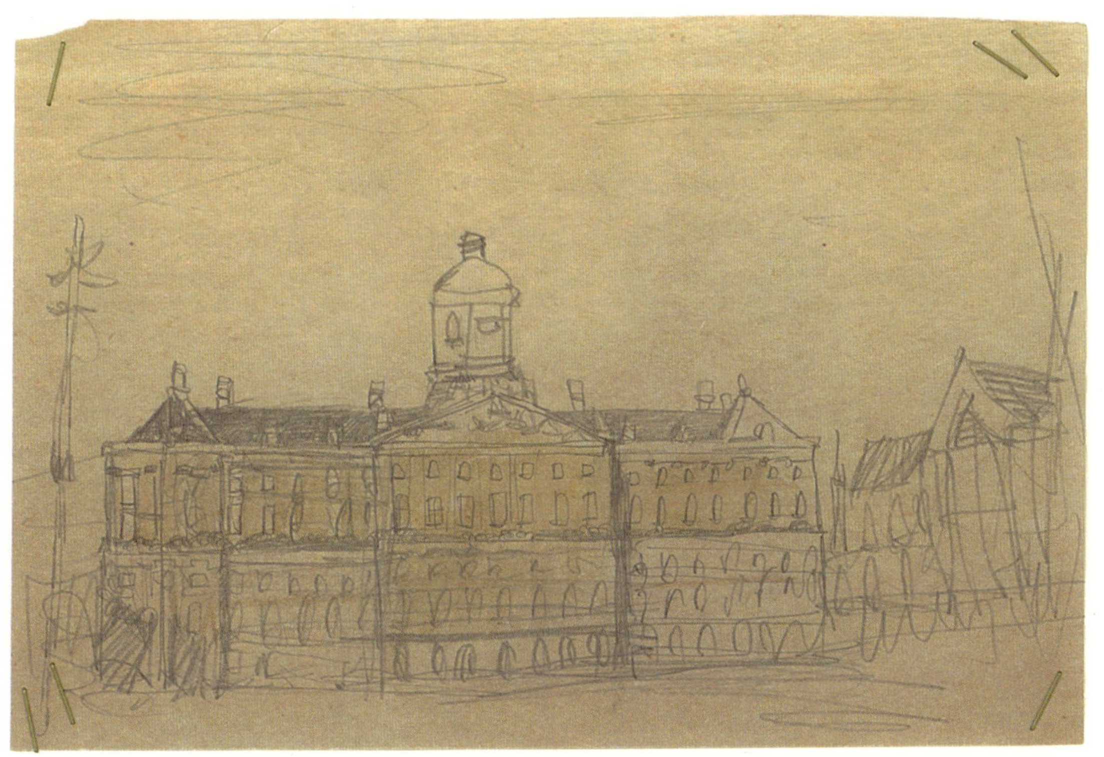

도시적인 느낌의 '한 선 일러스트레이션'

드로잉, 크로키의 인기가 높아지면서 그런 느낌의
일러스트레이션이 커피 전문점의 벽화, TV 속 CF의 한 장면,
잡지 속 일러스트레이션 등에 많이 쓰이고 있다. 이런 기법은
빠른 드로잉의 한 맥락이다. 재료는 주로 굵기가 일률적인
펜이 적합하며 컴퓨터그래픽 툴로도 손쉽게 그릴 수 있다.
자연스러운 선 맛 하나로 표현하기 때문에 세련되고 도시적인
느낌이 강하다.

이미지의 외곽선만 따서 속성으로 제작하는 방법도 있지만
이왕이면 제대로 그려보자. 한 선 일러스트레이션을 하려면
우선 '이어 드로잉' 연습부터 해야 한다. 이어 드로잉이란 선을
한 번도 끊지 않고 그리는 것을 말한다. 이러한 연습 방법이
처음에 어렵다면, 참고 이미지의 윤곽선을 본뜨며 선을 그어보자.
선에 자신감이 생기면 실물을 보고 곧장 선으로 빠르게 옮겨보자.

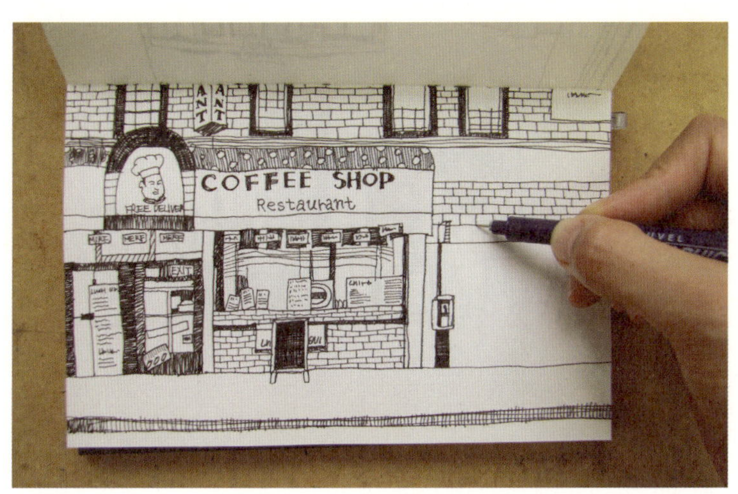
COFFEE SHOP
Restaurant
FREE DELIVER
ANT
ANT
EXIT

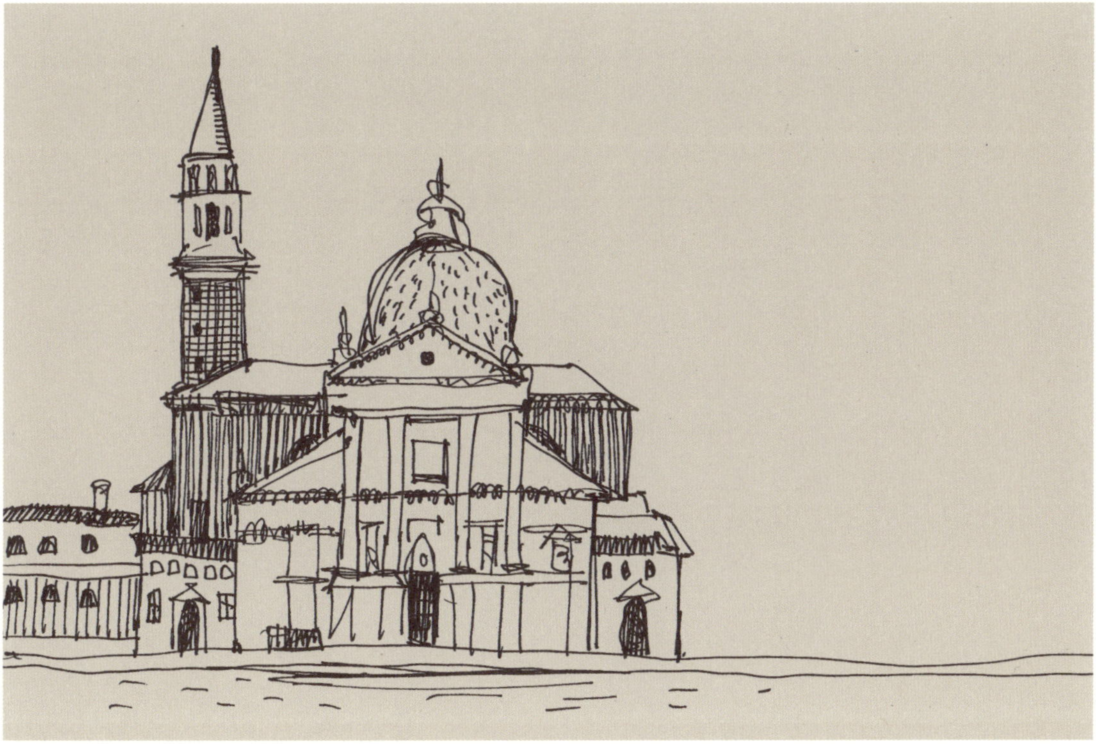

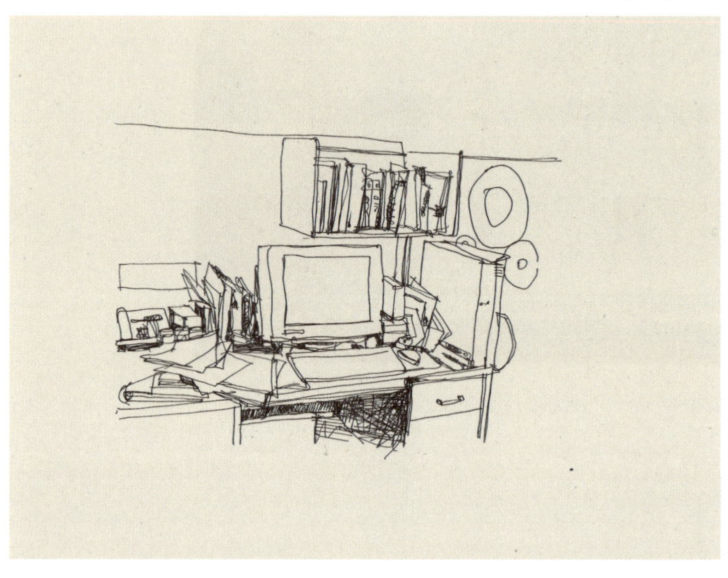

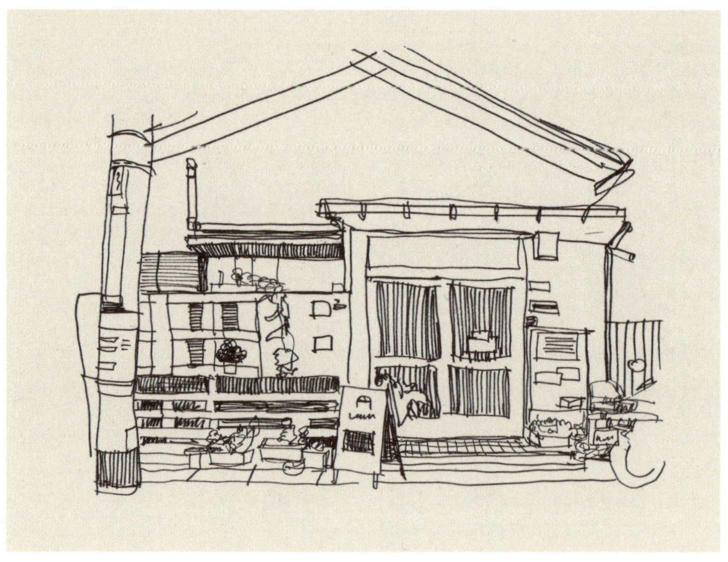

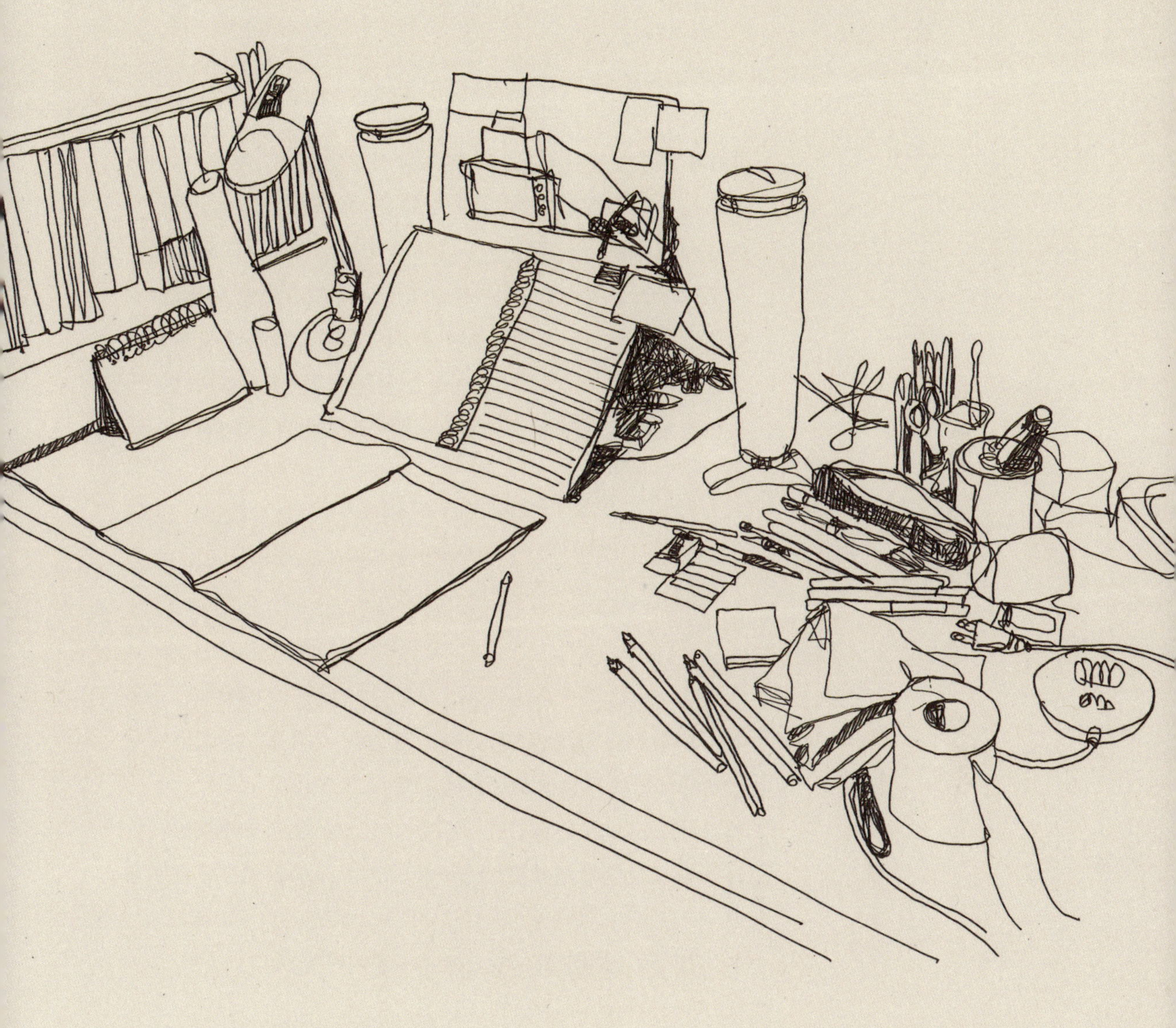

헷갈리기 쉬운 그리기의 전문 용어들

그림을 배우는 많은 이들이 스케치와 드로잉, 소묘, 데생,
크로키의 차이점이 무엇이냐고 묻는다. 헷갈릴 법도 한 것이
내 수업시간에서도 어쩔 땐 소묘라 했다가 데생이라고도 하고,
크로키라고 했다가 드로잉이라고도 한다. 미술인들은 이들의
미묘한 차이를 알고 있지만 이것을 설명하라고 하면 잠시 말문이
막힐 때도 있다. 그래서 이 용어들을 분명히 정리해보겠다. 단,
사전적 의미와 실전에서 사용하는 용어는 약간씩 다르다는 것을
염두에 두어야 한다.

1 스케치

스케치sketch는 본격적인 작품제작을 하기 전에 아이디어를
기록하거나 밑그림을 그리는 것을 말한다. 르네상스기에는
스케치의 범위가 넓었기 때문에 지금의 크로키나
캐리커처caricature를 포함한 용어였으나, 지금은 주로 펜이나
연필 같은 간단한 매체를 이용해서 그리는 가벼운 밑그림 정도로
인식되고 있다. 따라서 '스케치한다'라고 하면 채색하기 전의
밑그림이나 간단한 선 그림으로 받아들이면 된다.

2 드로잉

드로잉drawing이란 용어는 주로 전문가들 사이에서만 쓰였다가
요즘은 일반적으로 쓰이고 있다. 내 경우에도 대학을 들어가기
전에는 생소했지만 미대 진학 후 드로잉이란 용어를 자주 듣고
사용하기 시작했다. 아마도 외국 서적과 작가들을 통해
드로잉이라는 용어를 접하게 되면서 그런 것 같다. 그런데
알고 보면 스케치를 포함하여 드로잉, 소묘, 데생이 다 같은
말이기도 하고 미묘한 차이가 있기도 하다. 공통점은 색을
사용하지 않고 선을 이용하여 그림을 그린다는 점이다. 하지만
요즘 시대에 드로잉의 개념은 훨씬 포괄적이다. 색이 들어간
붓질도 포함하기 때문이다. 헷갈리는 것이 당연하다. 그래서
'드로잉한다'라고 하면 오랜 시간이 아닌 짧은 시간에 그려내는
모든 행위 정도로 인식하면 된다.

3 소묘, 데생

대한민국의 입시학원을 다녀본 사람이라면 석고 소묘, 데생dessin을
모르는 이는 없을 것이다. 유년시절 미술시간에서도 들어봤을
것이다. 소묘는 영어로는 드로잉, 불어로는 데생이다. 사전적으로
소묘, 데생과 드로잉이 같지만 실전에서는 소묘와 데생이
드로잉보다 더 세밀하고 꼼꼼하게 묘사하는 경우가 더 많다.
소묘의 사전적 의미를 살펴보면 밑그림에서 크로키, 스케치,
에스키스까지 아우른다. 즉, 드로잉과 같이 포괄적인 의미를
갖고 있다.

4 크로키

크로키croquis는 어떤 사물이나 인물을 보고 특징이나 느낌을
잡아내어 빠른 속도로 그린 그림을 말한다.
　　크로키를 깊게 들어가면 단순히 외곽 형태뿐 아니라
대상이 내포하고 있는 무언가를 단순화하여 그릴 수도 있다.
이 책 '만끽-그리다'에서 다루는 그림은 이러한 크로키와 드로잉을
접목한 것이라고 보면 된다. 따라서 크로키는 순간의 포착과
느낌으로 그려내기 때문에 그리는 이의 감정이 여과 없이
담길 수 있다.

5 에스키스

에스키스esquisse란 용어는 전문가들 사이에서 주로 쓰이는
말이지만 요즘은 다양한 분야에서 종종 사용하기도 한다.
간단히 말해서 최종 결과물을 만들기 전에 임시로 만들어보는
시범 그림이라고 보면 된다. 다른 분야에서 말하는 시뮬레이션과
비슷하다. 건축에서는 설계도다. 그래서 '에스키스한다'라고 하면
구상, 기획, 초벌그림, 실험 작품 정도로 인식하면 된다.

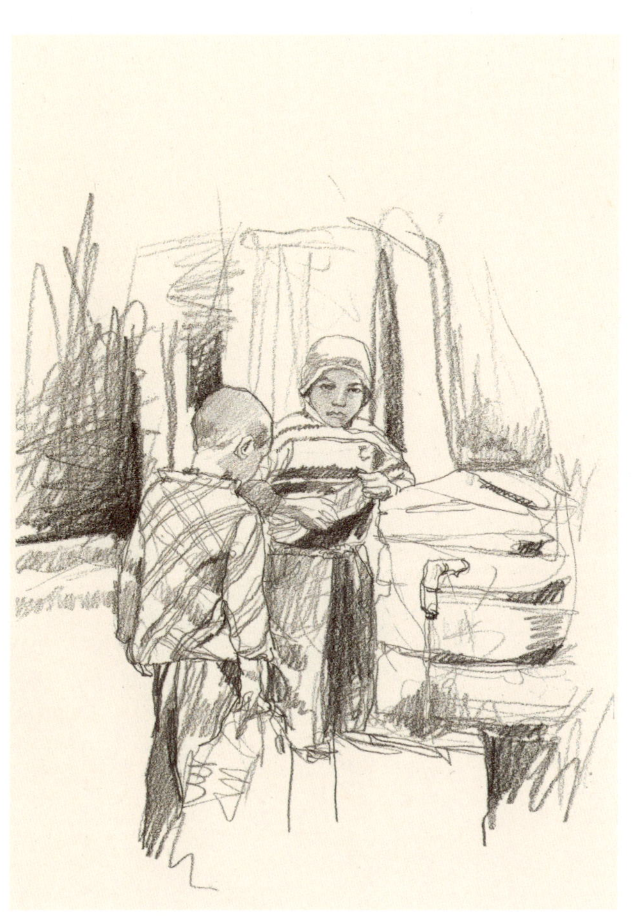

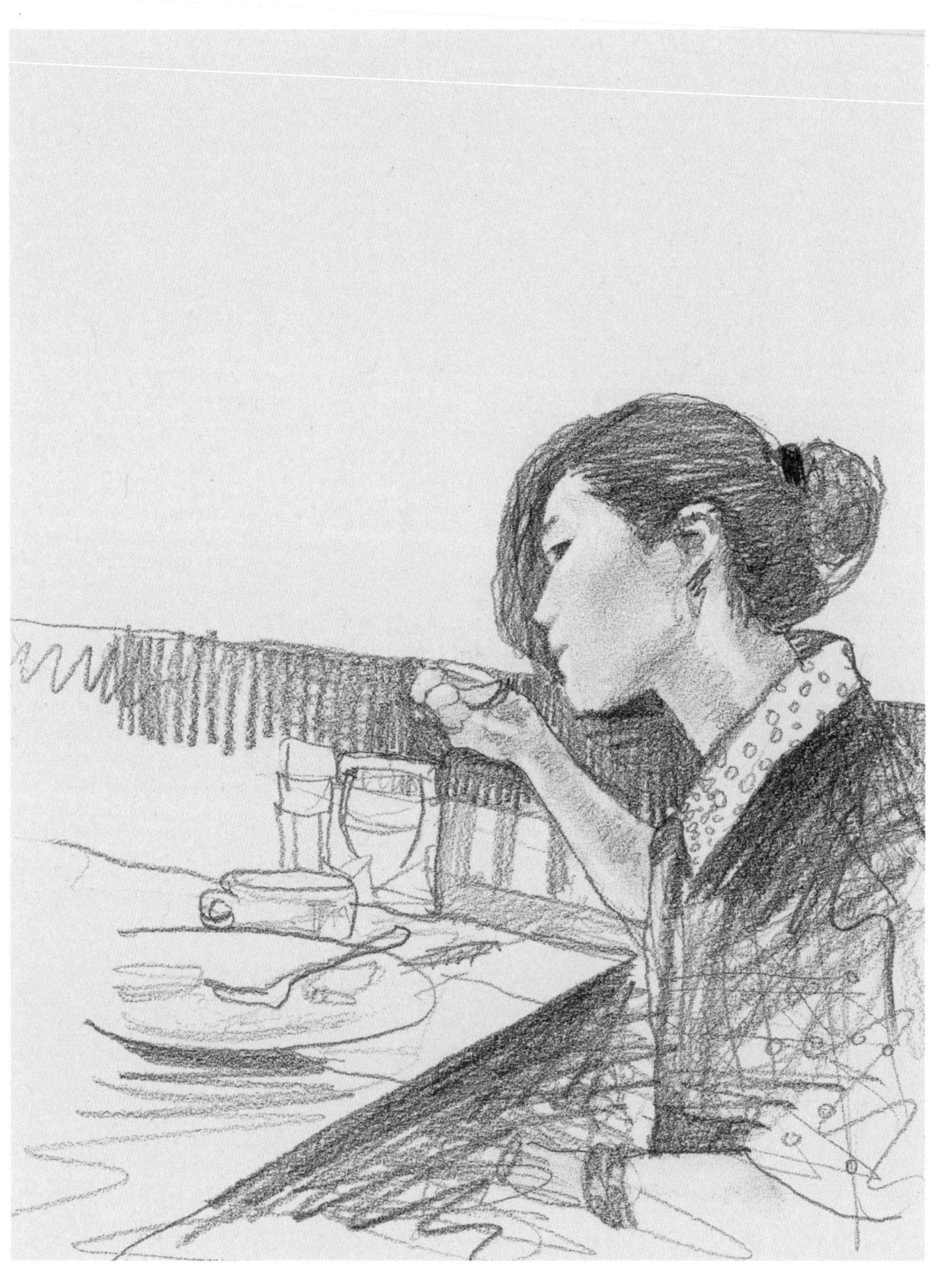

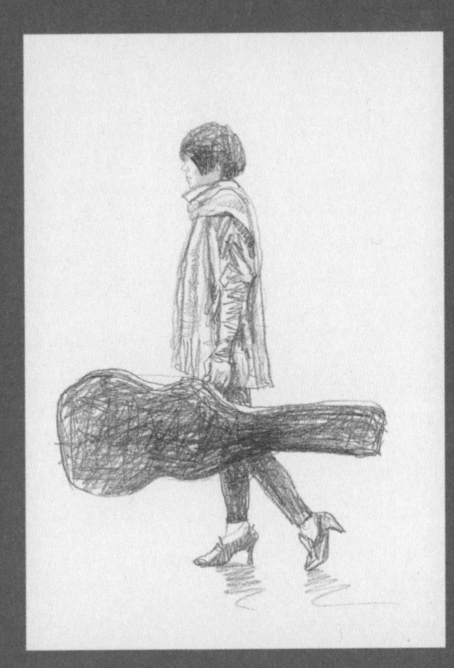

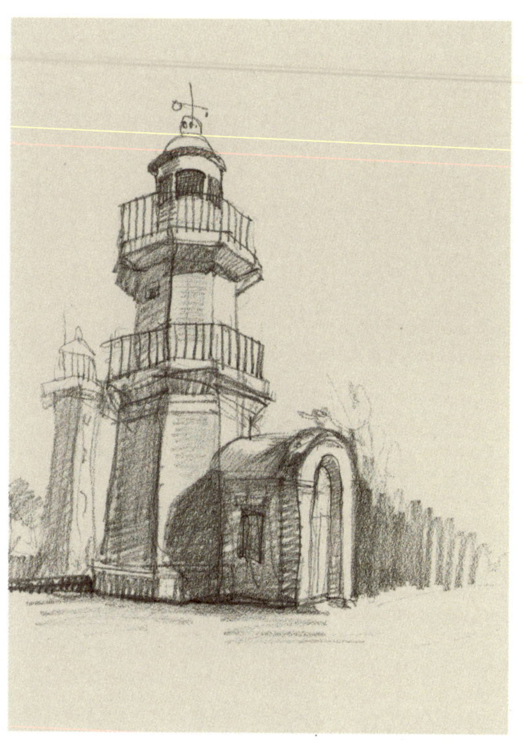

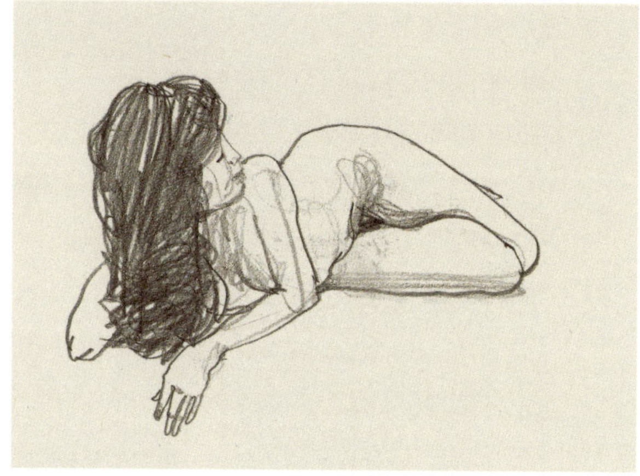

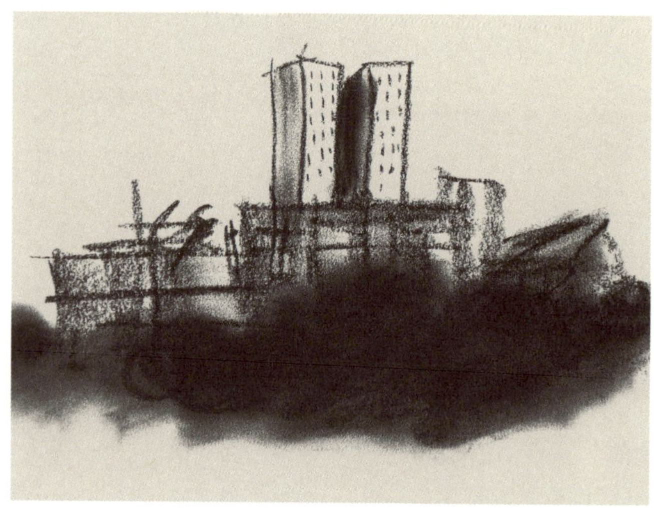

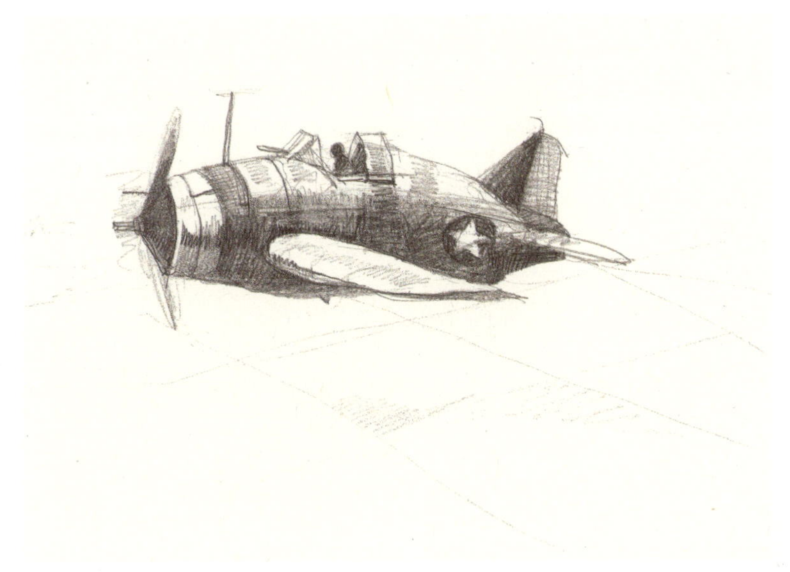

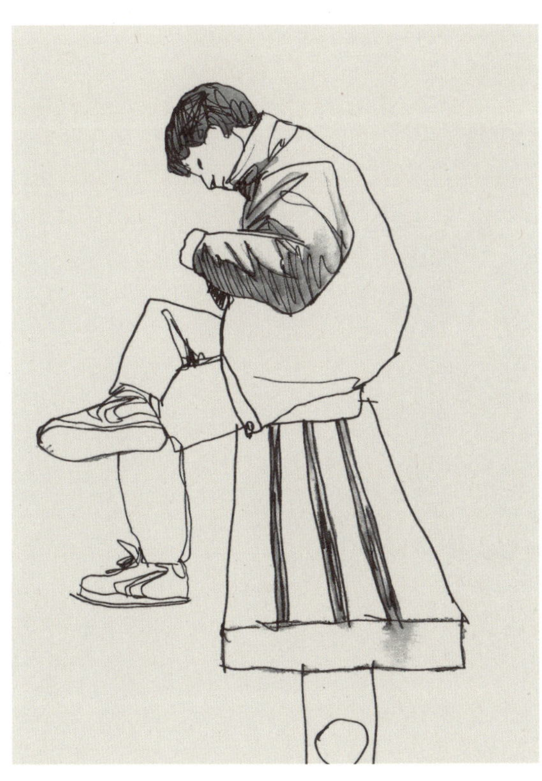

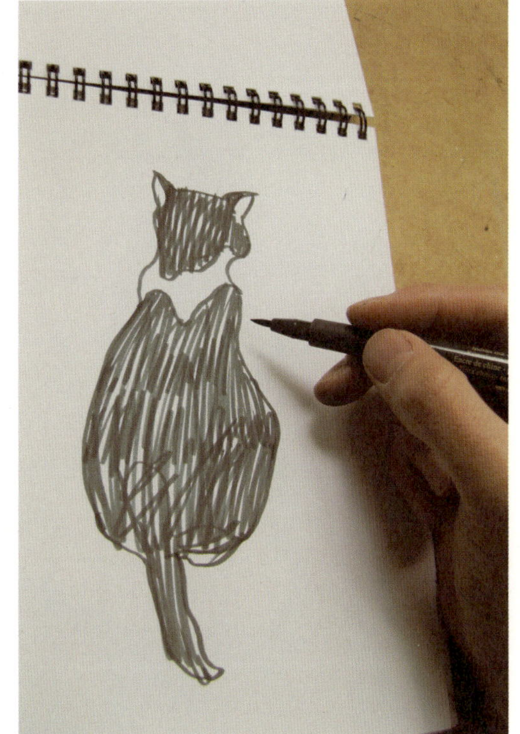

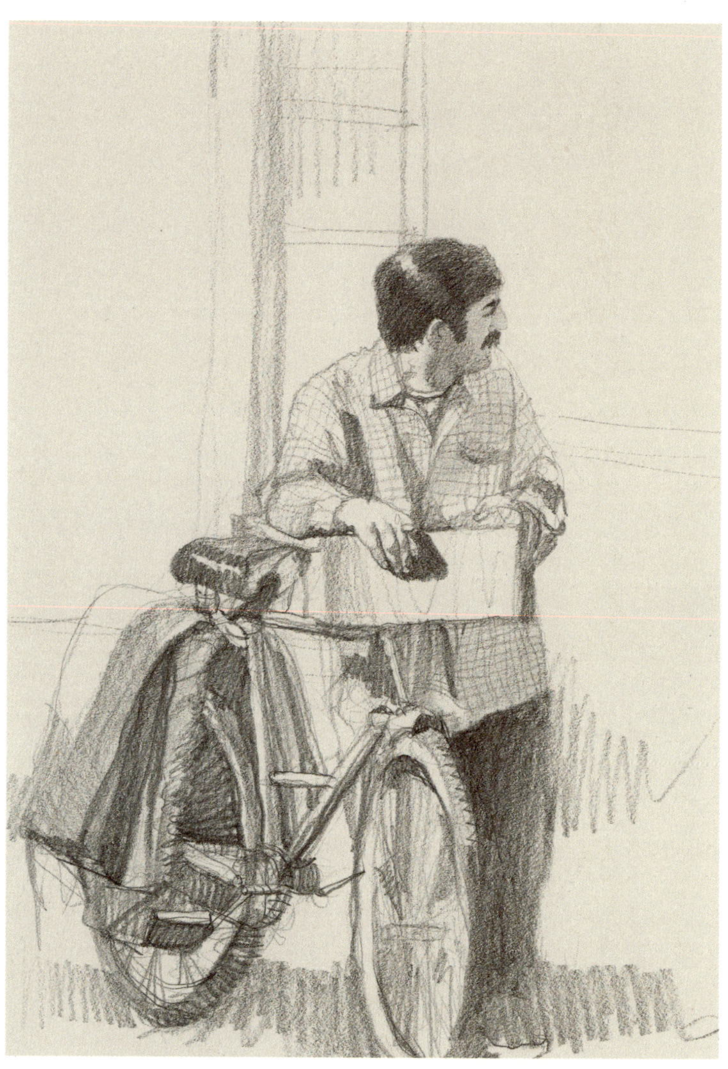

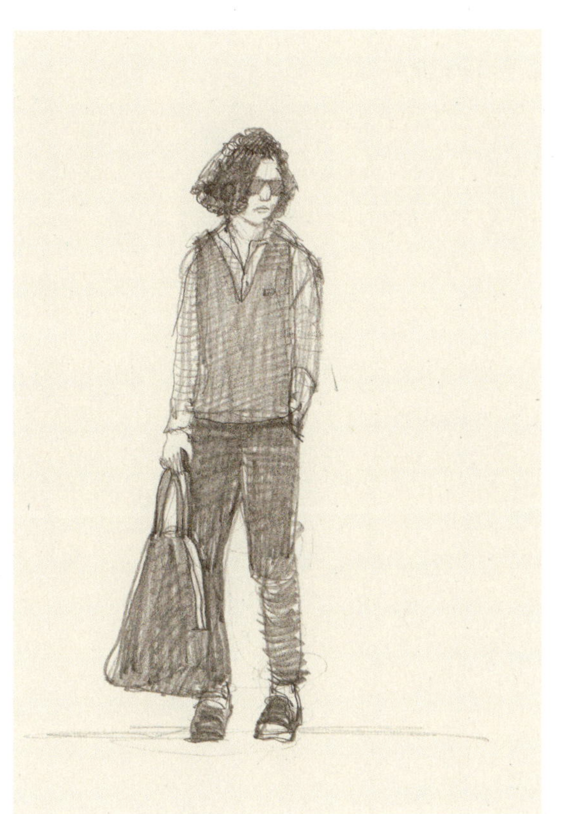

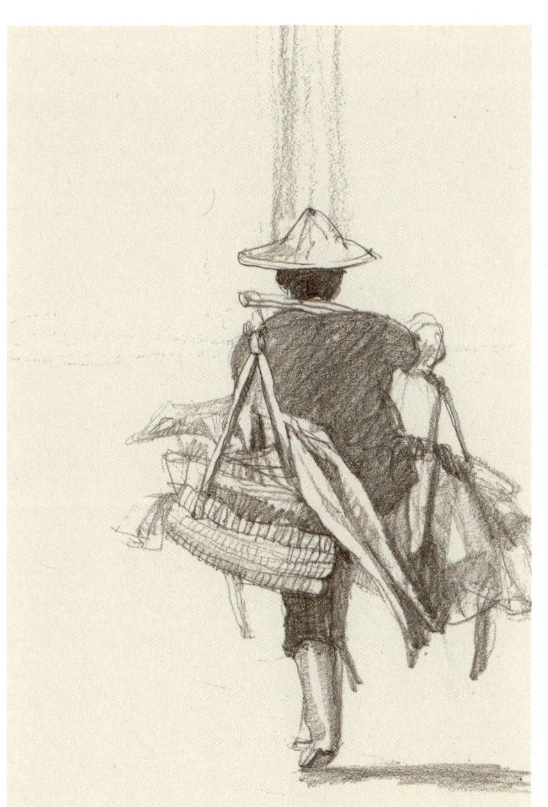

PART 3

자유-그리다

눈에 보이는 것이 전부가 아냐.

그래서 내가 상상하는 그것들을 표현한다면
난 아마 또 하나의 우주를 알게 될 테지.

또 다른 세상을 여행하는 자유인이 되고 싶다.

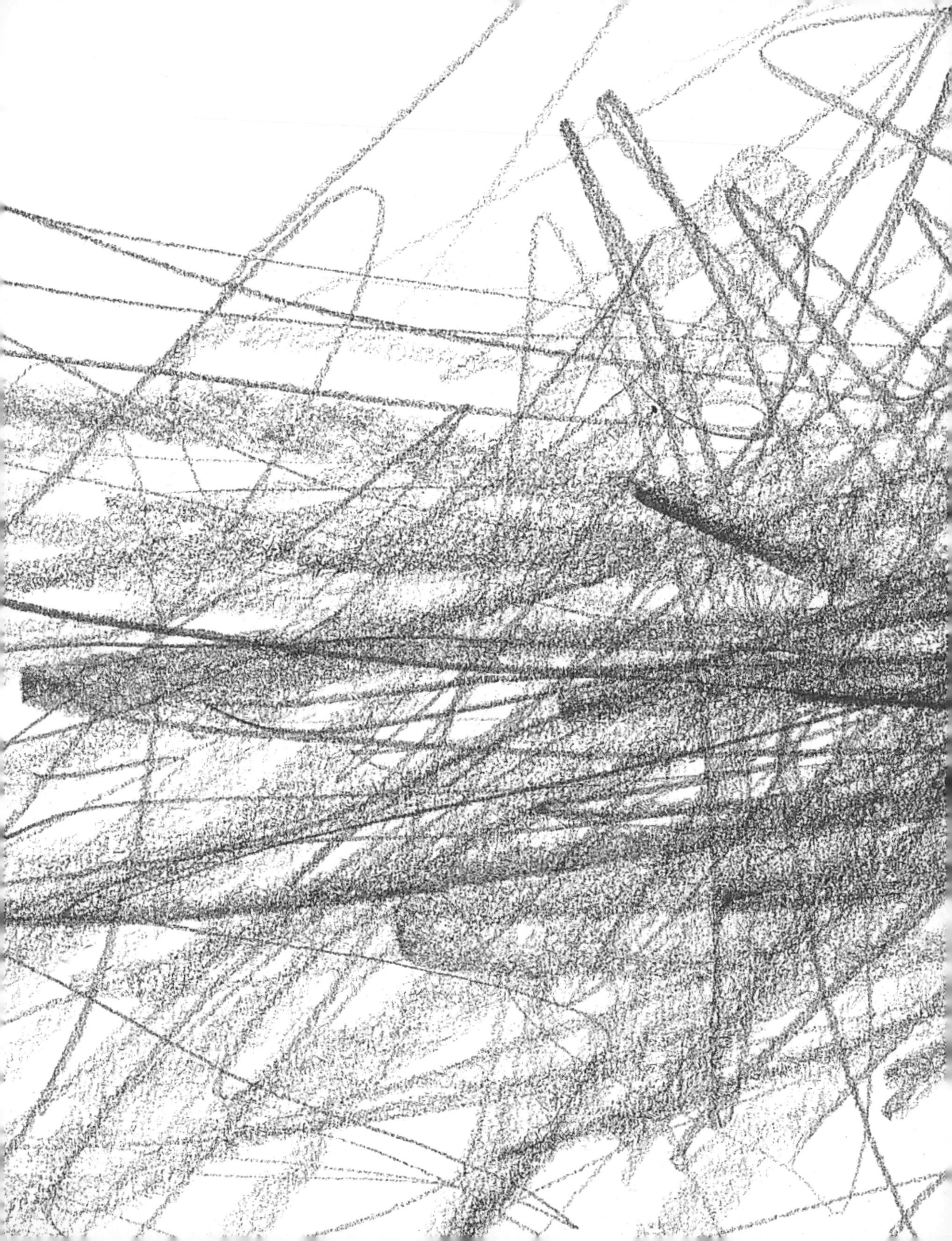

창의력 상상, 발상, 공상…….

이 유형은 특별한 대상이 없어도 되고 똑같이 그리지 않아도 된다.
오랜 시간을 들여 수없이 다듬기도 하고 순간적인 선 맛으로
빠르게 그려내기도 한다. 무언가를 오리고 붙여도 상관없다.
어떠한 형식도 없는 그야말로 쏟아내고 표현하는 모든 것이다.

아이들은 습자지처럼 빠르게 흡수하기 때문에 말 한마디도
조심스럽다. 그래서 아이들의 미술교육은 전혀 다른 커리큘럼이
필요하다. 기술을 가르치는 것보다는 바로 이 유형을 알려주는 것이
좋다. 또 다른 세계를 창조하도록 기회를 주는 것. 아무런 틀도 없이
쏟아낼 수 있게 해주고 감탄해주고 칭찬해주는 것. 자신의 재능을
발견할 수 있도록 도와주는 것. 그것이 어른들의 역할의 전부다.

창작과 공상은 삶의 단비가 되어준다. 하지만 이것을 직업으로
연결하면 즐겁지만은 않다. 그럴 땐 요령이 필요하다.
'자유-그리다'에서는 미술계열 직업으로 연결하기 위해
어떤 준비가 필요하고, 어떤 요령이 있는지도 알아보도록 하자.

그동안 배운 것들을 포맷하라

들어가기에 앞서서 앞에 배운 것들은 잠시 잊어버리도록 하자.
물론 알아도 상관없으나 되도록 앞의 내용들에 연연하지
말길 바란다.

'여유-그리다'와 '만끽-그리다'는 엄연히 기술에 속한다.
그래서 연습을 하지 않으면 늘 불편한 마음을 갖고 살아야 한다.
반면 '자유-그리다'는 어떠한 제한도 없어서 자유롭기 그지없다.
그래서 만일 당신이 똑같이 그려내야 한다는 고정관념을 버리지
못하면 그렇게 그려내는 것이 곤혹스러울 것이다. 그래서 오히려
전공자들보다 무지한 일반인들이 더 자연스럽고 기발한 표현을
할 때가 많다. 나 역시 고정관념을 버리면 버릴수록 상상력의
자유로움을 얻을 수 있었다. 꾸미지 않은 담백한 선, 습관적인
인식을 뒤집어보는 엉뚱한 상상. 바로 이러한 것들이 내 안에
잠재되어 있는 무한한 창의력을 끄집어낼 수 있다.

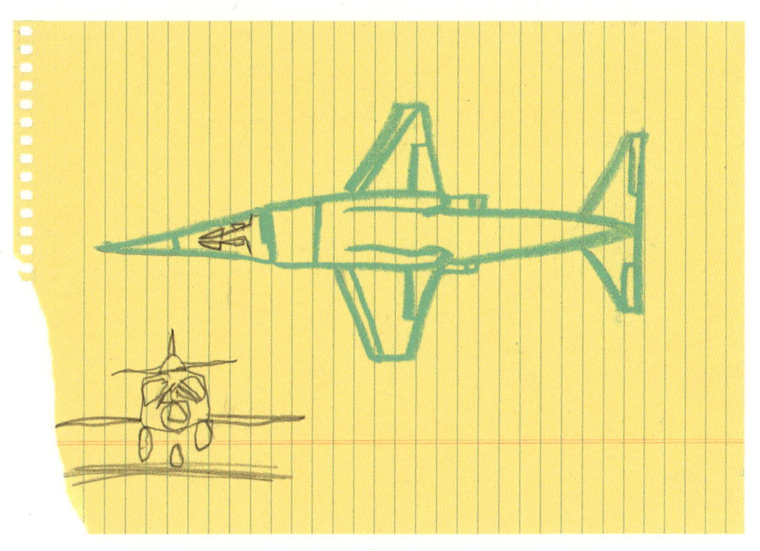

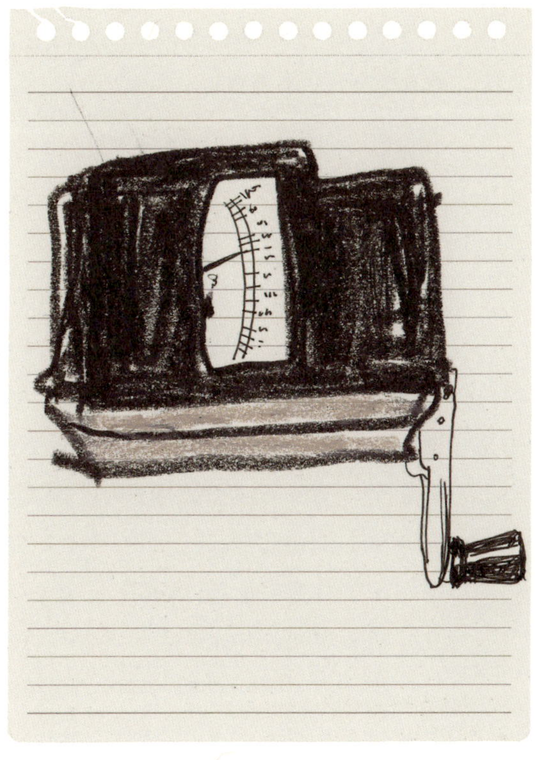

그림은 나를 치유해준다

작업.

설마 하는 것.

어처구니없는 상상과 욕심을 부리는 것.

한계에 도전해보고 싶은 것.

아니, 한계가 없음을 확인하고 싶은 것.

미쳐보고 싶은 것.

정말 과연 나올 수 있을지 의문인 것에 대해

시도해보고 싶은 것.

죽기 전에 꼭 해야만 할 것 같은 것.

내가 누구인지 알아보고 싶은 것.

왠지 인생이 너무 짧다고 느껴지는 것.

온정의 「작품을 풀어내는 여정」 중에서

우리는 살아가면서 친구나 가족에게서조차 위안을 얻을 수
없을 때도 많다. 그리고 함께 동고동락하는 동반자가 곁에 있어도
외롭고 답답할 때가 있다. 기쁨은 나누면 두 배가 되고 슬픔은
나누면 반으로 줄어든다고 했다. 결국 슬픔이 밀려올 때 반으로
줄일 수는 있어도 그것을 해결해줄 사람은 아무도 없다. 인생의
긴 터널을 지나갈 때, 혹은 휘청거리며 방황할 때, 원인을 알 수
없는 고통이 밀려올 때, 해결할 수 있는 것은 오직 자신뿐이다.
모든 마음의 병은 나로부터 시작되고 나로 인해 치유된다.
아무리 좋은 사람이 곁에서 힘이 돼주어도 내가 마음의 문을
열지 않으면 늪에서 빠져나올 수 없다.

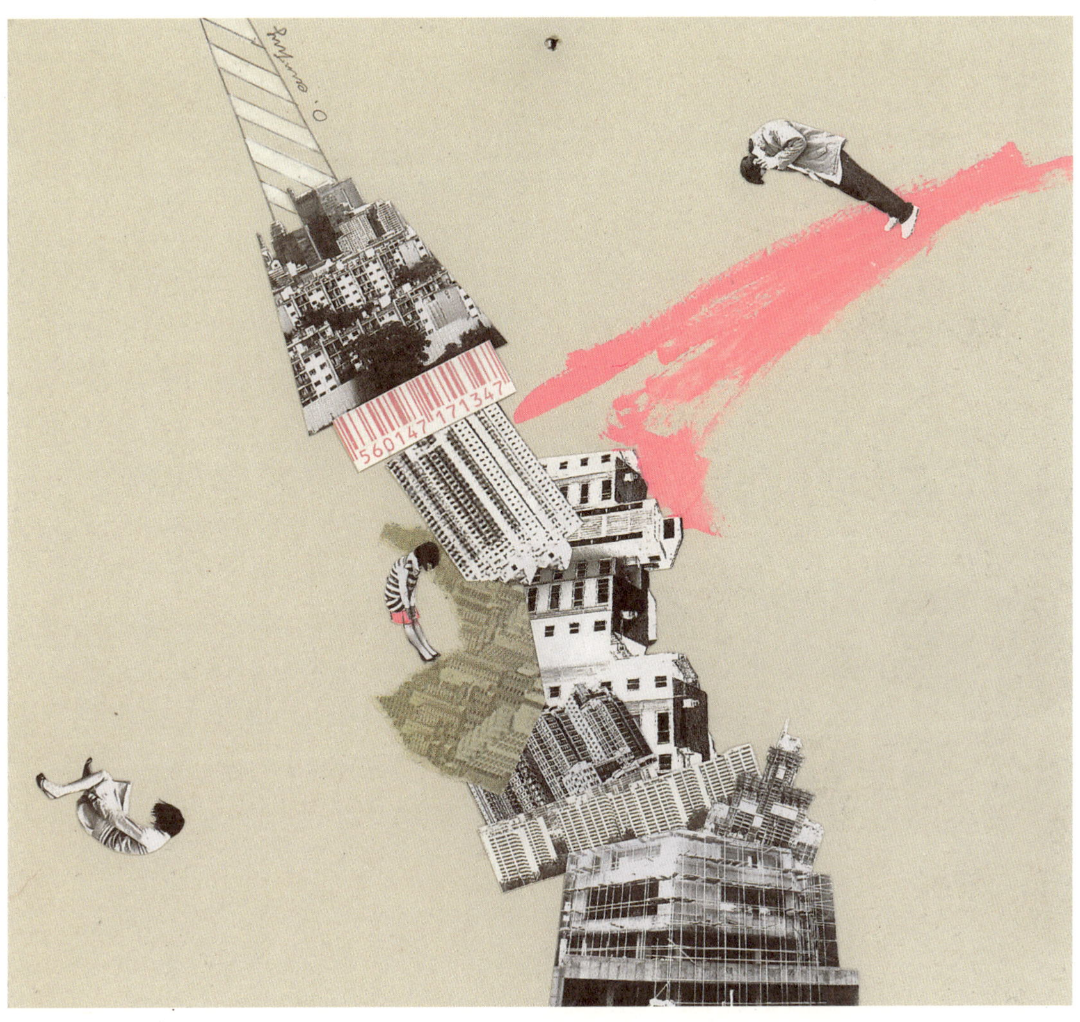

oh eun jung, *playground*,
160 x 140 mm, mixed media on paper, 2009

그나마 어디론가 훌쩍 떠나기라도 하고 싶은데 시간마저
여의치 않다. 친구들과 정신없이 수다를 떨고 나면 공허함이
밀려온다. 삶이 지치고 그저 나 자신을 찾고 싶을 뿐이다.
현대인의 단상이 아닐까.

언젠가 시간이 지날수록 대화가 통하는 이들이 점점 더
좁혀지는 듯한 생각이 들었다. '왜 이런 현상이 일어나는 걸까?'
하고 고민하던 중 한 예술가가 내게 이런 얘기를 해주었다.
"우리는 생산을 해내는 사람들이기 때문에 그렇지 않은 사람들과
마인드가 달라요." 듣고 보니 정말로 수긍이 가는 말이었다.
무엇보다도 나는 그 '생산'이라는 말에 무척 공감했다. 생산은
다른 이를 위한 생산이 아닌, 바로 나 자신을 위한 자체 생산을
말한다. 하나부터 열까지 나를 중심으로 음미하고 진행하고
생산해내는 것은 곧 자기를 사랑하는 반복 훈련이다. 이것이
지나치면 아집이나 쓸데없는 이기주의를 낳을 수 있겠지만
남을 배려하는 마음을 잃지 않는다면 더할 나위 없이 좋은 일이다.
그렇다고 모든 이가 예술을 직업으로 삼을 수는 없지 않은가.

대신 예술가 마인드를 배워보자는 거다. 남들과 똑같지 않은
나만의 독특한 시점으로 다시 사물을 재해석해낼 수 있는 것은
대상을 '음미'할 수 있기 때문이다. 눈에 보이지 않는 것에 관심을
갖고 본질에 관하여 꿰뚫어 보려 하기 때문이다. 어떠한 대상을
눈이 아닌 마음으로 응시하기도 하고 감정을 이입해서 볼 수도
있다. 여기서 가장 중요한 것은 마음속의 무언가를 분출해내는
행위다. 그것이 악기여도 좋고 글이어도 좋고 몸짓이어도 좋다.
그리고 그림이어도 좋다. 끼적끼적 낙서를 하면 어떤가.
그것도 하나의 몸짓이고 표현이다. 그리고 오랜 시간 공들여
만들어낸 작품은 마치 자신이 낳은 자식처럼 뿌듯하고 사랑스럽다.

언젠가 전시 날짜가 정해져 있어서 제한된 시간 안에 작품을
완성해야 하는 절박한 상황에 놓인 적이 있었다. 한 작품당
한 달 이상이 걸릴 만큼 규모도 크고 세밀한 작품이었는데
그것을 만들며 왜 작품에 희로애락이 들어가는지 알 수 있었다.
어떤 날은 기분이 좋아서 콧노래를 부르며 붓질을 했고 어떤 날은
울면서, 어떤 날은 누군가를 그리워하며 작업을 완성해나갔다.
아무리 힘들어도 인내하며 작품을 완성했다. 훗날 그 작품을
볼 때마다 어떤 부분을 그릴 때의 감정이 어땠는지 생생하게
떠올랐다. 그 과정은 수행이었을지도 모른다. 또한 슬픔도 분노도
모두 다 그림 안에 집어넣으며 붓질로 승화시켰을지도 모른다.
왜냐하면 그림을 그린 후엔 거짓말처럼 후련했기 때문이다.

　　내가 이러했다면 당신은 어떤 방식으로 치유받을 수 있을까?
잘 그려야 한다는 강박관념을 잠시 내려두고 순전히 나 자신을
위해서 무엇이든 그려보자. 나를 정화시켜 보자. 그림을 그린 후엔
몸살감기에서 막 벗어난 듯 온몸이 개운해져 있을 것이다.

　　지금 당장 아무 종이나 펼쳐보자. 펜 하나를 들고 끼적여보자.
아무 생각도 안 난다고? 그럼, 상상해서 그려보자. 그래도
막막한가? 그럼, 손거울 하나 들고 자화상을 그려보자. 똑같지
않다고? 상관없다. 우선 끼적여 보고 나서 피식 웃어나 보자.

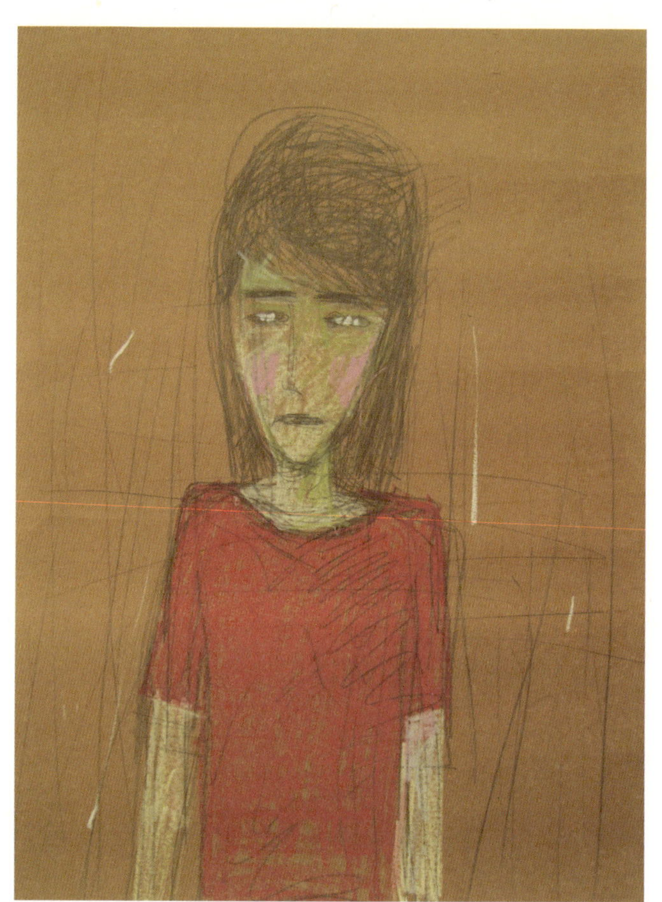

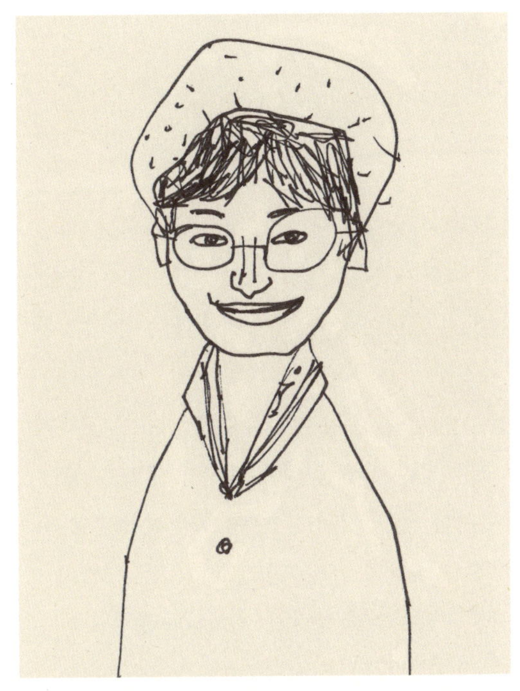

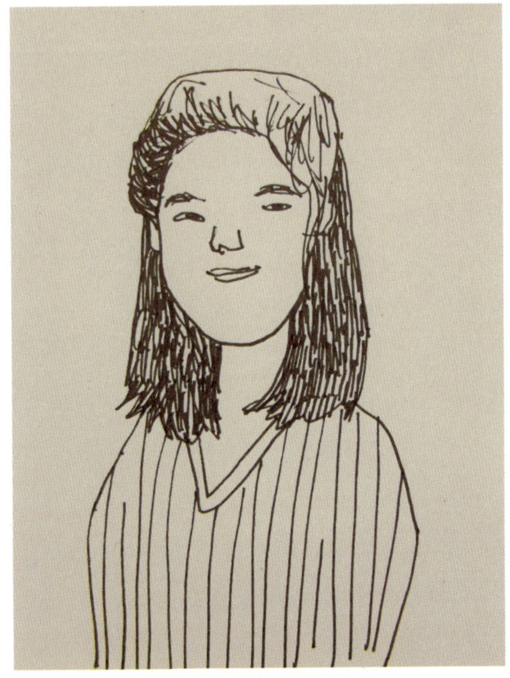

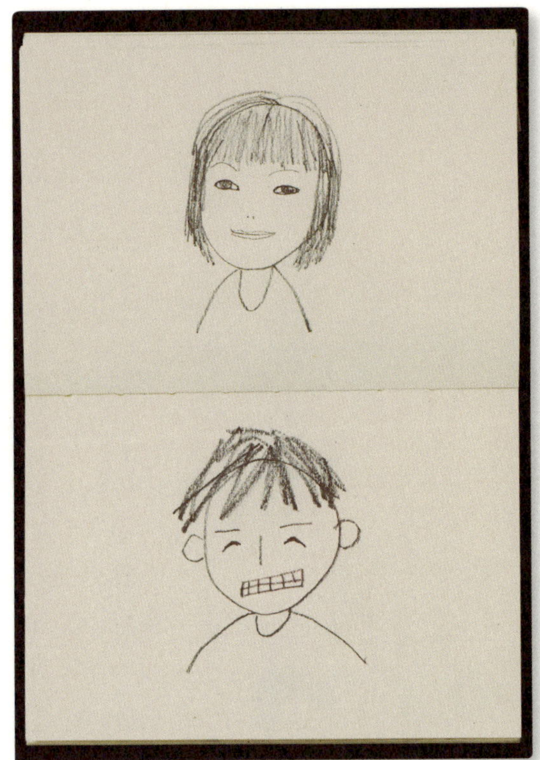

똑같지 않으면 어떠랴

누군가가 그리워질 때 똑같지 않으면 어떠랴, 내가 생각하는
유일한 그 사람인데…… 어딘가가 아름답게 보일 때 똑같지 않으면
어떠랴, 내 마음속에 남겨진 아련한 추억의 장소인데…….

어느 날 어릴 적부터 알고 지내던 한 친구가 그림을 배우고 싶다며
갑자기 찾아왔다. 이유인즉, 헤어진 연인에게 그의 얼굴을 그린
그림을 선물하고 싶어서란다. 나는 그녀에게 "어차피 헤어졌고
너를 아프게 한 사람이 뭐가 좋다고 그림까지 그려서 주냐."라고
뭐라 했지만 그녀는 그렇게 해서라도 자신을 기억해주길
바라는 눈치였다.

많은 일반인들이 주변 지인들의 얼굴을 그려보기 위해
그림을 시작하기도 한다. 그리고 그것을 선물하려는 목적도
갖고 있다. 사진 대용으로 똑같이 그려야 하는 초상화라면
어쩔 수 없지만 그게 아니라면 좀 더 자유롭게 표현했으면 한다.
누군가를 그려서 내가 간직하건, 선물을 하건, 기술 과시보다는
그 그림에 담긴 의미가 더 중요하지 않은가. 이게 무슨 소리인지
알면서도 막상 행동에 옮기면 또다시 똑같이 그리는 것에
발이 묶인다. 캐리커처와 인물화는 또 다르다. 캐리커처는
얼굴에서 보이는 그 사람만의 특징들을 더 부각시키거나 왜곡해서
유머러스하게 풀어내는 거라면 인물화는 그 폭이 더 다양하다.

정말로 멋스러운 그림이 어떤 것인지 우리는 알아야 한다.
그림은 또 다른 언어다. 재즈와 클래식을 다양하게 들을 줄 알면서,
딱딱한 산문과 은유적인 시를 다 쓸 줄 알면서 왜 그림은 한 가지만
고집하는가. 그림에도 재즈가 있고 시가 있다.

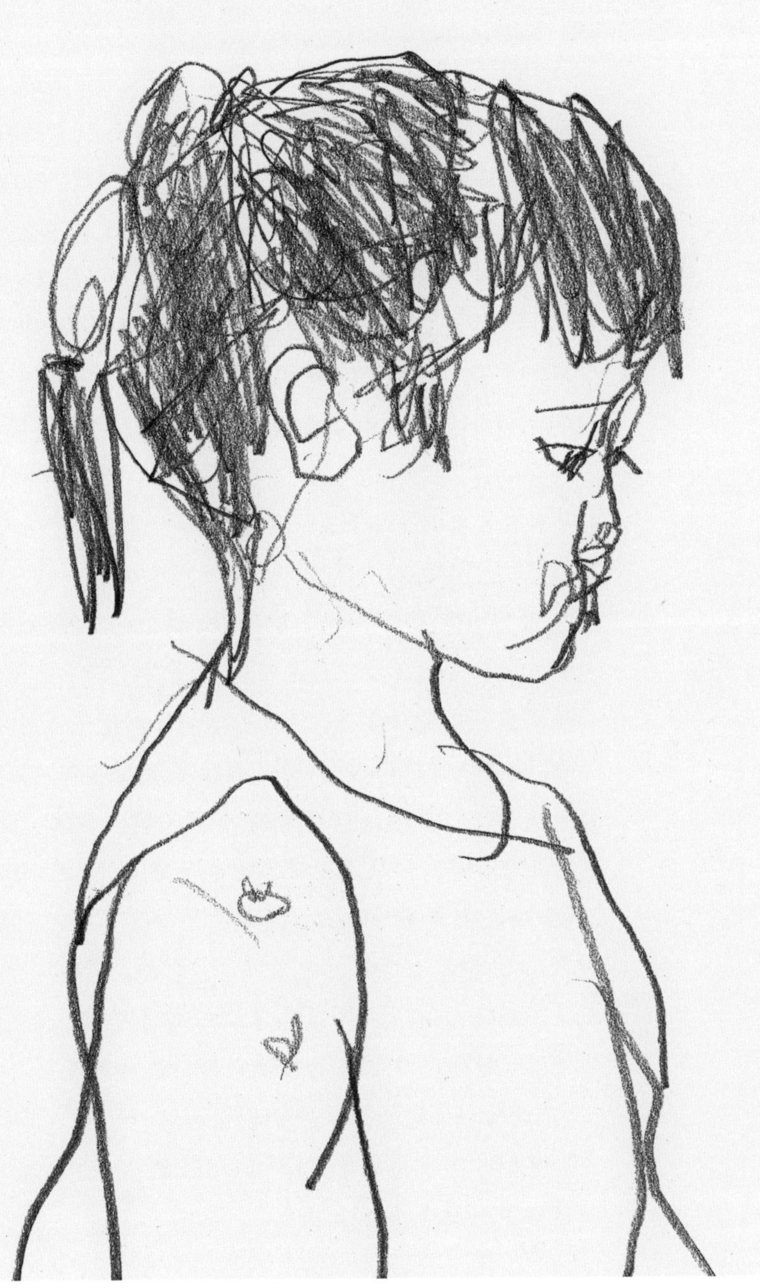

작품을 감상하는 세 가지 단계

"직업이 무엇입니까?" "파인 아트fine art 작가요." "그게 뭐예요?"
내가 대부분 사람들과 대화를 하면 이런 식이다. 그냥 우리말로
"순수예술 작가요."라고 해도 마찬가지다. 다시 "화가요."라고 하면
그제야 끄덕끄덕한다. 그런데 사실 '화가'는 적합하지가 않다.
화가는 그림을 그리는 사람인데 우선 나는 영상, 사진, 콜라주도
함께한다. 그리는 것이 주된 일이지만 그리기를 위한 창작을 하는
것은 아니다. 내 생각을 표현하기 위해 그리기가 적합했을 뿐이다.
우리나라에는 재능 있는 젊은 작가들이 많은데 아직까지도
대중적으로 활발하게 소통이 되고 있지는 않는 듯하다. 그러나
조금만 더 관심을 가지면 순수예술 세계가 매력적이란 것을
알게 될 것이다. 한 작가의 그림을 감상하고 구입한다는 것은
단순히 예쁜 물건을 보고 소유하는 것이 다가 아니다. 요즘
이중섭 그림이 얼마네 하는 소리는 많이 들어봤을 것이다.
사람들은 "뭐 그리 비싸? 나도 그리겠다."라고 말하기도 하지만
중요한 것은 그림을 그림 자체로 보지는 말자는 거다. 그 작가가
어떠한 환경에서 어떤 생각으로 어떤 과정을 거쳐서 그 그림을
그렸느냐를 알게 된다면 그림은 물감 덩어리가 아닌 영혼의
한 조각이 된다. 그렇다고 별거 아닌 그림을 대단하게 포장해서
보자는 것은 아니다. 이왕이면 그 그림에 담겨 있는 숨은 내용까지
알고 감상한다면 더 많이 음미할 수 있다는 얘기다.
그래서 작품을 감상할 때 어떤 순서로 보는 것이 좋은지
추천해보려 한다. 감상하는 데에 정답은 없으니 우선은
제일 편한 대로 실행하면 된다.

1 그냥 감상하자

입구에서 나눠주는 리플릿을 보지 말고 우선은 그냥 관람해보자.
이 작가는 어떤 의도로 제작했을지 호기심을 갖고, 또는 이 작품이
나에게 어떤 느낌을 주는지 넋 놓고 보기만 하자.

2 작가의 의도를 알아보자

작가가 어떤 의도로 제작했는지를 알고 관람하면 의외로
더 재밌을 수 있다. 똑같은 사물이나 현상을 보고 '작가는
이런 식으로 바라보았구나.' 하면서 기발하다고 느끼거나
신선한 충격을 받을 것이다.

3 서평을 읽어보자

이것은 작품을 감상할 때 가장 나중에 해볼 사항이다. 서평은
말 그대로 누군가가 작가의 작품에 대하여 평을 써놓은 글이다.
서평은 작가가 의도한 것 이외에 작품에서 보이는 또 다른
측면이나 사회적인 현상과의 연결고리 등 작품을 다양한 각도로
바라볼 수 있게 해준다. 서평 중에는 작가와 인터뷰 한 뒤 작가의
의도를 반영하여 쓴 서평도 있고, 전혀 다른 시각으로 해석한 것도
있다. 단, 서평을 먼저 읽고 작품을 감상하게 되면 본인과
작품 사이의 소통을 방해할 수 있으니 유념하자.

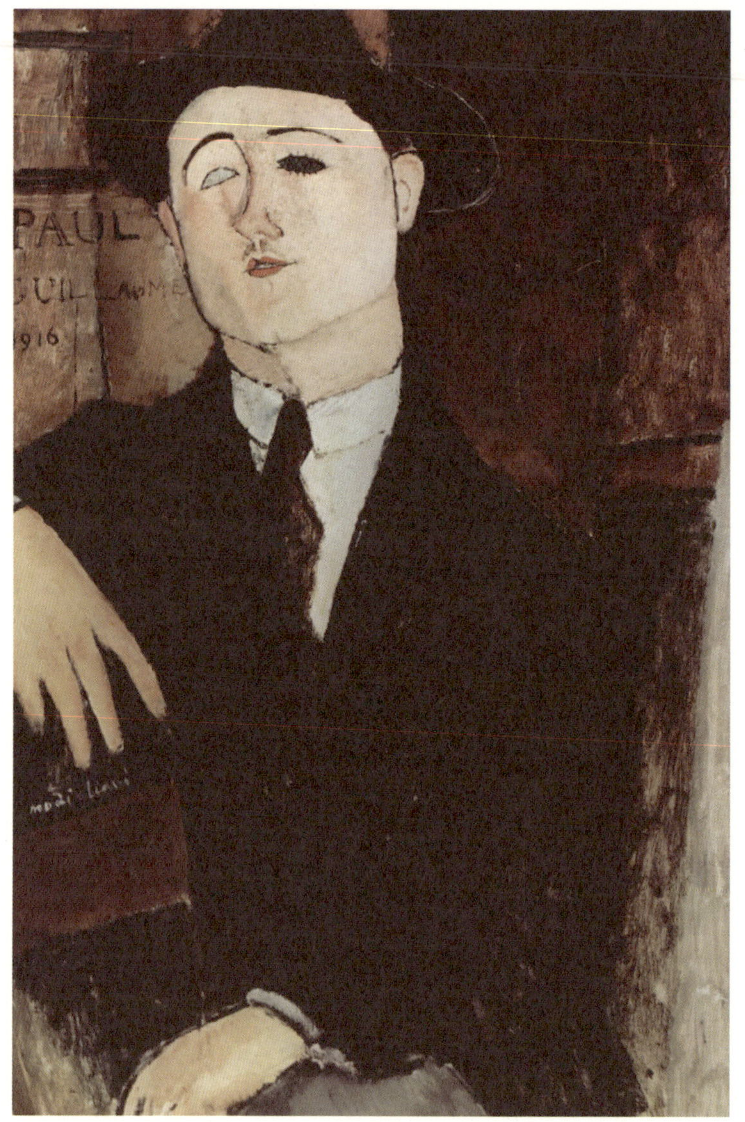

amedeo modigliani, *porträt des paul guillaume,*
540 x 810 mm, oil on canvas, 1916

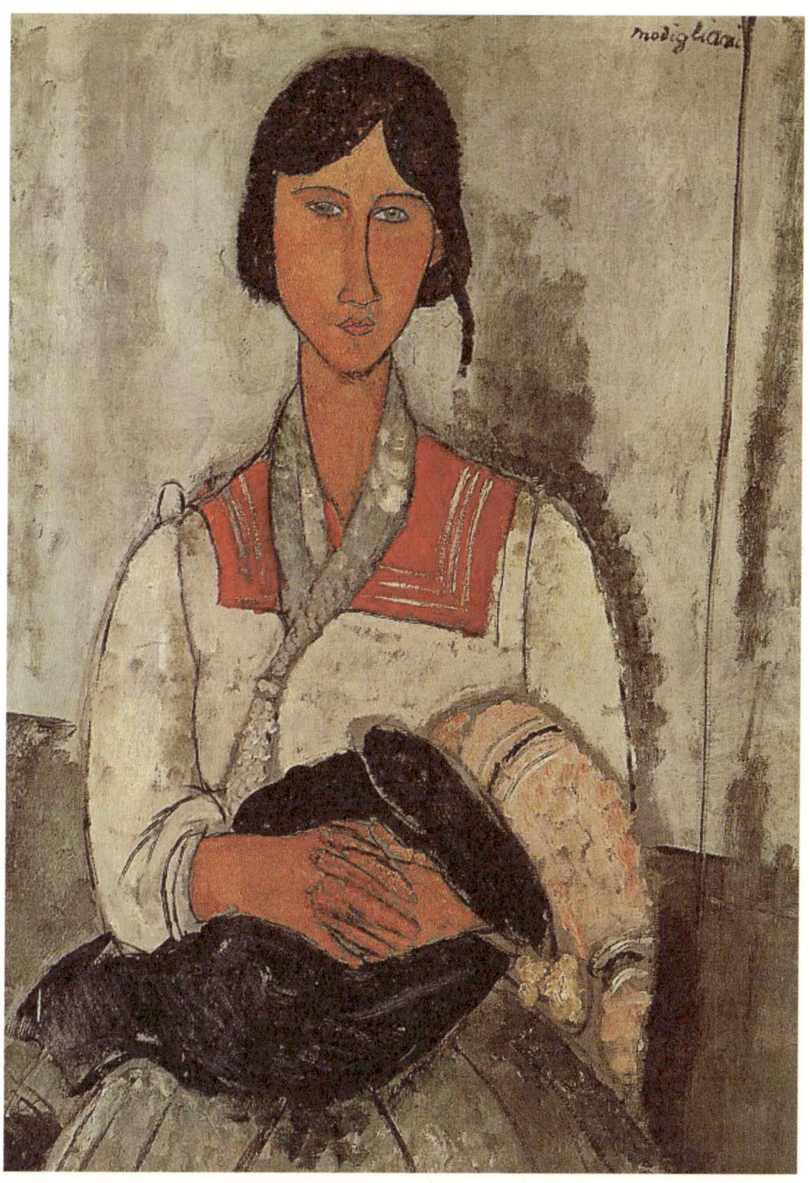

amedeo modigliani, *gypsy woman with baby*,
730 x 1159mm, oil on canvas, 1918

이 땅의 부모들에게

아이들은 매우 창의적인 잠재력을 지니고 태어나지만
정형화된 학교 시스템이 그들의 창의성을 죽인다.

뱀포드

당신의 자녀가 어떤 사람이 되기를 원하는가? 그저 공부를 잘하는
사람? 그런 다음엔 대학을 가고, 그다음엔? 또 공부 잘하는 사람?
아니면 돈 많이 버는 사람? 유명한 사람? 그들이 행복하다고 기꺼이
말한다면 상관없다. 그러나 그 행복도 등 떠밀려서 부모가 택한
행복을 고스란히 선택한 것은 아닐까? 내가 지나치게 부정적으로
말했을지도 모르나 곰곰이 생각해볼 문제다.
　　난 자녀의 진정한 행복을 위해서 창조적인 삶을 권장해주고
싶다. 창의력은 예술가가 목표인 사람들에게만 필요한 것이 아니라
세상 모든 분야에 근간이다. 창조적인 삶은 어떤 분야에서건
그 분야의 노예가 되는 것이 아닌 주체가 되어 행동할 수 있게 한다.
또한 무한한 가능성을 열어주기 때문에 좌절과 포기와도 거리를
두게 된다. 창의력을 키워주는 교육 형태는 다양한 종류가 있지만
무언가를 자유롭게 표현해내는 것도 그것 중 하나다. 그러나
어린 시절 미술교육은 '그림을 잘 그리는 것은 어떻다'라는
한 가지 유형으로 단정 짓고 주입하는 것이 대부분이다. 창작으로
보면 '잘 그린 그림'이란 애초부터 존재하지 않는다. 엄마의
얼굴을 공룡 발바닥처럼 그려놓았다 해도 멋지다고 칭찬해주거나
끊임없이 질문을 해서 상상의 나래를 펼 수 있게 해주어야 한다.
　　한번은 친구의 여섯 살 된 조카가 크레파스로 '폭포'를 그리고

있었다. 파란색으로 쭉쭉 긴 물줄기를 표현하고 있었는데
진지한 표정으로 무언가를 하나 더 집어넣으며 마무리를 했다.
그 아이에게 그것이 무어냐고 물어보니 '수도꼭지'란다. 의아해서
왜 그것을 그려 넣은 거냐고 다시 물었다. 아이의 대답은
내 뒤통수를 한 대 친 듯 기발했다. 대답인즉, 물이 너무 많이
쏟아지면 잠가야 하니까 수도꼭지를 달아놓은 거란다. 이 아이에게,
폭포는 수도꼭지가 없다고 말하는 것이 옳을까? 아니다. 나는
오히려 그 아이에게 한 수 배운 것이다. 어른들의 눈과 아이들의
눈은 엄연히 다르다. 그래서 어른들이 원하는 그림을 가르쳐주는
것보다는 아이들 스스로 명작을 보며 감명받아 따라 그리고 싶게끔
만들어야 한다.

　　아이들도 보는 눈이 있다. 아름답다고 여긴 것들에 대해서
동경하고 반응한다. 아이들에게 어른들의 기준으로 주입교육을
하면 아이들은 오히려 흥미를 잃고 말 것이다. 그림을 좋아하는
아이는 어차피 그리기에 끊임없는 관심을 갖게 되어 있다. 부모는
아이가 어떤 것에 관심을 갖고 진지하게 임하는지를 잘 관찰해봐야
한다. 그리고 그것에 대해 많은 경험을 할 수 있도록 도와주면 된다.
어쩌면 미술학원에 보내는 것이 자칫 아이의 풍부한 상상력에
마이너스가 될 수도 있으니 주의해야 한다. 사전에 학원의
커리큘럼을 훑어보는 것이 좋고 이왕이면 부모와 집에서 함께해도
충분히 즐거운 미술 시간이 될 수 있어 좋다. 아이들에게는
기술을 가르쳐주는 것이 아니라 상상할 기회를 주어야 한다.

　　이렇듯 아이와 동화되어 창의력을 키워나갈 수 있는
미술선생은 단연 엄마, 아빠가 최고다. 우선은 고정된 틀에
가두지 말고 찢고, 붙이고, 긋고, 뿌리고, 찍고, 밀고, 만들며
표현의 자유를 주도록 하자. 그러다가 어쩌면 대가의 조짐을
발견할 수도 있으니 약간의 기대도 해보시길.

내 그림을 상전으로 모시자

"내 자식 미워하면 남들도 내 자식 미워한다."라는 말을 들어봤을
것이다. 반대로 내 자식을 예뻐하면 남들도 내 자식에게
함부로 할 수가 없다. 사소한 끼적임도 스스로 애지중지하면
그 끼적임은 예술품이 될 수도 있다. 실패작이 때로는 더 훌륭한
예술작품으로 바뀌기도 한다. 못 믿겠다면 내가 제안하는 것을
따라서 실행해보길 바란다.

우선 원하는 작업을 한다. 선을 몇 개 찍찍 그어도 좋고
붓으로 휘갈겨도 좋다. 좀 더 세밀하게 묘사하면서 상상하는 것을
그려보아도 좋다. 그런 다음 그림의 귀퉁이에 작게 자신의 사인을
써넣어보자. 가능하다면 액자에도 끼워 넣고 자신의 집안
남는 공간에 그것을 걸어보자. 민망한가? 괜찮다. 그리고 실험
하나를 해보자. 친구를 초대해서 또는 가족들이 집에 들어오면
유명한 작가의 그림을 구입했다고 해보라. 돈이 어디서 나서
샀냐고 물을 수도 있으니 차라리 선물로 받았다고 하거나 이벤트에
당첨돼서 고가의 그림을 받게 되었다고 해봐라. 자, 반응이 어떨까?
물론 고개를 갸우뚱하거나 좋은지 모르겠다고 말할 수도 있다.
그러나 그것은 당신의 그림이 냉정하게 평가받고 있는 중이니
인정할 건 인정하자. 하지만 대부분은 속아 넘어갈 것이다.

세계적인 미디어 아티스트media artist 백남준의 드로잉은
담백하고 꾸밈없기로 유명하다. 그의 드로잉을 보여주면서
그림의 생초보가 그린 거라고 한다면 "그러면 그렇지 왜 이렇게
못 그렸어."라고 할지도 모른다. 한편 생초보가 그린 드로잉을
보여주고 백남준 작가가 제작한 거라고 한다면 "오-"하면서
감탄할지도 모른다. 즉, 창작은 모두에게 해당되는 영역이기

때문에 어린이의 창의력과 60이 넘은 노인의 창의력이
다르다고 볼 순 없다. 백남준 작가의 드로잉이 대단해 보이는
이유는 그동안 보여준 그의 예술품과 인생 역정이 모두
드로잉에 투영되어 보이기 때문이다. 기술적으로 누구나
그릴 수 있을 것 같은 유치한 드로잉도 그 너머의 예술혼이라는
기대치를 포함하고 있는 것이다. 당신은 백남준 작가처럼
유명하지는 않아서 보는 이의 기대치는 다소 높지 않을 테지만
그렇다고 평가절하되어서도 안 된다. 단, 당신이 스스로의
작품을 별거 아닌 것으로 취급하면 다른 이들도 딱 그 정도의
기대치만 품을 것이다.

제멋에 취해서 자화자찬을 하면 더욱 좋은 징조다. 그래야
더 좋은 작품을 그려낼 수 있다. 그려놓은 그림을 꽁꽁 싸매서
수줍게 책상 아래에 숨겨두지 말자. 당당하게 사인도 하고
액자에 끼워서 버젓이 걸어놓자. 혹시 아나? 그림을 사고 싶다는
사람이 나타날지.

기술공과 예술가의 차이

작품이 어떻게 만들어지게 되었는지에 거의 관심 없는
감상자에게, 현란한 기술만을 중요시하는 예술작품은
대체로 놀랍고 아름답고 우아하며, 그러면서도 공허해 보인다.
모든 것에 감정을 쏟아붓는 예술가에게는 어느 방향으로
나아가야 하는가가 더욱 큰 문제이다. 다른 도전들과
비교해볼 때, 기술적 문제의 궁극적인 결점은 기술 문제가
힘들다는 데에 있는 것이 아니라 너무 쉽다는 데 있다.
(중략)
기술 습득이 아무리 어렵고 시간도 많이 든다 해도,
새로운 구상을 하는 데 비하면 이미 정해진 목표,
즉, '정답'을 찾는 것이 근본적으로 쉬울 수밖에 없다.
(중략)
간단히 말해, 아이디어를 다루는 예술이 기술을 다루는
예술보다 더 흥미로운 법이다.

데이비드 베일즈 & 테드 올렌드의 『Art & Fear』 중에서

기술이란 어떤 것을 오랜 시간 동안 연마하고 터득해서 남들보다
뛰어난 재주를 갖게 되는 것을 말한다. 물론 그 방면에 소질이
있느냐 없느냐에 따라 터득하는 속도가 차이가 나긴 해도
누구든지 노력과 시간을 투자하면 얼마든지 얻을 수 있다.
　　　그렇다면 창작은 그렇게 할 수 있을까? 우선 내 생각은
'아니다'이다. 창작을 오랜 시간 연마하고 터득할 수는 없다. 창작은
어린이들도 할 수 있고 어느 순간 번뜩이며 떠오를 수도 있다.

여기에서 기술공과 예술가의 차이를 말할 수 있는 단서가 나온다.
바로 '창작'이 그러하다. 어느 누구도 '그것은 예술이다 아니다.'
'당신은 예술가다 아니다.'를 판단할 자격은 없다. 그러나 우리가
행하고 있는 것이 과연 어떤 것인지 적어도 알고는 있어야 한다.
특히 대부분이 기술적인 측면을 창작 행위로 오인하는 경우가
많기 때문에 그것에 대해 분명히 인식을 하고 있었으면 한다.
기술공이든, 예술가든 그 분야에서 인정받는 전문가들을 대상으로
말하고자 하는 것이 아니라 일반인들이 그 둘을 인식하는
태도에 대해 알려주고자 한다.

창작에는 여러 단계가 있는데 대상을 참고하여 약간 변형하는
경우도 있고 전혀 다른 새로운 결과물로 변형하는 경우도 있다.
아니면 아예 처음부터 대상조차 없고 순수하게 본인의 상상으로
만들어내는 경우도 있다. 어쨌거나 '나'라는 사람의 머리와 가슴을
거쳐서 새로운 결과물이 탄생되기 때문에 이것은 창작 행위가
맞다. 그런데 머리도 가슴도 전혀 거치지 않고 손으로만 모든 것을
해결하고 있다면 그것은 사실상 기술 쪽에 더 가깝다. 그 순간은
그저 단순노동을 하고 있을 뿐이다.

내가 개인 작업을 할 때 가끔 그런 순간을 만날 때가 있다.
하지만 작품 구상을 하고 관련 자료를 수집한 다음 에스키스를
만들어내는 과정은 분명 머리와 가슴을 수없이 지난다. 그런데
세밀하게 만들어낸 밑그림을 대형 캔버스에 그대로 옮기는
작업을 하는 바로 그때, 나는 기술공이 된다. 물감을 스펀지로
수없이 찍어내는 기법, 마스킹 테이프나 액을 능숙하게 쓰는 요령,
색필 붓으로 세밀하게 묘사하는 숙달된 행위들은 내가 그동안
터득한 기술이고 사실상 머리와 가슴은 잠시 멈춤 상태다.
그 순간에는 라디오에서 나오는 진행자의 잡담을 듣고 낄낄 웃을 수
있을 정도로 생각과 감성은 필요치 않다. 그저 손만 움직이고
있을 뿐이다.

물론 그러한 과정이 다 끝난 뒤 또 다시 머리와 가슴을 거쳐야 할
순간이 온다. 기술적으로 그린 그림 위에 어떤 이미지를 조합할
것인지, 무엇을 수정할 것인지 등을 고민하고 구상하는 과정이
그렇다. 비록 중간에 기술적인 측면을 삽입했지만 그것은
나의 창작세계를 더 효과적으로 보여주기 위한 일부분에
불과하다. 만화가가 순식간에 캐릭터를 그려내는 것도 기술이다.
그러나 그 캐릭터의 창조자는 만화가이고 그는 창작을 위한
기술을 행한 것이다.

자, 그렇다면 창작과 기술을 조합한 것이 아니라 기술만
적용한 경우는 어떤 것일까? 우선 내가 아닌, 다른 이가 만든
사진, 그림 등의 이미지를 보고 똑같이 베껴내는 행위다. 대상을
바라보는 구도도, 색감도 모두 내 것이 아닐뿐더러 머리와 가슴도
지나치지 않고 곧장 손으로 간다. 그것이 잘못되었다는 것이
아니다. 그냥 그렇게 하면서 즐거움을 얻는 경우도 많으니까.
그러나 그런 행위를 하는 자는 예술가가 아니고 기술공이다. 만일
그것이 좀 더 멋진 창작 행위를 하기 위해 기술을 연마하고 있는
과정이라면 상관없다. 또는 베껴내는 행위에 나름의 철학, 또는
분명한 이유가 있다면 그것 자체로 작품의 콘셉트가 될 수 있다.
하지만 이도 저도 아니고 베껴내는 것이 전부라고 생각하며
그것이 예술이고 그것이 창작 행위라고 오해하고 있다면 마음을
좀 더 확장시킬 필요가 있다.

만일 특정 주제나 요소를 놓고 무언가를 만들어달라는 요청을
받았다면, 비록 내 의지로 시작한 것은 아니어도 머리와 가슴을
지나는 과정이 있기 때문에 창작+기술이다. 그러나 누군가가
시켜서 정해진 이미지를 똑같이 뽑아내야 한다면 그것은 기술공에
더 가깝다. 부득이하게 기술적인 측면을 선택하는 것이 아니라면
자신이 지금 무엇을 하고 있는지 알고 있어야 한다. 그래야 이 시대
어른들이 아이들에게 진짜 창작을 할 수 있는 기회를 줄 수가 있다.

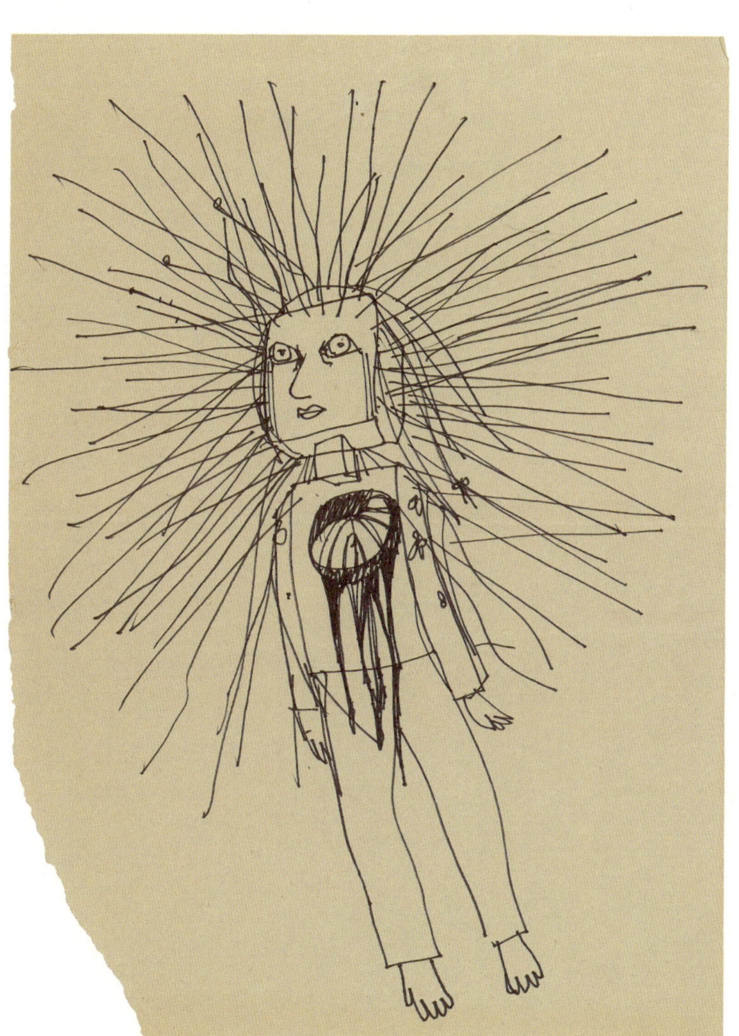

창작을 하기 전에 필요한 것

어느 날 무수히 많은 아이디어들이 쏟아졌다.

다음 작업의 구상이 완벽하게 이뤄졌고 나는 행동에 옮기기만 하면

되었다. 물론 갑자기 하늘에서 뚝 떨어진 건 아니었다. 여러 과정,

많은 일들을 겪은 다음 도달한 지점이었다. 그러나 난 로또를 맞은

기분으로 게을러졌다. 이미 모든 게 축적되었기 때문에

급할 것이 없었다. 그렇게 게으른 자세로 얼마나 오랜 시간이

지났을까……. 문득 머리가 마비가 되었고 아이디어는

떠오르지 않았다. 분명 난 많은 것을 축적해두었는데

신기할 따름이었다. 답답한 시간이 이어졌고 서서히

예전처럼 아이디어와 새로운 구상이 떠오르기 시작했다.

지난번 그 긴 시간 동안 생각하고 부딪혔던 상황을

다시 반복하며 도달한 지점. 아! 내가 어느 날 느꼈던 생각의

결과물은 그저 그걸 만났다고 내 것이 아니었던 것이다.

한눈을 판 사이에 머릿속, 가슴속에서 휘발되어

사라졌던 것이다. 또 다시 그 느낌을 찾기 위해선

그 지점으로 향하는 그 길을 다시 지나가야만 했던 것이다.

그게 아주 긴 시간일지라도…….

작품은 거짓말을 하지 않는다.

온정의 「작품을 풀어내는 여정」 중에서

생각은 흘러 다니는 바람 같아서 어느 순간 내 머리를 스쳤을 때

그것을 잡지 못하면 그대로 놓치고 만다. 두루뭉술 기억하고

있는 것은 아무 소용이 없다. 어떤 것을 느낀 그 순간에는 정확한

한 지점에 서 있을 때다. 이성과 감성 그리고 후각, 청각, 시각 모두
한 지점에서 절묘하게 맞닥뜨렸을 때다. 그런데 그 지점을 놓친 다음
다시 끄집어내려 한다면 그땐 이미 늦었다.

창작을 가르칠 수는 없다. 대신 창작을 할 수 있도록 도와줄
수는 있다. 순수예술 작가, 디자이너, 동화 작가, 애니메이터,
소설가, 시인, 작곡가……. 이들은 창작이 직업이다. 그리고 그들이
창작을 하기 전에 꼭 필요한 것이 있다. 바로, 필요할 때마다
마음껏 퍼다 쓸 수 있는 우물 속 메마르지 않는 촉촉한 물기다.

작가에겐 '작가노트'가 있다. 디자이너들에겐 '아이디어노트'가
있다. 번뜩이며 떠오르는 생각을 잡아두는 곳이기도 하고 미래를
계획하는 곳이기도 하며 머문 생각을 풀어내는 곳이기도 하다.
이것은 그들에게 우물 속 촉촉한 물기이며, 보물단지고 심장이다.
그리고 이러한 우물이 당신에게도 필요하다.

어느 날 동화 일러스트레이션 준비반에게 매일매일 무언가를
메모해 오라는 과제를 내주었다. 감명 깊게 읽은 책이나 관람했던
영화, 들었던 음악에 대하여 느낌을 적어본다든지, 버스를 타고
전철을 타며 보았던 풍경, 오고 가면서 느꼈던 짤막한 생각들,
요즘 갖고 있는 불만과 행복 요소, 내가 가장 중요시하는 것들,
열광하는 것들, 무서워하는 것들 등등에 대한 사소하고도 평범한
이야기들을 기록해보는 것이었다. 몇 달이 지나고 그동안 해온
다이어리를 수업 중에 각자 꺼내어 발표해보기로 했다.
어쩌면 그림을 그리고 배우는 시간보다 이 시간이 더 값지고
도움이 되는 것이리라.

한 분의 다이어리를 넘기던 중, 유모차에 탄 아기가 그려져
있고 옆에 이런 글귀가 있었다. "나는 가끔 아기들이 부럽다.
배고프다고 울면 우유 주고, 똥 싸놓고 울면 기저귀 갈아주고,
맘에 안 든다고 울면 어른들은 달래준다. 나도 때로는 아기이고
싶다." 피식 웃음이 나왔다. 거창한 시를 쓴 게 아니다. 그렇게

순수한 마음으로 솔직할 수 있는 기회는 또 다른 자신을 발견하게 해준다. 더불어 **주변** 사람도 미소 짓게 한다.

　다이어리는 자신을 들여다보는 소중한 시간을 갖게 해주고 한순간 날아가버릴 수도 있는 아이디어를 붙잡아놓는다. 나는 짤막한 글들을 자주 쓰는 편인데 그것들을 다시 쓰라면 못한다. 왜냐하면 그러한 글은 다듬고 쥐어짜면서 쓴 글이 아니라 순간적으로 떠오르거나 스쳐 지나간 생각들을 잡아둔 것이기 때문이다. 나중에 그 기록들을 내 작품에 연관지어 풀어내기도 하고 나 자신과 다른 이들에게도 질문을 던지며 대화를 나눠보기도 한다.

　우리는 살면서 이렇게 낙서하고 메모할 시간이 별로 없다. 이것이 시간낭비가 아니라 귀중한 삶의 단비라는 것을 직접 해보지 않고서는 알 수 없을 것이다. 당신의 우물 속을 들여다보길 바란다. 메말라 있는가? 촉촉한가? 지금 당장 창작을 할 수 있는 준비가 되어 있는가?

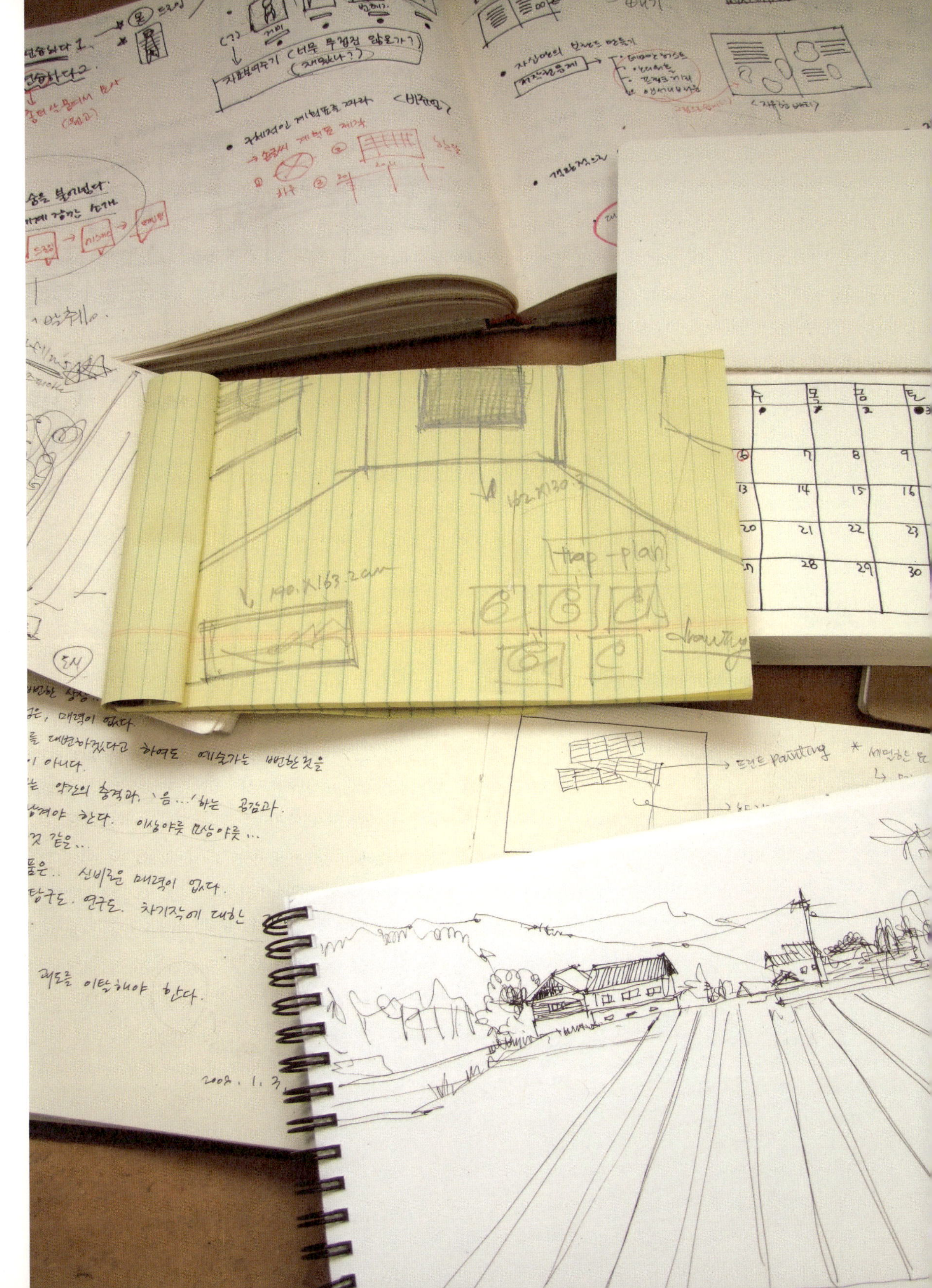

창의력을 연습하다 1 - 공상 소년소녀가 되어보자

상상력을 확장시켜 주는 연습
공상을 해봅시다

방법 1: 매일 바라보는 물건이나
대상과 입장을 바꿔본다.
(예: 화초가 되어보기,
마네킹이 되어보기, 에스컬레이터가
되어보기…… 등등)
실천: 그때의 기분이나 심정을
수첩에 적어본다.

방법 2: 자신이 가장 두려워하거나
가장 좋아하는 것을 생각해본다.
이왕이면 남들이 이해할 수 없는 것을
택해보자. (남들은 다 싫어하는데
혼자 유난히 좋아한다거나 하는 것들)
실천: 자신이 두려워하는 것을
더 무섭게 상상해본다. 자신이
좋아하는 것을 더 마음에 들도록
상상해본다. 이렇게 머릿속에
맴도는 것들을 종이에 최대한
옮겨본다. 잘 그리는 것에
연연하지 말자.

세상의 부정적인 면을 알기 시작할 때 철이 든다고 했던가.
그래서 나는 늘 철들지 않은 채로 살아야겠다고 고집을 피우기도
했다. 부정적인 면조차 긍정적으로 바라보겠다고, 그냥 신기한
눈으로 관조해보겠노라 그렇게 다짐할 때도 있었다. 그럴 때
가장 필요한 건 뭐? 공상 소녀가 되는 거였다.

나는 어렸을 때부터 공상하는 것을 좋아했다. 공상은 막연한
상상과 좀 다른데 불가능한 것을 가능하게 상상하거나 기나긴
가상의 스토리를 이어간다거나 그러한 상상을 통해 즐겁고
신나기까지 하는 것. 그게 진정한 공상이라 말할 수 있다.

이미 우리가 살아가는 세상이 현실적이고 또 현실적인데
굳이 머릿속마저 현실적인 것들로 가득 채워야 하나? 우리의 몸이
멀리 여행을 떠나지 않았더라도 잠시나마 공상을 하며 배시시
웃어보는 건 어떨까?

나는 작업실에 앉아서 창문 밖 하늘을 자주 보곤 한다.
그러고는 파란 하늘에 떠 있는 구름을 보며 내가 구름이라고
상상을 해본다. 내 몸은 가볍고 바람은 시원하고 세상이 한눈에
보인다. 그렇게 바람에 몸을 싣고 두둥실 떠다니다가 때로는
비가 되어 땅 위에 내려앉는다. 흙 속에 들어가서 다시 나무의
잎사귀로 태어나기도 한다. 아, 운이 나쁘면 시궁창에 들어갈 수도
있겠다. 하지만 구름이 되면 가장 기분 좋은 것은 사라질 수
있다는 것. 어딘가에 머무르지 않고 언제 어디서든 흔적 없이
사라질 수 있다는 것이 얼마나 가뿐한 일일까? 이렇게 공상을
하다 보면 시간 가는 줄 모른다.

그린다는 것은 보이는 것을 그리는 게 다가 아니다. 이렇게

공상 속에서 발견한 무수한 이미지들까지 보탠다면 그릴 것은
무제한적이다. 작업의 소스가 되기도 하고 어떤 분야에서든
기발한 아이디어를 유추할 수 있는 밑거름이 된다.

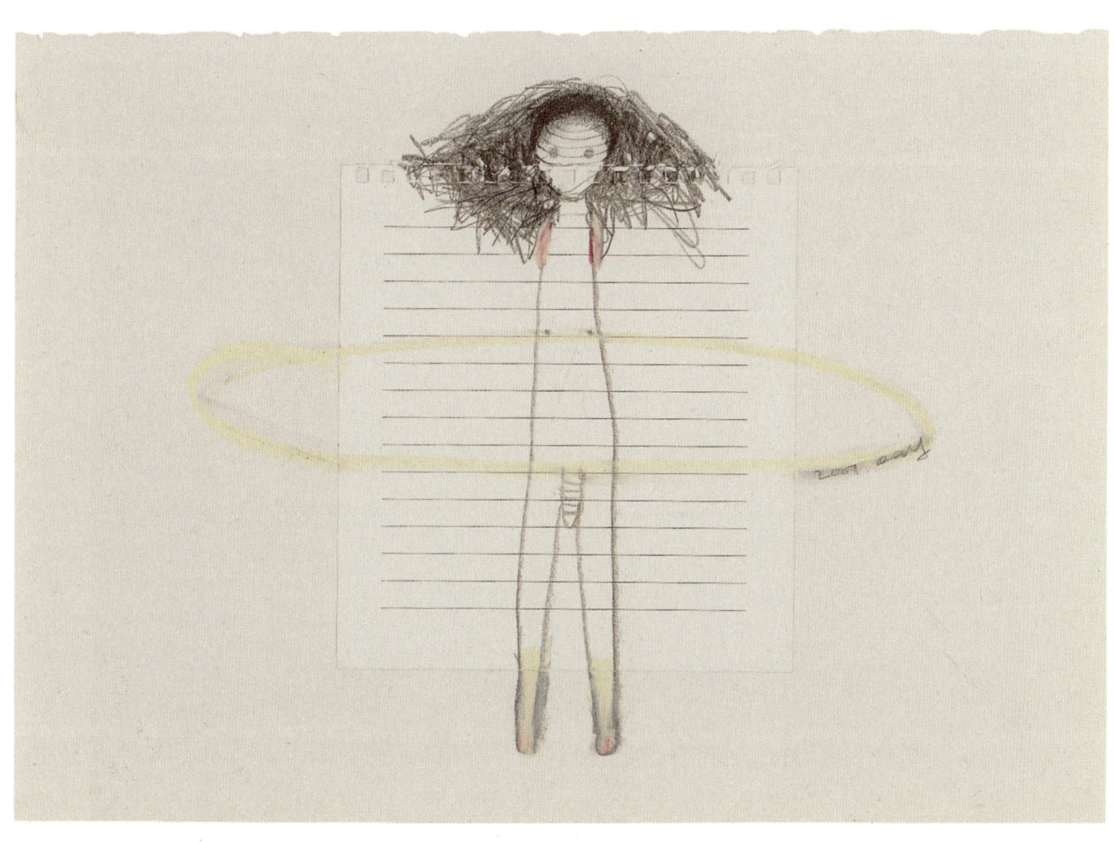

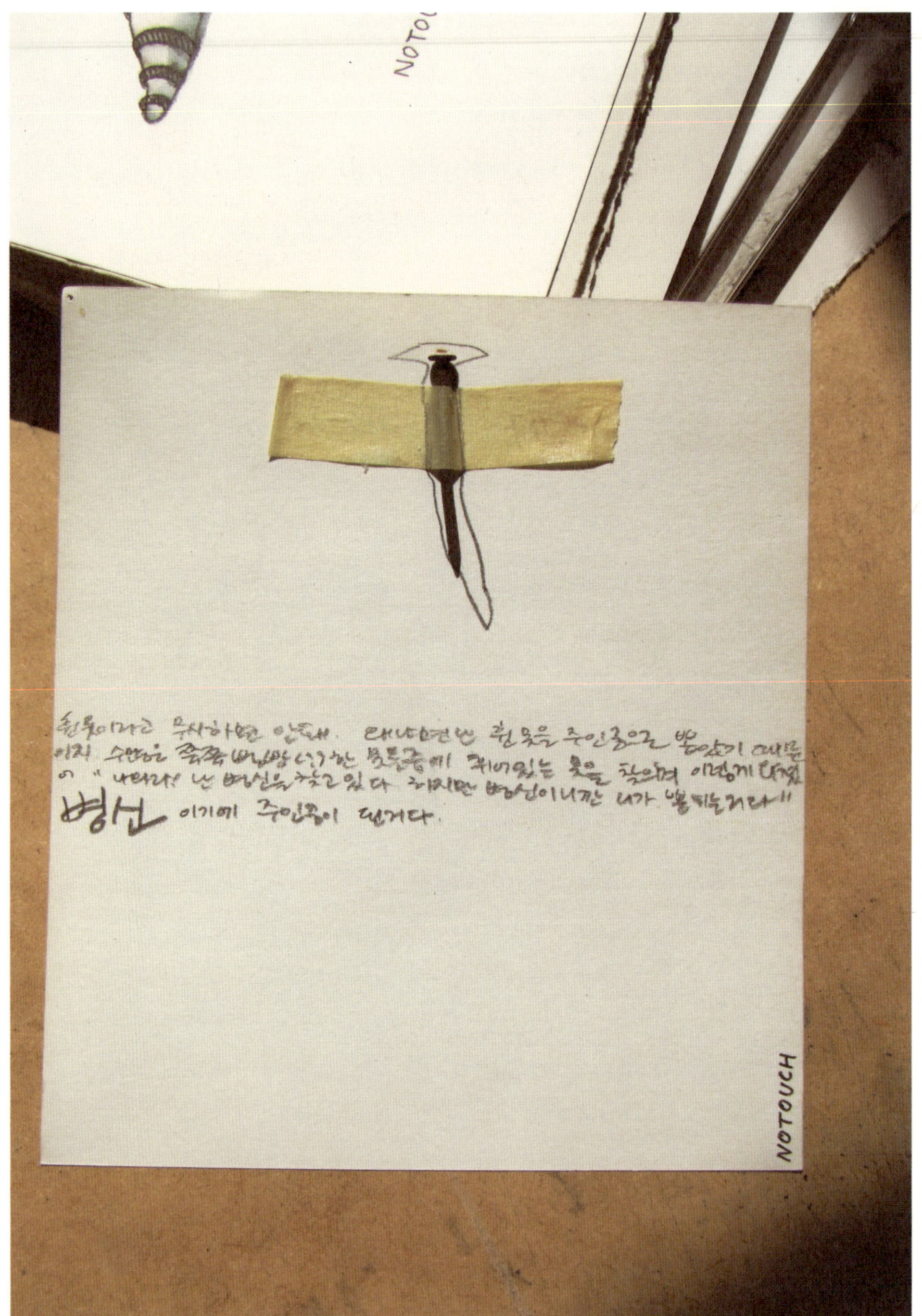
NOTOUCH
NOTOUCH
헛둥이라고 무시하면 안돼. 왜냐하면 헛둥을 주인공으로 뽑았기 때문
이지 수많은 줄줄이 바쁘게 ...하는 ...중에 끼어있는 것을 잡아서 이렇게 담았
어 "바라라 난 ...을 찾고 있다 하지만 ...이니까 내가 뽑는거다"
병선 이기에 주인공이 된거다.

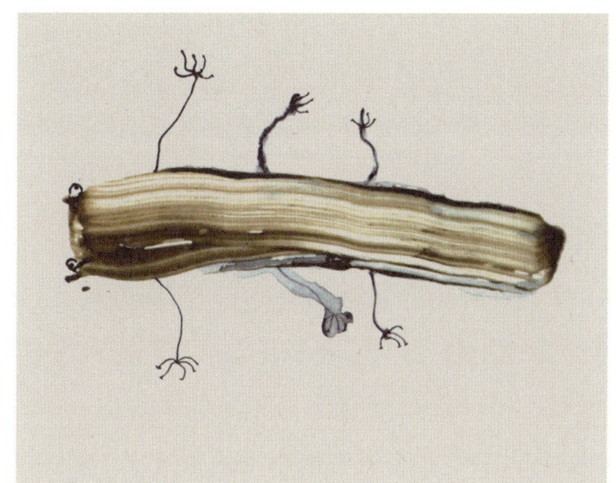

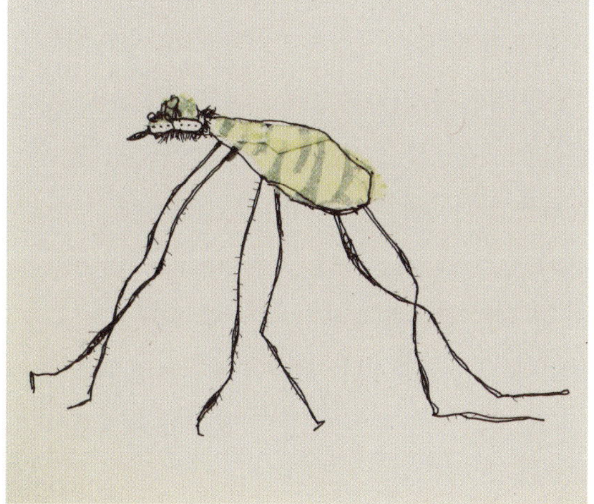

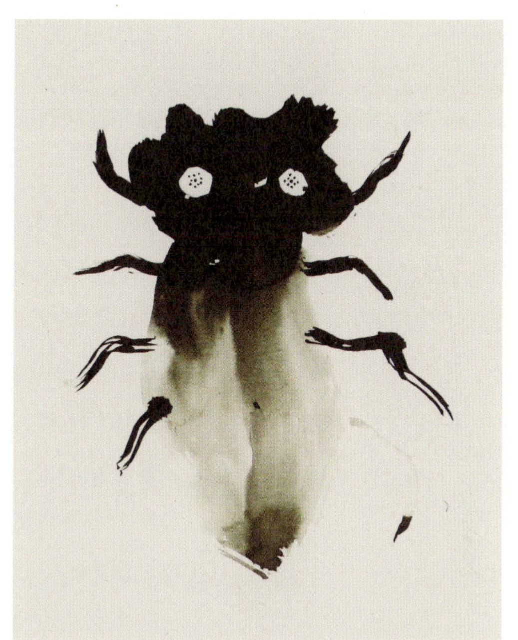

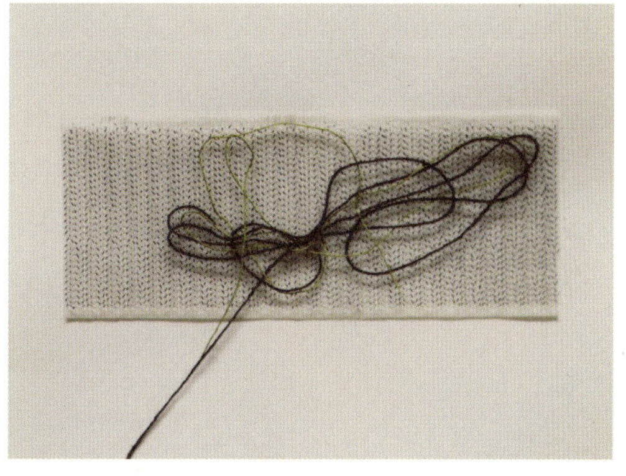

창의력을 연습하다 2 - 본질 찾기와 관점 비틀기

창작은 이미 존재하는 것을 발견하는 과정이다. 존재하지 않는
형상을 그린 것만이 꼭 창작이라 말할 수 없다. 누구든 총의
방아쇠를 당기면 총탄은 나간다. 그러나 목표물 없이 무의미하게
남발할 경우 총의 매력은 사라진다. 상상한 것을 남발하듯
분출하는 것, 그건 배설일 뿐이다. 운이 좋아서 목표물에 우연히
저격하듯, 운 좋게 기발한 아이디어를 얻었다 할지라도 지속성은
떨어진다. 지속성이 없으면 창작을 직업으로 삼고 사는 이들은
하루하루가 살얼음판일 것이다. 그렇다고 무조건 진정성을 갖고
의미를 부여해야 한다는 것은 아니고 매력 하나 없는 무의미한
낙서로 그치지는 말자는 거다. 즉, 단순히 상상을 남발한다고 될
문제가 아니다. 상상해서 얻은 아이디어를 효과적으로 보여주는
것도 중요하다. 그래서 앞서 얘기한 창의력 예시 중, 화분과
입장을 바꿔보는 것처럼 시간을 좀 더 투자하며 체계적인 과정을
거칠 필요가 있다. 득히 시각 표현을 하기 전에, 꼬리에 꼬리를 물며
생각을 발전시켜야 한다.

　개인적으로 존경하는 세계적인 비디오 아티스트 빌 비올라
bill viola에 대해 얘기를 해볼까 한다. 그의 작품은 우리 주변에서
흔히 볼 수 있는 사람과 풍경을 영상으로 보여준다. 단, 최첨단
영상기술을 동원하여 인간의 육안으로 감지해내기 힘들 정도의
느린 움직임이 핵심이다. 그가 비주얼을 위해 표현기법을
영상기술로 심화했지만 그의 작품에 깃든 주제가 없다면 매력은
반감되었을 것이다. 핵심은 삶과 죽음, 시간과 공간, 인간과
자연이다. 그렇다면 시간을 거슬러 올라가서 그가 어쩌다가
인간과 자연 풍경을 엄청나게 느린 속도로 보여주려 했는지

예측해보자. 그는 미국사람임에도 불구하고 동양 철학과 불교에 관심을 두고 있었고, 그러한 경험을 통해 그만이 느끼는 세상의 본질을 찾으려 했다. 그리고 인간과 자연의 보통 움직임이 아닌 엄청나게 느린 속도를 발견했다.

(#1. 영상 속에 한 사람이 서 있다. 슬픈 일을 당한 듯 얼굴을 찌푸리며 가슴을 쥐어뜯으며 괴로워한다.) 매우 느린 속도로 플레이되기 때문에 얼핏 보면 정지화면 같지만 아주 미세하게 움직인다.

(#2. 수면 위로 엄청난 물방울들과 함께 한 사람이 튀어 오른다.) 영상 속에는 어떤 이가 물속으로 떨어지듯 들어가는 장면을 거꾸로 플레이한다. 매우 느리기 때문에 불과 3초 남짓의 순간은 15분 이상 지켜봐야 다 볼 수 있다.

그의 작품을 보면 경이롭고 신비롭다. 나는 눈물까지 흘렸으니 그러고 보면 단 몇 초의 순간이 감동을 준 셈이다. 순간과 순간이 모여서 시공간을 빽빽하게 이룬다. 우리가 그냥 스쳐 지났을 찰나, 기억과 추억들은 어느 것 하나 가치 없는 것이 없다. 빌 비올라는 우리가 살면서 놓치고 마는 수많은 감정과 존재의 가치를 찾아내서 보여주려 했던 것이다.

이번엔 좀 쉽게 가보자. 서울 청계천에서 친근하게 볼 수 있는 소라 조형물원제: spring 을 잘 알고 있을 것이다. 미국의 조각가 클래스 올덴버그claes thure oldenburg 의 작품이다. 그는 일상의 평범한 사물을 거대하게 확대하여 보여준다. 옷핀, 깎다 만 사과, 먹다 만 아이스크림, 망치, 연장…… 등등 익숙한 것들이지만 거대한 형상으로 다시 보면 신선한 충격이다. 이것이 관점 비틀기다. 이미 익숙한 관점을 뒤집는 것. 포크를 집 한 채 크기로 키우는 순간, 기존의 관점은 파괴된다. 이 역시 일상에서 발견한 창작요소다.

본질 찾기와 관점 비틀기는 시詩에서 자주 볼 수 있다. 그래서

나는 평소에 시에서 영감을 받기도 하고 일상에서 영감을 받으면
시의 형식으로 함축하여 메모를 해둔다. 이창동 감독의 영화
「시」를 보면, 문화센터에서 시를 가르치는 한 시인이 이런 말을 한다.
"여러분은 이 사과를 천 번, 백 번, 천만 번 봐왔겠지만 그렇게
보는 것은 보는 것이 아닙니다. 다시 말해 여러분은 한 번도
이 사과를 본 적이 없는 것입니다." "시는 멀리 있는 게 아니에요,
설거지 통 속에서도 시는 있어요."

주인공 미자는 일상에서 시를 써보려 노력하지만 영감이
떠오르지 않는다. 그러다가 뼈저린 삶의 고통스런 경험을 통해
끝내 시 한 편을 완성한다.

이렇듯 본질을 찾고 관점을 비트는 것이 창작연습의
한 맥락이라면, 인생의 달고 쓴 진짜 경험은 그러한 연습의
완성이 아닐까.

창작을 돕는 것들

사람마다 다르겠지만 흔히 오전에는 이성적이고 밤에는
감성적이라고들 한다. 그런데 근거 없는 얘기는 아니라고
믿게 되는 것이 내 경우에도 그렇기 때문이다. 보통 세밀하게
계산하며 그려야 할 때나 단순 노동이 필요할 때는 오전과 낮에
하는 편이고 아이디어를 내거나 창작에 빠져들어야 할 때는
밤에 주로 하는 편이다. 또한 색감 작업을 할 땐 형광등에 의지하는
밤보다는 자연광의 비율이 높은 낮에 하는 것이 좋다. 이렇게
자신에게 유리한 상황을 만들어가는 것이 곧 노하우다. 그중에서도
예술가에게 가장 큰 노하우는 창작을 돕는 요령을 얼마만큼 갖고
있느냐 하는 것이다. 단순 노동은 시간만 있으면 언제 어디서든지
실행 가능하다. 그러나 창작은 쥐어짠다고 될 문제가 아니다.
아무 생각도 떠오르지 않는다고 넋 놓고 무한정 있을 수만은
없지 않은가.

　　　창작은 우연히 다가오는 번뜩임이다. 그리고 감정 몰입이다.
전자는 운이 좋은 경우지만 언제나 행운을 바라며 번뜩임을
기다릴 수만은 없다. 그래서 후자의 방법은 창작자가 지녀야 할
중요한 요령이다. 감정 몰입의 방법은 사람마다 다르기 때문에
콕 집어 얘기할 수는 없다. 내 경우에는 예술가들의 3대 중독(담배,
술, 커피)에 하나도 걸려 있지 않다. 어쨌거나 중독 없이도 예술가로
살 수 있는 이유는 나만의 요령이 있기 때문이다. 건강을 해치는
담배, 커피, 술을 피하고 싶다면 다음의 방법을 활용해보시길.

1 음악을 적극 이용해보라

내가 보유한 음악 폴더는 다음의 제목들로 분류를 해놓았다.
신나는 음악, 조용한 음악, 중간 템포 음악, 작업용 음악…… 등등.
신나는 음악은 작업실 아침을 시작할 때나 힘을 내고 싶을 때,
조용한 음악은 단순 노동 작업을 할 때나 손님 접대용, 중간 템포
음악은 운전을 하거나 적당히 흥겹고 싶을 때, 마지막으로 작업용
음악은 감정을 몰입할 때 듣는다. 내가 작업하고 있는 작품과
어울리는 음악이 있다면 그것이 작업용 음악이다. 내 작품 이미지나
주제와 어울리는 음악이라고 느껴지면 작업에 들어가기 전에
한참을 감상하며 감정 몰입을 해보자. 푹신한 의자에 몸을 맡기고
작품을 뚫어져라 응시하면서 무릎 위에는 아이디어 노트를 펼친다.
그리고 떠오르는 이미지와 글을 끼적여보자. 작품 안에서 무엇을
덧붙여야 하고 무엇을 수정해야 할지도 보인다. 이다음엔
어떤 작품을 만들어야 할지 계획도 떠오른다. 그 순간만큼은
감성적으로 흠뻑 취해서 내가 만들어낼 작품의 느낌을 구상한다.

2 시나 소설에서 영감을 얻어라

소설이 한 인간의 상상력의 결정체라면 시는 관념의 응집이다.
내겐 소설보다는 시가 더 많은 영감을 주곤 한다. 절제하며 써
내려간 생각의 응집은 인간이 육안으로 볼 수 없는 곳까지 꿰뚫는다.
설명하고 있지는 않지만 허를 찌르는 기분. 보여주고 있지는 않지만
잔상이 남는 기분. 그런 기분이 들 때 감정 몰입은 시작된다.
때로는 시각 이미지 수십 개를 감상하는 것보다 소설이나 시 몇 권을
읽는 것이 몇 배의 영감을 불어넣어준다.

3 또 하나의 우주, 사람을 만나라

새로운 사람을 만나는 것은 여행을 다녀오는 것과 비슷하다.
여행이 삶의 환기라면, 사람을 만나는 것은 또 하나의 우주를
탐험하는 일이다. 어떤 사람은 만날 때마다 기운이 빠지고 우울하다.
또 어떤 사람은 활기차고 에너지를 받는다. 여기서 중요한 것은
'어떤 에너지를 받고 싶은가?'이다. 사람을 만나면 그 사람에게
동화된다. 동화되는 기운이 곧 창작 - 작품으로 이어진다.
그래서 꼭 에너지가 넘치는 사람을 만나야 하는 이유는 없다.
한껏 가라앉는 무엇을 얻고 싶으면 그런 사람과 만나보라.
사람은 '또 하나의 우주'이기 때문에 실제 우주여행을 하는 것보다
더 신비로울지도 모른다.

이 밖에도 창작을 돕는 방법에는 여러 가지가 있을 것이다. 그러나
분명히 구분해야 할 점은 작업을 하기 위해서 기분을 환기시키거나
좋은 이미지들로 눈을 씻는 것과는 좀 다르다는 점이다. 즉, 영감을
받거나 마음속 깊이 일렁이는 의식을 끄집어내는 일은 더 많은
세심함이 필요하다. 이렇듯 창작을 유도해낼 수 있는 각자의
요령들을 찾아내보길 바란다.

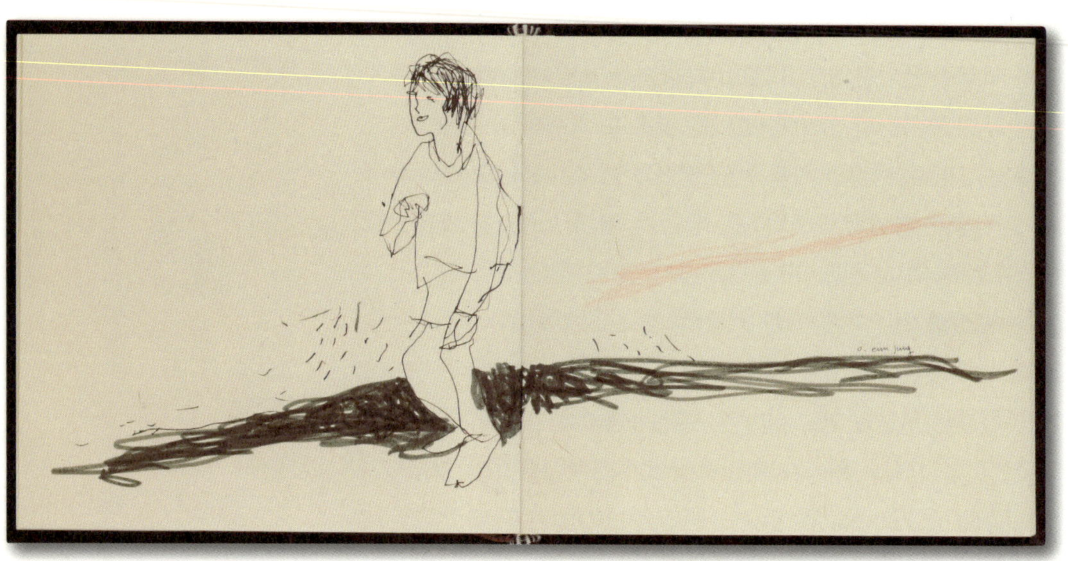

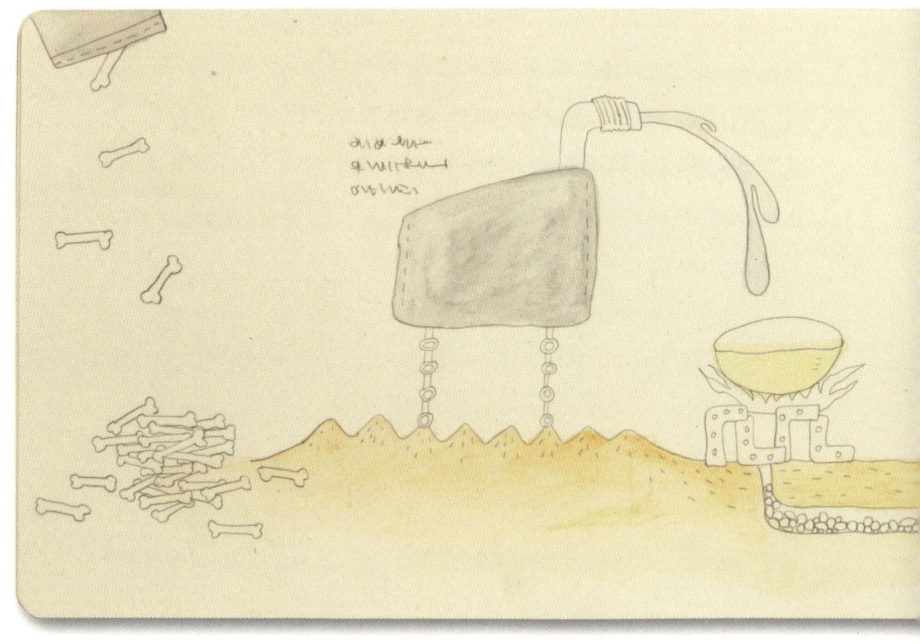

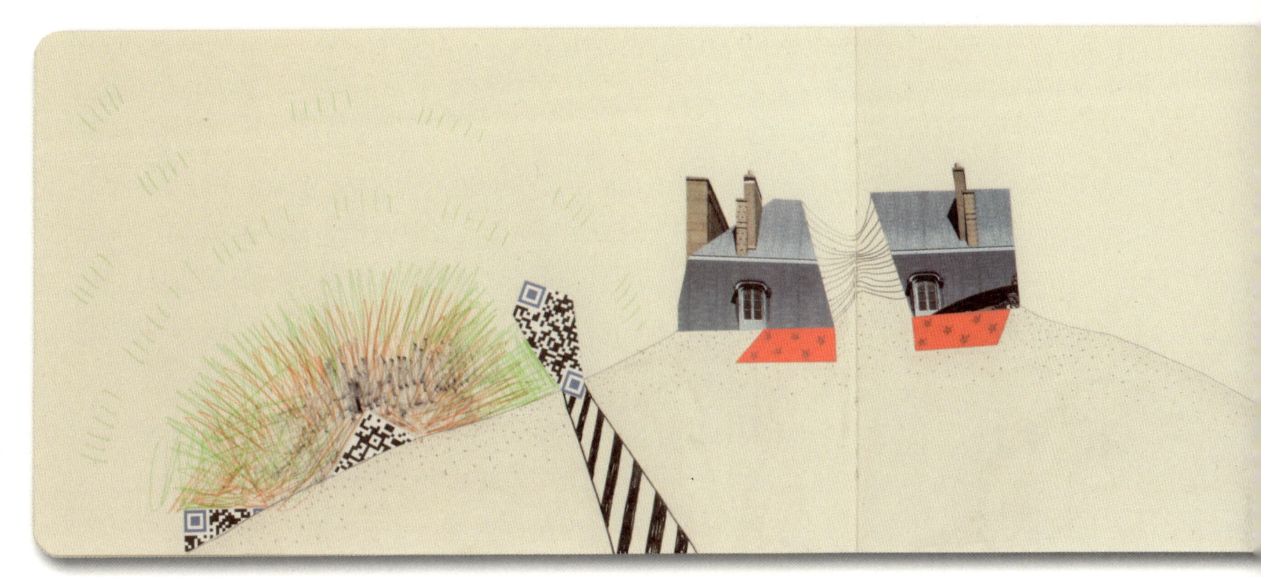

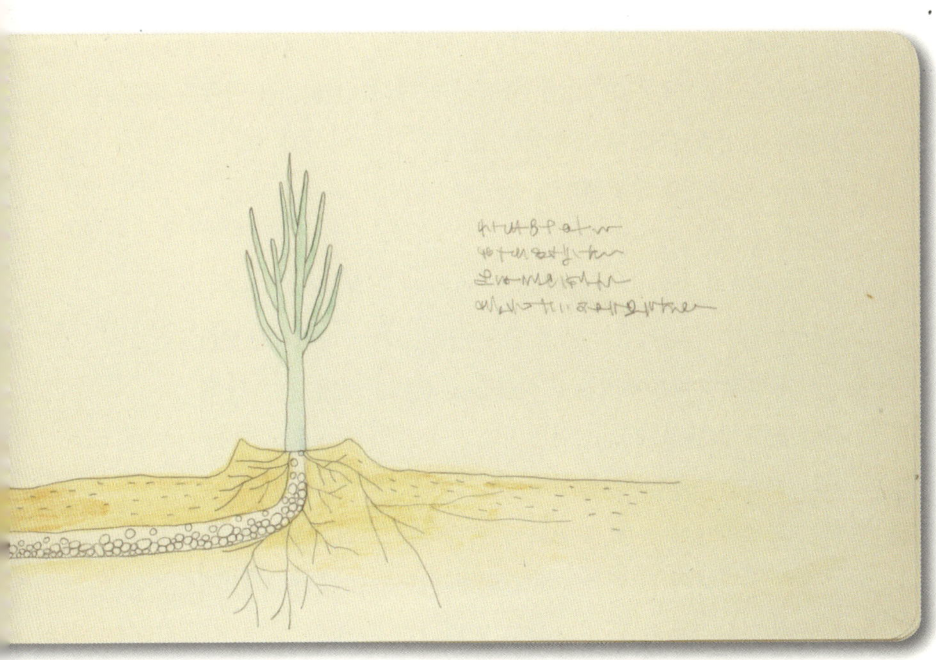

상상력에 숨을 불어넣다

누구나 머릿속으로 실존하지 않는 모든 것을 상상할 수는 있으나
그것을 세상 밖으로 끄집어내는 일은 어렵다. 마치 실제로
존재하는 것처럼 표현하기 위해서는 실존하는 것들을 참고로
했을 때 더 빛을 낸다. 예를 들어 영화에 등장하는 외계인들의
형상은 하나같이 모티브가 있다. 오징어, 낙지, 바퀴벌레,
번데기, 각종 곤충 및 그 밖의 미물들이다. 괴물의 형상은 사자,
호랑이 등의 사나운 짐승의 표정과 이빨을 모티브로 삼고 있다.
　　어느 날 수업 중에 한 분이 이런 질문을 했다. "등장인물의
포즈가 상상이 안 가는데 그럴 땐 어떻게 해야 하나요?" 그분은
등장인물을 창작하여 새로운 캐릭터를 만들고 있었다. 그런데
그 캐릭터의 움직임을 자유자재로 그려낼 수가 없었던 것이다.
만일 특정 포즈가 상상이 안 간다면 실제로 그러한 상황을 사진으로
촬영한 뒤 캐릭터에 대입하는 방법이 있다. 그런데 등장 캐릭터가
사람이 아니라면 좀 더 응용해야 한다. 공간도 마찬가지다.
상상하고 있는 장소에 생명을 불어넣으려면 모티브가 되는
공간을 참고하는 것이 좋다.
　　여기에서 작가들이 작업을 할 때 어떻게 상상력에 숨을
불어넣는지 나의 작업 과정을 일부 공개하면서 설명해보겠다.
　　나의 작업세계에서는 도시라는 공간이 존재한다. 그리고
작품 안에서 핵심이 되는 이미지는 도심을 가득 메우고 있는
아파트와 건축물 들이다. 현시대에서 시각적으로 제일 두드러지는
도시 풍경의 요소는 고층 건물과 인간이다. 그리고 인간의 머릿속과
마음속의 결과가 곧 건축물에도 영향을 끼치고 있는 것이라고
생각했다. 오랫동안 서울 도심을 오고 가며 안타까웠던 것은

무작정 옛것을 부수고 일률적인 새 건물만 짓고 있다는 사실이었다.
그런데 그것은 현대를 살아가는 인간의 세상에서도 비슷하다고
느꼈다. 나는 이 둘의 연관성을 모티브로 하여 내 방식대로
다시 풀어내보기로 했다. 즉, 건물을 분해하고 다시 재조립하여
또 다른 형체를 창조하고 그러한 기형적인 형상 안에 현대인의
심리를 투영해보는 것이었다.

처음에는 단순히 아이디어 스케치를 한다. 그러나 머릿속에
상상해놓은 느낌을 풀어내려면 좀 더 구체적인 형상이 필요하다.
그래서 실물을 사진으로 촬영하여 자료 수집을 한다. 그리고
콜라주와 드로잉을 접목하여 세밀한 에스키스를 제작한다.
이렇게 에스키스한 것들 중에서 영감을 주는 것을 선택한다.
나의 상상력에 숨이 들어갔기에 다음 단계의 작업은 훨씬 더
치밀하게 작업할 수가 있다. 즉, 에스키스에 다시 숨을 불어넣어
페인팅으로 그려내고 그 안에서 색감과 구도를 다시 재창조한다.
이런 과정을 거쳐 내 작품은 마침내 콜라주한 듯한 착각이 드는
페인팅으로 거듭난다.

왜 이렇게까지 복잡한 단계를 거쳐야 하는지 이해하지
못하겠다며 의아해하는 분도 있을 것이다. 그런데 난 가끔
이런 생각을 하곤 한다. 위조지폐를 방지하기 위해 지폐 위에
복잡한 단계의 그림이 그려져 있듯이 재현하기 힘든 여러 단계의
과정은 내 작품의 또 하나의 독창성이 아닐까 하고 말이다.
그리고 이러한 작업의 단계들은 머릿속에서 우물쭈물하던
나의 상상력에 숨을 불어넣는 과정이기도 하다.

어떤 이는 컴퓨터그래픽을 통해서, 어떤 이는 사진을 통해서,
또 어떤 이는 그림을 통해서 자신의 상상력에 숨을 불어넣는다.
당신이 상상하는 것들은 어떻게 숨을 불어넣어서 세상에
내놓고 싶은가?

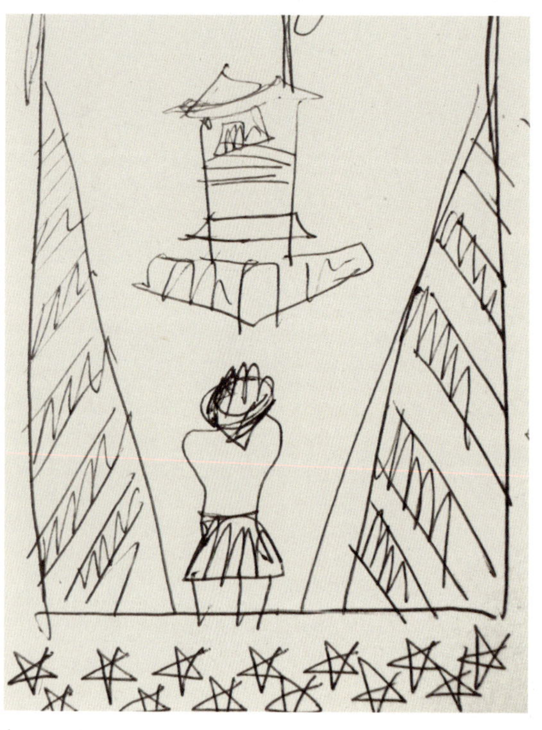

1

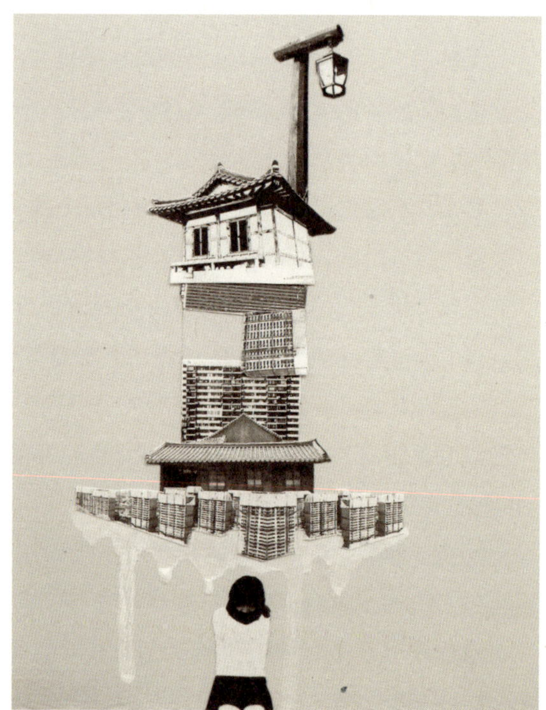

2

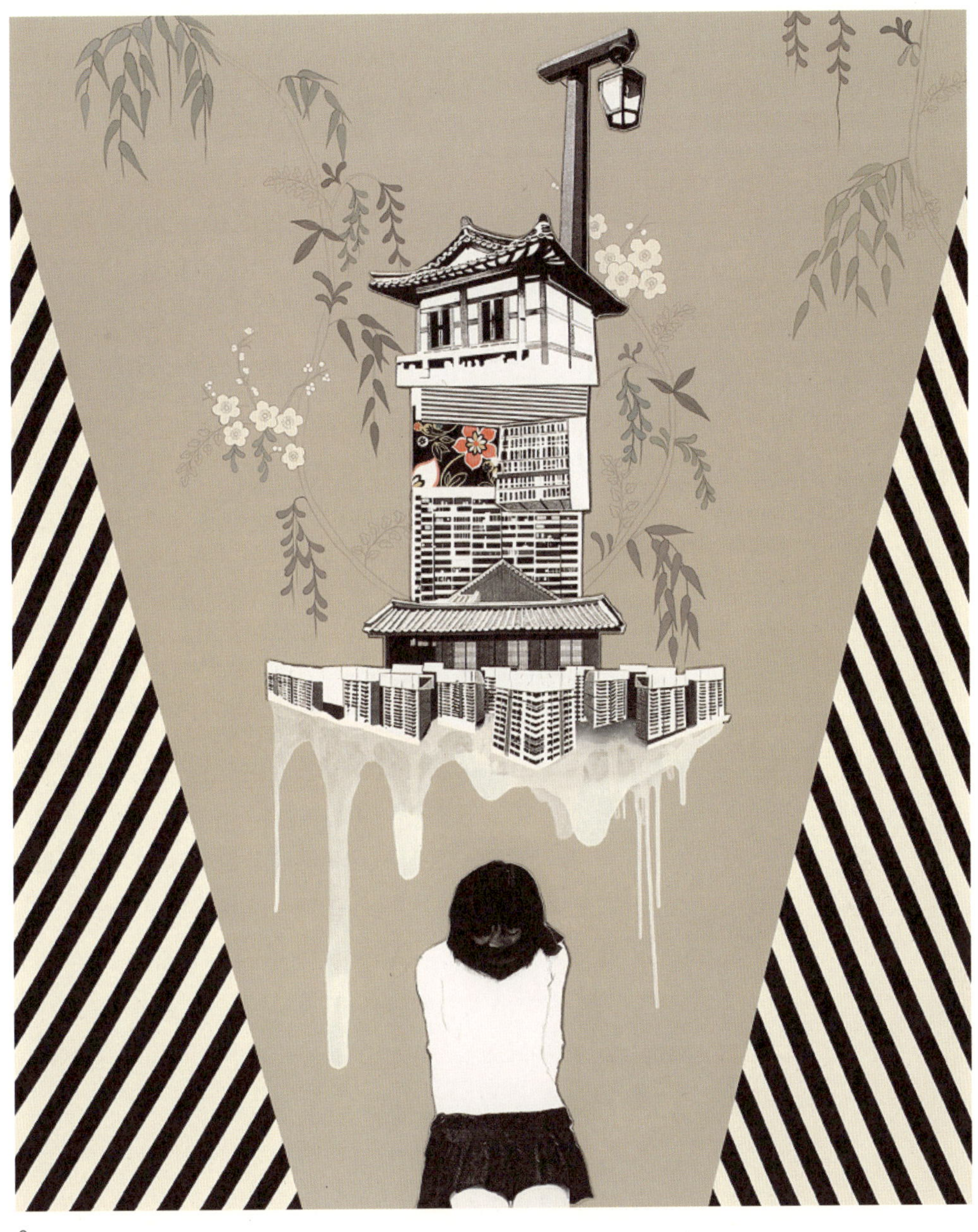

3

oh eun jung, *hidden flower*, 1303 × 1622 mm, acrylic on canvas, 2009

1 아이디어 스케치　2 에스키스　3 페인팅

자연은 무한한 상상의 공간이다

아주 어렸을 때다. 할머니가 계신 시골에 내려갔을 때 내게
영감을 주었던 나무가 있다. 그 나무는 크고 오래된 나무였는데,
계절이 바뀔 무렵 나무 표면의 껍질이 떨어질락 말락 하곤 했다.
살짝 떼어낸 껍질과 그 자리가 비어 있는 나무. 그것은 나에게
무한한 상상력을 제공해주었다. 이건 마치 코끼리 같아, 이건
엎드려 있는 고양이 같고, 아, 이건 주전자……. 그리고
껍질을 가방 안에 차곡차곡 넣고 서울로 올라왔다. 부모님은
그런 날 보고 이해할 수 없다는 눈초리로 쳐다보셨지만
그냥 그대로 놔두셨다.

자연은 이미 만들어진 장난감보다 더 큰 상상의 세계를
제공한다. 장난감이 풍부하지 않았던 어린 시절, 담벼락에
피어 있는 꽃 한 송이와 나뭇잎은 소꿉놀이의 필수 아이템이었다.
하나부터 열까지 상상하지 않는 것이 없었다. 당신도 그랬을 거다.
어찌 보면 자연은 최첨단 기술로 제작한 장난감보다 더 다양하고
규모 있는 놀이감이다. 아이들을 가만히 바라보면 끝없이 상상의
나래를 펼치는 것을 목격할 수 있다. 혼자 흥얼거리고 만들고
빠져 있다. 다 큰 성인이 그렇게 한다고 치자. 이상해 보인다.
다 커버린 우리도 흥얼거리고 만들고 빠질 수 있다. 하지만
눈치 볼 것이 너무 많다.

자연은 정답을 주지 않는다. 법정 스님은 산골짜기에 살며
소리만 듣고도 어떤 새소리인지 알 수 있었다고 한다. 하지만
그 소리를 구분하기까지 엄청난 시간과 정성이 필요했을 것이다.
또한 상상력도. 정답이 주어지지 않았기 때문에 스스로 다가가서
동화되고 관찰해야 한다. 그 과정에서 인내도 배울 수 있고

운이 좋다면 굉장한 것을 발견할 수도 있다.

지금 생각해보면 나의 상상력은 자연 속에서 빛을 발했다. 자연은 꼭 시골을 뜻하는 건 아니다. 자연이 준 그대로의 공간을 말한다. 시선을 낮추면 땅 위에 무수한 곤충이 있고 풀들이 자라고 있다는 것을 볼 수 있다. 우리는 우리도 모르게 많은 생명체와 동거하고 있는 셈이다. 그 소리에 귀를 기울여보자. 관찰하고 동화되어보자.

내가 한 아이의 부모라면 무조건 미술학원만 보낼 것이 아니라, 어릴 적 내가 그랬던 것처럼 아이에게 자연이라는 장난감을 알려주고 싶다.

무아지경의 매력

영화 「위대한 유산」에서 남자 주인공이 여인의 누드를 그렸던
장면을 기억하는가? 그는 무아지경으로 크로키한 뒤 그것을
온 벽면에 덕지덕지 붙여놓았다. 벌거벗은 여자를 그렸다고
변태 취급할 것인가? 그는 단지 몰입했을 뿐이다.

우리가 무엇을 해내기 위해서는 시간이 필요하다. 그러나
기나긴 시간이 주어진다 해도 절박함이 없다면 그 시간들은
지루하다. 그렇다고 주어진 시간에 절박함만 갖고 있다면, 그 또한
죽은 시간이다. 왜냐하면 무엇을 어떻게, 왜 해야 하는지조차
모른 채 허둥대기 때문이다. 그럴 때 우리는 '몰입'이 필요하다.
그 순간, 나 자신을 잊고 무아지경에 빠져봐야 한다.

즉, 주어진 시간보다는 절박함이요, 절박함보다는 몰입이다.
누구든지 몰입하고 있을 때 가장 멋지게 보인다. 그리고 그것을
흠잡을 이는 별로 없다. 최근에 어렸을 적 친구와 상봉한 일이
있었는데 그녀는 나를 '그림을 진지하게 대했던 아이'로 기억하고
있었다. 지금껏 친하게 지내는 내 친구들도 나를 얘기할 때 평소엔
털털하지만 그림을 그릴 때만큼은 꼼꼼해진다고 한다. 그림을
그리는 순간과 그렇지 않은 시간의 내 모습에 분명한 차이가 있다는
얘기다. 그런 내 모습을 나는 잘 알 수가 없다. 아마도 그림 그리는
순간만큼은 나 자신을 잊어버릴 정도로 몰입했기 때문이 아닐까?

자신의 일에 몰입하고 있다는 것은 옆 사람의 눈치를 보거나
부끄러워하지 않으며, 엄청나게 즐기고 있다는 의미이다. 그래서
어린이들도 무언가에 몰입하면 진지해진다. 누군가에게 멋지게
보이려고 그런 것이 아닌데도 사람들은 뭔가에 몰입하는 사람을
매력적으로 생각한다. 왜냐하면 자신이 가지지 못한 것,

하지 않은 것에 그가 열정을 다해 하고 있기 때문이다.
꼭 그 분야의 전공자나 전문가가 아니더라도 쑥스러워 말고
미쳐보자. 빈둥대는 전문가보다는 비전문가일지라도
무아지경으로 그림에 몰입하고 있는 이가 훨씬 아름다운
예술가다.

모르는 것이 약이 될 수도 있다

내가 전시를 보고 서점에 가는 이유는
그곳에서 본 것들을 제외한 다른 것을
찾기 위해서다.

온정의 「작가 노트」 중에서

안목이 높아지는 것과 습관적으로 알고 있는 것은 다르다. 새로운
세계를 경험하기 위해서는 신선한 이미지를 자주 접해야 하지만
그것이 때로는 새로운 세계로 가지 못하도록 발목을 잡기도 한다.
나는 전시회를 무분별하게 보러 다니지 않는다. 누구는 닥치는 대로
전시회를 봐야 한다고 하는데 나는 그게 썩 좋지만은 않다. 이유는
여러 가지가 있지만 그중에서도 가장 큰 것은 나도 모르게 식상함이
쌓여가기 때문이다.

한 작가가 전시를 하기까지 엄청난 노력이 필요하기 때문에
발표되는 모든 전시는 그것만으로도 대단한 의미를 가질 만하다.
그러나 분명 그 안에서도 좋은 전시와 나쁜 전시는 있다. 끌림 하나
없이, 목적의식 없이 닥치는 대로 관람하다 보면 보지 말았어야
할 것까지 내 의식구조에 담긴다. 특히, 분별력이 없는
초보단계라면 더더욱 그렇다.

인간은 본능적으로 안정적인 것을 추구하려 하기 때문에
어디서 본 듯하거나 누가 했던 것들에 대해서 친근하기 마련이다.
그래서 본의 아니게 창작에 방해가 되기도 한다. 새로운 생각을
한다는 것은 일상적인 의식구조에 대한 도전이다. 그리고
두려움을 극복한 용기이자 빈틈공략이다. 누구든 가진 것이

많았을 때 이 세상 제일의 겁쟁이가 된다고 했던가. 어느 것 하나도
잃고 싶지 않아서 그 편안함에 익숙해지다 보면 도전도 새로움도
무의미해진다. 아는 것이 힘이지만 모르는 것이 약이 될 수도 있다.
내 안에 이미 가득 채워져 있다면 새로운 것을 넣고 뺄 것도
없지 않은가.

　'모르는 것이 약이 될 수도 있다'는 말은 '제대로' 아는 것이
중요하다는 뜻이기도 하지만, 습관적인 인식이 아닌, 무엇이든
새로운 느낌과 기분으로 생각해보고 표현해보자는 의미이기도
하다. 너무 많은 정보는 정작 자신의 생각마저 갉아먹어버릴 수가
있다. 억지로 좋아할 수 있는 것은 없다. 그래서 좋아하는 척을
하며 살 수도 없다. 무엇이든 때가 있듯이 좋아할 때가 되어야
좋아할 수 있다. 끌리지 않는 것까지 찾아다니며 무분별하게
관람하고 경청하지는 말자. 뻔한 음률이 싫어질 때 재즈가 끌리고,
식상한 이미지가 지겨울 때 신선한 이미지에 마음이 간다. 입에서
강하게 당기는 음식은 그것이 몸에서 필요한 영양소이기 때문이다.
다양한 것을 먹는다고 그것들이 모두 내 몸 안에 영양분으로
갈 리 없다.

　쓸데없는 것까지 모두 알려고 하지 말자. 나에게 약이 될 수
있는 것이 무엇인지 잘 살펴본 다음 그것을 섭취하자.

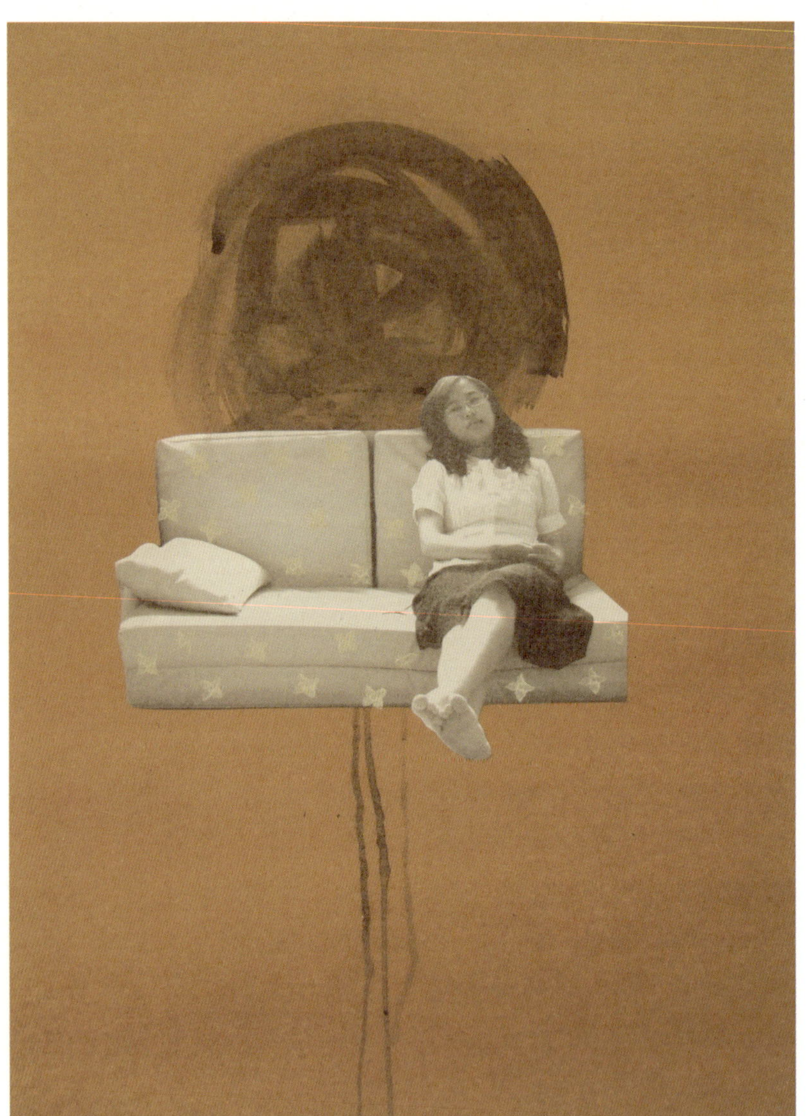

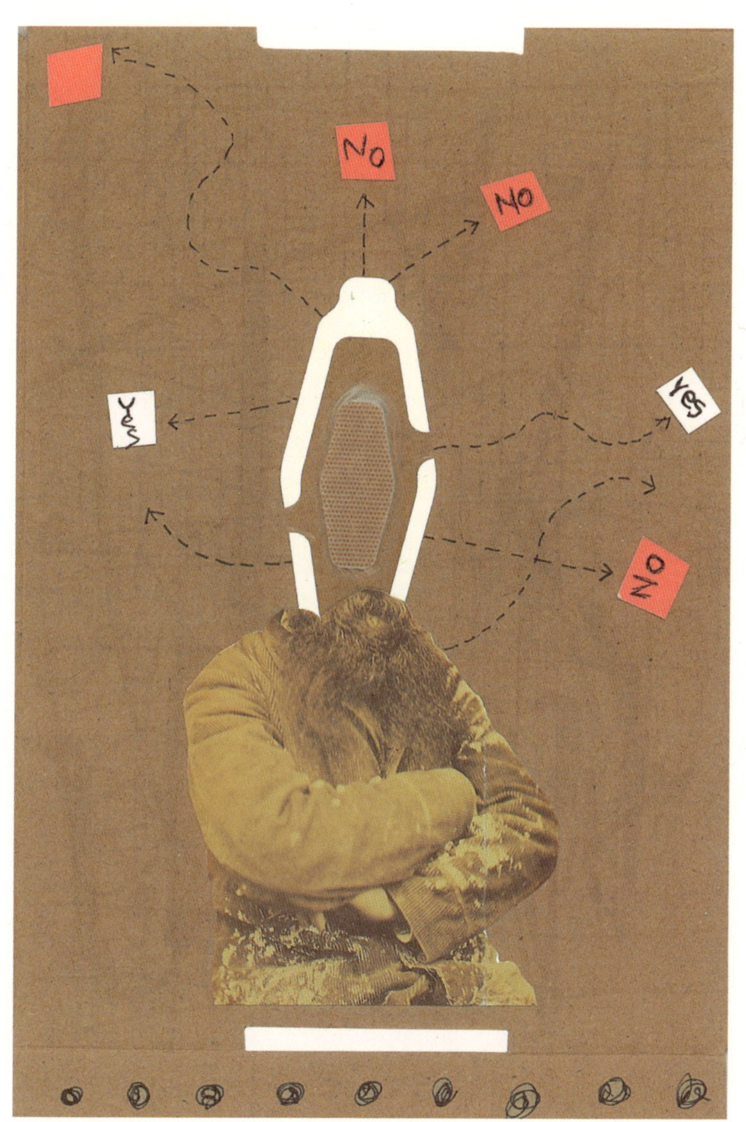

NO
NO
YES
YES
NO

프로가 되고 싶다면

프로가 되기 위해서는 프로처럼 잘하는 것만으로는 안 된다. 차라리 프로인 척하는 아마추어가 낫다. 제아무리 실력을 갖추고 있어도 본인이 인정하지 않으면 프로가 아니다.

수업을 하다 보면 취미로 시작을 했다가 프로로 활동을 하고 싶어 하는 분들을 종종 만난다. 그분들의 가장 큰 고민은 어떻게 준비를 해서 세상에 인정을 받을 것인가이다. 그림을 그리는 이들에게 최우선은 자신의 기량을 보여줄 수 있는 포트폴리오를 만드는 것이고, 그다음은 관련 경력을 쌓는 것이다. 그런데 내 생각에는 이보다 더 우선으로 갖춰야 할 것이 있다고 본다. 그것은 바로 자기관리다. 연예인도 아닌데 무슨 자기관리?

젊은 작가로 활동하고 있는 나도 미술 관계자들에게 이런 말을 종종 듣곤 한다. 프로페셔널해지기 위해서는 자기관리를 잘 해야 한다고. 처음엔 그게 무슨 소리인지 몰랐다. 뭔가 있는 척, 신비주의를 만들라는 얘기인지 아니면 외모를 다듬으라는 건지……. 그런데 내게 수업을 받는 분들이 그림 관련 분야에 프로가 되겠다고 고군분투하는 것을 보던 중 그 '자기관리'라는 것이 문득 보이기 시작했다. 그러고 보면 예술가는 자기 자신이 기업이요 재산이기 때문에 자기관리를 해야 하는 것은 당연하다.

수업을 받는 분 중 대부분은 '어떻게 되겠지' 하는 마음으로 미래를 준비하고 있었다. 그도 그럴 것이 앞이 뚜렷하게 보이지도 않고 정확한 방법도 모르기 때문이다. 하지만 이런 식으로 일을 진행하다가는 언젠간 손을 놓아버리게 된다. 프로가 되기 위해 평소에 관리해두어야 할 몇 가지 사항을 적어보겠다.

1 시간 확보

당연히 작업을 하는 시간이 많으면 많을수록 프로에 가까워질 수
있다. 시간이 없기 때문에 작업을 못 한다는 이유는 민망한 일이다.
각자 시간 관리하는 방법은 다르겠지만 내 경우에는 적어도
일주일에 80% 이상의 시간을 확보하려고 애쓴다. 사람은 기계가
아니라서 시간이 확보되었다고 작업만 할 수 있는 것은 아니다.
여러 가지 변수도 생기고 몰입이 안 될 때도 있다. 이렇게 제대로
실행하지 못한다 할지라도 몸은 작업실에 두려고 한다.

2 단순화

삶을 단순화하는 것은 나처럼 역마살에 오지랖이 넓은 사람에게는
곤욕이긴 하다. 그런데 작품 하나 만들어내는 것은 작가의 '기'를
담는 것과도 같다. 기를 충전해도 모자랄 판국에 되레 뿌리고
다니면 결과는 뻔하지 않은가. 그렇다고 사람도 만나지 말고
아무것도 하지 말라는 것이 아니다. 그건 나도 못한다. 다만
할 수 있는 한 최대한 단순한 삶을 만들어보자는 거다. 이것은
곧 어디에 초점을 두고 있느냐 하는 문제다. 아무것도 하지
않는 것 같아도 한 군데에 기를 쏟아붓고 있다면 오히려 그것이
강렬한 임팩트가 된다.

3 제대로 한 방

반짝 스타가 되어보자는 얘기가 아니다. 여기서 한 방은 작품을
말한다. 작품은 곧 디자이너나 작가의 얼굴이다. 시간에 쫓기듯,

연습한 것처럼 여러 개를 하는 것보다는 제대로 하나를 보여주도록
하자. 작가도 사람이니까 실수할 수도 있다? 글쎄? 이런 합리화는
프로페셔널하지 않은 자세다. 과정이 혹독하고 시간이
오래 걸릴지라도 제대로 한 방을 만들자.

4 뒤돌아보지 마라

처음엔 허드렛일부터 시작하며 아무도 인정해주지 않았지만
우리는 그러한 올챙이 시절을 떠올리며 겸손한 마음가짐으로
매일매일 노력해야 한다. 아, 이 얼마나 인간다운가. 하지만 프로의
세계는 치열하다. 추억을 더듬고 나보다 저만치 뒤에 있는 이들을
바라보다가는 다시 뒷걸음질을 칠 수도 있다. 가장 중요한 것은
자신이 지금 어떤 위치에 있는지 냉정하게 바라보며 끊임없이
도전해야 한다는 것이다. 물론 즐기면서.

5 인정받기

한 분야에서 제대로 인정받기 위해서는 동료들에게 먼저 인정을
받으라고 누군가가 말했다. 이 말은, 실력과 더불어 품성도
중요하다는 말이 아닐까? 즉, 그 사람의 실력은 인성으로 완성된다.
재능과 노력과 인성이 갖춰지면 존경심이 절로 생긴다. 때로는
그 사람의 아우라로 작품이 보이기도 하고 음악이 들리기도 한다.
제아무리 능력을 인정받는 시대라 해도 인간 대 인간으로
인정받는다면 그것이 진정한 프로다.
　　또 하나의 인정받기는 경력을 통해서이다. 좋은 기회가
주어졌다면 그 다음번엔 그 전과 비슷한 레벨이나 그 이상의

레벨을 선택하는 것이 바람직하다. 만일 조연을 도맡아 하는
배우가 다시 단역시절로 돌아간다면 어떨까? 아마 평소에
주인공 배우로 눈여겨보던 감독도 마음을 접을지도 모른다.
바로 여기에 자기관리가 필요한 이유가 있다. 자신이 충분히
주인공을 소화해낼 수 있고 그 정도 기량의 배우라는 것을
어필해야 하지 않을까?

6 실전을 경험하라

그 물에서 놀고 싶으면 물속으로 뛰어들어야 한다. 하지만
수영할 줄도 모르고 물속의 깊이도 모른 채 뛰어들었다간
후회만 남을 뿐. 그렇다고 수영 연습만 죽어라 하고 정작 뛰어들지
않으면 그것도 소용없다. 자전거를 마당에서 수십 바퀴 돌며
연습한들, 대문 밖으로 나가지 않으면 소용이 없다. 연습은
연습일 뿐이다. 미술 분야에서 실무에 뛰어들려면 경력이 필요하다.
하지만 미술전공자가 아니면 제약이 따르고 불리할 수밖에 없다.
그럴 땐 공모전을 추천한다. 확률로 따졌을 때 희박하다고 해서
그 기회를 다른 사람에게 줄 것인가? 공모전은 준비하는
과정만으로도 가치가 있다. 설사 떨어진다 해도 포트폴리오가
남는다. 또 다른 방법으로는 재능 기부 등의 봉사가 있다. 자신에게
기회가 오지 않으면 찾아가면 된다. 그림 그리는 것이 좋은데
그것을 펼칠 기회가 없으면 사회에 환원해보자. 물론 봉사하며
먹고살 수는 없다. 단, 직장생활을 하거나 다른 일을 하며 동시에
그림과 관련된 미래를 준비할 땐 봉사를 적극 추천한다.
포트폴리오를 들고 직접 접촉하는 방법도 있다. 포트폴리오의
중요성은 이미 앞에서 언급했다. 수십 번, 수백 번 퇴짜 맞는 것이
창피한가? 계속 퇴짜를 맞고 있으면 그건 본인의 작품에 빈틈이

있다는 얘기다. 그건 보완하라는 신호다. 그것을 알게 되는 것은
오히려 공부다. 자존심은 상하지만 실전에서 내 실력을
객관적으로 볼 수 있는 기회다.

7 구체적인 계획표를 짜라

작심 3일밖에 못하는 사람이라면 3일에 한 번씩 계속해서
작심하면 된다. 수시로 메모하고 계획하자. 사실 나도 계획한 것의
반도 지키지 못하는 경우도 있다. 그러나 반이라도 지킨 게 어딘가.
이왕이면 구체적인 계획표를 짜라. 계획은 곧 희망이고 다짐이다.
반복적인 계획표가 실없어 보일지언정 그것이 반복적인 다짐을
하는 것과 같다면? 해볼 만하다. 10년, 5년, 1년, 한 달, 일주일,
하루 등등의 계획표를 다양하게 만들어보자. 내 경우엔 10년,
한 달, 하루의 계획표를 주로 짜는 편이다. 목표가 없는 계획표는
의미가 없다. 당신이 지금 당장 프로로 뛰고 있지 않더라도
첫 단추를 끼우기 위한 계획을 짜야 한다. 계획은 이미 일어나지
않은 것들을 미리 짜보는 것을 말한다. 따라서 닥치지 않은 것들을
걱정하며 피할 것이 아니라 우선은 한번 해보자는 마음으로
시도해보기를 권한다.

나는 작가로서 배우고 깨달아야 할 무수한 나날들이 기다리고 있다.
그래서 지금도 자기관리가 무엇인지 완벽하게 알지 못한다. 아마
10년 후엔 '자기관리'에 대해 전혀 다른 시각을 갖고 있을지도
모른다. 그러나 그림 배우기 초급자부터 시작하여 프로를 꿈꾸는
많은 이들이 실력 이외의 이러한 부분도 숙지해서 좋은 결과가
있도록 응원하고 싶다.

내가 어떤 성향인지를 파악하자

이 세상에는 다양한 성향의 사람들이 존재한다. 같은 분야에서
일을 하고 있어도 모두가 똑같은 성향을 갖고 있지는 않다.
같은 목적지를 향해서 걸어갈 때도 각기 다른 경로와 방법으로
뚜벅뚜벅 걸어간다. 많은 이들이 존경하는 예술가일지라도
예비예술가들의 표본이 될 수는 없다. 다수가 인정하는 데는 분명
이유가 있겠지만 휩쓸리지 말고 나 자신에게 귀를 기울여보자.
내가 누구인지, 내가 어떤 성향을 갖고 있는지 파악하는 것이 곧
진짜 내 것을 찾는 일이기도 하고 오랫동안 그 길을 걸어갈 수 있는
방법이기도 하다.

나는 어릴 적부터 화가가 되고 싶었다. 잘은 모르지만 그림을
그리는 직업이라기에 그 길을 가고 싶었다. 그리고 화가가 되기
위해서는 미술대학에 가야 한다는 첫 번째 관문이 내 앞에
던져졌다. 그리고 미술대학을 가서 이런저런 재료도 다뤄보고
자유롭게 그림도 그리면서 즐거운 나날을 보냈다. 고학년이
되면서부터는 화단에 발을 들이기 위해선 어떻게 해야 하는지
궁금해졌고 이미 활동하고 있는 작가들을 유심히 보기 시작했다.
요즘은 인터넷과 많은 서적 덕분에 정보 습득이 편하고 빠르지만
당시만 해도 정보를 얻는 것이 갑갑하던 때였다. 그러던 중
작품 활동을 열심히 하는 어떤 작가와 친분이 생기면서 존경심을
갖게 되었다. 내가 가고자 하는 길을 이미 앞서서 가고 있는
그 작가를 관찰하면서 롤 모델로 삼자고 생각했다. 그 작가는
언제나 진지했고 무거웠다. 작품을 풀어내는 과정은 고행에
가까울 정도로 많은 정성이 들어갔고 작업을 위해 인간관계도
단순하게 만들었다. 어찌 보면 인간이 기본적으로 누리며

살아가야 할 많은 것들을 차단하고 절제하며 외롭게 외길을
가고 있었던 것이다.

어느 날 나는 갤러리에서 공고한 신진작가 공모전에
포트폴리오를 냈다. 운 좋게도 최연소로 선정 작가가 되었고
1년 남짓의 개인전 준비 기간이 주어졌다. 나는 내가 알던
그 작가처럼 무겁고 외롭게 작업을 했고 작품에도 그런 성향이
고스란히 투영되었다. 작가는 그래야만 한다고 생각했기 때문에
'나'란 사람을 잊고 그 유형에 끼워 맞췄다. 작업을 하는 내내
즐거움보다는 고행에 더 가까웠다. 세상 모든 것과 접촉을 차단하고
작업을 하던 중 문득 이런 생각이 밀려왔다. '내가 만일 이런 식으로
평생을 살아야 한다면? 작가란 이렇게 재미없고 힘든 직업일까?
그만하고 싶다.'고 말이다. 다행히도 무사히 개인전을 치렀지만
후회가 밀려왔고 기성작가로서 앞으로 어떻게 살아야 할까에 대해
깊이 고민했다. 심지어는 다시 붓을 쳐다보고 싶지가 않았다.
그 후 1년 반이란 시간 동안 그림 작업을 접고 대신 6mm 카메라를
들고 밖으로 나돌아 다녔다. 나는 움직이고 싶었고 유쾌하고
싶었다. 사람들을 만나고 싶었고 온몸으로 세상을 느끼고 그것을
작업으로 풀어내고 싶었다. 그렇게 만든 영상작품은 훗날
전시를 통해 사람들과 소통하기도 했다.

그 후 떨리는 마음으로 다시 붓을 들었던 때가 생각난다.
그 누구의 눈치도 보지 말고 내가 그리고 싶은 것을 그려보자고
나에게 타일렀다. 그리고 '나는 어떤 사람인가?'라는 끊임없는
질문에 대한 답은 딱 한마디였다. '나는 유쾌한 사람이다.'
그 이후부터 작업이 즐거워졌다. 언제나 아이디어는 샘솟는 듯했고
작업을 하는 동안 다음 작업 구상에 조급해지기까지 했다.
이런저런 공모전에도 뽑혔고 전시 기회도 얻을 수가 있었다.
내 그림을 구입하는 컬렉터도 하나둘 늘어갔다. 나는 아직도
시작하지 않았다고 되뇌곤 한다. 그 대신에 평생토록 할 수 있는

내 성향을 찾았다.

　　작가도 많은 유형이 존재한다. 성직자처럼 수행하듯 작업을
풀어내는 이도 있고 사람들과 만나고 여행을 다니면서 작업으로
승화시키는 이도 있다. 시간이 흐른 뒤 때가 되면 성향이 바뀔
가능성도 있다. 그러나 억지로 될 수 있는 건 아무것도 없다.
변화도 자연스럽게 자신도 모르게 다가오기 마련이다.
다시 한번 말하지만, 대단해 보이고 멋져 보이는 유형에
휘둘리기보다는 자신이 어떤 성향의 사람인지를 알자. 그리고
그에 맞는 삶의 유형을 찾아가자. 설사 평생 직업이 아니라
잠시 취미로 한다 해도 유명한 그림이 아닌 자신이 좋아하는
그림의 유형을 택하자.

포트폴리오는 세상과의 연결통로다

포트폴리오portfolio는 '서류가방, 자료묶음'이라는 뜻이다.
즉, 자신의 경력과 이력을 포함하여 작품을 잘 정리한 모음집이라
할 수 있다. 취미로 그림을 배우다가도 간혹 전문적으로
일을 하고 싶어질 때가 있다. 혹은 학교를 졸업하고 본격적으로
프로의 세계로 뛰어들고자 할 때가 있다. 운이 좋다면 소개나
추천, 또는 다양한 인맥으로 첫 단추를 잘 뀔 수도 있지만
평생 고인물일 수는 없는 법. 더 나은 미래를 위해 성장은
계속되어야 한다. 그리고 그러한 성장의 흔적들을 나를 모르는
이들에게 어필해야 한다. 취업하는 이들은 회사에서 요구하는
영어점수와 이력, 그리고 면접이라는 과정을 거친다. 그리고
예술을 하는 사람들(응용미술계열도 모두 포함하여)은 그동안 자신이
작업해온 결과물을 보여주어야 한다. 순수 예술가는 미술관,
갤러리 등과, 디자이너는 기업 또는 클라이언트와의 연결고리를
가져야 한다. 그뿐 아니라 외국 미술관련 학교를 준비하는 이들도
포트폴리오가 필수적이고 동화, 일러스트레이션 작가들은
출판사와의 연결에 포트폴리오가 필수다. 전문적으로 일을 하고
싶다면 평소에 이러한 포트폴리오를 꾸준히 만들어두는 것이 좋다.
상황에 닥쳤을 때 비로소 준비하려고 하면 시간도 부족하고
허술하게 제작될 것이 뻔하다. 평소에 자신이 괜찮다고 생각되는
작품을 사진으로 찍어서 컴퓨터 안에 보관해두어야 하고
기회가 되면 포트폴리오에 경력으로 기재할 수 있는 경험들을
틈틈이 누적해두어야 한다. 또한 수시로 자신을 알리면서
포트폴리오를 대체할 수 있는 방법으로는 웹을 이용하는 것도
좋다. 예를 들어 홈페이지를 만들어서 깔끔하게 정리정돈을

해두거나 블로그를 이용하는 것도 자신의 실력을 알릴 수 있는
좋은 홍보수단이다. 그러나 아직까지는 웹보다는 책 형식으로
만들거나 파일에 이미지 출력물을 끼워서 제출하는 경우가 많다.
제출 시, 특별한 제한이 없으면 개성 넘치고 다양한 방법으로
보여주는 것이 좋겠지만 그렇지 않다면 요구하는 규정 안에서
제작하는 것이 바람직하다.

그렇다면 어떤 포트폴리오가 괜찮은 포트폴리오일까? 그것이
어떤 일이냐에 따라 약간씩 차이가 있으나 공통적으로 해당되는
부분에 대해서 우선 말해보겠다.

1 최대한 깔끔하고 명료하게 보여주자

깔끔하다는 것은 심플하다는 것과 다르다. 심플한 것은
콘셉트고 깔끔한 것은 말 그대로 지저분하지 않다는 것을
뜻한다. 독특한 콘셉트로 어필을 한다 해도 알아볼 수 없는 글씨체에,
정신없는 이미지 배치에, 복잡한 디자인이 난무하다면 그것은
포트폴리오로 꽝이다. 그런 현란함은 작품에서 맘껏 발휘하고,
누군가에게 전달을 하고자 한다면 최대한 깨끗하고 명료하게
정돈하여 보여주어야 한다. 그것이 보는 사람에 대한
배려이기도 하다.

2 옥에 티를 만들지 말자

욕심이 화를 부른다. '나는 이것도 할 줄 알지요.'라며 자랑하고
싶은 마음이야 굴뚝같겠지만 선수들은 그런 당신의 간절함을
알아줄 리 없다. 고개를 약간만 돌리면 실력가들은 얼마든지 있다.

아니면 아닌 거다. 그래서 자신이 갖고 있는 작품 가운데
가장 자신 있는 것들만 모아야 한다. 키 큰 사람들끼리 모여서
걸어갈 때 키가 유난히 더 커 보이듯이 개수가 적을지라도
최대한 비슷한 레벨로 선별하자.

3 콘셉트가 확실해야 한다

어떤 경우에는 확실한 콘셉트가 필요치 않을 때도 있다. 예를 들어
프로젝트의 종류에 따라 콘셉트를 바꾸어 작업을 했다거나
일터 안에서 의뢰를 받고 일을 진행했을 경우다. 이는 자신의
작품에 관한 포트폴리오라기보다는 일에 관련된 경력에 해당한다.
이러한 경우를 제외하면 대부분은 뚜렷한 자신만의 세계를
보여주는 것이 좋다. 아까도 말했다시피 치열한 경쟁 속에서
내 실력을 어필하기 위해서는 눈에 띄는 것이 필수다. 그리고
작품의 질도 중요하지만 그보다는 일에 임하는 태도나 담고 있는
정신세계를 보여주는 것도 중요하다. 자신만의 콘셉트가
확실하다는 것은 그만큼 많은 시행착오 끝에 자기만의 세계를
구축해왔고 진지하게 임했다는 뜻도 된다. 물론 어디서
본 듯하거나 모방한 흔적이 있으면 그건 예외다. 콘셉트가
확실하다는 것은 전체적인 통일감과도 연관이 있다. 2번에서
말한 옥에 티가 여기에도 해당한다. 마치 여러 사람의 작품이
한곳에 담긴 것 같은 중구난방식의 내용은 촌스러움을 자처하는
것이다. 그렇다고 변화 없는 비슷비슷한 작품의 연속은 상대에게
지루함과 무성의하다는 느낌을 줄 수가 있다. 즉, 뚜렷한 자신의
철학, 또는 정신세계를 보여줄 수 있어야 한다. 그리고 그런 탄탄한
뿌리를 바탕으로 독특하고 다양하게 자신만의 세계를 추구한
흔적을 보여주어야 한다.

최고의 미인은 화장으로 가릴 필요가 없듯이 정말 좋은 작품은 그냥 아무것도 없는 종이 위에 이미지 하나만 덜렁 올려놓아도 빛을 낸다. 어쩌면 정말 괜찮은 포트폴리오는 화려하게 포장된 껍질이 아닌 자체 발광하는 작품을 말하는 것이 아닐까?

확고한 나의 정체성 – 작업환경 만들기

1 작업실

작업환경을 만들어가는 것 중 우선적인 것이 작업공간이다.
커다랗고 좋은 작업실이 아니고 방 귀퉁이에 자그마한
작업공간이어도 상관없다. 미대를 다니던 시절 학교엔 나의 공간이
있었다. 비록 한 평 남짓한 공간이었지만 그곳엔 각종 물감과
드로잉 도구, 종이, 캔버스, 연장 등이 빼곡히 놓여 있었다.

약 50평의 공간을 7-8명이 나눠서 쓰다 보니 각자의 자리는
개성이 묻어났고 좁은 공간을 활용하려는 기발한 아이디어들이
여기저기서 쏟아져 나왔다. 그때 난 이런 생각을 했다. '거미가
거미줄을 만들고 개미가 개미굴을 파고 새가 새집을 짓듯이
우리도 한 평만 있으면 보금자리를 만들려는 본능이 있는가 보다.'
훗날, 좀 더 넓은 개인 작업실이 생겼고 그것을 사수하는 생활은
지금까지 이어지고 있다.

개인 공간이 있는 삶은 작업을 효율적으로 할 수 있도록
갖가지 편의를 제공해주고 그 이상으로 가치가 있다. 그중에서
내가 가장 최고로 꼽는 장점은 주변 사람들로부터 받는 '인정'이다.
꼭 전문적으로 하고 있는 일이 아닐지라도 내가 이것을 얼마나
진지하게 대하고 있는지 알릴 수 있다. "왜 인정을 받아야 하는
거냐?"라고 묻는다면 "적어도 그림에 몰두하는 시간을 방해받는
경우를 줄일 수 있기 때문이다."라고 말하고 싶다.

미대의 특성상 졸업 후 취업이 목적이 아닌 작가로
성장해나가는 것이 목적이기 때문에 실업자의 시선으로 바라보는
경우가 많다. 미대출신이 아니더라도 다른 예술가들도 마찬가지다.

다시 말해 프리랜서로 활동을 하는 경우가 많은데 가족을 비롯한
주변인의 시선은 프리랜서든 예술가든 직장을 다니고 있지
않으니 실업자로 낙인찍어버린다. 물론 '한 푼도 벌지 않고
어떻게 작업을 해나갈 수 있느냐?'며 의아해하실 분들도
있을 테지만 내가 말하고자 하는 것은 '환경'을 만들어가는 것에
초점을 맞추자는 거다. 그리고 이 부분에 대해서는 다시 언급을
하도록 하겠다.

어쨌든 나 역시 사회적으로 소속되지 않은 채 그저 무언가를
끼적이고만 있는 것처럼 보였다면 가족도 주변인도 "차라리
취직이나 해라." 하고 권유했을 것이다. 그러나 내가 무슨 일이
있어도 사수했던 것이 바로 나의 작업실이었다. 그곳은 내가
얼마큼 이 일을 진지하게 임하고 있는지를 잘 보여준다.
간혹 가족이나 지인이 들르면 내가 무엇을 하고 있고 얼마만큼의
가능성을 갖고 있으며 어떤 결과를 보여주고 있는지 가늠할 수가
있다. 그 누구도 내가 하고 있는 이 일에 대해 돌을 던질 사람은
없다. 그런 의미에서 작업실은 자질구레한 설명이나 설득이
필요 없는, 나를 대변하는 장소다.

당신이 만일 직장을 다니면서 그림을 그리고 있거나 결혼을 한
뒤 뒤늦게 그림을 시작하고 있다면 남는 방, 또는 방 한 귀퉁이라도
작업실로 꾸며보길 권한다. 가족들과 주변인에게 당당하게 자신의
진지함을 보여주는 것은 아군을 만들어가는 일이기도 하다.
창작을 하는 사람들은 풍부한 감성이 필요한데 주변 누구 하나라도
찬물을 끼얹거나 핀잔이라도 준다면 그대로 정신적인 영향을
받게 된다. 내가 그려내는 드로잉 한 장을 기다려주고 감탄해줄
수 있는 아군을 만들어내는 것. 그것 또한 작업환경을 만들어가는
방법이라면 방법이다.

2 재정적인 환경

돈, 돈……. 가장 민감한 사항이기에 이 부분에 대해서 쓸까 말까를
고민했다. 뭐든지 돈을 드러내면 환상과 신비감이 깨지기 때문에
나 역시 돈 문제는 은근슬쩍 베일로 가릴까 하다가 다시 마음을
고쳐먹었다. 왜냐하면 그림을 비롯하여 모든 예술을 행하는 이들의
가장 큰 문제가 바로 돈이라 해도 과언이 아니기 때문이다. 우선
이 책은 '노하우 북'인 만큼 내가 아는 선에서 얘기할 수밖에 없음을
감안하고 보았으면 한다.

후배들에게 가장 많이 듣는 질문은 "어떻게 돈을 벌면서
작업도 하는가?" 하는 것이었다. 그것도 정말 친한 후배들이나
묻는 편이지 이러한 민감한 사항을 너도나도 묻는 것은 아니다.
그리고 과거에 이러한 질문을 선배들에게 하면 소위 멘트용 대답과
뚜껑 열면 존재하는 현실적 내용은 따로 있었다. 그만큼 대답하기
애매하기도 하고 각자가 똑같은 방법으로 문제를 해결하고 있는
것이 아니었다. 사람의 성향이 다르듯 작업환경을 만들고 꾸려가는
스타일도 가지각색이다.

돈을 바라지 말고 예술만 하라고 단호하게 말하지는 않겠다.
또한 의도적으로 상업적인 예술을 한 뒤 돈을 많이 버는 사람들노
있기 때문에 그것이 잘못되었다고 말하고 싶지는 않다. 그러나
그것조차도 즐겼다면 어떻게 할 것인가? 대중과의 소통, 센세이션,
상업적인 목적, 이것들을 콘셉트로 하고 철저히 즐겼다면
돈이 따라온 것은 부수적인 것에 불과하다.

'예술가는 배가 고프다.'라는 것은 옛말이다. 그보다는
'배가 고파봐야 예술을 안다.'는 말이 더 맞는 말인 것 같다.
그래서 예술을 행하는 것은 손가락 쪽쪽 빠는 것이라는 고정관념을
갖고 있다면 그렇지 않다는 것을 보여주면 된다. 내 주변의
두 가지 사례를 분석해보겠다.

A는 미대를 졸업했다. 대학시절엔 남들 다 하는 여러 가지
아르바이트를 하며 재료비도 벌고 용돈도 벌었다. 그러다 막상
졸업을 하니 다른 과 친구들은 취업준비를 하거나 직장을 다니고
있는데 A는 막막했다. 그림을 그리고 싶지만 돈 없이는 불가능했다.
그래서 컴퓨터그래픽을 배워서 디자인 회사에 취직을 했다.
직장생활을 해보는 것도 인생의 큰 경험이 되는 듯했다. 하지만
그림에 대한 미련은 버리지 못했다. 다시 시작하겠다는 마음을
갖고 월급을 악착같이 모았다. 그 사이에 좋은 사람도 만나서
결혼도 했다. 자신의 꿈을 알고 있는 남편은 평범한 직장인이지만
정신적으로 큰 후원자가 되어주었다. 그리고 A는 직장을 그만두고
작은 작업실을 마련하여 그림에 몰두했다. 목표는 국제적인 작가가
되는 것이었다. 작품을 만들어낸 A는 우연히 한 갤러리에서
전시를 한 뒤 큰 화랑의 기획자 눈에 띄어 정말로 외국에서
전시도 하고 여기저기 후원도 받으며 작가로 활동하고 있다.

　　여기서 재정적인 뒷받침이 되는 요소들을 뽑아내보자면
1. 디자인회사 2. 남편의 후원 3. 스폰서다. 힌트를 주자면 회사를
다니는 동안 미련을 갖고 살아야 한다는 것이다. 현실과 미련이
만날 지점을 상상하면서 직장을 다닌다면 매 순간 꿈을 포기한 것이
아니라 꿈을 이루기 위한 준비과정으로 여길 수 있다. 그다음
결혼은 독이 될 수도 있고 약이 될 수도 있다. 배우자가 금전적으로
도움을 주면서 지지를 해주면 금상첨화겠지만 그 반대라면
그림 한 장 그리는 것도 눈치 보며 살아야 할 것이다. 든든한
재정적 지원은 못 해주더라도 정신적인 후원자라도 돼줄 수 있는
배우자라면 반은 성공한 것이다. 스폰서를 만나는 일은 참으로
어렵다. 스폰서는 사람일 수도 있고 기업일 수도 있고 어떤 단체일
수도 있다. 후원을 받을 수 있는 길은 오직 실력과 경력으로
보여주는 것이다. 운이 좋아서 인맥으로 연결이 되는 경우도 있지만
그런 경우는 거의 드물기 때문에 후원자들에게 신뢰감을 주는 것이

무엇보다 중요하다. 그러기 위해서는 A처럼 어느 정도 피나는 노력을 기울인 끝에 실력을 인정받은 뒤 문을 두드려볼 수 있을 것이다.

B는 어렸을 때부터 그림 그리는 것을 좋아했다. 각종 상도 받고 잘 그린다는 소리도 자주 들으며 살았다. 그런데 부모의 권유 끝에 교육학을 전공했고 관련 직종에 종사하며 많은 시간을 흘려보냈다. 그러나 언제나 가슴 한편은 허전했고 그림을 시작한다 해도 어디서부터 어떻게 해야 할지 막막했다. B는 자투리 시간을 만들어 틈틈이 그림을 그리고 좋아하는 디자이너나 일러스트레이터의 작품을 모사해보기도 했다. 그러다가 짧게나마 전문가에게 배울 수 있는 기회를 가진 후 포트폴리오를 만들어서 출판사에 보냈는데 그 출판사의 공모전에 덜컥 뽑히게 되었다. 그 후 B를 지켜보는 이들이 하나둘 늘어났으며 기존의 직장보다 더 많은 일거리들이 생겼다. B는 일거리가 생기니 수입도 생겼고 서서히 기존의 일과 뒤늦게 찾은 꿈이 주객이 전도되는 상황이 되었다. 그리고 평생 좋아하는 일을 하면서 살 수 있게 되었다.

여기서 재정적인 요소는 1. 기존의 교육관련 직업 2. 나중에 얻은 출판사 관련 일거리들이다. B는 1번이라는 재정적인 뒷받침으로 2번을 준비할 수 있었고, 2번을 단지 경험으로 국한시키지 않고 자신의 수입구조로 다시 연결을 했다. 만일 자신이 좋아하는 일을 하면서도 수입구조가 전혀 없었다면 1번의 일을 계속 병행해야 했을 것이다. 그렇게 되면 2번은 만년 두 번째 순위가 된다. 두 가지 이상의 일을 하는 것이 대세라 해도 그 안에서도 우선순위라는 것이 있다. 이왕이면 자신이 좋아하는 일이 주 종목으로 인정을 받고 경제적 소득까지 있다면 금상첨화가 아닌가. 그러나 B는 1번이 있었기에 2번도 준비할 수 있었다는 것을 잊지 말아야 한다.

예술가들은 각기 성향에 맞는 여러 가지 돈벌이들이 있다.

어떤 이는 디자인 일을 틈틈이 하기도 하고 학원 강사 및 다양한 사업을 하는 이도 있다. 그들의 수입에는 저작권료나 작품판매로 얻은 수익도 있다.

그러나 가장 중요한 것은 '시간확보'다. 창작을 행할 수 있는 시간확보는 곧 돈이나 마찬가지다. 돈이란 것은 벌면 벌수록 달콤하기에 더 많은 욕심이 생기고 초심을 잃기 쉽다. 특히나 예술관련 일이 아닌 전혀 다른 일을 하게 될 경우엔 더욱 초심을 잃을 가능성이 많아진다. 정말로 돈이 목적이라면 그것에 맞게 계획하며 살면 된다. 그러나 정말로 하고 싶은 것이 무엇인가 진지하게 생각해본다면 우선순위가 달라져야 한다. 돈과 꿈을 이분법으로 나누어 생각할 것이 아니라 그것을 긴밀히 연결해서 상호작용할 수 있도록 이끌어야 한다.

돈은 현실이라고 말한다. 창작자는 비현실적인 것을 꿈꾸는 사람들이다. 그렇다면 두 가지가 절대로 공존할 수 없다는 결론만 나온다. 그러나 현실을 살고 있는 우리가 비현실적인 꿈을 꾸기 위해서는 현실도 받아들여야 한다.

현장을 방문하라

공간 엿보기

잡지 인터뷰나 인터넷 기사,
블로그 중에 '그 사람'의 공간을
엿볼 수 있는 이미지가 있다면
유심히 관찰해보자. 직접 찾아가지
않더라도 간접적으로 '그 사람'의
공간을 엿보다 보면 어떤 재료를
쓰는지, 어떤 환경으로 꾸며놓았는지,
어떤 것에 관심이 있는지 힌트를
얻을 수 있다. '그 사람'의 직업에
관심이 있다면 그 주변의 것들을
참고해봐야 한다.

대화

책은 정확하고 객관적인 정보위주다.
그래서 실전보다 좀 더 이상적인
내용이 담겨 있을 확률이 높다.
내가 실천할 수 있으려면 이상적인
내용을 참고하면서 현실적인
접근을 해야 한다. 현실적인 접근은
그 분야에 종사하고 있는 사람과
직접 대화해보는 것이 가장 좋다.
강의를 듣고 질의응답 시간을 갖거나,
유명인이 아니어도 그 분야에
종사하고 있는 사람과 대화의 기회를
만들어보자. 이때 가장 큰 수확은
정보습득이 아닌 그 분야에
종사하고 있는 인간 아무개를
발견하는 것이다.

어느 날 간호사 한 분이 큰 결심을 하고 내게 찾아왔다. 그분은
이탈리아에서 미술 복원학을 전공하기 위해 직장을 다니며
틈틈이 이탈리아어를 배우고 있던 중이었다. 미술 복원학 입학시험
조건에는 미술실기가 포함되어 있었기 때문에 직장을 다니면서
어학을 배우며 그림까지 배워야 할 상황이었다. 미술 전공자라면
많은 점에서 유리했을 테지만 그게 아니었기에 기초부터 다시
실력을 쌓아야 했다.

　미술 복원은 그냥 그리는 것이 아닌 손상된 그림을 원본대로
만드는 것이라서 더 많은 노련함이 필요하다. 그런데 과연
기초만으로 되는지 걱정이 앞섰다. 하지만 현실을 냉정히 보고만
있으면 포기해야 할 꿈이 얼마나 많은가. 실패하지 않으려면
아무것도 시도해선 안 되듯 실패하더라도 시도는 해봐야 한다.
그분은 자신이 그림에 소질이 없어서 수업 중에 내가 답답해할 수도
있을 거라 했다. 그러나 언제나 그렇듯 난 백지상태에서 시작하는
분들을 가르치는 게 가장 재미있기 때문에 그것은 나에게 문제가
되지 않았다. 그럼에도 그분이 직장을 다니다 보니 일주일에
한두 번밖에 시간을 낼 수가 없었고 제시한 과제도 다 소화해낼
수가 없었다.

　수업에서 나의 역할은 스스로 연습할 수 있도록 북돋워주는
것이다. 모든 이가 누군가에게 직접 배워야 그림실력이 좋아지는
것은 아니다. 단지 옆에서 잔소리해줄 사람이 생기면서 좀 더
체계적일 수 있다는 게 가장 큰 장점이다. 결국 스스로 연습할
시간을 확보해야 한다. 그분은 내가 봐왔던 다른 분들보다
실력이 느린 속도로 좋아지고 있었는데 어느 날은 그림 안에서

그분의 상태를 짐작할 수 있었다. 한마디로 재미가 느껴지지 않았고
스트레스와 머뭇거림으로 가득 차 있었다. 그러더니 갑자기 소식이
끊겼다. 꿈에 대해서 진지하게 대화를 나누었고 그 누구보다도
내가 최선을 다해서 도와주고 있다는 것을 알았을 텐데 서운함이
앞섰다. 몇 주가 지났을까……. 메일 한 통이 와 있었다.
아주 진지하게 써 내려간 장문의 편지였는데 내용인즉, 그동안
많은 고민을 하다가 직장에 장기 휴가를 낸 후 이탈리아로
직접 왔다는 것이다. 현지 여행을 하며 마음도 달래고 무엇보다도
자신이 목표로 삼았던 학교도 직접 찾아가보고 두 눈으로
많은 것을 확인하고 생각해보았다는 것이다. 그러면서 자신이
생각했던 것과는 많이 다르다는 것을 알았고 가능성이 희박해
보인다고 했다.

그분은 덤덤하고 진지하게, 그리고 냉정하게 본인의
상태를 파악하고 있었다. 하지만 난 속이 쓰렸다. 행여나 내가
수업 중에 그분에게 부담을 주거나 영향을 준 것이 있나 하고
되짚어보았다. 그분은 내게 감사하는 마음을 담아서 인사를 했다.
어쩌면 그분은 섣불리 포기했을지도 모른다. 혹은 포기하지
않았을 수도 있다. 분명 꿈에 이르는 여정은 어려울지도 모르나
중요한 것은 포기한 것이 아니라 정확한 상황을 파악했다는
점이다. 현장을 방문함으로써 무엇을 어떻게 어떤 마음가짐으로
준비해야 할지 확실히 알 수 있는 계기가 되었을 것이다.

당신이 간절히 바라는 직업이 있다면 현장을 가보고
그 일을 하는 사람도 유심히 봐야 한다. '막연히 어떻게 되겠지.'라는
마음으로 두루뭉술 준비하지 말고 구체적으로 무엇을 어떻게
어디서부터 해야 하는지 꼼꼼히 점검해보는 것이 꿈을 이루는
첫 단추다.

미술응용계열에 종사하고 있다면

그동안 내가 가르쳐온 사람들의 직업을 비율로 따지면
미술응용계열 종사자가 절반을 넘는다. 대략 나열해보면
건축디자이너, 의상디자이너, 편집디자이너, 카피라이터,
인테리어디자이너, 건축설계사, 애니메이터, 광고기획자,
주얼리디자이너, 웹디자이너…… 등등 이 밖에 나열되지 않은
직업도 있을 듯하다. 그들은 주로 두 가지의 이유 때문에
그림을 배우려고 했다.

첫째는 자신의 직업에 직접적인 도움을 받고자 해서이고
둘째는 자신의 직업에 근본적인 도움을 받고자 해서이다.
비슷해 보이지만 두 개는 다르다. 전자는 일을 신속하고
편리하게 처리하기 위해 아이디어 스케치의 기술을 배우려는
쪽이고 후자는 미술 전반을 처음부터 다시 배우고자 하는 쪽이다.
자신이 무슨 이유로 그림을 배우고 연습하려고 하는지 분명히
알고 있는 것이 시간낭비를 하지 않는 방법이다.

그렇다면 꼭 학원을 다녀야만 하는가? 만일 그렇다면
이 책은 필요가 없다. 우선 내 경험을 바탕으로 각 분야에서
드로잉에 관련하여 갈증을 느끼거나 스스로 연습해볼 수 있는
사항에 대하여 알려주겠다. (당신의 직업이 예시에 없더라도 양해를……)

1 건축 관련

드로잉 기술을 훈련하는 것이 좋다. '만끽-그리다' 과정도 유심히
읽어보길 바란다. 또한 공간감 연습이 필요하다. 연습 방법으로는
인터넷에서 공간에 관련된 여러 이미지를 검색, 출력하거나

모니터를 보며 드로잉북이나 A4용지에 수시로 그려본다.
시간이 있다면 직접 돌아다니면서 카메라로 자료를 찍고 그것을
그려보자. 또한 건축은 수학적인 개념이 있기 때문에 기본적인
도형을 변형하는 연습을 해야 한다. 창작 디자인은 쓸데없는
설명을 생략하고 정확한 콘셉트를 보여줄 수 있는 개성 있는
드로잉이어도 좋다.

연습내용 : 빠른 드로잉, 공간감

2 의상디자인

이 역시 '만끽-그리다'를 기본적으로 참고해야 하며 사람의
인체를 기준으로 디자인하는 것이기 때문에 인체에 대해서
파악하고 있어야 한다. 변형은 오리지널 구조를 세밀히 알고 있는
자가 더 잘할 수 있다. 또한 남들과 동떨어져서 전혀 다른 세상에
있는 것도 문제지만 남들과 똑같아지는 것도 디자이너로서
마이너스다. 독특한 디자인을 하기 원한다면 의상 스케치도
남들과 비슷하게 하지 마라. 때로는 한 장의 드로잉이 디자이너의
콘셉트를 압축하여 보여주기도 한다.

연습내용 : 빠른 드로잉, 인체해부학, 색감

3 편집관련, 그래픽, 웹디자인

당연히 컴퓨터를 능숙하게 다룰 줄 알아야 한다. 컴퓨터그래픽은
점점 좋은 기술이 향상되고 있기 때문에 감각만 있으면
그림재료가 따로 필요 없다. 그러나 그럼에도 불구하고 손작업의
필요성을 느끼는 이유는 왜일까. 손이 빠른 사람들은 그만큼

그래픽 작업의 속도를 몇 배로 단축시킬 수가 있다. 즉, 자동차와
비행기의 차이라고 보면 된다. 많은 툴을 기계적으로 다룰 줄
아는 것보다는 적절한 툴을 감각적으로 어떻게 적용하는지가
더 중요하다. 그리고 간단한 구상 스케치는 컴퓨터 작업에 지름길을
제공한다. 또한 색감 하나하나의 느낌을 알고 있어야 하고 그것을
정서적으로 조화시킬 줄 알아야 한다. 이 역시 기계적인 작업으로
될 수 있는 문제가 아니다. 그래서 평소에 틈틈이 채색화를
그려보며 색 전반의 감각을 길러보자.

연습내용 : 빠른 드로잉, 색감

4 인테리어디자인

두말할 나위 없이 빠른 드로잉 실력을 갖추고 있는 것이 좋다.
빠르게 아이디어 스케치를 해야 하는데 손이 따라주지 않으면
본인 스스로도 무척 답답할 것이다. 또한 건축 관련과 마찬가지로
공간에 대해서 능숙하게 인식하고 있어야 한다. 특히 인테리어는
외부가 아니라 내부 디자인이기 때문에 공간의 소실점에 따라
내부 물건을 배치하는 연습이 필요하다.

색감 역시 중요하다. 사람들이 오고 가는 공간을 디자인하는
이들은 그곳에서 머무를 사람들의 정서를 책임져야 한다. 따라서
공간의 특성에 따른 색감은 반드시 고려되어야 할 필수사항이다.

연습내용 : 빠른 드로잉, 공간감, 색감

5 애니메이션, 영화 그래픽, 게임 기획

이 분야는 종합예술이기 때문에 기본기가 꽤 많이 필요하며
여러 가지 감각이 함께 움직여야 한다. 물론 세분화되어 있지만
최후엔 통합되기 때문에 전체 흐름을 모르고는 세부작업도 하기
힘들다. 쉽게 말해서 그림을 잘 그리면 그릴수록 아주 유리하다.
콘티 작업을 하건, 그래픽을 하건, 기획을 하건 그림을 전반적으로
이해하고 있어야 한다. 내겐 배경 작업만 하시는 분, 그래픽 작업만
하시는 분, 기획만 하시는 분 등 다양한 분야에서 일하는 분들이
찾아왔는데 결국은 자신의 분야에 국한된 연습은 없는 듯했다.
세계적인 3D영화 기술팀들 중에는 한국인도 한몫하고 있다.
한국인의 꼼꼼하고 끈질긴 근성은 세계적인 실력을
뒷받침해준다는 것을 명심하자.
연습내용 : 그리기 전반의 감각

6 광고 기획

이 분야에 종사하는 분들이 왜 수작업이 필요할까 나도
의아했었다. 결국 아이디어를 내고 그것을 시각화한다는 것이
시각예술의 한 장르인 셈이다. 특히, 광고 관련 기업에 다니고 있는
사람들은 대체적으로 디자인이나 미술 전공자가 많기 때문에
그렇지 않은 이들은 기본기에 더 많은 갈증을 느낄 수 있다.

기획을 현실화하기 위해서는 우선, 머릿속에 구체적인
이미지가 있어야 한다. 어쩌면 손이 따라주지 않아도 머리로
그림을 그려야 하니 이 또한 그림은 그림이다. 그림을 그리면서
우리 몸의 모든 감각을 발달시킬 수 있으니 시간이 허락한다면
그림 연습을 해두는 것도 나쁘지는 않다.

7 동화, 일러스트레이션

이 분야는 그리기와 가장 친밀하다. 순수예술은 회화, 조각, 미디어,
설치 등 매체가 좀 더 자유롭다면 동화, 일러스트레이션은 주로
평면에 국한하고 있다. 우선은 어떤 용도로 쓰이느냐에 따라
콘셉트를 정해야 한다. 광고에 쓰일지, 전시회를 할지,
출판 삽입그림이 될지 등을 먼저 생각해봐야 한다. 의뢰를 받고
그것에 따라 콘셉트를 정하지만 그보다는 작가 정신을 갖고
독창적인 창작을 하길 바란다. 그것이 장기적으로 그 분야에
몸을 담을 수 있는 방법이기도 하다.

이 밖에도 여러 다양한 미술응용계열에 종사하는 분들이 많을 줄로
안다. 아무리 디지털시계가 편리하다 해도 아날로그시계에서
보이는 초침과 분침의 간격이 없다면 우리는 시간과 시간 사이의
공간을 감지하지 못할 것이다. 우리는 기계가 아니다. 시각 표현이
점점 기계화되고 편리해진다고 해도 수작업이라는 아날로그적
감각이 없다면 세밀한 부분들을 놓치고 살아갈 것이다.
인간에게는 육감이 존재한다. 그러한 주옥같은 감각을 기계화에
너무 의존하지는 말자. 당신도 좀 더 괜찮은 실력자가 되기 위해서
컴퓨터 대신 잠시 연필을 들고 끼적여보시길.

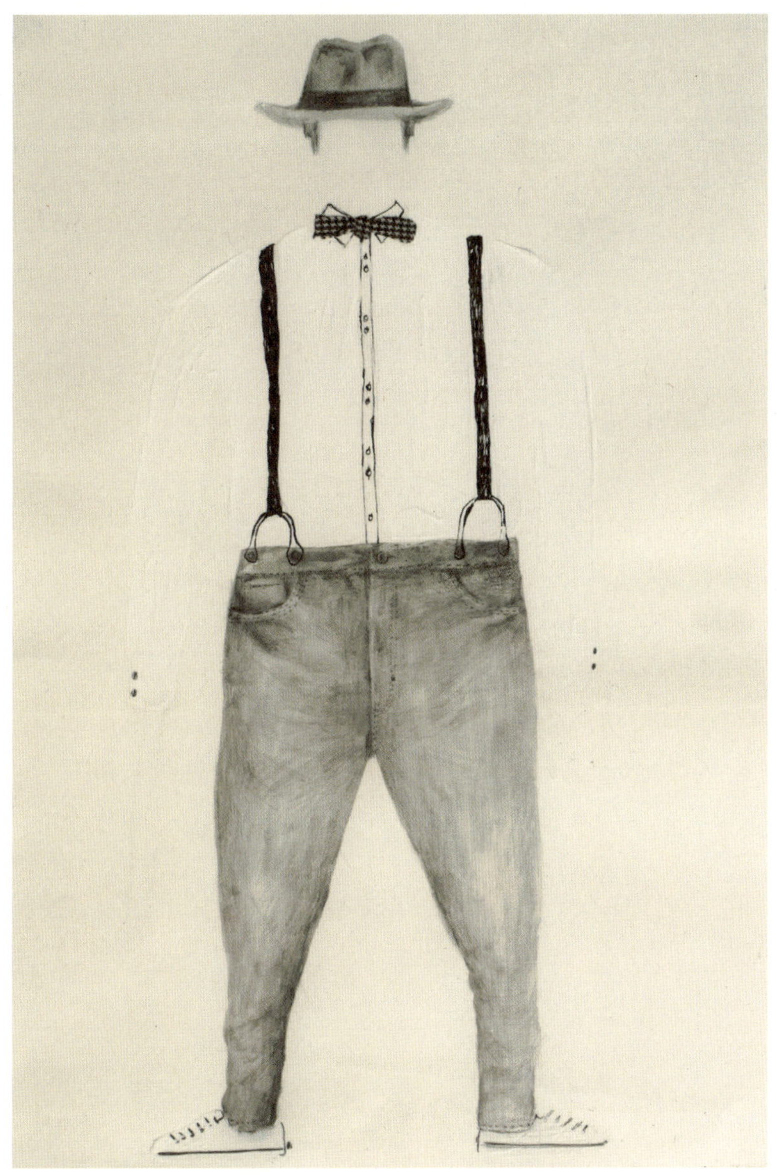

choi chul yong, *redux*, hound tooth wool,
pencil/gouche on paper, 788 x 1090 mm, 2008

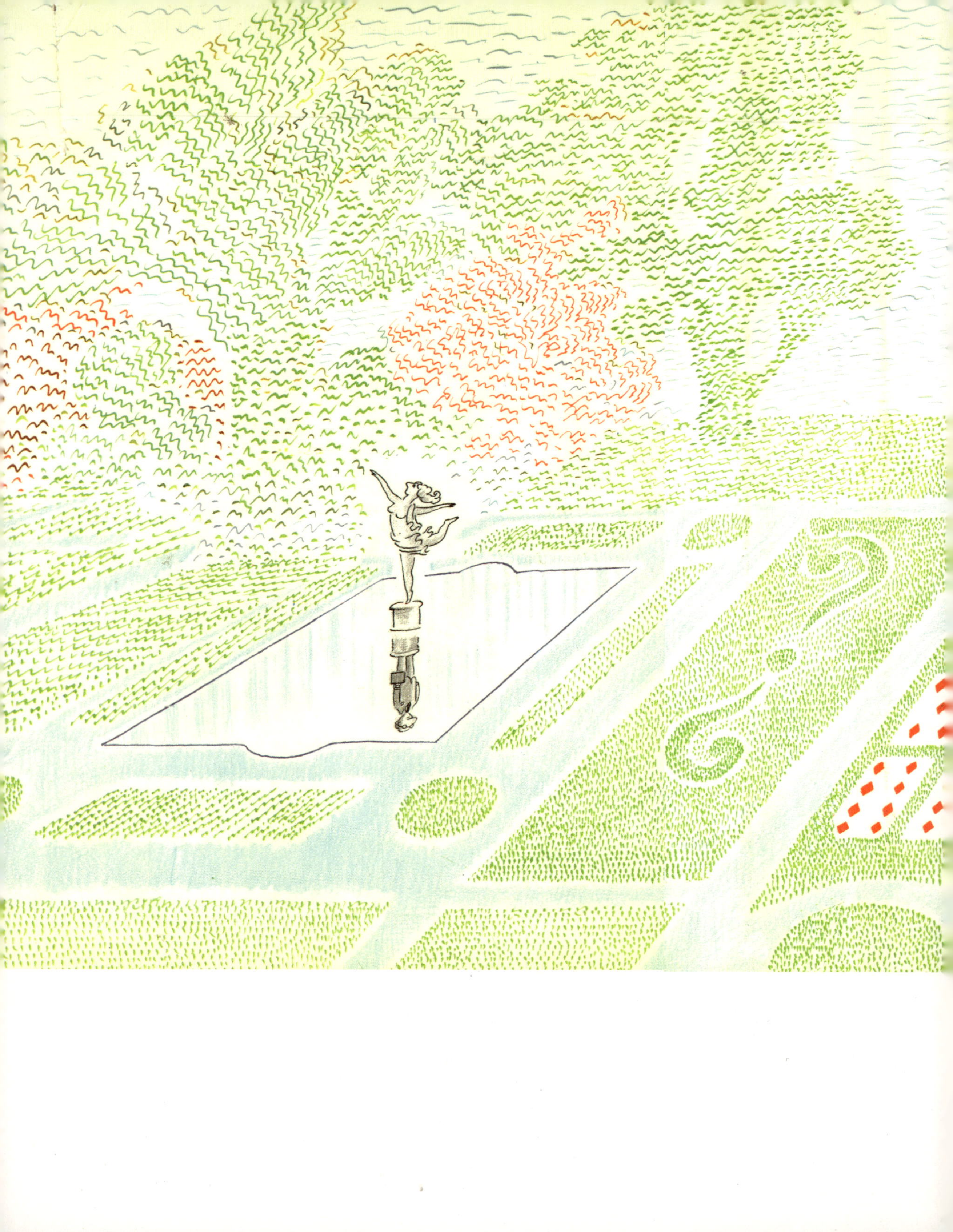

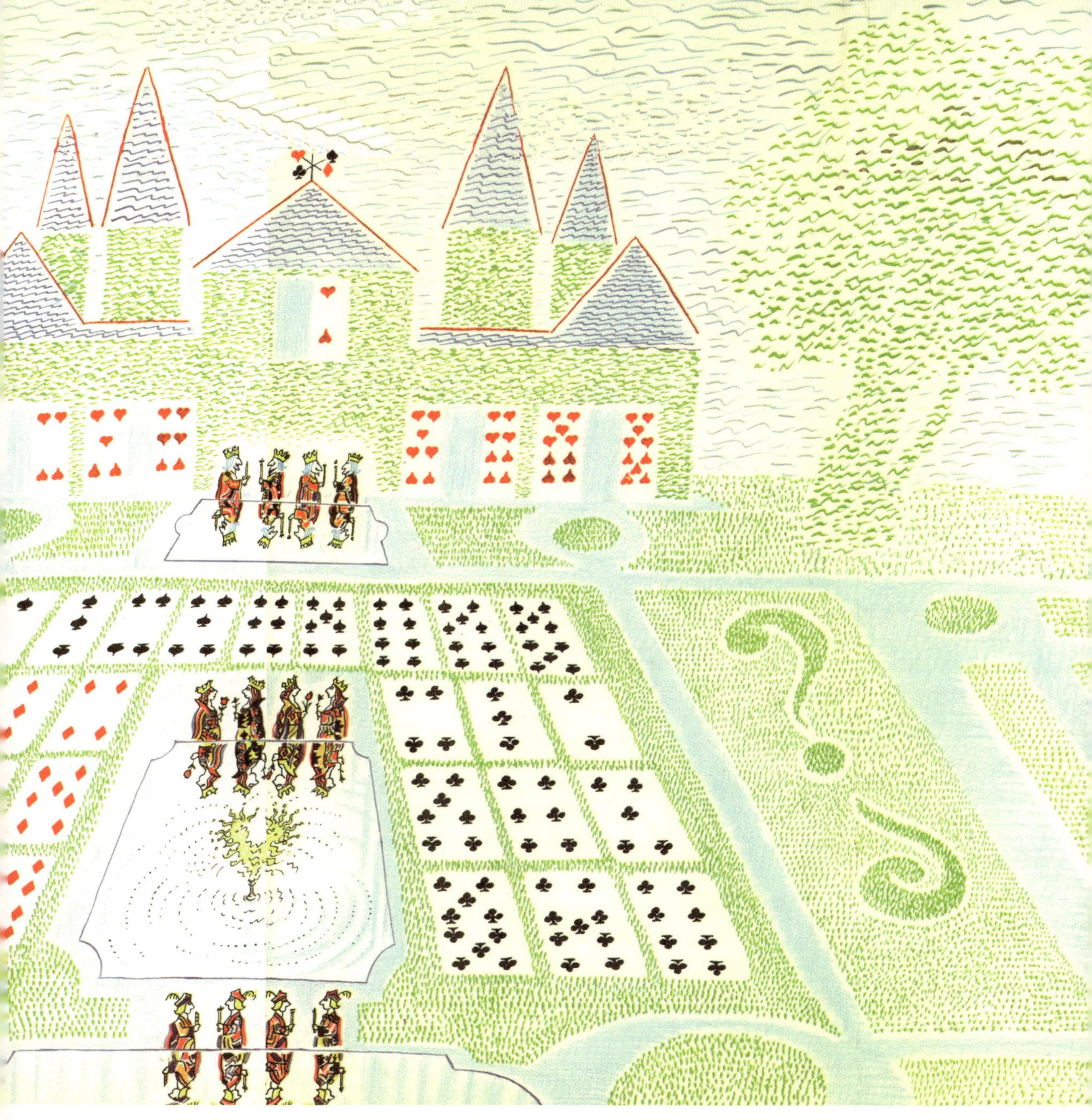

jean jacques sempé, *comme par hasard*, 1981
courtesy of goyang aram art gallery

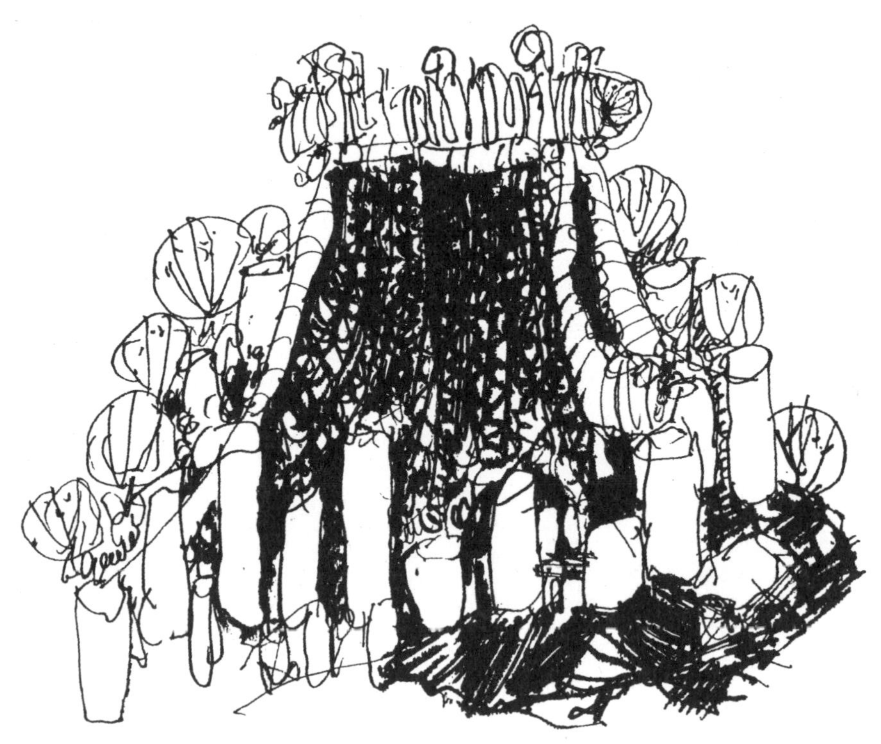

kim swoo geun, *pulkwangdong catholic church*, 1981
courtesy of kim swoo geun foundation

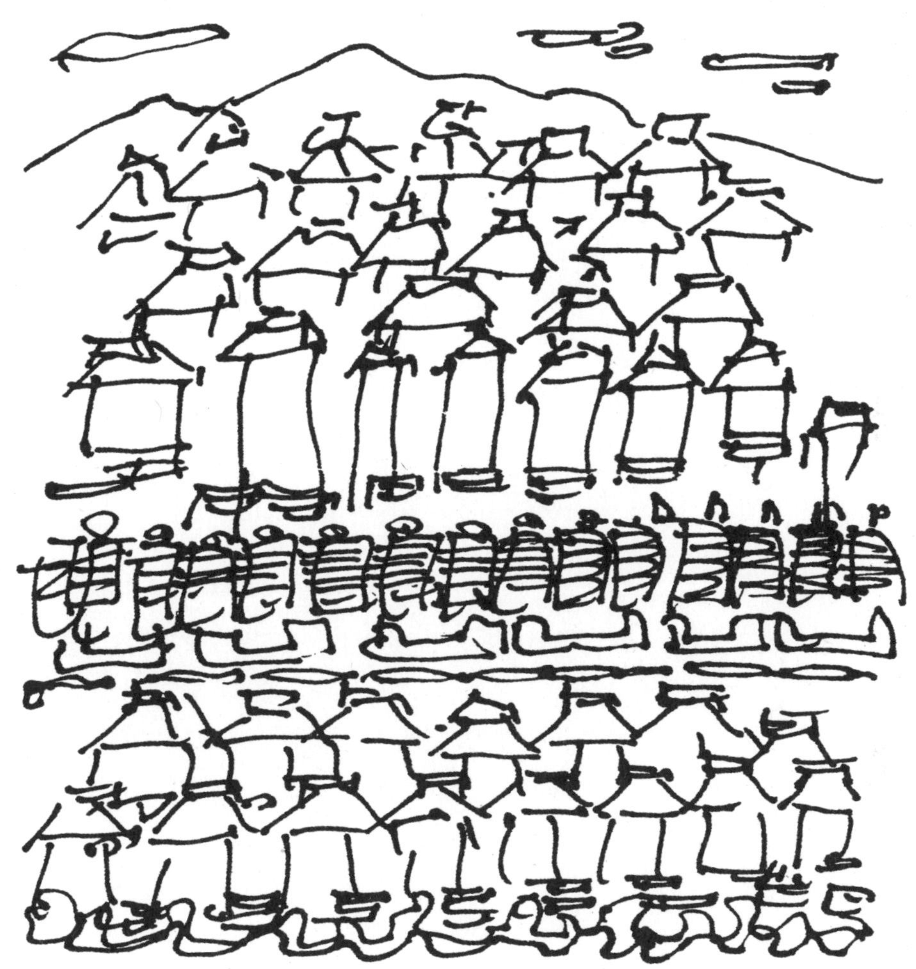

kim swoo geun, 1985
courtesy of kim swoo geun foundation

아이디어 스케치

허공에 있는 형상을 실체로 옮기는 작업. 예술가들에게만
해당되는 것이 아니다. 집을 짓는 사람들, 요리를 하는 사람들,
책을 만드는 사람들, 광고를 만드는 사람들, 옷을 만드는 사람들,
스토리를 만드는 사람들…… 등 무에서 유를 만드는 모든 이들이
마찬가지다. 공통점이 있다면 이 모든 것들이 형상을 빼놓고
말할 수 없다는 것이다. 즉, 시각적 이미지를 거치지 않고
'있을 유'를 만들 수는 없다. 하물며 소설 속에 등장하는 허구의
인물도 내 마음속엔 어떤 형상을 띠고 있지 않은가. 이렇듯
시각 이미지는 허구를 구체화시켜 준다.

　　상상훈련이 잘 된 이들은 직접 그리지 않고도 머릿속에
스케치북을 만들어서 그린 후 곧장 실전으로 들어갈 수도 있다.
그러나 여럿이서 일을 하거나 세밀한 부분까지 기록해야 한다면
종이 위에 직접 그려봐야 한다. 내 머릿속에 있는 그 무언가를
다른 이들에게도 보여줄 수 있고 직접적으로 형상화하는 과정에서
또 다른 아이디어가 꼬리에 꼬리를 물고 탄생하기도 한다.
때문에 그것을 종이 위에 신속하게 옮길 수 있는 능력은 그리기의
다음 과정에 큰 영향을 줄 수밖에 없다. 이 능력이 바로 아이디어
스케치하는 방법이다. 아이디어 스케치는 남이 알아볼 수 없이
나만의 암호로 그려내도 상관없다. 이때, 아이디어 스케치는
다음의 단계가 필요하다.

1　최초 머릿속에 있는 것을 따끈하게 꺼내어
　　내 방식대로 풀어내기. 일명 '암호'.
2　위의 것을 구체화하여 스케치한다.

1에서 말하는 '암호'는 보여주기 위한 그림이 아니기 때문에
어떤 표현 방법으로든 용납된다. 그러나 2의 단계에선 어느 정도
심혈을 기울여야 한다. 어떤 이는 1의 단계만 한 뒤, 곧장 실전으로
들어가는 경우도 있다. 그러나 실패확률이 그만큼 높아진다.
적어도 2단계까지는 간 다음 실전으로 옮겨야 실수를 줄일 수 있다.
보통 2단계 스케치 때 그 사람의 개성을 엿볼 수 있다. 따라서
때에 따라서는 아이디어 스케치가 그 사람의 실제 결과물에
맞먹는 매력을 보여주는 경우도 많다.

상상한 것을 형상화하는 연습

1 상상한 것을 간단한 스케치로 옮길 때, 막막하다면 그리는 것은
   나중에 하고 이미 만들어져 있는 이미지를 이용해보자.
   예를 들어 잡지나 신문, 인터넷 이미지를 인화하거나 출력한
   자료들을 준비한 다음 상상하고 있는 색감과 형태를 오리거나
   찢어서 조합해본다. 하얀 백지 위에 맨땅에 헤딩하듯 그림을
   그리는 것보다는 훨씬 쉽고 재밌을 것이다. 이렇게 하다가
   우연히 더 괜찮은 결과물을 얻기도 한다.

2 우선 그어본다. 망설이다가 날 샌다. 예쁜 선이나 세련된
   느낌에 집착하지 말고 상상하고 있는 '그것'에만 집중한다.
   만일 상상하고 있는 '그것'을 위해 예쁘고 세련된 선이
   필요하다면? 예쁘고 세련된 선을 연습해야 한다. 단순하다.
   결국 세련된 선을 그냥 연습하는 것이 아니고 '그것'을
   그리기 위해 하는 셈이다. 뚜렷한 목적의식이 생긴 이상
   기술연습도 지루할 틈이 없다.

3 만든다. 꼭 종이 위에 그리는 것만이 아이디어 스케치를
하는 것은 아니다. 간편한 고무찰흙이나 지점토 등을 이용하여
주물럭거리며 만들어보자. 도화지를 오리거나 나무를 깎아도
좋다. 그것들을 붙이고 떼어내며 최대한 상상하고 있는
'그것'을 만들어보자.

4 접목시킨다. 그림을 그리고, 무언가를 만드는 것 사이에
경계선을 긋지 말자. 그린 것 위에 붙일 수도 있고 만든 것 위에
그릴 수도 있다. 아니, 폐품을 이용할 수도 있다. 중요한 건
상상하고 있는 '그것'을 향해 가는 거다. 이렇게 하다가는
아이디어 스케치가 오히려 더 작품 같겠다고? 맞다. 실제로
유명한 대가들의 작품 대부분은 이러한 습작에서 나왔다.

5 최첨단을 활용하자. 건축이나 옷 재단을 할 땐 정확한 수치가
필요하다. 하지만 그 전에 대략적인 아이디어 스케치는
모든 과정을 빠르게 진행시켜 준다. 큰 그림이 준비되어 있기
때문이다. 요즘은 1인 한옥 만들기도 유행처럼 번지고
있지 않은가. 정확한 수치를 위해선 컴퓨터의 도움을 받되,
아날로그식 아이디어 스케치는 함께 이뤄져야 한다.

아이디어 스케치를 잘할 수 있는 방법은 상상하기다.
표현 기술이 아무리 뛰어나도 허공에 보이는 정확한 이미지가
없으면 선뜻 손이 움직여주지 않을 것이다. 또 하나, 아이디어는
직접 부딪치지 않으면 마냥 허공 속에 두루뭉술하게 존재한다.
어떤 식으로든 실제공간에 안착시켜 봐야 한다.

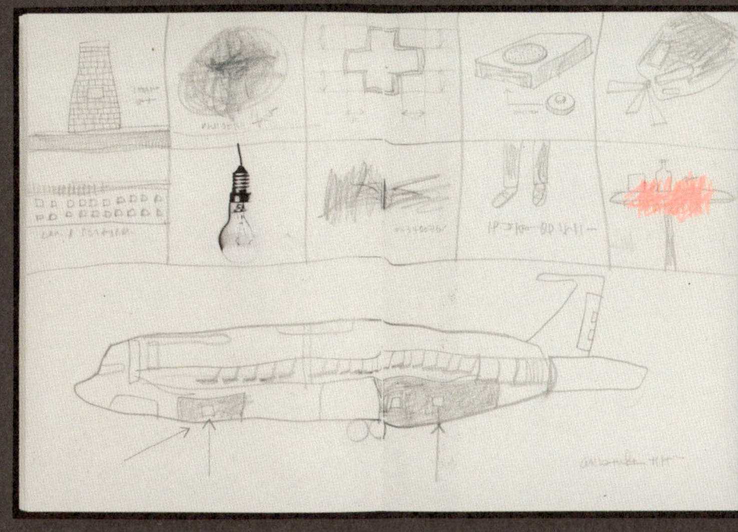

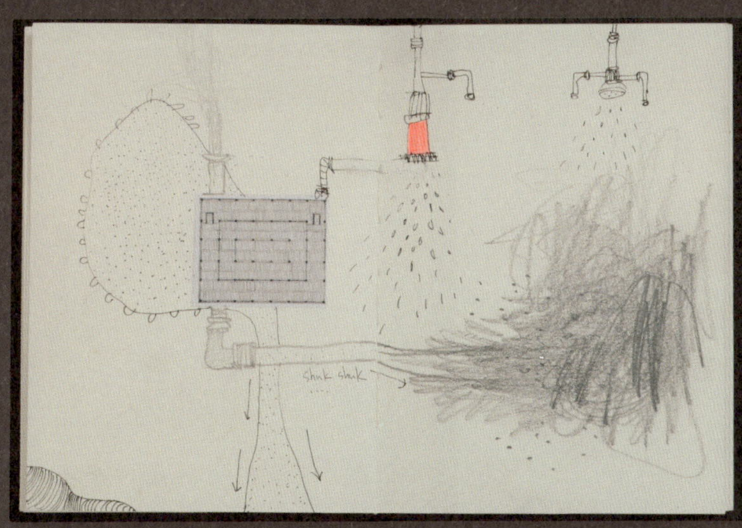

shnk shnk

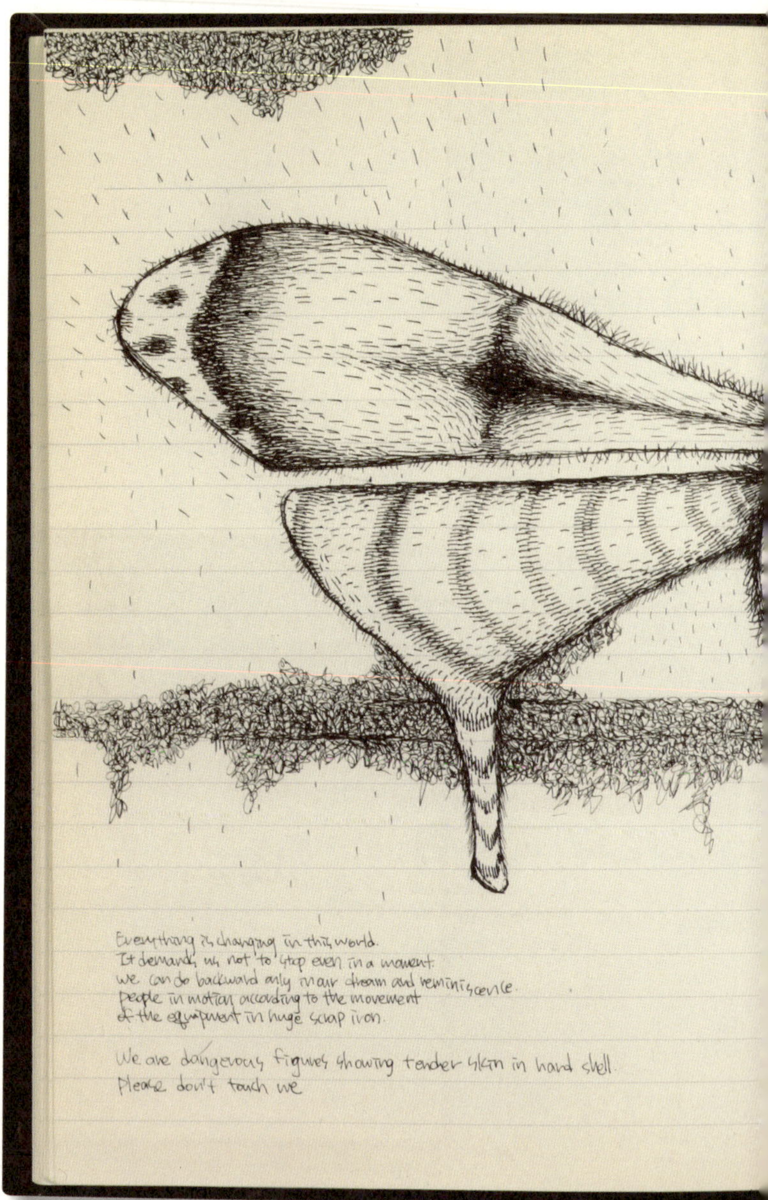

Everything is changing in this world.
It demands us not to stop even in a moment.
We can do backward only in our dream and reminiscence.
People in motion according to the movement
of the equipment in huge scrap iron.

We are dangerous figures showing tender skin in hard shell.
Please don't touch we

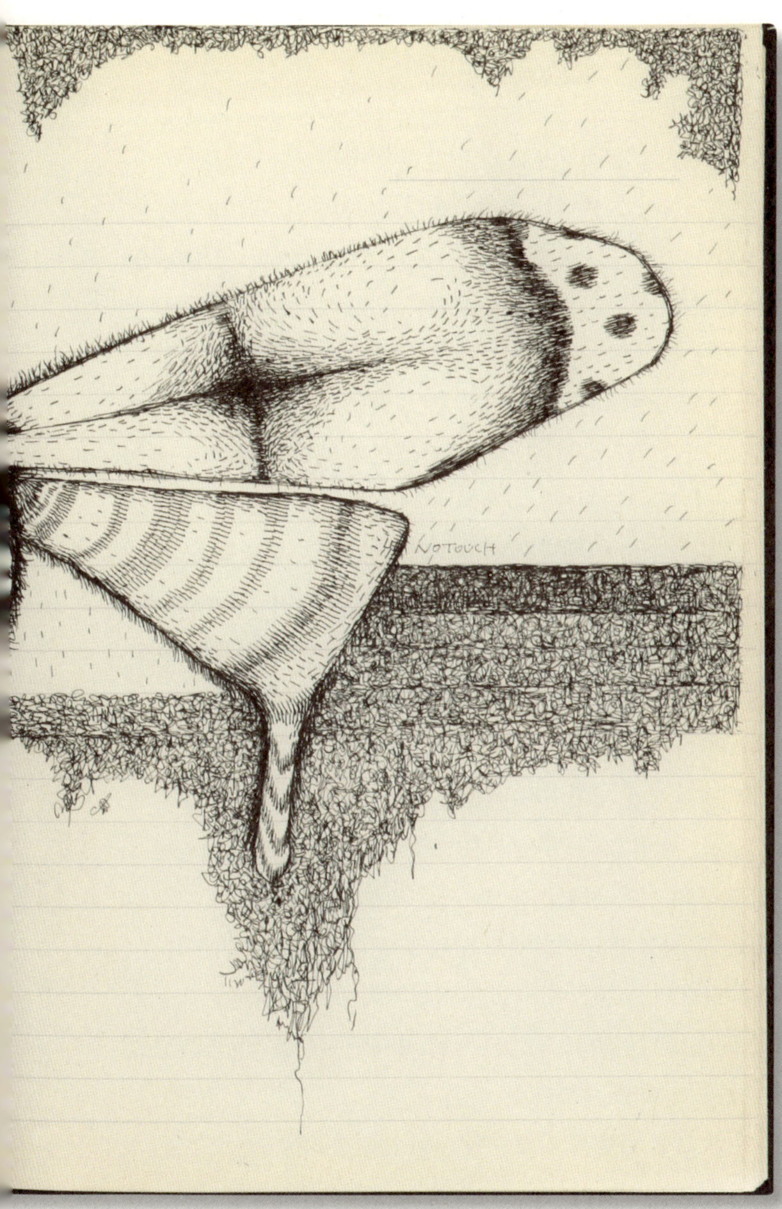
NOTOUCH

프로와 아마추어의 간극 – 디테일

명품이라고 하는 것들의 공통점은 무엇인가. 무엇보다도 만든 이의 정성과 실력이 돋보이는 작품들이다. 그런데 이러한 명품의 정성과 실력은 바로 '디테일'에서 찾아볼 수 있다. 디테일은 한눈에 들어오지 않는다. 꼼꼼하게 들여다보거나 보이지 않는 부분까지 신경 써서 관찰해야 알 수 있다. 그래서 디테일이 살아 있는 것을 많이 본 사람은 눈썰미가 나날이 날카로워진다. 옷이나 가방도 보이지 않는 안감이나 숨겨져 있는 박음질의 디테일에 따라 명품이냐 아니냐를 판가름하지 않는가. 단순히 이름값을 넘어서서 장인정신을 내세우는 마케팅 역시 신뢰도를 앞세운 홍보 전략이다. 그리고 사람들은 고가임에도 불구하고 그만한 돈을 지불하려 한다. 저가 품질로 많이 팔 것이냐 최상의 품질로 적게 팔 것이냐 했을 때 오히려 후자가 신뢰도를 장기적으로 쌓을 확률이 높다.

그림으로 다시 돌아와보자.

상업적인 목적을 갖고 창작예술을 할 경우, 다방면에 한계가 있다. 그보다는 얼마큼 나 자신에게 정직한 작품을 만들 것인가를 고민하면 작품의 질은 자연스레 좋아질 수밖에 없다. 이러한 목적의식은 곧 작품의 디테일에도 영향을 준다. '누구를 위하여 작업을 하는가?'라는 물음에 당신은 어떤 대답을 하겠는가? 본인 스스로가 공장이라고 느끼고 싶지 않다면 하나를 만들더라도 보이지 않는 수고가 필요하다.

그렇다면 그림 안에서 디테일은 어떤 것일까? 디테일은 크게 보면 재료 선택과 스케치, 본 작업 그리고 마무리까지 포함되며, 작게 보면 그림 안에 담기는 형상만을 의미한다. 전문가라면 당연히 전자 쪽에 해당한다. 자, 그럼 여기서 프로가

되기 위해 무엇을 갖추어야 하는지는 답이 나왔다. 무엇이든
아마추어와 프로의 중간단계는 존재한다. 당신이 그 중간단계라면
바로 디테일에 총력을 기울여야 할 것이다. 아마추어가 '열심히
하다 보니 프로가 되었다.' 했을 때는 대부분 프로 못지않은
디테일을 갖추기 시작했기 때문이다.

　　그림을 그리는 이는 설마 하는 부분까지 해내는 집요함이
필요하다. 그것이 디테일이다. 디테일을 만들어내면서 또다시
도전과 인내를 요한다. 내가 왜 이런 고생을 해야 하나
투덜대면서도 뭔가의 이득을 얻어내려는 것과 상관없이 무모한
도전을 하는 것이다. 또한 그림을 완성했다고 해서 그것으로
끝나는 것이 아니다. 보관 상태부터 캔버스 뒷마무리, 액자선택 등
마지막까지 디테일은 존재한다.

　　꼭 디테일한 묘사 위주의 그림을 그려야 할 필요는 없다.
그러나 전문가가 되기 위해선 추상화가 되었든, 미니멀 아트가
되었든 간에 준비부터 마무리까지 남들이 눈치채지 못하는
부분까지 섬세한 손길이 닿아야 한다. 그것이 전문가의
자존심이고 정직함이다.

　　디테일에 능숙하기 위해선 치밀하고 계획적이어야 한다.
또한 디테일이란 티가 나는 것이 아니다. 이것을 작업할 때
적용해보자면,

1　자신이 가장 자신 있는 재료나 표현법 선택하기
2　보관 지속성이 있는지 잘 따져보기
3　누군가가 이미 했던 것인지 주변 조사해보기
4　남들이 대충 넘길 수 있는 마무리를 섬세하게 하기
5　최고라는 대가들과 내 작품을 비교해보기
6　세상에 내놓았을 때 어떨지 상상하고 냉철하게 판단하기
해당분야: 일러스트레이션, 동화, 디자인, 응용미술, 순수미술 등

디자이너와 예술가

왼쪽 두뇌를 적절히 사용할 줄 아는 디자이너들을
배울 필요가 있다. 그러나 순수함과 무모함은
순수 예술가들이 더 많이 갖고 있다. 어느 한쪽으로
치우칠 경우엔 조금은 안타까워진다.
균형을 이룬다면 얼마나 좋을까?

온정의 「작품을 풀어내는 여정」 중에서

순수 예술가는 디자이너가 상업적인 예술을 한다고 여길 때가
있다. 디자이너는 순수 예술가들이 자기만족적인 예술만 한다고
여길 때가 있다. 정확한 사실은 아니지만 틀린 것도 아니다.
그도 그럴 것이, 순수 예술가는 자신의 작업세계에 초점을 맞추고,
디자이너는 사회와 환경을 고려한다. 그러다 보니 순수 예술가들
중에 사회부적응자로 보이는 이도 있고 디자이너 중엔 얄팍한
상술에 휘둘리는 자로 보이는 이도 있다. 긍정적인 면을 얘기하면,
순수 예술가는 작가 정신이 강하고 디자이너는 마케팅에 강하다.
이것은 또 다시 깊이감이냐, 소통이냐의 문제로 확대할 수 있겠다.
공통점은 두 분야 모두 창작을 한다는 사실이다. 그렇다면
서로의 장점을 눈여겨볼 필요가 있다.
　　한 직장의 디자이너가 자신의 창작이 담긴 일을 하기까지
여러 가지 장애 요인이 많다. 하나의 프로젝트로 팀 전체가
움직이거나 어떤 특정 조건에 맞는 창작을 해야 하기 때문이다.
이때, 내 것이 아니라고 여기기 쉬운데, 이때는 주체의식의
부재가 발생한다. 이는 작가 정신과 멀어지는 지름길이다.

고로 결과물의 수준에도 영향을 미칠 수밖에 없다. 예술가의
외골수의 기질을 욕한다 해도 자신을 올인한 것에는 아무 말도
할 수 없을 것이다.

　　순수 예술가가 대중과의 소통에 집착하기 시작하면 진솔한
작품을 만들기 어렵다. 물론 작품에는 정답이 없다. 그러나
작가 정신이 어떤 것인지 잊지 말아야 한다. 이것은 나 또한
끝없이 고민하는 부분이다. 작가 정신이란 자기 세계에 빠져서
주변의 소리를 차단하는 것이 아니다. 철저히 몰입하여 관찰하고,
본질을 꿰뚫거나 음미한 결과물을 세상에 내놓는 전 과정을
말한다. 여기서 중요한 건 세상에 내놓는다는 것이다. 이것은
곧 소통하겠다는 의지 아닌가. 어찌 보면 순수 예술가들은 소통에
익숙하지 않은 사람들인 것 같다. 남의 눈치를 보지 않고 소신껏
내놓는 경우가 더 많으니까. 이럴 때 디자이너의 감각을 배우고
싶다. 차라리 남의 눈치를 보는 것이 아니라 배려라고 생각하면
어떨까? 소통도 기술이다. 디자이너들의 부지런함, 활기참,
사회성 등은 일종의 소통의 기술이니까.

예술은 사기다

맛있는 요리를 만들려면 모든 것이
맛이 있어 보여야 한다.
청소도, 요리사도 맛만으로는 안 된다.

나가오카 겐메이의 『디자이너 생각 위를 걷다』 중에서

백남준과 피카소pablo picasso, 앤디 워홀andy warhol 등을 비롯한
세계적인 거장들이 "예술은 사기다."라는 말을 했었다.
'사기'라는 말은 마치 관람객을 농락하는 것 같은 느낌이 들기도
한다. 나 역시 갓 스무 살이 되던 해에 이 말에 대해서 기분이
좋지 않았던 기억이 난다. 그러나 시간이 지날수록 나도
그 말에 서서히 공감을 하게 되는 이유는, 여기에서 '사기'는
그런 부정적인 의미가 아니기 때문이다.

예를 들어 말도 안 되는 외계어를 남발하는 것보다는
정말 외계인일지도 모른다는 착각이 들게끔 하는 것. 여기에서
신뢰도는 높아진다. 이러한 기대치와 신뢰도를 높이기 위해서
창작을 하는 이들은 완벽한 사기를 쳐야 함이 당연하다. 완벽한
사기는 곧 완벽한 창작일 수 있다. 재미있는 것은 사람들이
알면서도 속아준다는 점이다. 실제와 허구의 차이가 크면 클수록
사람들은 더욱 열광하고 감탄한다. 비록 본질은 가장 작고
보잘것없는 데에서 시작했더라도 그것을 창의적으로 끌어내줄 수
있는 사람들에게 기대한다.

속아주겠다는 사람들이 기다리는데 사기 치지 않을
이유가 없다.

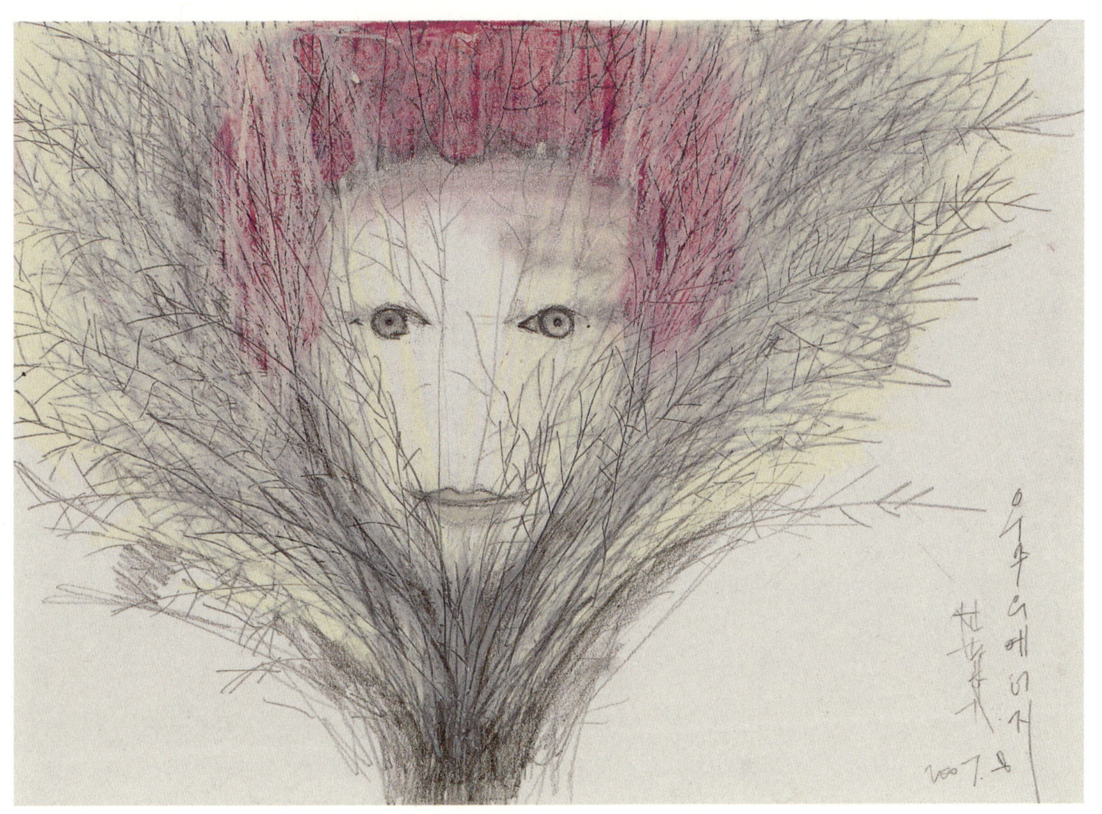

자신만의 브랜드 만들기

이 부분은 특히 전문가를 목표로 하고 있는 이들이 참고해야 할
내용이다. 아직 그리기 기초를 연습하고 있는 이들은 고정된
'브랜드'를 만들기보다는 이것저것 많은 실험을 해봐야 한다.

브랜드 = 뚜렷한 특징

이름만 대면 알 만한 브랜드는 제품에 로고를 새겨 넣고 그 제품의
일관된 모토를 내건다. 왜 그랬을까? 그것은 일종의 각인 장치다.
또한 사람들로 하여금 다음 제품에 대한 신뢰감과 기대심리를
불러일으키기 위한 방법이기도 하다.
　　적어도 자신의 그림이 누군가에게 의뢰받아서 주문제작하는
것이 아니라면 본인의 작업 세계가 사람들에게 각인될 수 있어야
한다. 사람들은 의외로 비슷한 생각을 한다. 그래서 창작을 하는
이들은 비슷한 고민과 비슷한 표현을 피해 갈 수 없다.
일러스트레이션이건, 디자인이건, 순수 예술이건 간에 일부러
모방한 것이 아닌데도 비슷비슷한 것들이 쏟아져 나온다.
그렇다고 '비슷한 생각을 했으니 어쩔 수 없지.'라며 수긍하기엔
자존심이 허락지 않는다. 안 그런가? 그래서 더 많은 정보를
입수하고 더 많은 고민이 불가피하다. 그리고 자신의 작품세계를
뚜렷한 특징이 있는 브랜드로 만드는 과정도 필요하다.
　　창작가는 언제나 새로운 것을 발견하고 음미하고 시도해야
하는 사람들이다. 그런데 하나의 캐릭터를 만들어서 그와 비슷한
것들만 보여준다는 것은 너무 얄팍하고 소심한 행동이다. 브랜드의
핵심은 비슷비슷한 것이 아닌 작가의 뚜렷한 정신세계를 말한다.

즉, 기법의 일관성이 아닌 정신의 일관성이다. 물론 다른 이와
차별화될 수 있는 특별한 기법으로 보여줄 수도 있다. 그리고
그 안에서 또다시 끊임없는 실험을 해야 한다.

세계적인 영국 작가 데미안 허스트damien hirst는 '죽음'에
대한 주제로 다양한 실험적인 작업을 보여준다. 미국 팝아티스트
앤디 워홀은 물질만능주의를 대변하는 상업적이고 대중적인
주제를 기계적인 복제를 암시하는 판화기법으로 보여주었다.
캐나다 출생 건축계의 거장 프랭크 게리frank owen gehry는 기존의
상자곽 같은 건물을 탈피하여 뒤틀고 해체하여 드라마틱한
건축을 만들었다. 세계적인 동화작가 앤서니 브라운anthony edward
tudor browne은 현대 가족의 모습을 다양한 소재를 통하여
세밀화 기법으로 그려냈다.

이 밖에도 패션, 문학, 디자인 할 것 없이 각종 분야에서 어떠한
작품을 보기만 해도 누구의 것인지 금방 알 수 있는 그 분야의
대표 브랜드가 존재한다. 이왕 해보는 거 누군가를 기대하기보다는
누군가에게 기대심리를 주는 입장이 되어보는 건 어떨까?

객관적으로 바라보기

나는 내가 누구인지 알기 위해서 여행을 자주 다닌다. 나였던
나를 잠시 잊고 늘 있던 장소를 떠나 낯선 곳을 돌아다니는 일은
단지 일탈 때문만은 아니다. 그보다는 내가 어떤 사람인지
아주 조금은 알고 싶어서이다. 여행이란 언젠가 다시 제자리로
돌아와야 함을 뜻한다. 낯선 곳에서 낯선 사람들을 만나고
경험하다가 원래 있던 제자리로 돌아와보면 신기하게도
나란 사람이 객관적으로 보인다. 그리고 해결되지 않던 문제도
별거 아니라고 여길 수 있는 통 넓은 마음도 만들어져 있다.
매번 하던 일도 감사하게 느껴진다. 차가운 물에 계속 몸을 담그고
있으면 차가운 줄 모른다. 물 밖으로 잠시 나왔다가 다시 들어가
보아야 그 물의 온도를 객관적으로 알 수가 있다. 그림을 그리는
것은 자기세계에 빠져서 고도로 집중하는 일이기 때문에 자신의
그림을 객관적으로 보기란 하늘의 별 따기만큼 어렵다. 그러나
객관적으로 볼 줄 알아야 내 그림의 부족한 부분이 무엇인지,
어떤 매력이 있는지 알 수가 있다. 전문가가 대신 지적을
해줄지라도 스스로가 느끼는 것보다는 못하다. 이런 이유로 자신의
그림을 객관적으로 볼 수 있는 방법 두 가지를 알려주려 한다.

　　내가 그린 그림을 보며 내 그림이 아니라고 생각해보자.
예를 들어 서점에서 책을 구입했는데 그곳에 이러한 그림이
실려 있었다고 가정해보자, 또는 전시회를 갔더니 이러한 그림이
벽에 걸려 있었다고 설정해보자. 그런 상상을 하다 보면 내 그림의
어떤 점이 아쉬운지 금세 알 수가 있다.

　　그다음으로는 카메라를 이용해 보는 방법이다. 남의
그림이라고 가정해보는 것이 잘 안 된다면 카메라로 그림을

촬영해서 확인해본다. 요즘은 촬영 후 그 자리에서 곧바로 확인해
볼 수 있어서 그리 어렵지 않다. 좀 더 확대해서 보고 싶으면
컴퓨터 모니터로 옮겨서 보자. 신기하게도 내 그림 같지가 않다.
가끔 사진 속의 내 모습이 낯설어 보일 때가 있듯이 내가 그린
그림도 촬영해서 다시 보면 의외로 낯설다.

　　이렇게 객관적으로 보다 보면 예상외로 꽤 잘 그렸다고
느껴지기도 하고 아쉬운 점도 눈에 띈다. 그림을 그리다가
잘 풀리지 않는다면 사진을 찍어봐라. 그러면 그럴듯한 멋진 그림이
카메라 안에 있고 기분이 한결 나아진다. 실력이 향상되기 위해서는
좌절보다는 우쭐감이 더 효과적이다. '나 좀 잘났는걸!' 하면서.

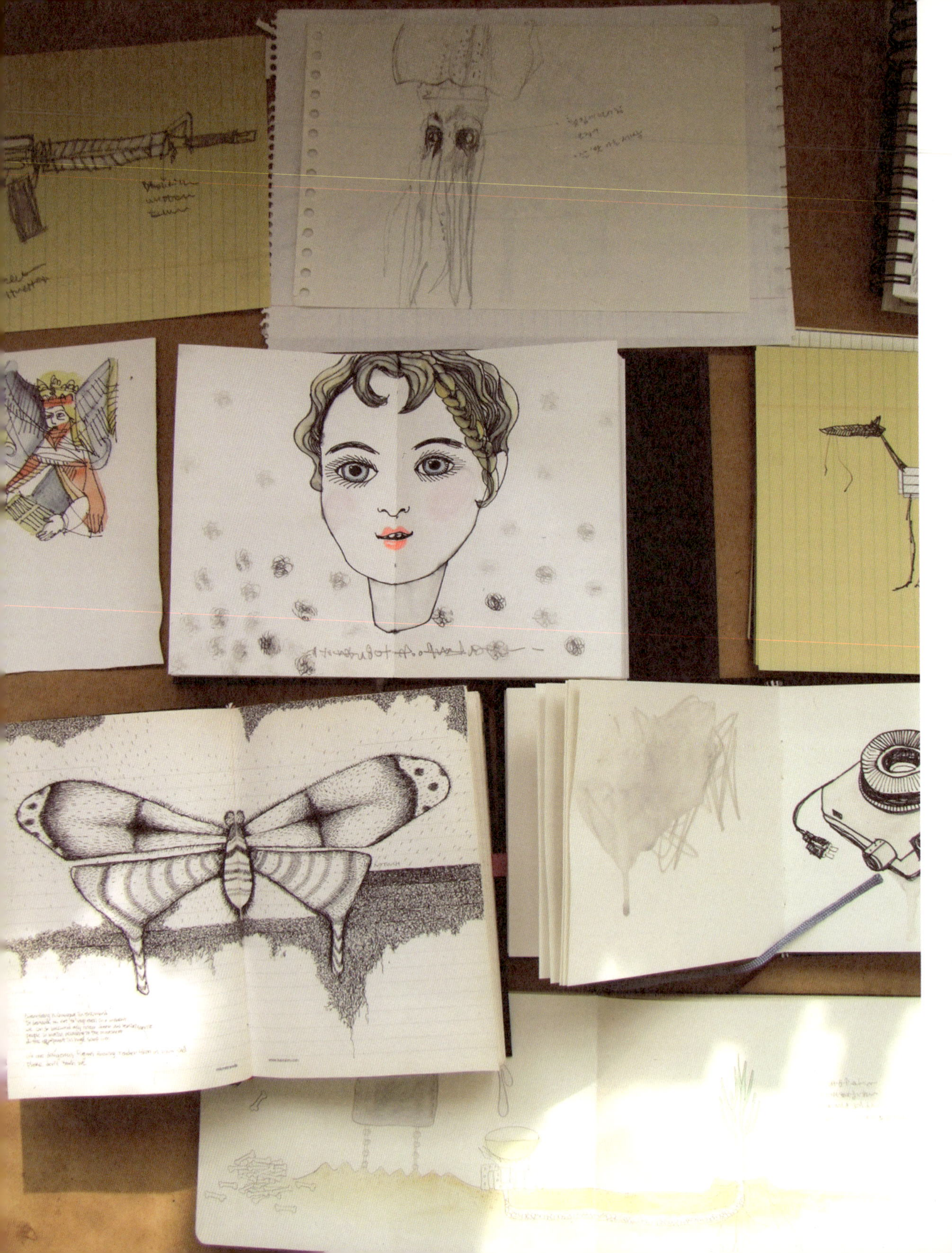

시간단축도 요령이다

당신에게 그림 작업은 단순한 취미인가 아니면 일인가?
아무래도 취미라면 시간과 마음의 여유가 있을 것이고, 기분이
내킬 때 천천히 음미하며 그려도 상관없을 것이다. 하지만
일이 되면 시간단축은 중요해진다. 더군다나 취미일 때보다도
작품의 퀄리티는 더 높아져야 한다. 실력과 시간을 모두 다룰 줄
아는 사람이 진정 프로다. 수업 중에 그림 한 점을 몇 달 동안
그리고 있는 분들이 종종 있다. 그런데 많은 시간을 투자한다고
해서 작품의 퀄리티가 높아지는 것도 아니다. 언뜻 보면 꼼꼼하게
신경 써서 그리고 있는 것 같지만 사실상 그 반대인 경우가 많다.
제한 시간이 없기 때문에 집중력은 떨어지고 산만해져서
어느 한계에 다다르면 더 이상 진행하지 못한다. 이것은
그림 그리는 것을 음미하고 있는 것이 아니라 딱 잘라 말해,
게으른 거다. 예를 들어 5시간에 충분히 완성할 수 있는 것을
10시간, 또는 20시간 늘려서 그릴 필요는 없다. 게다가 자신의
실력에 맞는 속도란 것은 분명 존재한다. 그런데 그것을 무시하고
안일하게 진행하면 오히려 실력발휘가 안 된다. 음미와 집중은
엄연히 다르다. 집중하며 작업하는 그 순간을 음미해야 한다.

　　원래 제 속도를 넘어서는 것이 프로의 영역이다. 그림을
그리는 일이 직업이 된다든지 앞으로 관련 일을 하고 싶다면
시간을 단축하는 요령을 터득해야 한다. 이것은 누가 가르쳐주는
것이 아니고 무조건 열심히 많이 그리다 보면 자연스레 생기는
요령이다. 단, 세밀한 수작업을 할 땐 편법으로 빠르게 때울
생각은 말자. 그림은 정직하다. 그것을 보는 사람들의 눈도
정확하다. 그래서 시간단축은 대충 빨리 얼버무리는 것이 아니다.

제대로 오리지널을 유지하면서 시간도 단축할 수 있어야 한다. 그러기 위해서는 아이디어도 필요하고 연구과 노력이 있어야 한다.

작가는 창작을 하고, 아이디어 노트를 제작하고, 스케치를 한 다음 본 작업에 들어가기까지 많은 시간이 필요하다. 이 과정 중에 어느 것 하나 소홀히 할 경우엔 작품에서 빈틈이 생긴다. 그러나 그림 한 점 만드는 데에 너무 오랜 시간을 소요하면 금방 지쳐버릴 수도 있다. 그래서 시간을 단축하기 위해 내가 활용했던 몇 가지 방법을 소개해보겠다.

1 아이디어는 일상에서 찾자

수업을 하다 보면 평소에는 그림과 관련된 생각을 전혀 하지 않다가 막상 수업할 때 아이디어를 짜내는 분들이 많다. 물론 일상이 바쁜 것은 알겠다. 하지만 아이디어는 의외로 우연히 떠오른다. 그림 그리는 시간에 생각만 하다 끝나기엔 그 시간들이 조금은 아깝다. 예술가 동료들의 경우를 보면 어떤 친구는 낚시를 하다가, 어떤 친구는 운전하다가 아이디어가 떠오른다고 한다. 내 경우에는 샤워하다가 떠오를 때가 많고, 작업실에서 음악을 틀어놓고 작정을 하고 아이디어를 떠올리는 경우도 자주 있다. 창작은 그리는 시간보다 생각하는 시간이 더 오래 걸린다고 한다. 이러한 사실로 본다면 일상에서 아이디어를 구상해놓았을 때 작품의 반 이상은 진행된 거라고 볼 수 있다. 게다가 장소와 시간에도 구애받지 않으니 언제 어디서든지 할 수 있지 않은가.

2 집중을 음미하자

그림을 그리고 있는 내 모습을 음미하는가? 처음 사용해본
재료들을 음미하는가? 물론 이것도 중요하다. 내가 그림을 즐기고
있는 이유가 될 수도 있다. 그러나 작품의 결과와는 무관하다.
그림을 그릴 때 옆 사람과 계속 잡담을 한다든지, 뭔가를 먹는 등의
잡다한 일을 병행하고 있다면 좋은 작품은 잠시 접어두어야 한다.
정말 괜찮은 그림을 그려보고 싶다면 상황을 음미하지 말고
집중을 음미해보자.

3 재료를 분류해놓자

그림을 그리기 전, 재료를 준비하거나 끝난 후 정리하는 시간은
제법 많이 걸린다. 이럴 땐 재료를 분류하여 수납하면 보기에도
좋고 준비와 정리시간을 단축할 수 있다.

난 작업을 하는 도중에 이것저것 가지러 오고 가는 시간도 아깝다.
솔직히 말하면 귀찮다. 도중에 맥이 끊겨서 집중력이 흐트러진다.
이럴 땐 온몸을 이용하여 당장 쓸 재료들을 수납해놓는다.
손은 양손을 모두 활용한다. 만일 책상에서 작업을 진행한다면
팔을 뻗을 수 있는 거리에 그날 사용할 재료를 모두 준비해놓자.
사용한 다음엔 제자리에 놓아야 뒤섞이지 않으니 주의하자.
사용한 물건을 제자리에 두기만 해도 청소는 저절로 된다.

4 보조 장비를 적극 활용하자

미술재료 외에 사포, 지우개, 나무 작대 등 보조 장비를 활용하여
시간단축을 할 수 있다.

A   표면의 먼지를 털어내거나 넓은 면적을 칠할 때는 큰 백붓.

B   울퉁불퉁한 표면을 정리할 때는 사포.

C   반복패턴을 찍어낼 땐 지우개도장(반복패턴은 그래픽으로도 접목 가능).

D   대량의 물감을 푸거나 섞을 때, 그 밖에 다양하게 쓸 수 있는 나무 작대.

E, F   깔끔한 색 구분이 필요할 때는 마스킹 액.

G, H   세밀한 선의 교차가 필요할 때는 털이 뻣뻣한 백붓.

I   불규칙적인 점박이를 원하거나 고른 표면을 원할 땐 스폰지.

J   굳은 물감을 긁어내거나 물감을 섞을 때는 나이프.

K   마스킹 액이나 테이프를 떼어내거나 세밀한 불순물 제거를 할 때는 송곳.

L   물감을 고르게 칠할 때는 롤러(단, 물감은 끈적함을 유지해야 함).

M   직선이 필요할 때는 마스킹 테이프.

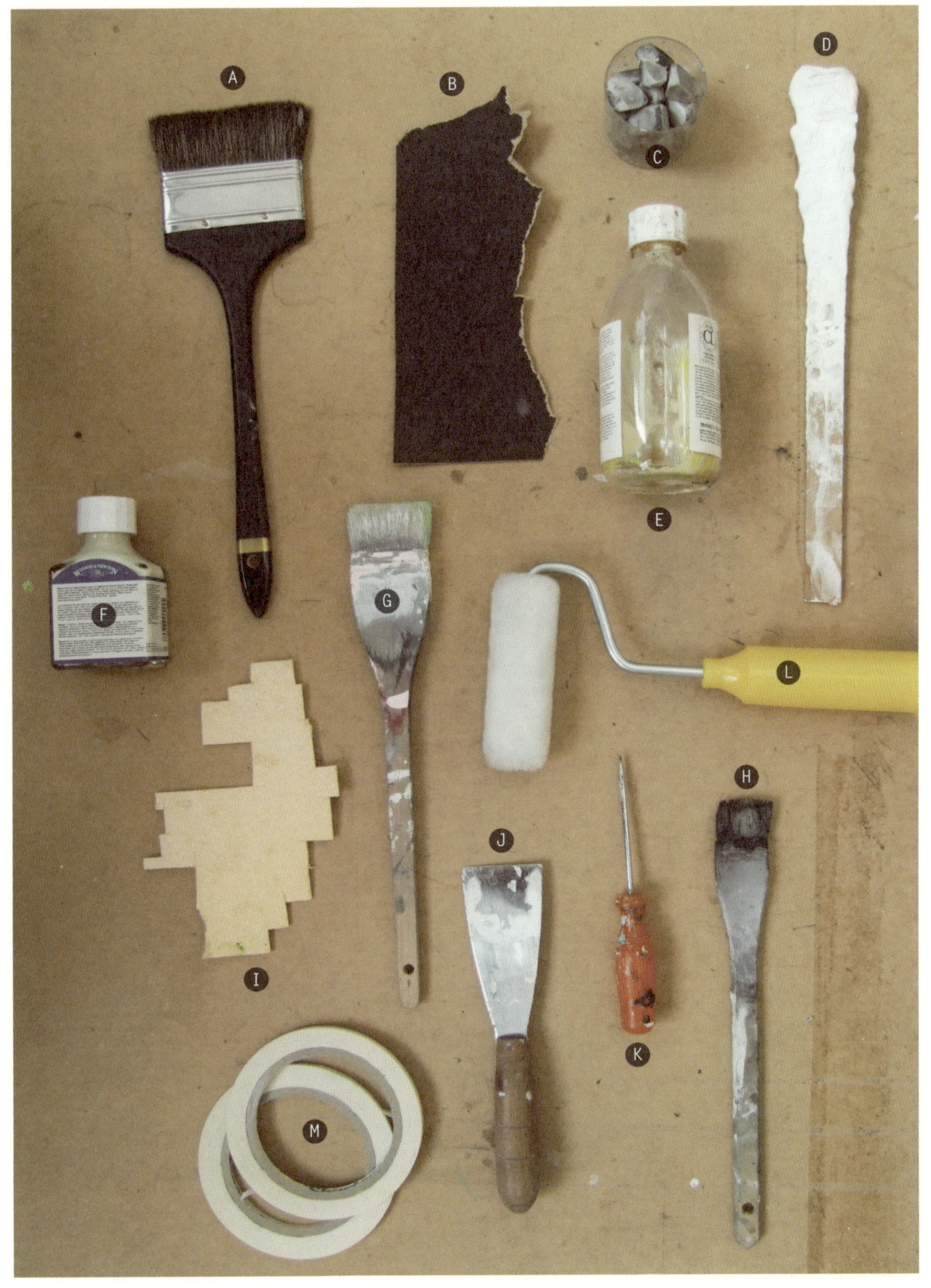

곳간 채우기 - 자료수집

소설가는 등장인물의 리얼리티를 살리기 위해 주인공의
직업을 철저히 조사한다. 영화배우는 자신이 연기할 인물의
특징을 살리기 위해 비슷한 삶을 미리 체험해보기도 한다.
그림을 그릴 땐 좀 더 세심한 표현을 위해서 그것을 도울 만한
참고 이미지나 그 밖의 자료가 필요하다. 그리고 자신이 수집한
자료의 양과 질이 어느 정도이냐에 따라 결과물은 천차만별이다.

자료 수집은 몰아서 하는 것보다는 평소에 틈틈이 해두는
것이 시간 활용에 좋다. 그러나 제한 기간을 두고 집중해서 수집을
해도 상관없다. 예를 들어 창작 아이디어에 관련된 소스는 평소에
불쑥불쑥 떠오르거나 발견했을 때 모으고, 미리 계획해둔 자료
목록은 시간을 따로 정하여 짧은 시간 몰입해서 준비한다. 그림
그리는 것을 연습하거나 즐기고 있는 중이라면 평소에 그리고
싶었던 실제 이미지들을 사진으로 촬영해두자.

드로잉이나 다이어리가 순간의 아이디어를 저장해놓는
곳이라면 사진 이미지는 좀 더 섬세한 작업을 위해 필요한
도구이다. 그리고 될 수 있으면 그림에 참고가 될 이미지는
본인이 직접 촬영해보자. 촬영이 불가능하거나 수집할 시간이
없다면 인터넷 검색 사이트에서 제공되는 이미지들을 참고한다.
국내 검색 사이트의 한계가 느껴지면 구글에 해당 이미지를
영문으로 검색해보자. 이런 식으로 수집한 이미지들은 본인이
직접 촬영한 사진이 아니기 때문에 자신의 이름을 걸고 통째로
창작품으로 내놓아서는 안 된다. 자료는 자료의 역할을 할 뿐이다.
즉, 작품 제작을 위해 다른 이가 대신 찍어놓은 사진을 참고하는
것이다. 그들이 이미 작품으로 풀어낸 구도와 색감을 그대로

내 작품에 옮겨서는 안 된다. 물론 창작이 아닌 기술연습이라면
상관없다. 여기서 내가 말하는 자료란 순전히 '연습'과 '참고'를
위해 필요한 사항이다. 그리고 그렇게 수집한 이미지들은 폴더에
잘 정리를 해둔다. 분류해서 저장을 해두면 나중에 열람해서
꺼내 쓸 때 편리하다. 인물, 자연, 건물, 동물…… 등 분야별로
찾기 쉽게 저장해두자.

　　내 경우에는 작품에서 말하고자 하는 도시와 현대인의
심리를 풀어내기 위해 카메라를 자주 지니고 다닌다. 도심 속의
건축 이미지는 돌아다니며 틈틈이 수집을 해두고 등장인물은
따로 모델을 설정하여 촬영한다. 미리 필요한 포즈와 상황을
에스키스해두면 촬영 중에 쓸데없는 소통을 줄일 수 있다.

　　사람은 망각의 동물이라서 금방 잊어버리고 지나치는 것들이
너무 많다. 그래서 이러한 자료 수집을 평소에 습관화해놓으면
곳간에 채워둔 넉넉한 식량들을 빼 먹으며 배를 두드릴 수
있을 것이다.

카메라는 일등 도우미다

카메라는 현대인의 필수 아이템이다. 예전엔 사진 좀 한다는 사람,
그림 좀 그린다는 사람들이나 옆구리에 끼고 다녔지만 지금은
취미로 사진을 하는 사람들도 고급 카메라를 갖고 다닐 정도로
대중화되어 있다. 휴대전화에도 카메라는 내장되어 있다.
이런 좋은 세상에서 우리는 현대문명을 적극 활용해야 마땅하다.

1 구도는 카메라 프레임 안에 있다

사진을 촬영할 때 유난히 구도를 잘 잡는 이가 있는가 하면
언제나 불안정하고 재미없게 구도를 잡는 이가 있다. 구도감각도
타고난다지만 약간의 요령만 숙지하면 누구든지 좋은 구도를
잡을 수 있다.

　　카메라 촬영 시에 구도를 잘 잡는 이들은 그림을 그릴 때도
영향을 받는다. 구도 연습할 때 스케치북보다는 카메라의
프레임이 더 신속하다. 카메라의 프레임이 스케치북이라고
가정하고 그 안에 그림을 어떻게 그릴 것인지 생각해보자.
물감도 스케치도 필요 없다. 그저 원하는 피사체를 향해서 버튼을
누르기만 하면 된다. 이상하게 카메라로 구도를 잘 잡았더라도
막상 스케치북 위에선 원래의 감각이 살아나질 않는다. 그만큼
카메라보다 손으로 피사체를 담는 것이 더 어렵게 느껴지나 보다.

원근법을 적극 이용하자

눈앞에 멋있는 풍경을 보고도 그 상황을 효과적으로 촬영하지
못하는 이가 있다. 후반에 포토숍을 동원하기보다는 구도만
잘 잡아도 반 이상은 성공이다. 풍경은 원근을 적극적으로
담아내면 좋다.

인물도 마찬가지다. 요즘 아웃포커스 카메라가 인기 있는
이유는 인물을 선명하게 잡아주고 나머지 배경은 자동으로
날려주기 때문이다. 극적인 원근 처리는 그림 같은 느낌을 준다.
그래서 그림을 그릴 때 원근이 살아 있는 사진을 참고하기도 한다.

여백의 미

쉽게 얘기해서 대상을 한 귀퉁이로 몰아주는 건데 그냥 무작정
몰았다가는 구도 실수로 보일 수 있다. 한쪽으로 대상이 몰리면
나머지 부분은 단색의 배경 또는 아웃포커스로 뿌옇게 처리를
해준다. 이렇게 여백의 미를 살려주면 화면 안에서 긴장감이
흐르고 더 나아가 독특하고 감각적인 느낌을 준다.

이 밖에도 좋은 구도를 잡아낼 수 있는 방법은 많다. 중요한 것은
초점 형성과 리듬감이다. 스케치북에 곧장 옮기는 것이 어렵다면
먼저 카메라를 통해 구도 연습을 해보자.

2 카메라는 자료수집 조수다

그림은 시각적인 이미지를 만들어내는 일이다. 따라서 리얼함을
위해 사진을 참고해야 할 일이 종종 있다. 모티브가 되는
사진을 보고 실물 그대로를 그리거나 실물을 토대로 응용하여
그리거나 실물에 영감을 받아 100% 창작하여 그리기도 한다.

아이디어 드로잉북이 순간의 느낌을 기록하는 자료집이라면
카메라는 객관적인 이미지를 수집할 수 있는 자료집이다. 보유한
자료가 많을수록 표현해낼 수 있는 아이디어도 많아진다. 싸울 일도
없는 착한 조수를 데리고 다니면서 적극 활용해보도록 하자.

내 안에 '포토숍' 있다

사진 보정 전문 프로그램인 포토숍을 한 번쯤은 써본 적이
있을 것이다. 마치 마술처럼 사진을 복원하고 변형시키는
이 프로그램의 재주는 무궁무진하다. 내장된 모든 툴을 다 다루지
못해도 몇 가지의 툴만 기억해 두면 색감보정이나 편집은 얼마든지
할 수가 있다. 컴퓨터 작업의 가장 큰 장점은 신속함이다. 색 감각이
있고 툴을 다룰 줄만 알면 이미지 보정은 식은 죽 먹기다.

그렇다면 이 포토숍의 원리를 내 안에도 저장시켜 놓는다면
얼마나 편리할까? 어떠한 대상을 있는 그대로 그리는 것이 아니라
내 안의 포토숍으로 조절해보는 거다. 대부분 그림을 그릴 때
보이는 대로 그려야 한다는 강박관념이 강하다. 설사 다르게
응용해서 그려야지 하면서도 막상 그리다 보면 보이는 대상에
집착한다. 창작에도 종류가 있는데 아무것도 없는 백지 상태에서
100% 창작으로만 그려내는 방법이 있는가 하면 특정 대상을
모티브로 해서 참고하는 방법도 있다. 내 안의 포토숍은 바로
후자 쪽의 방법을 택했을 때 활용한다. 실물의 형태는 그대로지만
색감을 조정하여 분위기를 바꿔볼 수도 있고 실물의 형태를
변형하여 색다른 느낌으로 바꿔볼 수도 있다.

포토숍의 기능을 살펴보면 이미지의 색감, 질감, 명도 등을
자유자재로 조절할 수 있게 해놓았는데 실은 이 모든 것이
수작업으로 가능한 것들을 툴로 몇 개 모아놨을 뿐이다. 즉,
컴퓨터는 이미 만들어진 몇 가지의 경우의 수를 프로그램에
입력시킨 후 그것을 꺼내 쓸 수 있도록 만들어놓은 것이기
때문에 속도감은 월등히 빠르다. 하지만 컴퓨터에 저장되지
않은 그 밖의 많은 것들은 인간의 손으로 얼마든지 표현할 수
있다. 참 이상하게도 남이 만들어놓은 프로그램을 마우스로

간단히 클릭하여 설정하는 것은 잘하는데 막상 종이 위에 실제로 그리라고 하면 어려워한다. 이것은 단지 손재주가 없기 때문만은 아니다. 인식 전환이 잘 안 되기 때문이다. 어느 그래픽디자이너는 그래픽 작업을 할 땐 능수능란한데 종이 위에 물감을 바르거나 연필 선을 그으라면 진땀을 흘린다. 하지만 실제 수작업이 잘 되지 않는 사람은 그래픽 작업을 할 때도 내심 답답할 것이다.

그림을 그릴 줄 아는 사람은 그래픽 작업을 할 때 '툴'로 계산하며 만드는 것이 아니라 '툴'로 그림을 그리는 심정으로 다루게 된다. 결국 감각이 우선이 되는 것이기에 속도는 더 빠를 수밖에 없다. 우리는 21세기 과학문명을 활용해야 한다. 아무리 기계가 정확하고 빠를지라도 인간의 감각을 따라갈 수는 없다. 오히려 인간의 감각과 기계의 장점을 접목시켜야 환상의 궁합이 될 수 있다.

포토숍의 원리를 이용하는 방법을 또 하나 알려주겠다. 실물을 보고 포토숍처럼 색감이나 형태의 변형이 자유자재로 잘 안 된다면 아예 포토숍으로 원하는 형태나 색감으로 변형을 한 뒤 그것을 그리면 된다. 자신의 감각만으로 실물을 변형시키는 것이 본래의 실력일 수도 있으나 더 섬세한 작업을 할 수 있는 기회를 놓칠 이유는 없지 않은가. 실물을 천만 화소로 찍어낼 수 있고 그것을 포토숍이라는 프로그램으로 빠르게 변형시킬 수 있는 시대다. 그렇다면 과학이 준 선물을 마다하지 말고 내 그림에 활용해보는 것도 괜찮을 것이다.

슬럼프 극복법

A : 모든 것이 내 맘 같지가 않아요.

B : 이제야 정상적인 삶을 사는군요.

A : 네? 내 맘 같지 않다고만 생각하면
　　삶을 너무 비관적으로 사는 것 아닌가요?

B : 하는 일마다 다 잘된다고 생각하면
　　그게 비정상적인 거죠.

A : ……!

1 모두 내려놓자

제아무리 자신이 좋아하는 일을 하고 있다 해도 '슬럼프'라는
장애물은 누구에게나 다가온다. 고등학생 시절, 그토록
정식으로 배우고 싶었던 그림을 큰 학원에서 배우게 됐는데도
기어코 슬럼프가 찾아왔다. 실력은 오히려 퇴보하는 듯했고
내 그림을 아무에게도 보여주고 싶지 않아서 아예 학원을
빼먹기 시작했다. 한 달 이상을 결석하며 혼자서 울기도 참 많이
울었다. 나보다 늦게 시작한 친구들이 눈부신 속도로 나를
따라잡을 땐, 그 아이들이 미웠다. 입시미술학원에서 배우는 것은
창작이라기보다는 기술적인 측면이 거의 다였다. 그러나 그 이후
탄탄한 기술 위에 창작이라는 날개를 달아놓으니 그 시절 힘들게
연습했던 것들이 쓸모없는 것은 아니었다. 그래도 역시 연습은
즐겁지만은 않는 법. 그렇게 두 달 정도를 연필 한번 잡지 않고
버티다가 나간 학원. 앗, 이건 뭐지? 지켜보던 선생님이

"너 혼자 몰래 연습하다 왔냐?"라고 물었다. 그렇다. 두 달 전 허우적대던 내가 아니었다. 이건 뭐라 설명할 수 없는 일이었다. 수업을 하다 보면 여러 가지 이유로 결석을 하는 분들이 종종 있다. 위의 내용으로 미루어본다면 결석한 분들은 모두 실력이 더 좋아져야 하는데 내 경험상 대다수는 그 반대다. 그런데 지난 기간 동안 손가락에 꼽힐 정도의 몇몇 분들이 나와 비슷한 상황을 겪었다. 그때 나 역시 "혼자 몰래 연습하다가 오셨어요?"라고 물어봤다. 여기에 어떤 비밀이 있을까? 왜 누구는 쉬다가 했는데 퇴보하고 누구는 눈부신 발전이 있는 걸까?

이유를 알아냈다. 단, 무조건 옳다는 것은 아니고 나를 비롯한 몇몇 분들의 공통점을 분석해본 결과라는 것을 참고하길 바란다. 이분들의 놀라운 발전의 비밀은 정말 열심히 달려온 분들만이 이 효과를 경험할 수 있다는 점이다. 아니, 자신의 실력이 중급 또는 초·중급 정도는 되어야 이런 공백이 역효과를 낸다. 제대로 시동도 걸려 있지 않는데 중단해버리면 꺼지기 마련이다. 나는 이것을 '숙성기간'이라 말하고 싶다. 이제야 뭔가를 좀 알 것 같은데 더 이상 올라가지는 않는 경우, 그때가 슬럼프고, 그럴 땐 잠시 숙성기간을 거쳐야 한다.

열심히 달려보지도 않고 슬럼프에 빠졌다면 계속하여 전진하라고 말해주고 싶다. 열심히 달렸는데 슬럼프에 빠졌다면 잠시 모든 것을 내려놓았다가 다시 하라고 말해주고 싶다.

2 눈을 씻기자

기술적인 측면 이외에도 창작 발상, 즉 아이디어 측면에서도 슬럼프는 온다. 아무리 애써서 떠올리려고 해도 떠오르지 않고 뇌가 굳은 듯 멍하기만 한 상태. 단순한 생각만 맴맴 돌고 도는

상태라면 낯선 곳으로 떠나는 여행이 최고의 방법이다. 여행에서
돌아온 뒤 가뿐한 마음으로 다시 달려들 수 있다는 것이 여행의
가장 큰 장점이다. 그러나 이것은 감성과 육체를 환기시켜 줄 수는
있어도 아이디어에 뾰족한 단서를 주기 어려울 때도 많다. 그래서
아예 구체적으로 시각에 직접적인 영향을 주는 것을 추천한다.
예를 들어 좋은 작품을 직접 볼 수 있는 기회를 만들어보라.
그렇다면 왜 꼭 직접 찾아가서 봐야 하는가? 인쇄와 웹과 실물은
다르기 때문이다. 눈을 씻기 위해서는 실물을 직접 눈으로
봐야 한다. 그리고 기회가 되면 외국 여행을 갔을 때 미술관이나
갤러리, 박물관을 꼭 들러보도록 하자. 눈이 씻긴다는 것이
무엇인지 제대로 경험하게 될 것이다.

　　　요즘 우리나라에서도 해외 고전 대가들의 명작을 전시하는
일이 꽤 많아졌다. 물 건너가는 시간과 돈을 줄일 수 있는 기회인데
그냥 지나치면 아깝다. 고전 대가들의 명작 이외에도 현대미술
전시회도 기회가 되면 꼭 보길 권한다. 작가의 그림 한 점에는
수많은 생각의 과정이 집약되어 있다. 작가노트를 참고해보면
더욱 기발하고 신선하다. 많은 이들이 고정관념을 갖고 바라보거나
생각하는 것들에 대해 그들은 새로운 시선을 제시하여준다.
굳어 있는 뇌에 수혈을 해주고 뻣뻣해진 감성에 기름칠을 해준다.
좀 더 과감히 눈을 씻고 싶다면 욕심을 내어 작가의 작업실을
직접 방문해보면 어떨까? 아마 심장이 두근거리고 살아 있음을
느끼게 될 것이다.

　　　슬럼프를 극복하는 방법은 정해진 답이 없다. 그 시기를
어떻게 극복해나갈 것인지 노력하고 연구했을 때 자신과
가장 잘 맞는 노하우가 만들어질 수 있다.

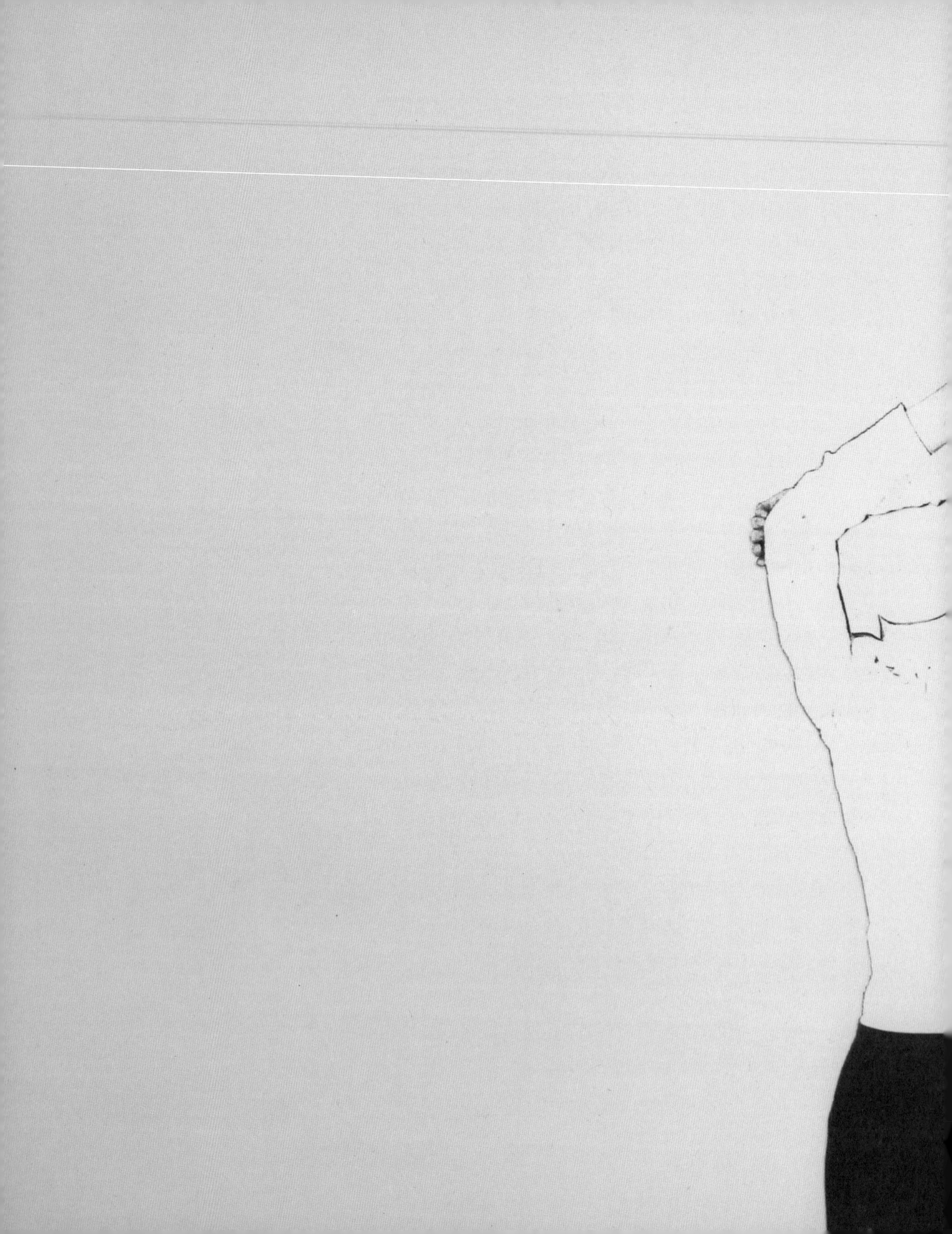

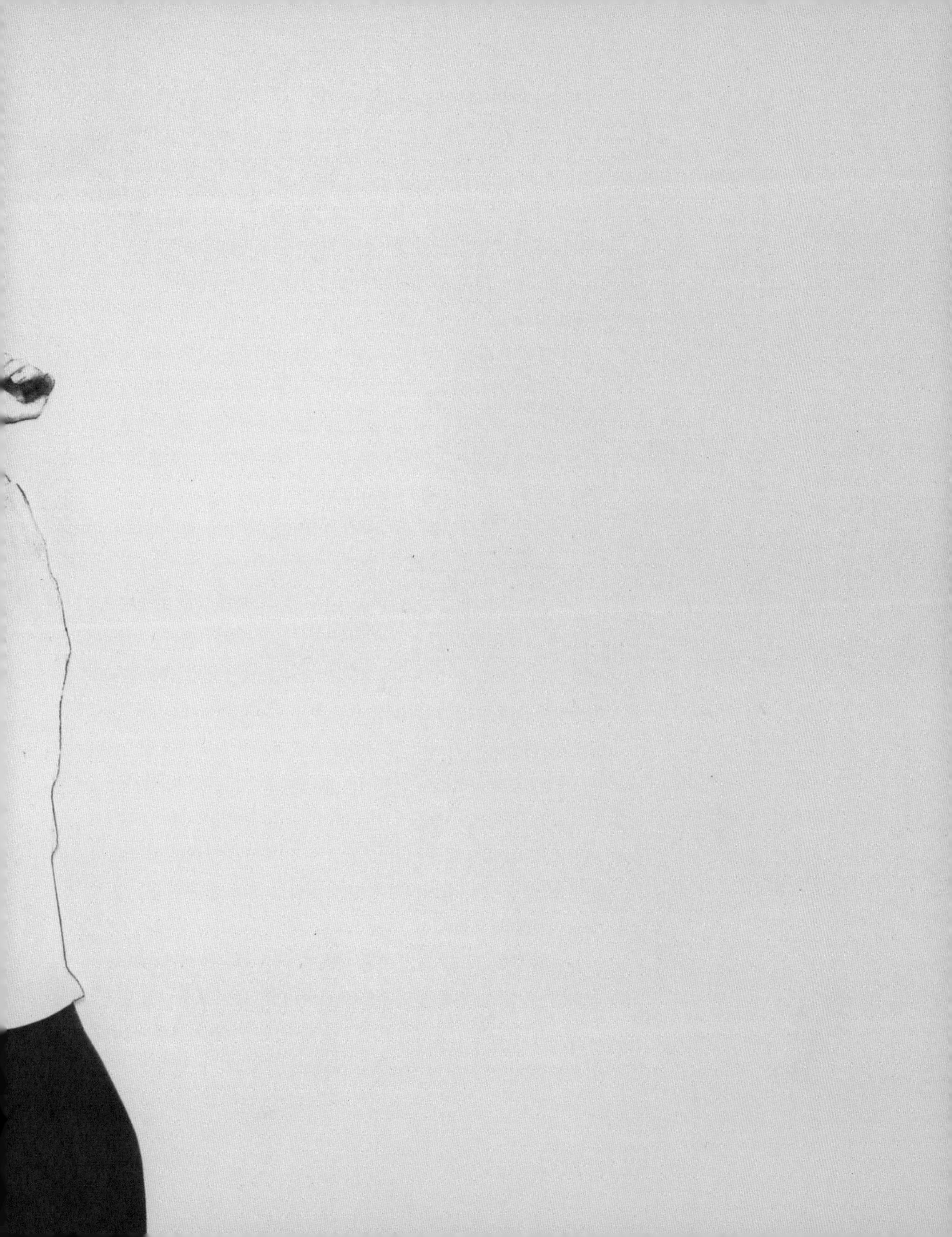

가장 안전한 수혈 – 필살기

최근 신문기사에서 한 사람이 수술하며 흘린 피를 모아서 다시 그 사람에게 수혈할 수 있다는 내용을 보았다. 자신의 피를 수혈받는 것만큼 완벽한 것은 없다면서.

수업이 한창이던 어느 날, 중급 이상의 수준을 갖춘 어떤 분의 그림이 군데군데 비어 있었다. 어떻게 된 건지 물어보니 해보지 않았기 때문에 비워둔 거라 했다. 여행할 때 여행 가이드 뒤를 쫓으면 편리하긴 해도 자신의 여행은 아니다. 지도 한 장 들고 머릿속으로 어디를 갈까 구상하며 두렵지만 혼자 돌아다녀보는 것이 진짜 자신의 여행이다. 즉, 내가 시범을 보인다 해도 엄연히 남의 것이다.

우리는 이미 많은 그림을 보며 살아왔다. 창밖 나무 한 그루를 그릴 때 그것을 연필 드로잉으로 어떻게 표현하고 싶은지, 수채화로 어떻게 그려보고 싶은지 미리 머릿속에 그려놔야 한다. 구상한 대로 100% 나올 확률은 거의 없다. 전문가인 나조차도 100% 일치하지 않는다. 다만 상상하고 있는 그것을 표현하고자 시도해볼 뿐. 만일 머릿속에 완성본이 그려지지 않으면 본인의 수준에 맞거나 도전해볼 만한 것을 택해서 연습하자. '그리다 보면 어떻게 되겠지.'라는 마음가짐은 좋지 않다. 이런 분에겐 어쩌면 언제든 시범을 보여줄 수 있는 선생이 곁에 있다는 것이 방해가 될 수도 있다.

남의 방법에 의존하는 것은 확률상 반반이다. 수혈받은 피가 맞을 수도 있고, 맞지 않을 수도 있다는 뜻이다. 가장 확실한 것은 자기만의 공식을 만들거나 지름길을 스스로 개척해나가는 것이다. 원하는 것이 없으면 의지도 없다. 마음으로 원하고 머릿속으로

상상하자. 그것을 최대한 실현해보는 것이 도전이다. 그리고
상상과 현실의 격차를 줄이기 위해 해보고 또 해봐야 한다.
그러다 보면 자기만의 공식이 하나둘 생긴다. 이는 필살기가
늘어나는 것이기에 자신감은 점점 커진다. 필살기를 만들자,
자신에게 100% 맞아떨어지는 수혈을 해보자.

고인 물에서 벗어나기 - 컨버전스

컨버전스 convergence

여러 기술이나 성능이
하나로 융합되거나 합쳐지는 일

미대를 다니던 시절, 대부분의 사람들이 "전공이 풍경화,
수채화 중에 어떤 거예요?"라고 물었고, 작가활동을 하면서는
"전공이 서양화예요? 동양화예요?"라고 물어왔다. 그런데
풍경화는 인물화, 정물화처럼 그리는 소재에 따른 분류이고,
수채화는 유화, 연필화, 파스텔화처럼 재료의 종류에 따른 분류다.
서양화는 서양에서 들어온 회화이고, 동양화는 동양에서
비롯된 회화를 말한다. 우선 나는 파인 아티스트이다.
우리말로 하면 순수 예술가다.

몇 년 전 영상 작업에 집중한 적이 있었는데 그땐 "당신은
회화 작가입니까? 미디어 작가입니까?"라는 질문을 많이 받았다.
만일 이랬다저랬다 정체성이 없다면 문제겠지만 그 정체성이란
기준이 무엇인가? 하나의 주제를 표현하기 위해 다양한 각도에서
소통하는 것이 정체성의 부재라고 단언하기는 어렵다.

여기서 가장 중요한 것은 다양성을 한곳으로 융합시키는 데에
있다. 이는 사고과정에도 해당한다. 크로스오버와 퓨전,
하이브리드도 서로 다른 두 종류 이상이 섞여서 융합한다는
의미로 쓰이고 있다. 영역이 약간씩 다르긴 해도 이 시대의
특징이다. 잘못하면 마구잡이로 섞여서 지저분한 잡종이 될 수도
있으나, 조화롭게 융합될 경우 새로운 세계가 열리는 것은
시간문제다. 바로 이러한 통합개념이 미술영역에도 필요하다.
특히 보수적인 성향이 짙은 곳에서는 감히 다른 무엇과
섞기는 힘들지만 그럴수록 확장하여 더 나은 것을 찾아야 한다.
고인 물은 썩기 마련이다.

그렇다면 미술 영역에서의 컨버전스는 어떤 것이 있을까?

작게는 각기 다른 장르의 소재나 재료의 융합이고 크게는
사고의 융합이다. 사진 같은 회화, 회화 같은 사진, 디자인 같은
회화, 회화 같은 디자인 등 표면적으로는 이미 다양해진 지
오래다. 그러나 단순히 섞인다는 것에서 좀 더 나아가 한곳으로
집중하는 것에 초점을 맞추었을 때 컨버전스는 빛을 발한다.
한곳으로 집중된다는 것은 엄청난 융합이 가능하다는 의미다.
섞임을 넘어선 새로운 발견. 나는 그것을 '사고의 융합convergence of
thinking' 또는 '마음가짐의 융합convergence of mind'이라 말하고 싶다.

　　창작은 새로운 발견이다. 물이 고였다고 느껴질 때 다른 영역의
괜찮은 것들을 모아 이곳으로 집중시켜 보는 건 어떨까? 환경보호,
디자인, 미술, 기업, 마케팅, 복지, 심리치료, 음악, 시, 소설, IT,
음식, 패션……. 자, 무엇과 무엇이 통합되고 융합될 수 있을까?
각자 상상해보자.

침묵의 실천으로 답하라

노래 중에는 세월이 흘러도 변함없이 듣기 좋은 곡이 있다.
그것은 아마도 그 곡에 스며 있는 진정성 때문일 것이다. 누군가의
비위를 맞추기 위해 갖은 조미료를 쳐서 만든 것이 아니라
본인의 얘기를 진지하게 풀어놓았기 때문일 것이다. 가슴 속 담긴
언어와 음률을 펼쳐가는 과정은 많은 우여곡절이 있을 수도 있고
순식간일 수도 있다. 그러나 중요한 것은 그 과정이 결코 남을
위함이 아닌 자기 자신을 위한 여정이라는 것이다. 결과까지 좋다면
금상첨화지만 그렇지 않더라도 과정만으로도 충분히 가치가 있다.
　피겨요정 '김연아' 선수의 인터뷰 중에서 "나의 목표는 누구를
이기는 것이 아니라 내가 할 수 있는 최대한의 완벽한 경기를
보여주는 것이다."라고 했다. 나는 그녀의 연습과정에서 진정성을
느꼈다. 누구를 위함이 아닌 자기 자신을 위해 연습을 하는 것이고,
누구를 이기기 위함이 아닌 자기 자신에게 도전하는 것이며,
남이 아닌 자신에게 궁금해지는 것이다. '과연 내가 어디까지
해낼 수 있을까?'라는 의문에 대하여.
　난 가끔 작업을 하면서 대충 얼버무리고 싶을 때가 있다.
몸이 힘들거나 귀찮거나 마음이 다른 곳에 있을 때 등등.
그럴 땐 어떻게 하면 계획하고 있는 이 작업을 빨리 끝낼 수
있을까 잔머리만 굴리게 된다. 그 다음에 내게 돌아오는 것은
늘 후회뿐이다. 잔머리 굴린 뒤 발견한 내 작품의 빈틈을 바라보고
있노라면 괜스레 낯이 뜨겁고 마음 한 구석이 씁쓸해진다. 결국
나중엔 조용히 그것들을 처리해버릴 수밖에 없다. 그런 과정들은
나 자신을 위한 것이 아니다.

'하나의 작품, 원하는 하나를 얻기까지 너무 많은 일들이
기다리고 있다. 어쩔 땐 치사하고 더럽다는 생각까지 들 정도로.
시간도 없고, 돈도 없고, 아무도 날 이해해주지 않고, 바쁜 일은
쌓였고, 눈치 볼 것은 많고, 신경 쓸 것도 많고, 마음이 편하지도
않고, 인간관계는 복잡하고 상처투성이다. 그래서 그림 한 장
원 없이 그리기가 너무 힘이 든다.'

그동안 내게 배우러 오셨던 분들과 이런저런 속 깊은 얘기를
하다 보면 많은 분들이 위와 같은 생각을 품고 있다는 것을 알았다.
꿈을 향해 뒤늦게 준비하는 사람, 현장에서 프로페셔널하게
활동하는 사람, 관련 업종은 아니지만 무작정 그림이 좋은
사람……. 어쨌든, 그들은 하나의 작품이라도 만들기를 원하는
사람들이었다. 물론 나도 예외는 아니다. 그럼에도 그 한 장을
그려내는 것이 우리의 목적이다. 안 그런가? 누구든 자신의
진심과 육체적인 인내가 함께한다면 설사 결과가 좋지 않더라도
후회는 남지 않을 것이다.

창작이란 내 머릿속에 담겨 있는 비현실적인 무언가를 밖으로
끄집어내는 행위다. 그것을 최대한 근접하게 실현시키는 것이
예술가다. 기나긴 변명도, 대화도 필요치 않고 단지 기를 빼앗기지
않으려 하루하루를 노력해야 한다. 말 한마디로 충전해놓은
에너지를 날리지 말아야 한다. 마음에도 없는 맞장구를 치며
시간낭비를 하지 말아야 하며 사람들에게 서운한 마음과 원망도
갖지 말아야 한다. '내 마음은 이래.'라고 애써 알릴 필요도 없다.

정말로 당신이 원하는 그림 한 장을 얻고 싶다면 침묵의
실천으로 답하면 된다. 그러면 모든 것이 해결된다고 단언할 수는
없지만 적어도 많은 부분이 해결될 것이다.

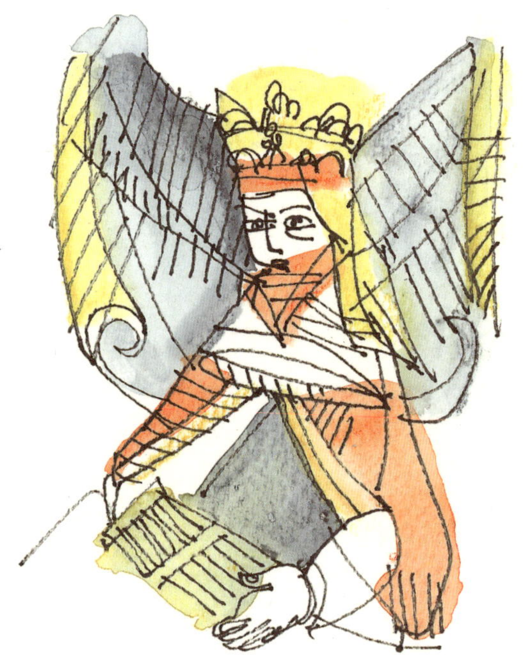

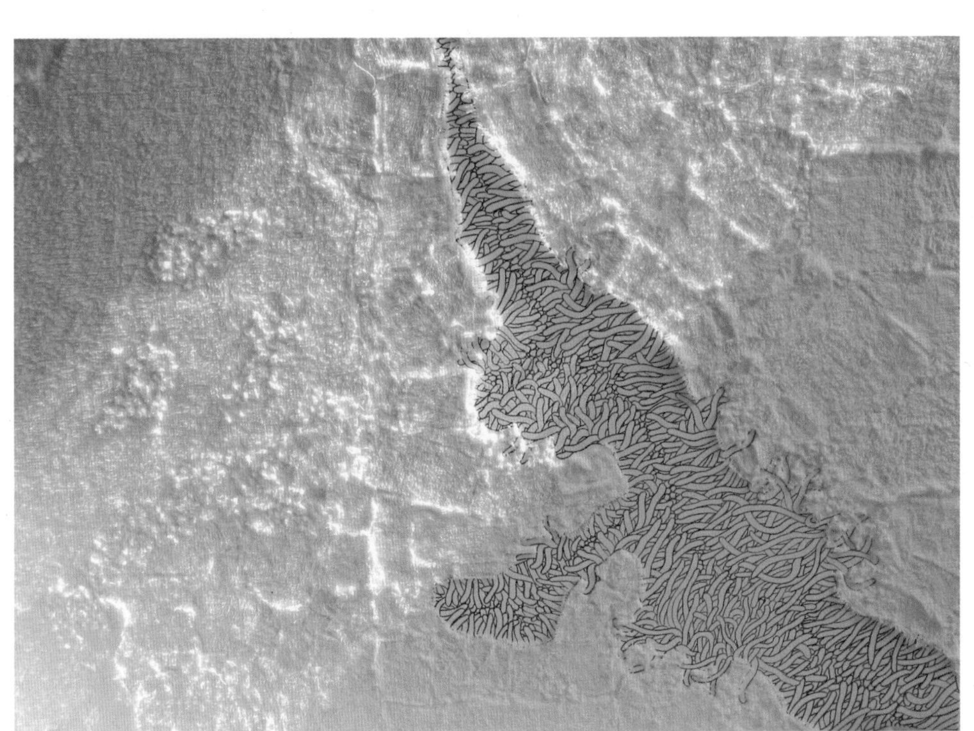

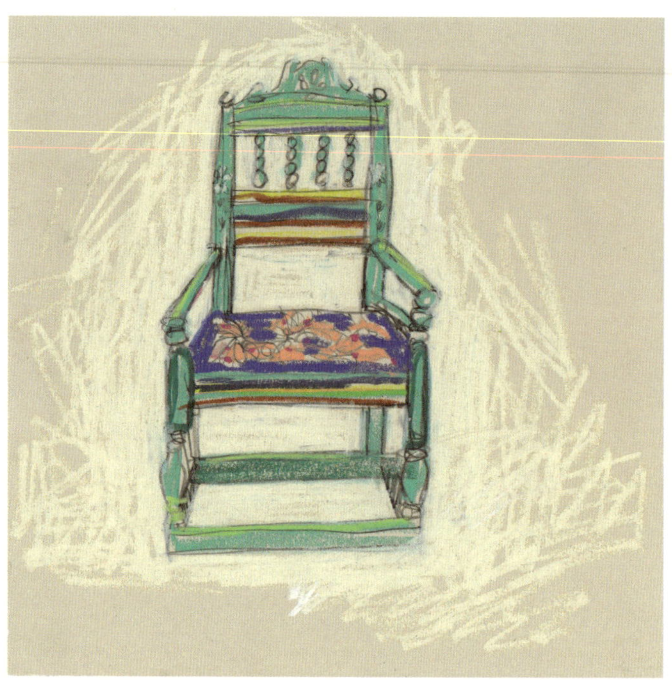

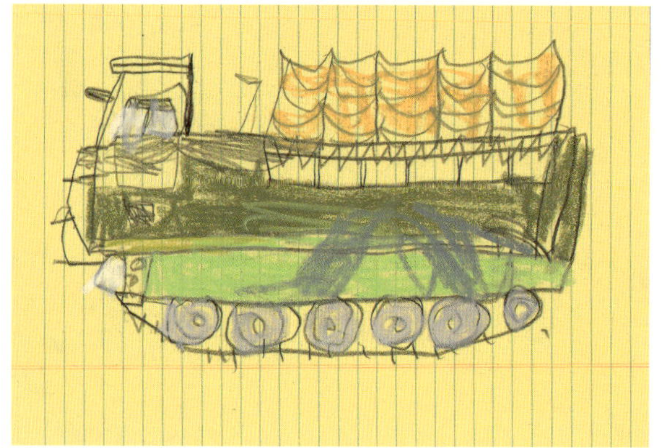

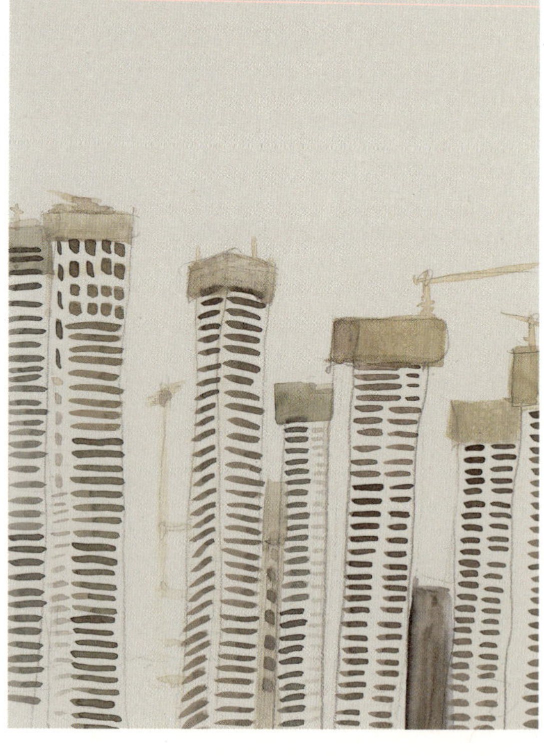

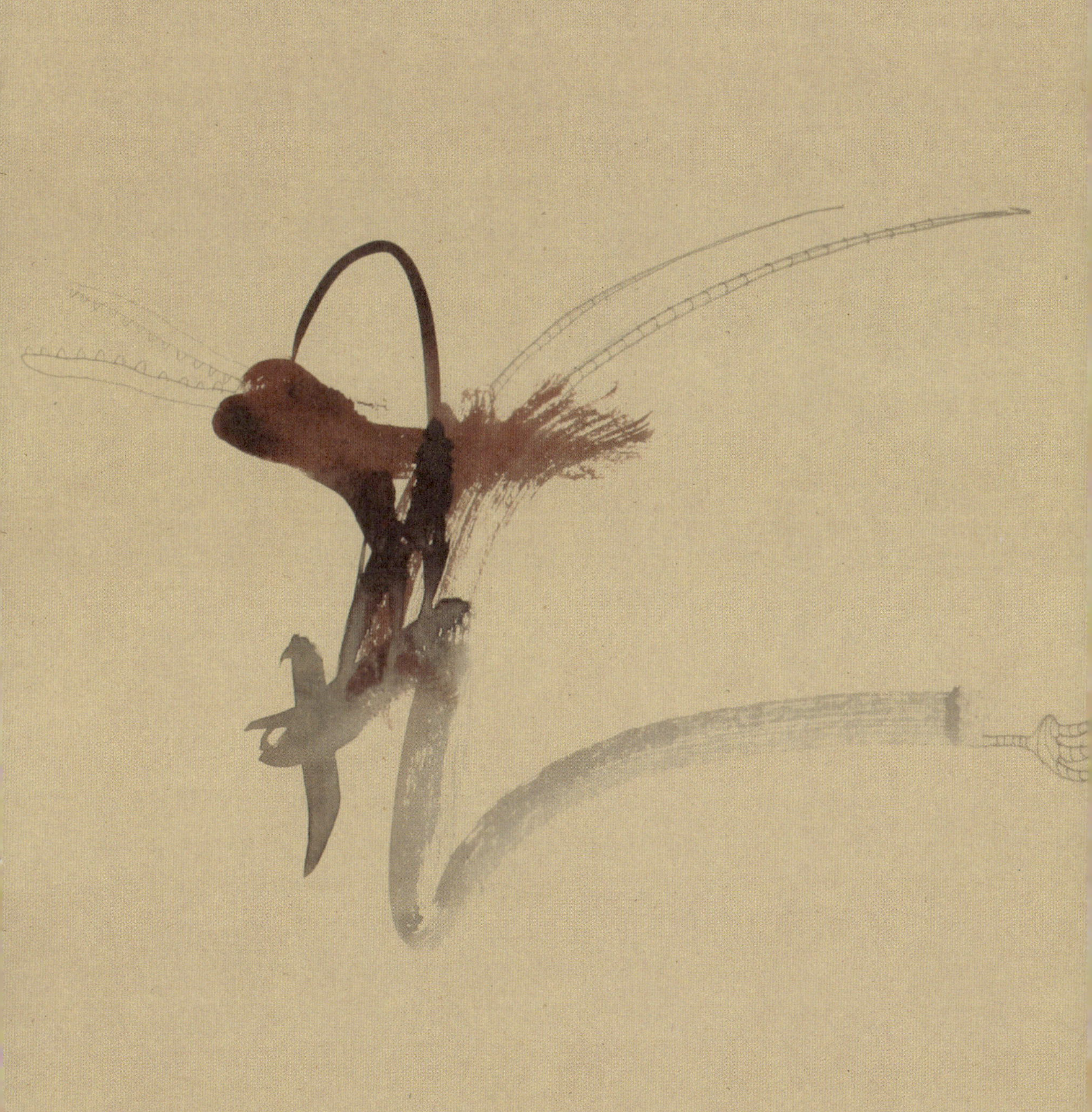

훌륭한 스승을 만났다면,

그가 해준 조언과 설명들이

헛되지 않도록

헤어지는 바로 그 순간부터

가르침을 실천해야 한다.

지금 당장 하지 않는다면,

당신은 앞으로도 영원히 하지 못할 것이다.

마크 피셔

10년의 일단락

삶에는 두 가지 종류가 있다.

주된 삶과 부수적인 삶.

분명 주된 삶은 하늘이 두 쪽 나더라도 변치 않을 것이다.

그래서 잠시 멈춰 있다 해도 길을 잃을 일은 희박하다.

그러나 부수적인 삶에서 무심코 많은 것을 놓친다.

낱알이 떨어져서 이리저리 흩어져 있었다면

그것을 차곡차곡 담아야 한다.

그것들을 무심코 넘기지 않고 정리해둔다면

부수적인 삶 또한 엄청나게 가치 있는 삶으로 돌변한다.

나는 지나왔던 매 순간이 가치 있었기를 바란다.

약 7년 전부터 서점가를 오고 가며 왜 이런 내용의 책은 없는 걸까
의아했었다. 그리고 시간이 지날수록 그 모든 것들이 나 혼자만의
경험은 아니란 것을 알았다. 그 후 정리정돈하기로 마음만 먹고
시간만 자꾸 흘렀다. 10년의 경험은 그렇게 다듬어지지 않은 채로
공중에 떠 있었다. 내 인생의 일단락, 그리고 내가 환원해야 하는
것들. 이 사항은 숙제처럼 남아 있었다. 무엇이든 포장하면 그럴싸한
상품이 된다. 나는 그런 상품이 아닌 내 진심을 전하고 싶었다.
그동안 그림수업을 진행하며 느꼈던 것은 '성공하는 사람들은
다 이유가 있구나.' 하는 점이었다. 중이 제 머리를 못 깎듯,
사람들에게 나를 투영해보며 내 부족한 점을 되짚어보기도 했다.
어느 누구도 마음 편한 사람은 없었고 각기 나름대로의 사정이
있었다. 고통은 상대적인 것이기에 크고 작음을 따질 필요는 없다.
겉으로만 봐서는 알 수 없다. 그럼에도 불구하고 목표를 향해서
쉬지 않고 나아가는 것. 이것은 정말 어려운 일이면서 가장 중요하다.
이 책에서 했던 많은 이야기들은 그런 부분을 반복적으로 언급한
것이기도 하다.

천부적인 재능을 갖추고, 창작하기에 너무 좋은 환경에 몸담고 있는
지인에게 "부럽다."라고 말한 적이 있었다. 그런데 그는 이런 답을
내게 보내주었다. "죽을 맛이다. 태어나서 단 한 번도 원 없이
창작에만 몰두한 적은 없었다." 그러고 보면 목표를 이룬 다음
또 다시 시작이듯 무엇이든 끝이 없다는 생각이 든다.
프로페셔널하게 활동하고 있는 사람들도 끊임없이 회의를 느끼고
관둘까 말까를 고민한다. 그래서 시작도 하기 전에 할까 말까를

고민하거나 준비과정에서 회의를 느끼는 것은 별 문제가 안 된다.
이루기 전에도 고민되고 이룬 후에도 고민된다. 즉, 고민은
고민일 뿐이다.

현시대에 창의력이 중요하다는 것을 모두가 알고 있다. 그리고
너도나도 즐기려는 것도. 그와 관련된 수입도서도 많다. 하지만
우리나라는 먼저 짚고 넘어가야 할 것이 있다. 이미 주입식 교육을
받고 자란 이들에게는 그러한 선구적인 지식을 받아들이기에
한계가 있다는 것이다. 머리로는 이해하지만 선뜻 공감할 수 없는
그 무엇. 이것은 문화의 차이다. 아무리 좋은 지식이 있어도 문화가
받아들이지 못하면 소용없다. 하지만 우리나라는 분명 달라지고
있다. 그런 의미에서 이 책은 기존에 버리기 힘든 것과 새롭게
받아들이려는 것을 함께 다루려고 했고 그 둘이 서로 다른 것이 아닌
자유로운 선택일 뿐이라는 것을 알려주고자 했다.

나는 앞으로도 좋은 작품을 만들어내는 작가이고 싶다. 작가는
많은 영감을 받으며 살아야 한다. 그것은 곧 도움을 받는 것과도 같다.
홀로 작품을 만들지언정 그것이 나오기까지 수많은 영감이 필요하다.
나에게 제일 값진 영감은 '사람'이다. 왜냐하면 사람은 '하나의
우주'이기 때문이다. 그래서 사람을 만나는 것은 우주탐험과도
같다. 내게 우수탐험의 기회를 준 많은 이들에게 감사드린다.
우주여행이 즐거웠든, 허무했든 그 모든 것이 내겐 영감이었다.
영감을 받고 허무하게 날릴 수는 없지 않은가. 스스로 만족할 만한
작품을 만들어내는 것이 앞으로 내 삶의 과제다. 그리고 또 하나,

아프리카에 가서 아이들에게 미술을 가르쳐줄 날이 언젠가
올 거라 믿는다. 먹고사는 것도 힘든데 사치스럽게 그림이 웬 말인가
할 수도 있다. 하지만 언어가 의사소통의 매개체라면 예술은
또 다른 우주와의 매개체다. 현실에 눌려 모든 것이 불가능하다고
여기는 것들을 가능하게 꿈꿀 수 있게 해주는 것. 사실 기적은
그런 곳에서 일어난다. 그래서 어찌 보면 내가 말하는 아프리카는
하나의 상징이라 볼 수도 있다. 허무맹랑해 보이지만 가슴속
깊이 새겨두고 당장 그것을 행하지는 못해도 그런 마음가짐으로
하루하루를 사는 것 말이다. 내뱉는 말과 행동은 순간에
불과하다. 마음을 넘어서는 것은 없다. 마음이 그러하다면
미래에 그렇게 되기 위한 오늘의 삶을 살고 있는 거다.

그리고 이 책도 내 마음과 같기를 바랄 뿐이다.

나에게 그림이란 _____다

나는 _____을/를 그리고 싶다

나에게 그림이란 세상과의 소통이다.

나에게 그림이란 갖고 싶은 날개다.

나에게 그림이란 얼음장 밑의 숨구멍이다.

나에게 그림이란 사람들과의 소통이다.

나에게 그림이란 또 다른 언어다.

나에게 그림이란 두 번째 삶이다.

나에게 그림이란 언어다.

나에게 그림이란 아이디어 뱅크다.

나에게 그림이란 폼 나는 취미다.

나에게 그림이란 자유를 만끽하게 하는 행복한 친구다.

나에게 그림이란 추억이다.

나에게 그림이란 인생 스케치다.

나에게 그림이란 꿈을 상상하는 것이다.

나에게 그림이란 세상을 제대로 보는 유일한 순간이다.

나에게 그림이란 미지의 세계다.

나에게 그림이란 언젠가 배워보고 싶었던 것이다.

나에게 그림이란 인생이고 이야기이자 선물이다.

나에게 그림이란 잠시나마 명상을 하게 하는 것이다.

나에게 그림이란 오랜 친구와도 같은 존재다.

나에게 그림이란 생각이다.

나에게 그림이란 새로운 꿈이다.

나에게 그림이란 삶의 활력소다.

나에게 그림이란 평온함이다.

나에게 그림이란 재미다.

나에게 그림이란 동경의 대상이다.

나에게 그림이란 생활이고 이상이다.

나에게 그림이란 길이다.

나에게 그림이란 그리움이다.

나에게 그림이란 숙제다.

나에게 그림이란 오직 하나다.

나에게 그림이란 아주 오랫동안 기다렸던 꿈이다.

나에게 그림이란 또 다른 낙원이다.

나에게 그림이란 채움이다.

나에게 그림이란 물음표다.

나에게 그림이란 고통이다.

나에게 그림이란 뿌듯한 존재다.

나는 내면의 메타포를 그리고 싶다.

나는 소중한 사람들을 그리고 싶다.

나는 사람들의 마음을 그리고 싶다.

나는 강렬한 감정을 담은 그림을 그리고 싶다.

나는 내가 상상하는 모든 것을 그리고 싶다.

나는 나를 그리고 싶다.

나는 사람들 얼굴을 그리고 싶다.

나는 내 삶을 그림으로 나타내고 싶다.

나는 모두가 느낄 수 있는 마음을 그리고 싶다.

나는 살고 싶은 곳의 풍경을 그리고 싶다.

나는 행복을 그리고 싶다.

나는 유화를 그리고 싶다.

나는 힘겹게 사는 사람들의 삶을 그리고 싶다.

나는 내 인생을 그리고 싶다.

나는 걸어가는 나의 뒷모습을 그리고 싶다.

나는 행복하게 만드는 활짝 핀 꽃을 그리고 싶다.

나는 내 머릿속을 그리고 싶다.

나는 나와 사람과 사람과 사람과 사람을 그리고 싶다.

나는 상상하는 것을 그리고 싶다.

나는 본질을 그리고 싶다.

나는 다정한 인물을 그리고 싶다.

나는 생각을 붙잡아 그리고 싶다.

나는 세상의 모든 것을 그려보고 또 그리고 싶다.

나는 여러 가지 대상을 그리고 싶다.

나는 풍경을 그리고 싶다.

나는 빛을 머금은 수채화를 그리고 싶다.

나는 감정을 그리고 싶다.

나는 사랑하는 사람들을 그리고 싶다.

나는 영혼을 그리고 싶다.

나는 인물화를 그리고 싶다.

나는 보이는 모든 것을 그리고 싶다.

나는 그대를 그리고 싶다.

나는 사람의 전신을 그리고 싶다.

나는 미지의 세계를 차근차근 그리고 싶다.

나는 시간을 그리고 싶다.

나는 스쳐지나가도 기억에 남는 그림을 그리고 싶다.

〈미술과사람들〉 카페 및 오프라인 수업참여자와
그림을 사랑하는 이들을 대상으로 설문 조사한 것 중
발췌한 글들입니다.

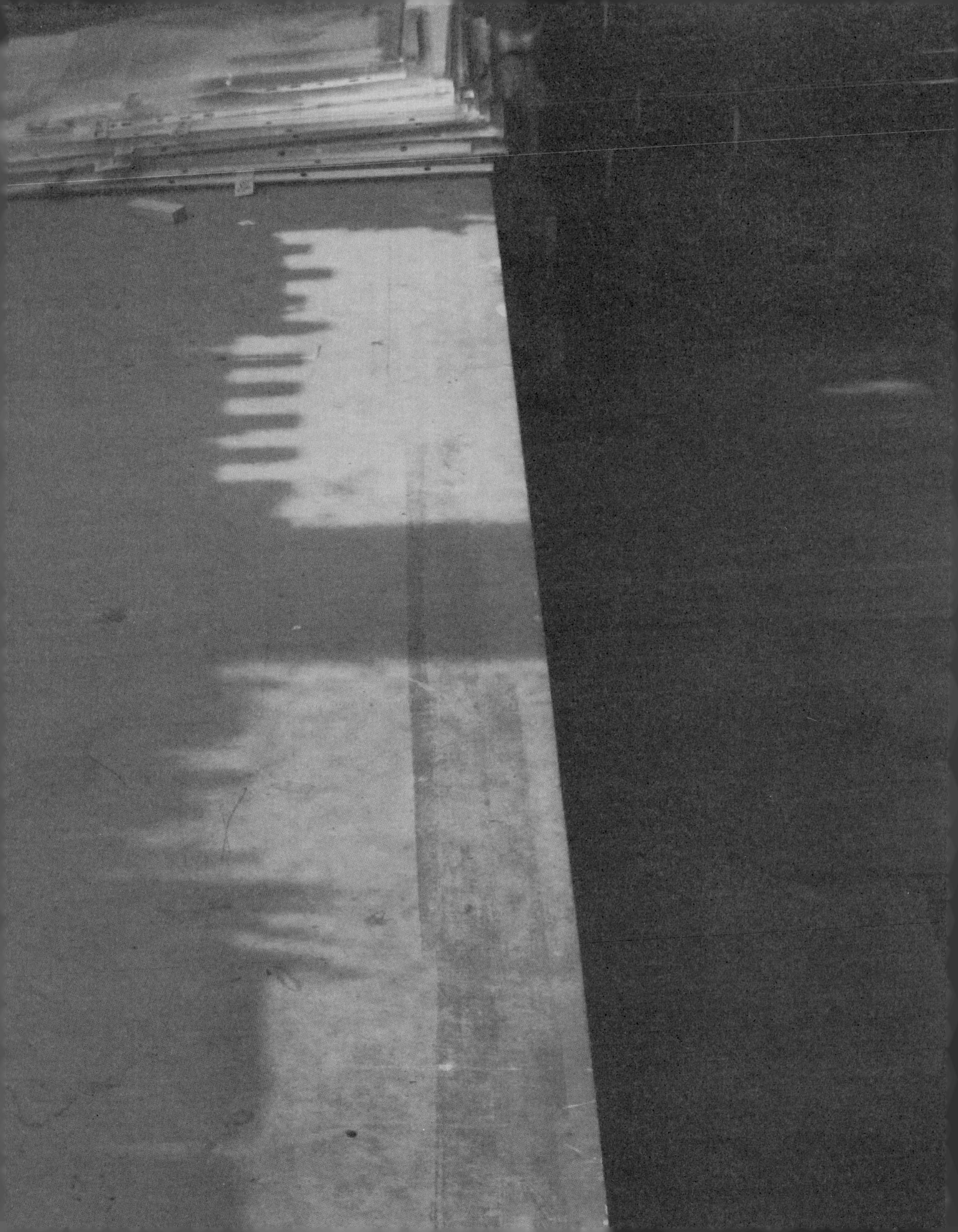